国学经典

宋 涛／主编

辽海出版社

史记

中国历史上第一部纪传体通史

【第六卷】

前　言

　　"史记"本来是古代史书的通名，司马迁称自己的著作为《太史公书》，班固把它记录在《汉书·艺文志》里，便直写"《太史公》百三十篇"。就是后汉时应劭的《风俗通义》和荀悦的《汉纪》提到这书也只称它为"太史公记"，还没有把"史记"的名词专门隶属给司马迁。直到唐朝编撰《隋书》，才正式把"《史记》一百三十卷"列为"史部"中的头一部，下注"目录一卷，汉中书令司马迁撰"。于是"史记"之名便由通名演化为专名。

　　《史记》的记事，上起轩辕，下至汉武帝太初年间，是一部纪传体通史。它包括本纪、表、书、世家、列传五个部分，共一百三十篇，五十余万字，是一部博大精深、前无古人的历史著作，也是我国文学史上最伟大的文学著作之一。

　　《史记》在史学的成就，首先表现在司马迁创设了一种全新的具有影响力的记事体例。司马迁在写史时，首先掌握了他那时代里所认可的历史上的政治中心人物，所以他把黄帝以下一直到他当代的帝王，编成《五帝本纪》等十二篇。这些"本纪"在详载帝王事迹的同时，把同一时代社会上发生的重大变化也有计划地编排进去，贯穿起来，基本上成为有系统的编年大事记。其次把"并时异世，年差不明"的事迹，仿周代史官谱牒的体制，编成《三代世表》等十篇。于是历代相传的世系，列国间交涉纠纷的关系，主要职官的更迭等繁复混杂的事项都给这纵横交织的表格排列得头绪分明，眉目清疏了。再次，创立《礼书》《乐书》《律书》《历书》《天官书》《封禅书》《河渠书》《平准书》等八篇。这些"书"，不仅仅是"朝章国典"，还包括天文、地理、政治、经济、风俗、艺术等种种知识。还有，创编了"世家"三十篇。把春秋、战国和汉初主要王侯、外戚的传世本末写成了各个不同的国别史。最后是《伯夷列传》等人物传记七十篇，总称"列传"。列传基本上是描写各个人物生活的"专传"，但对于那些业绩相连、彼此相关的人物，写成了叙述多人的"合传"。还有些人，或者行事的作风相类似，或者品质的气味差不多，便"以类相从"地作成了若干篇"类传"。每篇末了，又大都附有"论赞"。

　　《史记》是一部反映我国古代三千年社会发展的通史，是我国先秦文化的集大成者，司马迁在研究总结先秦文化方面做出了巨大贡献。但是司马迁更伟大更重要的贡献在于他对秦汉之际和对西汉社会前期的研究。

综观《史记》各体，"纪"是年代的标准，"传"是人物的动态，"世家"是纪传合体的国别史，"表"和"书"是贯穿事迹演化的总线索。它们之间互相联系、互相补充，而以"本纪"和"列传"作为经纬线，由此贯穿分别组织安排，成为古代修史的范式，一直被以后历代史学家所推崇。在吸收继承以往解作的基础上，我们重新注解了《史记》，用以帮助读者认知《史记》。

关于原文：

原文参照前代版本，编注对原著的错漏、衍文等，用〔 〕、〈 〉等符号做了整理，对原文直接予以引用，不再注出。对文中的难以辨识字、残字，注文中参照有关史料补充注解。

关于注释：

①为便于读者阅读，编注者把原文各卷分成若干段落，在段落后作注释。

②对原文中古地名，注出今地名。

③对原文中官职、典籍、制度择要注释。

④对今人不易理解的词语作注释。

⑤对原文中的难字、生僻字注现代汉语拼音并解释。

中国是文化悠久的民族，垂统五千年，就因为有深厚的根本，固能承前启后，传之久远。《史记》的博大精深和它在史学与文学上的伟大成就使我国历史的本源再现。故此，鲁迅曾称赞《史记》为"史家之绝唱，无韵之《离骚》"。

目　录

司马相如列传第五十七（续）

于是乎离宫别馆①，弥山跨谷②，高廊四注③，重坐曲阁④；华榱璧珰⑤，辇道䌷属⑥；步櫩周流⑦，长途中宿⑧。夷嵏筑堂⑨，累台增成⑩，岩突洞房⑪，俛杳眇而无见⑫，仰攀橑而扪天⑬，奔星更于闺闼⑭，宛虹拖于楯轩⑮。青虬蚴蟉于东箱⑯，象舆婉婵于西清⑰，灵圉燕于闲观⑱，偓佺之伦暴于南荣⑲，醴泉涌于清室⑳，通川过乎中庭㉑。槃石裖崖㉒，嵚岩倚倾㉓，嵯峨磼硊㉔，刻削峥嵘㉕，玫瑰、碧、琳㉖，珊瑚丛生，瑉玉、旁唐㉗，璇玢文鳞㉘，赤瑕驳荦㉙，杂臿其间㉚，垂绥、琬琰㉛，和氏出焉㉜。

【注释】

①离宫：古代皇帝正宫以外的临时居住的行宫。别馆：古时帝王正宫以外的宫室。②弥：满；遍。跨：骑。③四注：四周相连接。注，连接的意思。④重（chóng）坐：两层的楼房。曲阁：屈曲相连的阁道。阁道，架空建筑的走廊。⑤华榱（cuī）雕绘花纹的屋橼、屋桷（方橼）。碧珰（dàng）：以璧玉装饰的橼头。⑥辇道：可以乘辇而行的阁道。䌷属（lǐ zhǔ）：连绵不断的样子。⑦步櫩（yán）：同"步檐"。走廊。櫩，檐下的走廊。⑧长途中宿：夸张长廊很长，不易走完，中途需要留宿。⑨夷：平治。嵏（zōng）：高的山。这句说，削平高山，在上面筑堂。⑩累台：台阁重叠。增成：形容台阁重重。增（céng），重叠。成，一重叫一成。⑪突（yào）：通"窔"深底。洞房：深邃的内室。⑫俛（fǔ）：古"俯"字。杳（yǎo）眇：遥远的样子。无见：指看不见地。⑬攀：《汉书》《昭明文选》作"兆"，皆古"攀"字。橑（lǎo）：屋橼。扪（mén）：摸。按：这"俛""仰"二句，是极言台阁之高。⑭奔星：流星。闺闼（tà）：均为宫中的小门。⑮宛虹：屈曲之虹。楯（shǔn）轩：均是栏杆。按：这"星""虹"二句，是极言室宇之高。⑯青虬（qiú）：《汉书》本传、《昭明文选》作青龙。虬，龙子有角者。蚴蟉（yǒu zhì）：屈曲行动的样子。东箱：东箱房。箱，通"厢"⑰象舆：用象驾的车舆。婉婵（chán）：舞摆盘曲貌。西清：西厢清静之处。⑱灵圉（yǔ）：神仙的统称。燕：通"宴"。休息。闲（xián）：通"闲"。观（guàn）：宫廷中高大华丽的楼台。⑲偓佺（wò quán）：仙人姓名。相传食松子，体生毛数寸，方眼，善走。伦：类。暴（pù）：古"曝"字。晒。此处指躺在太阳下面休息。荣：屋檐两头翘起的部分。⑳醴泉：甘甜的泉水。清室：净室。㉑通川：谓通流为川。㉒槃（pán）石：巨大的石头。槃，与"磐""盘"通。裖：整治。《昭明文选》作"振"。崖：指边际。㉓嵚（qīn）：小而高的山。倚倾：参差不齐的样子。㉔磼硊（zá yè）：《汉书》本传、《昭明文选》作"嶻嶭（jié yè）"山高的样子。㉕刻削：指山石形状奇特，如雕刻过似的。峥嵘（zhēng róng）：山势高峻特出：不平凡；不寻常。㉖玫瑰、碧、琳：解见上文。㉗瑉（mín）玉：似玉的美石。旁唐：文石。一说，犹言"磅礴"。㉘璇玢（bīn bān）：玉名。一说为玉的花纹。文鳞：谓纹理如

鱼鳞般细而有次序。㉙赤瑕（xiá）：赤玉。驳荦（luò）：斑驳。此处指玉的文采交错。㉚臿（chā）：通“插”。㉛垂绥：美玉名。琬琰：美玉名。㉜和氏：春秋时卞和所得的美玉，称和氏璧。焉：兼词。相当于“于此”“此”指上林苑。

于是乎卢桔、夏孰[1]，黄甘、橙、楱[2]，枇杷、橪、柿[3]，楟，奈、厚朴[4]，梬枣、杨梅[5]，樱桃、蒲陶[6]，隐夫、郁、棣[7]，溮楟、荔枝[8]，罗乎后宫，列乎北园。貤丘陵[9]，下平原，扬翠叶，杌紫茎[10]，发红华，秀朱荣[11]，煌煌扈扈[12]，照曜巨野[13]。沙棠、栎、槠[14]，华、氾、檘、栌[15]，留落、胥余[16]，仁频、并闾[17]，欃檀、木兰[18]，豫、章、女贞[19]，长千仞[20]，大连抱[21]，夸条直畅[22]，实叶葰茂[23]，攒立丛倚[24]，连卷累佹[25]，崔错癹骫[26]，阬衡閜砢[27]，垂条扶於[28]，落英幡纚[29]，纷容萧蔘[30]，旖旎从风[31]，浏莅卉吸[32]，盖象金石之声[33]，管籥之音[34]。柴池茈虒[35]，旋环后宫[36]，杂遝累辑[37]，被山缘谷[38]，循阪下隰[39]，视之无端，究之无穷[34]。

【注释】

①卢桔：桔属。卢，黑色。此桔熟后成黑色，故名。夏孰：一种美果。②黄甘：即黄柑。橙：常绿果木，叶椭圆，果圆，皮红黄色，多汁味酸甜。一说即柚。楱（còu）：一种小桔。③橪（rán）：酸枣。④楟（tíng）：即山梨。奈（nài）：苹果。厚朴：木兰科落叶乔木，花大呈黄白色，香浓郁，树皮可入药。⑤梬（yǐng）枣：即软枣，羊枣，似柿极小。⑥蒲陶：果名。一说即葡萄。⑦隐夫：木名。郁：即郁李。棣（dì）：即棠棣，郁李，或山樱桃。盖奥李、郁李、车下李、雀梅、英梅、棠棣、常棣，是一种果实，只是有多种名称。⑧溮楟（dà tà）：《汉书》本传、《昭明文选》作“荅遝（tà）”。果名。似李。荔枝：《汉书》本传、《昭明文选》作“离支”。即荔枝。⑨貤（yì）：通“迤”。延展。⑩杌（wù）：摇。⑪秀：谷物吐穗开花。《汉书》本传、《昭明文选》作“垂”。朱荣：红花。⑫煌煌扈扈：光彩鲜艳的样子。⑬巨野：广大的原野。⑭沙棠：果树名。形似棠，黄花赤实，味似李，无核。栎（lì）：落叶乔木，果为橡子。槠（zhū）：似柃，叶冬不落，其实如橡实而较圆。⑮华：即桦树。氾（fàn）：《汉书》本传、《昭明文选》作“枫”。檘（bò）：木名。即蘖木。栌（lú）：即黄栌木。⑯留落：未详。一说“留”即“刘”，“落”即“欂”，皆木名。胥余：《汉书》本传、《昭明文选》作“胥邪”。一说为椰子树。⑰仁频（bīn）：即槟榔树。并闾：即棕榈树。⑱欃（chán）檀：即檀树。⑲豫章：树木名。豫，枕木；章，樟木。女贞：即冬青树。冬夏常青不凋，若女子坚守贞操，故名。⑳仞（rèn）：长度单位。古代以七尺或八尺为仞。㉑连抱：指树干粗大，须人合抱。㉒夸：一说借为华，即花。此处连下文“实叶葰茂”，作“垂”义长。直畅：通畅。㉓葰（jùn）：大。㉔攒立：聚立。丛倚：互倚。㉕连卷：同“连蜷”。屈曲。累佹（guǐ）：支持。《汉书》本传、《昭明文选》作“欐（lì）佹”。㉖癹骫（bá wǎi）：盘纡纠结。骫：古“委”字。曲的意思。㉗阬衡：《汉书》作“坑衡”。阬、坑为“抗”的假借字。此处谓径直的样子。閜砢（kě luǒ）：谓木之重叠累积、盘结倾倚相扶持的样子。㉘扶於：《汉书》本传、《昭明文选》作“扶疏”：枝叶茂盛分披的样子。㉙落英：落花。幡纚（fān shǐ）：飞扬的样子。㉚纷容：《汉书》本传、《昭明文选》作“纷溶”。繁茂的样子。萧蔘（shēn）：《汉书》本传、《昭明文选》作“萷（xiāo）蔘”。草木茂盛。㉛旖旎（yī nǐ）：婀娜。《汉书》本传作“猗柅”，《昭明文选》作“猗狔”。㉜浏莅（liú lì）：卉吸（huì xī）：风吹草木之声。卉，古“卉”字。《汉书》本传、《昭明文选》“浏”作“莿”。㉝象：类似。金：指钟。石：指磬。㉞管：乐器名。即笙。籥（yuè）：古管乐

器名。即箫。㉟柴池：即差池。参差不齐。《昭明文选》作"傂（cī）池"。茈虒（cí sī）：犹"差池"。参差不齐。㊱旋环：环绕。㊲杂遝（tà）：众多杂乱的样子。《汉书》本传、《昭明文选》作"杂袭"。辑：聚集。㊳被：覆盖。㊴循：顺。阪（bǎn）：山坡。隰（xí）：低湿的地方。㊵无端：无边际。究：探求。无穷：无尽头。按：据《史记会注考证》引曾国藩语：以上宫中草木。

于是玄猨、素雌①，蜼、玃、飞鸓②，蛭、蜩、蠼猱③，螹胡、豰、蜼④，栖息乎其间；长啸哀鸣，翩幡互经⑤，夭蟜枝格⑥，偃蹇杪颠⑦。于是乎隃绝梁⑧，腾殊榛⑨，捷垂条⑩，踔稀间⑪，牢落陆离⑫，烂曼远迁⑬。

【注释】

①玄猨（yuán）：黑色的雄猿。猨，同"猿"。《汉书》本传作"猱"。素雌：白色的雌猿。②蜼（wěi）：通"狖（yòu）"。猴属。昂鼻长尾。玃（jué）：大母猴。飞鸓（lěi）：飞鼠。其状如兔而鼠首。③蛭（zhì）：兽名。能飞，有四翼。蜩（tiáo）：兽名。蠼猱（qú náo）：猴属。《汉书》本传作"玃蛭"，《昭明文选》作"玃猱"。④螹（jiàn）胡：兽名。猴属。毛色黑、腰围白毛如带，前肢白毛尤长。豰（hú）：即白狐子。蜼（guǐ）：兽名。形似龟，白身赤首。⑤翩幡：即"翩翻"。上下飞动的样子。⑥夭蟜（jiāo）：本为屈伸的样子，引申为屈曲。枝格：突出的枝条。⑦偃蹇（jiǎn）：屈曲宛转的样子。杪（miǎo）：颠：树梢头。⑧隃（yú）：通"逾"。逾越。⑨腾：飞跃而过。殊榛：奇异的丛林。榛，丛生之林。⑩捷垂条：接持悬垂的枝条。捷，通"接"。⑪踔（chuō）稀间：谓以身投掷于枝条稀疏的地方。踔：《汉书》本传作"掉"。希：通"稀"。间：通"间"。⑫牢落：野兽奔走的样子。⑬烂曼：散乱；分散。《汉书》作"烂漫"。

若此辈者①，数千百处。嬉游往来，宫宿馆舍②，庖厨不徙③，后宫不移④，百官备具⑤。

【注释】

①此辈：指这类情况。②宫宿馆舍：谓在离宫别馆歇宿。③庖厨：厨房。徙（xǐ）移：迁移。④后宫：妃嫔所居的宫室，此处指妃嫔。⑤百官：众官。备具：一应齐备。

于是乎背秋涉冬①，天子校猎②，乘镂象③，六玉虬④，拖蜺旌⑤，靡云旗⑥，前皮轩⑦，后道游⑧；孙叔奉辔⑨，卫公骖乘⑩，扈从横行⑪，出乎四校之中⑫。鼓严簿⑬，纵獠者⑭。江河为阹⑮，泰山为橹⑯，车骑雷起⑰，隐天动地⑱，先后陆离⑲，离散别追⑳，淫淫裔裔㉑，缘陵流泽㉒，云布雨施㉓。

【注释】

①背秋涉冬：自秋至冬的意思。背，去。涉，入。②校（jiào）猎：用木栏遮阻，猎取禽兽。③镂（lòu）象：即"象辂"。以象牙为饰的车。镂，雕刻。④六：指驾着六匹马。玉虬（qiú）：用玉装饰的马。虬，通"虬"。龙属。这里用以代骏马。⑤拖：曳。蜺（ní）旌：古时皇帝出行时仪仗的一种。⑥靡：通"麾"。云旗：画熊虎于旗旒，状似云气，故名。⑦皮轩：以虎皮作装饰的车。⑧后：指皮轩之后。道（dǎo）、游：道车，游车。古时天子出行，在乘舆前有道车五辆，游车九辆。道，通"导"。导行。⑨孙叔：指汉武帝时的太仆公孙贺（字子叔）。奉辔（pèi）：指驾车。奉，通"捧"。辔，驾驭牲口的缰绳。⑩卫公：指汉武帝时的大将军卫青。骖乘（cān shèng）：即陪乘。指在车右陪乘的人。⑪扈从（hù zòng）：皇帝出巡时的护驾侍从人员。横行：指不循正道而行。⑫出乎四校之中：谓因其横行，越出了四校。四校（jiào），指校猎时四面所设的遮栏。⑬鼓严：击鼓严肃警众。簿：卤（lǔ）：簿。天子出行时在其前后的仪仗队。⑭纵：放纵。⑮陆（qū）：指打猎时用以遮拦禽兽的围槛。⑯櫓：瞭望楼。⑰靁（léi）起：即雷起。形容车骑响声之大。靁，古"雷"字。⑱隐：雷震声。⑲陆离：分散。⑳别追：各自追逐。㉑淫淫：流的样子。裔裔：四散流布的样子。㉒流泽：流遍川泽。㉓云布雨施：形容车骑士卒满山遍野，如云布天空，雨降大地。

生貔豹①，搏豺狼②手熊羆③，足野羊④，蒙鹖苏⑤，绔白虎⑥，被豳文⑦，跨野马⑧。陵三嵏之危⑨，下碛历之坻⑩；径陵赴险⑪，越壑厉水⑫，推蜚廉⑬，弄解豸⑭，格瑕蛤⑮，铤猛氏⑯，罥騕褭⑰，射封豕⑱。箭不苟害⑲，解脰陷脑⑳；弓不虚发，应声而倒。于是乎乘舆弥节裴回㉑，翱翔往来，睨部曲之进退㉒，览将率之变态㉓。然后浸潭促节㉔，儵敻远去㉕，流离轻禽㉖，蹴履狡兽㉗，轊白鹿，捷狡兔㉘，轶赤电㉙，遗光耀㉚，追怪物㉛，出宇宙㉜，弯繁弱㉝，满白羽㉞，射游枭㉟，栎蜚虡㊱，择肉后发㊲，先中命处㊳，弦矢分㊴，艺殪仆㊵。

【注释】

①生；指生擒，生得。貔（pí）：古籍中的一种猛兽。似虎，或曰似熊；一名执夷，一名白狐，辽东人谓之白羆。②搏：击。③手：指用手击杀。④足：指用脚踏死。⑤蒙：指蒙覆而取。鹖（hé）苏：鹖鸟尾。苏，鸟尾。鹖鸟好斗，其尾装饰在帽子上，表示勇武。⑥绔（kù）：绊络。⑦被（pī）：穿着。豳（bīn）文：《汉书》本传、《昭明文选》作"斑文"此处指斑文之衣。⑧跨：乘；骑。⑨陵：上。三嵏（zōng）：三峰并峙的山。一说为山名，在今山西省闻喜县。危：高。⑩碛（qì）历：浅水中的沙石。坻（chí）：水中的小洲或高地。⑪径：直往。陵（jùn）：山高而陡。《汉书》本传、《昭明文选》作"峻"。⑫厉：连衣涉水。⑬推：排开。蜚（fěi）廉：即"飞廉"。⑭弄（nòng）：玩弄。此处作戏耍。解豸（xiè zhì）：通"獬豸"。传说中的一种神兽。似鹿，一角。⑮瑕蛤（xiá hé）：兽名。《昭明文选》作"蝦蛤"。⑯铤（chán）：铁把短矛。指用短矛刺杀。猛氏：兽名。⑰罥（juàn）：缠绕。騕褭（yǎo niǎo）：传说中的一种神马，日行万里。《汉书》本传作"要褭"。⑱封豕：大猪。此指大野猪。封，大。⑲苟：苟且；随便。害：杀害。⑳解：分割动物的肢体。脰（dòu）：脖项。陷：穿。㉑弥节：按节，按辔，此指调节的速度缓行。节：一说为马鞭。裴回：通"徘徊"。㉒睨（nì）：斜视。部曲：军队编制之称，代指队伍。㉓将率：《汉书》本传、《昭明文选》作"将帅"率，通"帅"。㉔浸潭：渐进的意思。促节：按节。即短驱。㉕儵（shù）：儵忽，电光，形容转眼之间。敻（xiòng）：远。㉖流离：流落；离散。使动用法。一说，困苦。轻禽：轻小之鸟。㉗蹴（cù）：踩；踏。㉘轊（wèi）捷：捷取。㉙轶（yì）：后车超过前车。此处指超越。㉚光耀：指赤电之光。㉛怪物：指下文的"游枭"、"蜚虡"。㉜宇宙：上下四方曰宇，舟车所极曰宙。㉝弯：开弓。繁弱：古代良弓名。相传为夏后氏所有。㉞满：张弓尽箭头为"满"。白羽：指用白羽毛做的箭。㉟枭（xiāo）：兽名。即枭羊。㊱栎（lì）：击。蜚虡（jù）：古代的一种神兽。鹿头龙身。㊲择肉：指择其肥者。㊳先中（zhòng）命处：谓先名其射处，乃从而射之。㊴弦矢：弓和箭。㊵艺：射中目标叫艺。殪（yì）：一发射中叫殪。仆（fù）：向前跌倒。此处指倒毙。

然后扬节而上浮①，陵惊风②，历骇飙③，乘虚无④，与神俱⑤，镂玄鹤⑥，乱昆鸡⑦，遒孔鸾⑧，促骏鸡⑨，拂翳鸟⑩，捎凤皇⑪，捷鸳雏⑫，掩焦明⑬。

【注释】

①节：鞭。上浮：腾游。②陵：超越。③骇飚（biāo）：受惊的暴风。飚：同"飙"。暴风；疾风。④虚无：指"虚无之气"。⑤俱（jù）：在一起。按：此句言所乘之气高，故能上出飞鸟，而与仲在一起。⑥辚：《汉书》本传作"蔺"，《昭明文选》作"躏（lìn）"。践踏之意。⑦乱：紊乱；无秩序。使动用法。昆鸡：同"鹍鸡"，似鹤，黄白色。⑧遒（qiú）：迫近。孔鸾（luán）：大的鸾鸟。鸾，似凤，五彩多青色。⑨促：迫近。⑩拂：掠过。翳（yī）鸟：凤属，凤凰的别名。⑪捎：拂掠。凤皇：即凤凰。雄曰凤，雌曰凰。⑫捷：及。⑬掩：《汉书》本传、《昭明文选》作"揜"。罩住。焦明：凤属。《答蜀父老》作"鷦明"。

道尽涂殚①，回车而还。招摇乎襄羊②，降集乎北纮③，率乎直指④，闇乎反乡⑤。蹷石阙⑥，历封峦，过鳷鹊，望露寒，下棠梨⑦，息宜春⑧，西驰宣曲⑨，濯鹢牛首⑩，登龙台⑪，掩细柳⑫，观士大夫之勤略⑬，钧猎者之所得获⑭。徒车之所辚轹⑮，乘骑之所蹂若⑯，人民之所蹈躤⑰，与其穷极倦衕⑱，惊惮慑伏观⑲，不被创刃而死者⑳，佗佗籍籍㉑，填阬满谷㉒，掩平弥泽㉓。

【注释】

①殚（dàn）：尽，竭尽。②招摇：逍遥。襄羊：通"徜徉"。自由自在地往来行走。③北纮（hóng）：北方之维。古称八纮，即天之八维。维，隅、角落、方位。八维即八个方位。又系车盖的绳也名维。连结也叫维。④率（shuài）：率然。轻捷的样子。⑤闇（yǎn）：忽然。反：返。乡：家园。⑥蹷（jué）：踏。石关：与下文"封峦"、"鳷（zhī）鹊""露寒"，皆为甘泉宫（故址在今陕西省淳化县西北甘泉山）外观名。⑦下：去；到……去。棠梨：宫名。在云阳县（治所在今淳化县西北）东南三十里。⑧宜春：宫名。在今陕西西安市东南、长安区北。⑨宣曲：宫名。⑩濯（zhuó）：通"櫂（zhào）。"船桨。指划船。鹢（yì）：头上画着鹢鸟的船。牛首：池名。在上林苑西头。⑪龙台：观名。在沣水西北，临近渭水。⑫掩：通"偃"。停止；休息。细柳：观名。在昆明池南。⑬士：军士。大夫：将佐。勤：指士的勤功。略：指将佐的智略。⑭钧：《昭明文选》作"均"。獠者：《汉书》本传、《昭明文选》作"猎者"。⑮徒：步卒。辚轹：践踏碾轧。《汉书》本传作"辚轹"，《昭明文选》作"躏轹"。⑯蹂若：践踏。⑰人民：《汉书》本传无"人"字，《昭明文选》作"人臣"。蹈躤（jí）：践踏。⑱其：指示代词。指"那""那些"。⑲惊惮慑（zhé）伏：害怕而不敢动的样子。《汉书》本传、《昭明文选》"慑"作"詟"。⑳被：遭受。㉑佗佗（tuō tuō）：交横错杂的样子。《汉书》本传作"它它"，《昭明文选》作"他他"。籍籍：杂乱众多。《汉书》本传作"藉藉"。㉒阬：通"坑"。㉓掩（yǎn）：掩盖；遮蔽。

于是乎游戏懈怠，置酒乎昊天之台①，张乐乎胶葛之宇②；撞千石之钟③，立万石之钜④；建翠华之旗⑤，树灵鼍之鼓⑥。奏陶唐氏之舞⑦，听葛天氏之歌⑧，千人唱⑨，万人和⑩，山陵为之震动⑪，川谷为之荡波⑫。《巴俞》、宋、蔡⑬，淮南于遮⑭，文成颠歌⑮，族举递奏⑯，金鼓迭起⑰，铿锵铛鼛⑱，洞心骇耳⑲。荆、吴、郑、卫之声⑳，《韶》《濩》《武》《象》之乐㉑，阴淫案衍之音㉒，鄢郢缤纷㉓，《激楚》《结风》㉔，俳优侏儒㉕，狄鞮之倡㉖，所以娱耳目而乐心意者㉗，丽靡烂漫于前㉘，靡曼美色于后㉙。

【注释】

①昊（hào）天之台：谓台高上犯云霄。②张乐（yuè）：陈设东器。轇轕（jiāo gé）：广大的样子。《汉书》本传、《昭明文选》作"胶葛"。③撞（zhuàng，读音chuáng）：敲，击。石（shí或音dàn）：重量单位。一百二十斤为一石。④钜：悬挂钟的木器。⑤翠华之旗：以翠鸟羽作装饰的旗。⑥灵鼍（tuó）之鼓：用鼍皮制作的鼓。鼍：动物名。即"扬子鳄"。⑦陶（yáo）唐氏：传说中的远古部落。尧乃其领袖。⑧葛天氏：传说中的远古部落。⑨唱：《汉书》本传、《昭明文选》作"倡"歌唱时一人首先发声⑩和（hè）：跟着唱。⑪山陵：泛指山。为（wèi）：因。之：代词。⑫荡波：摇起波浪。⑬巴俞：舞名。⑭淮南：地名。主要指令湖北长江以北，汉水以东，江苏，安徽长江以北，淮水以南之地。⑮文成、颠歌：文颖曰："文成、辽西县名，其县人善歌。颠，益州颠县，其人能作西南夷歌。颠即滇也。"⑯族举：《汉书》本传、《昭明文选》作"族居"，族，聚。递：顺次；一个接一个。⑰金：指金钟。⑱鏗鎗（kēng qiāng）：钟声。铛鞈（dāng tà）：鼓声。《汉书》本传、《昭明文选》作"闛鞈"（tāng tà）。⑲洞：透；彻。骇：惊。⑳荆、吴、郑、卫：古国名。《礼记》曰："郑、卫之音，乱世之音也。"荆、吴、郑、卫之声乐，即所谓淫荡之音。㉑韶：舜乐。濩（huò）：汤乐。武：周武王乐。象：周公乐。㉒指放任没有节度的音乐。㉓鄢郢（yān yǐng）：战国时楚都，实指郢都，故城在今湖北省江陵县东北。㉔激楚、结风：据王先谦考证，均为歌舞曲名。㉕俳（pái）优：古代以歌舞谐戏为业的艺人，亦称"优伶"。侏儒：身材短小的人。㉖狄鞮（dī）：地名。在河内郡（在今河南武陟、沁阳一带），出善倡者。一说为西戎乐名。倡：唱。㉗娱：欢娱，快乐。使动用法。乐（lè）：快乐，高兴。使动用法。㉘丽靡、烂漫：均指淫靡之乐。㉙靡曼、美色：均指美好的女色。

　　若夫青琴、宓妃之徒①，绝殊离俗②，姣娴嫺都③，靓庄刻饬④，便嬛绰约⑤，柔桡嬛嬛⑥，斌媚姌嫋⑦；抴独茧之褕袘⑧，眇阎易以戍削⑨，媥姺徶徶⑩，与世殊服；芬香沤郁⑪，酷烈淑郁⑫；皓齿粲烂⑬，宜笑旳皪⑭；长眉连娟⑮，微睇绵藐⑯；色授魂与⑰，心愉于侧⑱。

【注释】

　　①若夫：提起连词。青琴、宓（fù）妃：均为古代女神名。②绝殊：极不寻常。离俗：举世无双。③姣冶：艳丽。娴都：文雅美丽。④靓（jìng）庄：脂粉的装饰。刻：指刻画鬓发。饬：《汉书》本传、《昭明文选》作"饰"。⑤便嬛（pián xuān）：姿态轻盈的样子。绰约：姿态柔美的样子。《汉书》本传作"緯（chuò）约"。⑥柔桡（náo）嬛嬛（yuān yuān）：均为柔美的样子。《汉书》本传作"嫒嫒"，《昭明文选》作"嫚嫚"⑦斌媚：即"妩媚"姿态美好可爱。姌嫋（rán niǎo）：即"姌袅"纤细柔弱的样子。《汉书》本传、《昭明文选》作"纤（xiān）弱""纤"同"孅"⑧抴（yè）：《汉书》本传、《昭明文选》作"曳"拖。独茧：独成茧者谓之独茧。独茧丝细而有绪。褕（yú）：即"襜（chān）褕"。短衣。《汉书》本传作"袥"，《昭明文选》作"袿"⑨眇：细看。阎易：衣服长大的样子。戍削：谓衣服剪裁合身，如刻画的一样。⑩媥姺（piān xiān）：衣服婆娑的样子。《汉书》本传、《昭明文选》作"便（pián）姗"徶徶（biè xiè）：衣服飘舞的样子。《汉书》本传、《昭明文选》作"嫳（piè）屑"⑪沤郁：浓郁。⑫淑郁：气味浓厚。⑬粲烂：即"灿烂"光彩

鲜明的样子。⑭昀皪（dì lì）：明亮、鲜明的样子。皪，明。⑮连娟：弯曲而纤细？细长。⑯睇（dì）：斜视；流盼。绵藐：好看。⑰色授魂与：意为我的神魂去和她的脸色相接。《汉书》本传"与"作"予"。⑱愉：往。一说是悦的意思。

于是酒中乐酣①，天子芒然而思②，似若有亡。曰：'嗟乎，此泰奢侈③！朕以览听余间，无事弃日④，顺天道以杀伐⑤，时休息，于此⑥，恐后世靡丽，遂往而不反⑦，非所以为继嗣创业垂统也⑧。于是乃解酒罢猎⑨，而命有司曰⑩：'地可以垦辟⑪，悉为农郊⑫，以赡萌隶⑬；隤墙填堑⑭，使山泽之民得至焉。实陂池而勿禁⑮，虚宫观而勿仞⑯。发仓廪以振贫穷⑰，补不足，恤鳏寡⑱，存孤独⑲。出德号⑳，省刑罚㉑，改制度㉒，易服色㉓，更正朔㉔，与天下为始㉕。'

【注释】

①酒中：饮酒至半。乐酣：奏乐畅快。②芒然：即"茫然"失意的样子。③泰：通"太"过分；过甚。《汉书》本传、《昭明文选》作"大"④无事弃日：总为闲居无事，虚耗时日。⑤顺天道：按：古人以为惊蛰之后杀戮野生动物是违反天道，而秋后杀则为天道所许可。杀伐：杀戮。⑥此：指范围之中。⑦反：《汉书》本传、《昭明文选》作"返"。⑧继嗣：继承人。创业垂统：旧谓创立基业传之后代。⑨解：停止。⑩命：告。有司：古代设官分职，各有专司，因称官吏为有司。⑪地：指苑中的土地。下文"墙""堑""陂池""宫观""仓廪"等，均指苑中之物。⑫农郊：即农田。⑬赡（shàn）：供给。萌（méng）：民。《汉书》本传作"氓"与"民"通。隶：小臣。⑭隤（tui）：同"颓"坠落。使动用法。堑（qiàn）：壕沟。⑮实：满。使动用法。意为使池沼中聚满捕捞的人。陂（bei）池：池沼。⑯虚：空。使动用法。宫观（guàn）：《汉书》本传、《昭明文选》作"宫馆"即离宫别馆。仞（ren）：满。使动用法。⑰发：打开。仓廪（lìn）：贮藏米谷的仓库。振："赈"的本字。救济。《汉书》本传、《昭明文选》作"救"⑱恤：周济；体恤。⑲存：怜恤。孤：幼年死去父亲。独：老而无子。⑳德号：指带有德音（即善言）的诏命或号令。㉑省：减少；减轻。㉒制度：此指宫室车服制度。㉓服色：古时每一朝代所定的车马祭牲的颜色。㉔更：改。《汉书》本传、《昭明文选》作"革"正（zhēng）朔：正为一年的开始，朔为一月的开始。我国古代夏、商、周的正朔各不相同。㉕始：《昭明文选》作"更始"。除旧布新的意思。

于是历吉日以齐戒①，袭朝衣②，乘法驾③，建华旗，鸣玉鸾④，游乎六艺之囿⑤，骛乎仁义之塗⑥，览观《春秋》之林⑦，射《貍首》⑧、兼《驺虞》⑨，弋玄鹤，建干戚⑩，载云罕⑪，揜群《雅》⑫，悲《伐檀》⑬，乐《乐胥》⑭，修容乎《礼》园⑮，翱翔于《书》圃⑯，述《易》道⑰，放怪兽⑱，登明堂⑲，坐清庙⑳，恣群臣，奏得失，四海之内，靡不受获㉑。于斯之时，天下大说㉒，向风而听，随流而化，喟然兴道而迁义㉓，刑错而不用㉔，德隆乎三皇，功羡于五帝㉕。若此，故猎乃可喜也㉖。

【注释】

①历：算。齐（zhāi）戒：古人于祭祀之前，戒酒素食，以示诚敬，称为齐戒。"齐"后改为"斋"。②袭：穿。朝衣：谓龙衮之服。③法驾：天子的车驾。④鸣玉鸾："鸾"是系在马勒上的鸾铃。鸣玉鸾，谓皇帝出行。⑤六艺：指《诗》《书》《礼》《易》《乐》和《春秋》六部儒家经典。⑥骛：《汉书》本传、《昭明文选》作"弛骛"。奔走趋赴。塗：道，通"途"。⑦林：谓《春秋》义理繁茂，故比之于林薮。⑧《貍首》：逸诗篇名。⑨《驺虞》：《诗经·召南》末章。⑩建：《汉书》本传、《昭

明文选》作"舞"。干戚：古武舞执之，亦指武舞。⑪云罕（hǎn）：旌旗的代称。一说为星名。指天毕星。⑫揜（yǎn）：网罗。⑬《伐檀》：《诗经·魏风》篇名。《诗序》说："《伐檀》，刺贪也。在值贪鄙，无功而受禄，君子不得进仕尔。"⑭乐（lè）：喜爱。乐（lè）胥：颜师古曰，取《小雅》桑扈之篇"君子乐胥，万邦之屏。"胥，有才智之人也。王者乐得有才智之人使在位者也。⑮修容：修饰仪表。《礼》："六艺"之一。《正义》云："《礼》所以自修饰、整威仪也"。⑯书：即《尚书》。"六艺"之一。⑰易："六艺"之一。《正义》云："《易》所以絜静微妙，上辨二仪阴阳，中知人事，下明地理也。"⑱放怪兽：谓不再蓄养奇怪之兽。⑲明堂：古代天子宣明政教的地方，凡朝会及各种大典，均在其中进行。⑳清庙：宗庙的通称。㉑获：恩惠。㉒天下：指天下之人。说（yuè）：通"悦"。㉓嘳：《汉书》本传，《昭明文选》作"卉"。勃然的意思。兴道迁义：谓复兴道德而徙就仁义。㉔错：通"措"。废弃；放弃。㉕美：超过。㉖故：则。连词。

"若夫终日暴露驰骋①，劳神苦形，罢车马之用②，抏士卒之精③，费府库之财，而无德厚之恩④，务在独乐⑤，不顾众庶，忘国家之政，而贪雉兔之获⑥，则仁者不由也⑦。从此观之，齐楚之事⑧，岂不哀哉⑨！地方不过千里⑩，而囿居九百⑪，是草木不得垦辟，而民无所食也。夫以诸侯之细⑫，而乐万乘之所侈⑬，仆恐百姓之被其尤也⑭。"

【注释】

①暴（pù）露：置于露天之下，受到日晒雨淋。此处指奔走道路，触冒风雨寒暑。②罢（pí）：通"疲"。疲劳；疲乏。使动用法。③抏（wán）：消耗。精：精力。④无德厚之恩：意为没有安定国家的恩德。⑤务：追求。独乐：一个人的快乐。⑥雉（zhì）：野鸡。⑦由：《汉书》本传、《昭明文选》作"繇（yóu）"。通"猷"。⑧齐楚之事：指上文齐楚二国争游猎之乐、苑囿之大的事。⑨哀：悲哀；可怜。⑩方：方圆；周围。⑪居：占；占据。⑫细：微小。⑬乐：快乐。万乘（shèng）：乘，一车四马。万乘，指万辆车。周制，王畿方千里，能出兵车万乘后因以"万乘"指帝位。⑭尤：过失。

于是二子愀然改容①，超若自失②，逡巡避席曰③："鄙人固陋④，不知忌讳⑤，乃今日见教⑥，谨闻命矣⑦。"

【注释】

①愀（qiǎo）：容色变动。②超：怅惘；若有所失的样子。③逡（qūn）巡：退却；欲进不进，迟疑不决的样子。避席：古人席地而坐，离座起立，表示敬意，谓之避席。④鄙人：自称的谦辞。固陋：固塞鄙陋。谓见闻浅少。⑤忌讳：此处指避忌、顾忌的意思。⑥乃：这才。副词。⑦谨：表示郑重和恭敬。闻命：《汉书》本传、《昭明文选》作"受命"。

赋奏，天子以为郎①。无是公言天子上林广大②，山谷水泉万物，及子虚言楚云梦所有甚众③，侈靡过其实④，且非义理所尚⑤，故删取其要⑥，归正道而论之⑦。

【注释】

①以为："以之为"的省语。郎：郎官。②上林：上林苑。秦都咸阳时置。③众：多。④侈靡过其实：夸奢靡丽，言过其实。⑤且：况且。连词。⑥删取其要：

节取它的要点。⑦正道：旧时统治阶级称合于其阶级利益的行为准则为"正道"。

相如为郎数岁，会唐蒙使略通夜郎西僰中①，发巴、蜀吏卒千人②，郡又多为发转漕万余人③，用兴法诛其渠帅④，巴、蜀民大惊恐。上闻之，乃使相如责唐蒙⑤，因喻告巴蜀民以非上意⑥。檄曰⑦：

【注释】

①会：恰巧；正好。副词。唐蒙：汉武帝时任番阳（今江西鄱阳县东北）令，上书建议开通夜郎道，被任为郎中将，奉命前往夜郎，以厚礼招致夜郎侯多同归汉。汉于其地设犍为郡，并开辟道路二千余里。夜郎：古夷国。僰（bó）中：即"僰夷"。古夷族。分布在以僰道（今四川宜宾市）为中心的川南和滇东北部一带。②发：征发。巴：郡名。治江州（在今四川重庆市北嘉陵江北岸），辖境相当今四川旺苍、阆中、合川、重庆市永川区以东地区。③转漕：陆水道运输粮食。车运曰转，水运曰漕。④用兴法：即实施军兴法。军兴法，指战时的法令制度。诛（zhū）：杀死；惩处。渠帅：大帅。⑤责：责备。⑥因：趁着。喻：通"谕"。上对下、尊对卑的先知；使人知道。非上意：指唐蒙的这些做法并非皇上本意。⑦檄（xí）：檄文。古代官府用以征召、晓喻或声讨的文书叫"檄"。此处主要是晓喻之意。

告巴、蜀太守：蛮夷自擅，不讨之日久矣①，时侵犯边境②，劳士大夫③。陛下即位④，存抚天下⑤，辑安中国⑥。然后兴师出兵，北征匈奴⑦，单于怖骇⑧，交臂受事⑨，诎膝请和⑩。康居、西域⑪，重译请朝⑫，稽首来享⑬。移师东指，闽越相诛⑭。右吊番禺⑮，太子入朝⑯。南夷之君⑰，西僰之长⑱，常效贡职⑲，不敢怠堕⑳，延颈举踵㉑，喁喁然皆争归义㉒，欲为臣妾㉓，道里辽远㉔，山川阻深，不能自致㉕。夫不顺者已诛㉖，而为善者未赏，故遣中郎将往宾之㉗，发巴、蜀士民各五百人㉘，以奉币帛㉙，卫使者不然㉚，靡有兵革之事㉛，战斗之患㉜。今闻其乃发军兴制㉝，惊惧子弟㉞，忧患长老㉟，郡又擅为转粟运输㊱，皆非陛下之意也。当行者或亡逃自贼杀㊲，亦非人臣之节也㊳。

【注释】

①蛮夷：古代我国对四方各少数民族的泛称。自擅（shàn）：自作主张，意为不服朝廷管辖。不：没。否定副词。②时：时常；经常。③劳：费力。使动用法。士大夫：古代称军士将佐。④陛下：对帝王的尊称。即位：帝王登位。⑤存抚：存恤；抚养。天下：此处指汉朝管辖范围内的全部土地。⑥辑安：和睦安稳。使动用法。中国：古代一般指华夏族居住的黄河下游地区，和"中土""中原"等含义相同，而不同于现时专指我国全部领土的"中国"此处"中国"的含义，系包括汉朝统辖的全部地区，非仅指黄河中下游地区。⑦北征匈奴：在北方讨伐匈奴。匈奴：中国古代北方的少数民族。亦称"胡"。⑧单（chán）于：匈奴最高首领的称号。全称为"撑犁孤涂单于"匈奴语、"撑犁"是"天""孤涂"是"子""单于"是"广大"之意。通常简称为"单于"。怖骇（hài）：惶惧惊恐。⑨交臂：交手，拱手。受事：臣服。⑩诎（qū）：通"屈"请和：求和。⑪康居：古西域国名。约在今中亚巴尔喀什湖和咸海之间。王都在卑阗城。西域：汉以后玉门关（今甘肃敦煌市西北）以西地区的总称。⑫重（chóng）译：指远道各国，因语言不同，需要经过多次辗转的翻译，才能彼此通话。请朝：请求朝献。⑬稽（qǐ）首：古时一种跪拜礼。叩头至地。是"九拜"中最恭敬者。来享：进贡。⑭闽越：又称东越。古

代南方越人的一支，秦汉时分布在今福建北部、浙江南部的部分地区，秦以其地置闽中郡，其首领于汉初受封为闽越王。治东冶（今福建福州市）。⑮右吊：后至。吊，至。一说吊非至，是慰抚之意。番（pān）禺：古地名。在今广东广州市。因其为南越王都，故以之代表南越。南越又称"南粤"。为南方越人的一支。地当今广东、广西大部和越南北部及沿海地区。秦于其地置桂林、南海、象郡，秦末，龙川县令赵佗兼并三郡建南越国。汉兴封赵佗为南越王。⑯太子：此处指南越太子婴齐。⑰南夷：泛指云南、贵州及广西西北部各少数民族。君：君长；长帅。⑱西僰：僰夷在南夷以西，故称西僰。长：长帅；君长。⑲效：效力；效劳。贡职：贡献赋税。⑳堕：通"惰"。懒；懈怠。㉑延颈举踵：伸长脖子，抬起脚后跟。㉒喁（yóng）喁：形容众人向慕之状。然：词尾，表示"……样子"。归义：归附大义。㉓臣妾：西周、春秋时对奴隶的称谓。男奴叫臣，女奴叫妾。㉔道里：路程。㉕自致：亲自致意。㉖夫：发语词。㉗中郎将：汉代皇帝的警卫官。宾：服从；顺从。使动用法。㉘按：此句"士民"二字费解。《汉书》本传、《昭明文选》均作"之士"。㉙奉：供给。币帛：泛指用作礼物的丝织品和玉、皮、马等。㉚卫：警卫。不然：不虞；意为意料不到的事情。虞，料度，预料。㉛靡：没有。兵革：兵器、衣甲的总称，引申为战争。㉜患：忧患。㉝乃：意然。副词。发：兴起。军兴制：即军兴法。㉞弟子：指年轻的一辈。㉟忧患：使动用法。长（zhǎng）老：年高者。㊱转粟运输：车转运输送粮食物资。㊲当行者：指当应征的。不定指代词。亡：逃亡。自贼杀：自相残杀。贼，残害。㊳节：节操，气节。

夫边郡之士，闻烽举燧燔①，皆摄弓而驰②，荷兵而走③，流汗相属④，唯恐居后⑤，触白刃⑥，冒流矢⑦，义不反顾⑧，计不旋踵⑨，人怀怒心，如报私雠⑩。彼岂乐死恶生⑪，非编列之民⑫，而与巴、蜀异主哉⑬？计深虑远，急国家之难⑭，而乐尽人臣之道也。故有剖符之封⑮，析珪而爵⑯，位为通侯⑰，居列东第⑱，终则遗显号于后世⑲，传土地于子孙，行事甚忠敬，位居甚安佚⑳，名声施于无穷㉑，功烈著而不灭㉒。是以贤人君子㉓，肝脑涂中原㉔，膏液润野草而不辞也㉕。今奉币役至南夷㉖，即自贼杀㉗，或亡逃抵诛㉘，身死无名，谥为至愚㉚，耻及父母㉛，为天下笑㉜。人之度量相越，岂不远哉㉞！然此非独行者之罪也㉟，父兄之教不先㊱，子弟之率不谨也㊲；寡廉鲜耻㊳，而俗不长厚也㊳。其被刑戮㊴，不亦宜乎㊵！

【注释】

①烽举：烽火擎起。夜焚柴草曰烽。燧燔（fán）：和薪焚烧。白昼焚柴薪生烟曰燧。②摄弓：谓拿着弓作射箭的准备。驰：驱马进击。③荷（hè）兵：扛着武器。走：谓奔向战场。④属（zhǔ）：接连。⑤居：处于。⑥触（chù）：触犯；冒犯。⑦流矢：飞箭。⑧义不反顾：谓在道义上只许勇往直前，不容徘徊退缩。义：道义。反顾：向后看。⑨计不旋踵：谓在大计上不能犹豫不决，旋转脚跟逃走。⑩雠（chóu）：通"仇"，仇敌；仇人。⑪彼：他们，第三人称代词。岂：难道。反诘副词。乐（lè）死恶（wù）生：喜欢死而厌恶生。⑫编列之民：即编排进户籍的人民。⑬异主：不是同一个君主。⑭急国家之难：把国家的困难作为急事。⑮剖符：古代帝王分封诸侯或功臣，把符节剖分为二，双方各执其半，作为信守的约证，叫作"剖符"。⑯析：剖开。珪（guī）：古代一种长条形玉器。爵（jué）：爵位。作动词。⑰通侯：爵位名。秦二十等爵的最高一级，汉沿用，原名彻侯，后因避武帝刘彻讳，改称通侯。⑱居：住处。列：排列。东第：甲第。

因列甲第在京城之东，故称东第。⑲终：生命完结；死。⑳佚：通"逸"。㉑施（yí）：延续。㉒功烈：功绩和事业。著：昭著。灭：灭绝。㉓是以：因此。㉔涂：涂抹。中原：原野；平原。㉕膏：脂肪，油脂。液：血液。膏液：泛指血肉。润：滋润。辞：推辞。㉖役：兵役或徭役。㉗即：即便。㉘抵诛：至于诛戮。㉙无名：无善名。㉚谥（shì）：称；号。至愚：最蠢的人。㉛及：涉及；牵扯。㉜为：被。笑：讥笑。㉝度量：指人的气量、胸襟。㉞远：多。㉟非独：不仅仅。㊱父兄之教不先：意为父兄往日没有教导。㊲率：表率。谨：慎重。㊳寡廉鲜（xiǎn）耻：谓人没有操守，不知羞耻。寡，鲜，皆为少之意。㊴俗：风俗。㊵被：遭受；蒙受。刑戮（lù）：杀戮。㊶不亦：不也是。宜：应该；应当。乎：反诘语气词。

陛下患使者有司之若彼①，悼不肖愚民之如此②，故遣信使晓喻百姓以发卒之事③，因数之以不忠死亡之罪④，让三老孝弟以不教诲之过⑤。方今田时⑥，重烦百姓⑦，已亲见近县⑧恐远所谿谷山泽之民不遍闻⑨，檄到，亟下县道⑩，使咸知陛下之意⑪，唯毋忽也⑫。

【注释】

①有司：古代设官分职，各有专司，因称官吏为"有司"。②悼：哀伤；悲伤。不肖：不贤。③信使：古称使者为"信"或"使"，合言之为"信使"。一曰为诚信之使。晓喻：亦作"晓谕"。以：把。介词。④因：趁着。数（shǔ）：指责；斥责。动词。⑤让：责备；责怪。三老：古时掌教化的乡官。孝弟（tì）：汉代乡官名，掌宣明教化，与三老职责相同。不教诲：即不先教诲。过：错误；过失。⑥方：当。⑦重烦：不轻易烦劳。重：难；不轻易。⑧亲见近县：谓亲自面喻郡旁近县的人。⑨远所：边远处所。遍：普遍；到处。⑩亟（jí）下：赶快下发。道：居有蛮夷的县曰道。⑪咸：普遍。⑫唯：句首语气词。表示希望。毋（wú）：别；不要。表示禁止。忽：忽略；不注意；不重视。

相如还报①。唐蒙已略通夜郎，因通西南夷道②，发巴、蜀、广汉卒③，作者数万人④。治道二岁⑤，道不成，士卒多物故⑥，费以巨万计⑦。蜀民及汉用事者多言其不便⑧。是时邛、筰之君长闻南夷与汉通⑨，得赏赐多，多欲愿为内臣妾⑩，请吏⑪，比南夷⑫。天子问相如⑬，相如曰："邛、筰、冉、駹者近蜀⑭，道亦易通，秦时尝通为郡县，至汉兴而罢。今诚复通⑮，为置郡县，愈于南夷⑯。"天子以为然，乃拜相如为中郎将⑰，建节往使⑱。副使王然于、壶充国、吕越人驰四乘之传，因巴、蜀吏币物以赂西夷⑳。至蜀，蜀太守以下郊迎㉑，县令负弩矢先驱㉒，蜀人以为宠㉓，于是卓王孙、临邛诸公皆因门下献牛酒以交驩㉔。卓王孙喟然而叹㉕，自以得使女尚司马长卿晚㉖，而厚分与其女财，与男等同㉗。司马长卿便略定西夷，邛、筰、冉、駹、斯榆之君皆请为内臣㉘。除边关㉙，关益斥㉚，西至沬、若水㉛，南至牂柯为徼㉜，通零关道㉝，桥孙水以通邛都㉞。还报天子，天子大说㉞。

【注释】

①还报：返回报告。②西南夷：泛指西南各少数民族。③广汉：郡名。汉高帝六年（前201年）分巴、蜀二郡置。治所在乘（shèng）乡（一作"绳乡"，在今四川金堂县东）。④作者：做工的人。⑤治：修筑。⑥物故：死亡。⑦费：耗费。以巨万计：拿亿来计算。巨万：万万；亿。⑧汉：指汉王朝。用事者：当权者。此处指丞相公孙弘。多：指示代词。代多数人。⑨邛（qióng）：即"邛

都之夷"。当在今四川西昌市以南的雅砻江与金沙江之间。筰（zuó）：即"筰都夷"。当在今四川乐山、汉源、石棉、越西县和木里藏族自治县一带。君长：长帅。⑩内：内国。即汉朝。臣妾：奴隶。此处指臣服汉朝、接受汉朝的驱使。⑪请吏：意为请求汉朝设置官吏加以管辖。⑫比南夷：比于南夷。即与南夷同类。⑬问：询问。⑭冄（rán）、駹（máng）：即"冄夷"和"駹夷"。属古羌族。分布在今四川茂汶羌族自治县至松潘县一带。⑮诚：果真。⑯愈：胜。⑰拜：用一定的礼节授给官职。⑱建：立。节：符节。古代使者所持的工作凭证。⑲传（zhuàn）：传车。古代驿站的专用车辆。按公出办事的缓急、轻重，分为置传、驰传、乘传等不同等级。四乘之传：亦称"四封乘传"。指凭封盖御史大夫四颗印章的传信（调发传车的凭据）而享用的乘传驾乘。⑳因：依靠；凭借。赂：送给财物。㉑郊迎：到郊界之上迎接，表示尊重。㉒负弩矢先驱：背负弓箭在前面引路。㉓宠：荣。㉔门下：门庭之下。此处指司马相如门下。牛酒：牛和酒。古时用作馈赠、慰劳或赏赐的物品。以：用以。交驩：相交而得其欢心；结好。驩：通"欢"。㉕喟（kuì）：叹声。㉖以：以为。尚：配。晚：迟。㉗男：儿子。㉘斯榆：一作"斯臾"。小国名。当在今四川西昌市境内。内臣：内国之臣。即臣服汉朝。㉙除边关：意为拆除原先边界上的关隘。㉚斥：广。㉛沫：沫水。古水名。隋唐以后改名大渡河。若：若水。古水名，即今雅砻江。其与金沙江合流后的一段金沙江，古时亦兼称若水。当巴、蜀对今云、贵地区的交通要道。㉜牂柯（zāng kē）：古水名。或作牂柯江、牂柯水。此外又有今潕江、沅江、乌江等说。徼（jiào）：边界。㉝零关道：即灵关道。汉武帝时开，自今四川大渡河南岸通向西昌平原。《汉书》本传作"灵山道"。㉞桥孙水：为孙水作桥。孙水，即今安宁河。邛都：《汉书》本传作"邛莋"，即邛都。㉟说：通"悦"。

相如使时①，蜀长老多言通西南夷不为用②，唯大臣亦以为然③。相如欲谏④，业已建之⑤，不敢，乃著书，籍以蜀父老为辞⑥，而己诘难之⑦，以风天子⑧，且因宣其使指⑨，令百姓知天子之意。其辞曰：

【注释】

①使时：谓出使蜀郡之时。②长老：年高者。多：指示代词，代表"长老"中的多数。用：用处；作用。③唯：与"虽"通。大臣：指丞相公孙弘。④谏（jiàn）：规劝君主、尊长或朋友，使之改正过错。⑤业：本先。既。⑥籍：凭借。辞：讲话、解说。⑦诘（jié）：问。难：反驳；质问对方。⑧风（fěng）：通"讽"。⑨且：与"姑"通。因：依靠；凭借。使指：使者的意图。

汉兴七十有八载①，德茂存乎六世②，威武纷纭③，湛恩汪涉④，群生澍濡⑤，洋溢乎方外⑥。于是乃命使西征，随流而攘⑦，风之所被⑧，罔不披靡⑨。因朝冄从駹⑩，定筰存邛⑪，略斯榆⑫，举苞满⑬，结轶还辕⑭，东乡将报⑮，至于蜀都⑯。

【注释】

①按：汉兴七十八载，当为武帝元光六年（前129年）。②德茂：恩德美盛。六世：六代。指高祖、惠帝、高后、文帝、景帝、武帝。③威武：威风凛凛；雄壮。纷纭：亦作"纷云"。盛的样子；多的样子。④湛（chén）：通"沉"。长久。恩：恩惠。⑤群生：犹言众生。泛指一切生物。澍（shù）：时雨。濡（rú）：沾湿。按：《汉书》本传、《昭明文选》澍作"胝"。⑥洋溢：充满；广泛传播。

方外：汉王朝以外的地区。⑦攘（ráng）：古"让"字。却，退让。⑧被：覆盖。⑨罔（wǎng）：无；没有。披靡：草木随风偃倒。⑩因：于是。副词。朝：朝见。使动词。从：服从。使动词。⑪定：平定。存：抚恤。⑫略：夺取。⑬举：占领。⑭结轶（zhé）：即"结辙"。意为车轮的辙迹相迭，形容车马络绎不绝于途。按：《汉书》本传、《昭明文选》"轶"作"轨"。轨亦即车辙。还：返回原来的地方。辕：驾车的木条，与车轴相连，左右各一。此处指车。⑮东乡（xiàng）：向东去。乡，通"向"。将报：将要还报朝廷。⑯至于：到达。蜀都：蜀郡治所，即成都。

耆老大夫荐绅先生之徒二十有七人①，俨然造焉②。辞毕③，因进曰④："盖闻天子之于夷狄也⑤，其义羁縻勿绝而已⑥。今罢三郡之士⑦，通夜郎之塗⑧，三年于兹⑨，而功不竟⑩，士卒劳倦，万民不赡⑪，今又接以西夷，百姓力屈⑫，恐不能卒业⑬，此亦使者之累也⑭，窃为左右患之⑮。且夫邛、笮、西僰之与中国并也⑯，历年兹多⑰，不可记已⑱。仁者不以德来⑲，彊者不以力并⑳，意者其殆不可乎㉑！今割齐民以附夷狄㉒，弊所恃以事无用㉓，鄙人固陋㉔，不识所谓㉕"。

【注释】

①耆（qí）老：谓年高之人。耆，古称六十岁为"耆"。大（dà）夫：旧时对一般任官职者的称呼。荐绅：通"搢绅""缙绅"。旧时高级官吏的装饰。先生：旧时对年长有德业者的敬称。徒：指同类的人。有（yòu）：连词。与"又"通。②俨（yǎn）然：庄严的样子。造：到；往。焉：代词。与"之"通。③辞：开头谒见时的慰安之辞。④因：于是；就。与"则"通。⑤盖：句首语气词。夷狄：古代泛称边远地区的少数民族。⑥义：事之宜；正义。指思想行为符合一定的标准。羁縻：束缚，牵制。勿：不要。禁戒副词。与"毋"通。而已：罢了。⑦罢（pī）：通"疲"。疲劳；疲乏。使动用法。三郡：指巴、蜀、广汉三部。⑧塗：道路。⑨于兹：至此。⑩竟：完毕。⑪赡（shàn）：给养充足，富足。⑫屈（jué）：竭；尽。⑬卒：完毕，结束。⑭累（léi）：麻烦，累赘。⑮左右：旧时称对方，不直称其人，仅称他的左右以示尊敬。此处指司马相如。⑯且夫：句首语气词。并：并列。⑰历：时间上的经历。兹：此。⑱已：了也。⑲来：招抚来至。⑳彊：通"强"。并：兼并；合并。㉑其：句中语气词。表示揣测。殆：恐怕。不可：不可能。㉒割：分割。此处指分割财物。齐民：即"编户齐民"。附：附益。㉓弊：疲困。使动用法。所恃（shǐ）：所依赖的。指编户之民。事：奉事。无用：指夷狄。㉔鄙人：自称的谦辞。固陋：固塞，鄙陋。㉕不识所谓：意为不知道所说的对或是不对。

使者曰："乌谓此邪①？必若所云②，则是蜀不变服而巴不化俗也③。余尚恶闻若说④。然斯事体大⑤，固非观者之所觏也⑥。余之行急⑦，其详不可得闻已⑧，请为大夫粗陈其略⑨。

【注释】

①乌：怎么；为什么。疑问代词，与"何"通。②必：倘若：假如。若：像。云：说。③则：乃；就是。变服化俗：即改变服装风俗。④恶（wù）闻者说：不爱听这种话。⑤斯：此。指示代词。事体：即事情。⑥固：所以；因此。通"故"。⑦行：行程。⑧其详不可得闻已：即没有机会给你们详细解释了。⑨请：请求。粗陈：粗略陈述。略，大致，大概。

"盖世必有非常之人^①，然后有非常之事；有非常之事，然后有非常之功。非常者，固常人之所异也^②。故曰：非常之原^③，黎民惧焉^④；及臻厥成^⑤，天下晏如也^⑥。

【注释】

①非常：异乎寻常。②异：以为奇异。意动用法。③原：创始。④黎民：即众民百姓。⑤臻：至。厥：其。⑥晏如：清平安乐的样子。

"昔者鸿水浡出^①，泛滥衍溢^②，民人登降移徙^③，陭陒而不安^④，夏后氏戚之^⑤，乃堙鸿水^⑥，决流疏河^⑦，漉沈赡菑^⑧，东归之于海，而天下永宁。当斯之勤^⑨，岂唯民哉。心烦于虑而身亲其劳^⑩，躬胝无胈^⑪，肤不生毛。故休烈显乎无穷^⑫，声称浃乎于兹^⑬。

【注释】

①鸿水：《汉书》本传、《昭明文选》作"洪水"。浡（bó）：《汉书》本传、《昭明文选》作"沸"意为水翻腾的样子。②衍：漫延。③登降移徙（xǐ）：指面对洪水，到处趋避迁徙。登：《汉书》本传、《昭明文选》作"升"。④陭陒：《汉书》本传、《昭明文选》作"崎岖"。地面高低不平的样子。⑤夏后氏：指夏禹。夏禹原为传说中的夏后氏部落领袖，奉舜命治理洪水。因治水有功被舜选为继承人。舜死后，担任部落联盟首领。戚：忧愁；悲伤。⑥堙（yīn）：填塞。⑦决：排除阻塞物，疏通河道。疏：疏通。⑧漉（lù）沈赡菑（zāi）：《汉书》本传、《昭明文选》作"灑沈澹灾"。颜师古曰："灑，分也；沈，深也；澹：安也。言分散其深水以安定其灾也。"菑：通"灾"。赡：通"憺""澹"。⑨当：处在某个时候、某个地方。勤：劳；辛苦。⑩心烦于虑：心被忧虑烦劳。身亲其劳：亲自操劳苦作。⑪躬：身体。胝（zhī）：手脚上的老趼（jiǎn）；皮厚。胈（bá）：大腿上的毛。⑫休：美。烈：功业。⑬声称：名声和称颂。浃（jiā）：通"彻"。兹：今；年。

且夫贤君之践位也^①，岂特委琐握踹^②，拘文牵俗^③，循诵习传^④，当世取说云尔哉^⑤！必将崇论闳议^⑥，创业垂统^⑦，为万世规^⑧。故驰骛乎兼容并包^⑨，而勤思乎参天贰地^⑩。且《诗》不云乎^⑪：'普天之下，莫非王土^⑫；率土之滨^⑬，莫非王臣。'是以六合之内^⑭，八方之外^⑮，浸浔衍溢^⑯，怀生之物有不浸润于泽者^⑰，贤君耻之^⑱。今封疆之内^⑲，冠带之伦^⑳咸获嘉祉^㉑，靡有阙遗矣^㉒。而夷狄殊俗之国^㉓，辽绝异党之地^㉔，舟舆不通^㉕，人迹罕至，政教未加^㉖，流风犹微^㉗。内之则犯义侵礼于边境^㉘，外之则邪行横作^㉙，放弑其上^㉚，君臣易位^㉛，尊卑失序^㉜，父兄不辜^㉝，幼孤为奴^㉞，系累号泣^㉟，内向而怨^㊱，曰'盖闻中国有至仁焉^㊲，德洋而恩普^㊳，物靡不得其所^㊴，今独曷为遗己^㊵'，举踵思慕^㊶，若枯旱之望雨^㊷。盭夫为之垂涕^㊸，况乎上圣^㊹，又恶能已^㊺？故北出师以讨彊胡^㊻，南驰使以诮劲越^㊼。四面风德^㊽，二方之君鳞集仰流^㊾，愿得受号者以亿计^㊿。故乃关沬若⁵¹，徼牂柯⁵²，镂零山⁵³，梁孙原⁵⁴。创道德之涂，垂仁义之统。将博恩广施⁵⁵，远抚长驾⁵⁶，使疏逖不闭⁵⁷，阻深暗昧得耀乎光明⁵⁸，以偃甲兵于此⁵⁹，而息诛伐于彼⁶⁰。遐迩一体⁶¹，中外提福⁶²，不亦康乎？夫拯民于沉溺⁶⁴，奉至尊之休德⁶⁵，反衰世之陵迟⁶⁶，继周氏之绝业⁶⁷，斯乃天子之急务也⁶⁸。百姓虽劳，又恶可以已哉！

【注释】

①且夫：提挈助词。践位：帝王即位。②岂：难道。反诘副词。特：只。与"但"通。委琐：细碎局促；拘于小节。握踹（wò chuò）：通"龌龊"。器量

狭窄。③拘文牵俗：谓拘泥于微细之文，为流俗所牵掣。④循诵习传：惯于遵循古代的传说和记载。⑤取说（yuè）：讨好。说，通"悦"。⑥闳（hóng）：宏大。⑦创业垂统：创立基业，传给后代。⑧规：法度；准则。⑨驰骛（wù）：奔走趋赴。兼容并包：容纳包括各个方面或各种事物。⑩参（sān）天贰（èr）地：颜师古曰：天子"比德于地，是贰地也；地与己并天，是为参天"。此句意为与天地并列。⑪《诗》：指《诗经》。⑫莫：没有什么。⑬率（shuài）土之滨：犹言四海之内。率：循，沿着。滨：边界。⑭是以：因此。六合：指天地四方。这里泛指天下。⑮八方：东南西北四方加上四维（东南、东北、西南、西北）。⑯浸（jìn）浔（xún）：通"浸寻"。渐渍：逐渐。衍溢：意为有余。⑰怀生：谓有生命。泽：恩泽；恩惠。⑱耻：耻辱；可耻的事情。意动用法。⑲封疆：疆界。⑳冠带：帽子腰带，此喻指华夏族。伦：类。㉑咸：全部。祉（zhǐ）：福。㉒靡（mí）：没有；无。阙（quē）：通"缺"。㉓殊俗：不同的习俗。㉔辽：辽远。绝：极远；隔绝。异：其他；别的。党：亲族。㉕舆（yú）：车。㉖政教：政治和教化。加：施加。㉗流风：犹言遗风。指前代流传下来的良好风尚习惯。犹微：还不显露。㉘内（nà）：通"纳"。接纳；收容。动词。犯义侵礼：侵蚀和触犯礼义。㉙外：排斥；疏远。㉚放弑（shì）：逐杀。弑：古代统治阶级指臣杀君、子杀父为弑。上：指君主。㉛易位：改换位置。㉜序：次序。㉝不辜：指无罪而被杀戮。㉞幼孤：小孩和孤儿。奴：奴隶。㉟系累（léi）：一作"系累"。捆缚；拘禁。号（háo）：大声啼哭。泣（qì）：低声哭。㊱内向：指朝向汉朝。怨：恨怨。㊲盖：发语动词。至：极；最。仁：古时所谓善政的标准，即仁政。㊳洋：多。㊴所：处所。㊵独：偏偏。己：自己。㊶举踵：抬起脚后跟。思慕：想念。㊷若：犹如。枯：草木枯萎。㊸戾（lì）夫：凶狠暴烈的人。戾，古"戻"字。垂涕：垂挂眼泪。㊹况：何况。上：今上，指汉武帝。圣：圣明。㊺恶（wū）：怎么。疑问代词。㊻北：谓在北面。此为方位名词作状语。下句"南"用法同比。㊼驰使：谓派遣急驰的使者。诮（qiào）：责问。劲：强。㊽风德：意为对能言语的人以德义讽喻。㊾二方之君：指西夷和南夷的君长。鳞集仰流：谓如游鱼四集，仰上承流。㊿愿：希望。以亿计：拿亿作单位来计算。(51)乃：才。关联副词。关沫若：谓以沫水若水为关。(52)徼（jiào）：边界。牂柯：指牂柯江。(53)镂（lòu）：疏通。零山：一作灵山。疑即今四川峨边县南古灵关道。(54)梁孙原：在孙水的源头架桥。梁，桥。孙：孙水。原，古"源"字。(55)博恩广施：意为广泛地施行恩惠。(56)远抚长驾：意为安抚和驾驭远方。(57)疏逖：指疏远者。不闭：不被关闭。(58)阻深：《汉书》本传、《昭明文选》作"曶爽"。指天未明之时。耀：照耀。乎：与"于"通。(59)偃：停止；休息。甲兵：铠甲和兵器。此处代称军事。(60)诛：惩罚；讨伐。(61)遐迩（xiá ěr）：远近。(62)提：《汉书》本传、《昭明文选》作"禔（tí）"。安康。(63)康：乐。(64)拯（zhěng）：援救；援助。沉溺：指陷于痛苦困厄之中。(65)奉：尊奉。至尊：至高无上的地位。此处指皇帝。休：美。(66)反：翻转。衰世：衰落之世。陵迟：衰颓。《汉书》本传、《昭明文选》作"陵夷"。(67)周氏：指周代开国君主周文王、周武王。绝业：断绝的事业。(68)斯：此。急务：急事。

"且夫王事固未有不始于忧勤①，而终于佚乐者也②。然则受命之符③，合在于此矣④。方将增泰山之封⑤，加梁父之事⑥，鸣和鸾⑦，扬乐颂⑧，上咸五⑨，下登三⑩。观者未睹指⑪，听者未闻音，犹鹪明已翔乎寥廓⑫，而罗者犹视乎薮泽⑬。悲夫⑭！"

【注释】

①王事：帝王的事业。按《史记志疑》以为"事"字当依《汉书》《文选》

作"者"。忧勤：忧患；愁苦。勤：同"勤（qín）"。②佚（yì）乐：安乐。佚：通"逸"。③然则：顺承连词，本意为"如此则"。相当于"那么"。受命：谓受天之命。古代帝王托神权以自重之辞。符：符命。儒家、方士所说的表明君主"受命于天"的一种所谓"祥瑞"征兆。④合：全。王先谦曰：此谓天子通西南夷忧民勤远之事。张注非。⑤方将：将要。泰山之封：即到泰山"封禅"。⑥梁父：山名。⑦鸣：发响。使动用法。和鸾：古代车上的铃铛。在轼的称"和"，在衡的称"鸾"。⑧扬：飘扬。使动用法。乐（yuè）：音乐。颂：歌颂。⑨咸五：和五帝相同。咸：皆，和。也通"减"。五：指五帝。⑩登三：跨于三王之上。登，登上。此处有超过之意。三：指三王（夏禹、商汤、周文王、武王）。⑪睹：见；看见。指：手指。⑫鹪（jiāo）明：传说中五方神鸟之一。《昭明文选》作"鹪鹏"。寥廓：天上空阔之处。⑬罗者：张网捕鸟的人。薮（sǒu）：泽无水曰"薮"。泽：湖泽。⑭悲：悲哀。夫（fū）：感叹词。

于是诸大夫芒然丧其所怀来而失厥所以进①，喟然并称曰②："允哉汉德③，此鄙人之所愿闻也。百姓虽怠④，请以身先之⑤。"敞罔靡徙⑥，因迁延而辞避⑦。

【注释】

①芒然：即"茫然"，犹言惘然。丧其所怀来而失厥所以进：意为失了他们来时所报的期望和进见的动机。厥：其，代词。代指他们的。②喟（kuì）：叹声。并：一齐；一道。称：称颂；赞许。③允：公平；得当；相称。德：恩德；恩惠。④怠：《汉书》本传，《昭明文选》作"劳"。⑤以身先之：以自己的行动走在百姓的前面。⑥敞罔：通"怅惘"。失意的样子。靡徙：移足。⑦因：于是。迁延：拖延。辞避：告辞退出。

其后人有上书言相如使时受金①，失官②。居岁余，复召为郎③。

【注释】

①其后：那以后。人有：有人。②失官：即被免去了官职。③复：又。召：召唤；召见。郎：郎官。

相如口吃而善著书①。常有消渴疾②。与卓氏婚，饶于财③。其进仕宦④，未尝肯与公卿国家之事⑤，称病闲居⑥，不慕官爵。常从上至长杨猎⑦，是时天子方好自击熊彘⑧，驰逐野兽，相如上疏谏之⑨。其辞曰：

【注释】

①口吃：一种习惯性语言缺陷。讲话时常发生语言中断或重复，情绪紧张时更严重。②消渴：中医学病名。疾：病。③饶：多。财：财富；财产。④其进仕宦：按《汉书》本传为"故其仕宦"，多一"故"字，而无"进"字。仕宦：旧称任官职。⑤未尝：不曾。肯：愿意。与（yù）：参加。公卿：原指三公九卿。⑥称：声称；声言。⑦常：通"尝"。曾经。从：跟随。上：皇上。指汉武帝。长杨：长杨宫。据《三辅黄图·秦宫》："在今陕西周至县东南三十里，本秦旧宫，至汉修饰之以备行幸。宫中有垂杨数亩，因为宫名。"猎：打猎。⑧是：这。指示代词。方：正；正在。时间副词。好（hào）：喜爱。自：亲自。彘（zhì）：猪。此指野猪。⑨疏（shù）：给皇帝的奏议。

臣闻物有同类而殊能者①，故力称乌获②，捷言庆忌③，勇期贲、育④。臣之愚⑤，窃以为人诚有之⑥，兽亦宜然⑦。今陛下好陵阻险⑧，射猛兽，卒然遇轶材之兽⑨，骇不存之地⑩，犯属车之清尘⑪，舆不及还辕⑫，人不暇施巧⑬，虽有乌获、逢蒙之伎⑭，力不得用⑮，枯木朽株尽为害矣⑯。是胡、越起于毂下⑰，而羌、夷接轸也⑱，岂不殆哉⑲！虽万全无患⑳，然本非天子之所宜近也㉑。

【注释】

①殊：不同。②力：气力。乌获：战国时秦国力士，据说他能举千钧之重，与力士任鄙、孟说同为秦武王宠用，位至大官，年八十余岁。③捷：迅速；敏捷。庆忌：春秋时吴王僚之子。④期：必。贲（bēn）育：指战国时勇士孟贲和夏育。⑤之：语气助词。愚：愚昧；愚蠢。⑥窃：自谦之词。诚：确实；的确。⑦宜：应该；应当。⑧陛下：对帝王的尊称。好（hào）：喜爱；爱好。陵：升；登。阻险：险要的地方。⑨卒（cù）：通"猝"。突然；仓促。轶材：亦作"逸才"。谓过人之才，此指特别强壮有力的野兽。⑩骇：马受惊。不存：不虞；意料不到的。⑪犯：触犯。属车：古代帝王出行时的从车；副车。清尘：颜师古注："尘，谓行而起尘也。言清者，尊贵之意也。"后用以称尊贵的人，表示恭敬。⑫还（xuán）辕：旋转的车辕。⑬不暇（xiá）：没有空闲。施巧：施展技巧。⑭虽：即使；纵然。逢（páng）蒙：亦作"逢门"。人名。伎（jì）：通"技"。技艺；技巧。⑮力：能力。⑯枯木朽株：枯朽的树木。比喻老人、病人或衰弱的力量。害：祸害。《汉书》本传、《昭明文选》作"难"。⑰是：这。起：发生；发动。毂（gǔ）下：辇毂之下。⑱接：接连。轸（zhěn）：舆车后的横木。代称舆车。⑲殆：危险。⑳万全：绝对安全；万无一失。然：然而。转接连词。之：助词。宜近：接近的地方。

　　且夫清道而后行①，中路而后驰②，犹时有衔橛之变③，而况涉乎蓬蒿④，驰乎丘坟⑤，前有利兽之乐而内无存变之意⑥，其为祸也不亦难矣⑦！夫轻万乘之重不以为安⑧，而乐出于万有一危之塗以为娱⑨，臣窃为陛下不敢也⑩。

【注释】

①清道：古时皇帝行幸所至，例须警戒道路，以防意外。②中路：中断道路。③时：时常；经常。衔（xián）：横在马口中备抽勒的铁。橛（jué）：马口中所衔的横木。衔橛之变：谓衔在马口中的勒铁和横木有可能折断，致使翻车伤人。④而况：何况。涉：入；经过。蓬蒿：蒿草。此处泛指野草。⑤丘坟：废墟；荒地。⑥利：贪恋。使动用法。内：内心。存变：准备应付意外事变。⑦其：大概；恐怕。与"殆"通。语气副词。也：语气词。亦：《汉书》本传无。⑧万乘（shèng）：周制，王畿方千里，能出兵车万乘，后因以万乘指帝位。⑨万有一危：万一有危险。⑩为：认为；以为。取：采取。

　　盖明者远见于未萌而智者避危于无形①，祸固多藏于隐微而发于人之所忽者也②，故鄙谚曰："家累千金③，坐不垂堂④。"此言虽小⑤，可以喻大。臣愿陛下之留意幸察⑥。

【注释】

①明者：视力好的人。未萌：事未萌必。无形：尚无形迹。②固：本来。忽：忽视。③鄙谚：俗谚。④坐不垂堂：指富人不敢近屋檐而坐，怕瓦堕伤身。垂堂：近屋檐处，一曰，恐自堂边外跌下，非畏瓦坠也。⑤小：指小事。⑥愿：希望。察：细看；详审。

上善之①。还过宜春宫②，相如奏赋以哀二世行失也③。其辞曰：

【注释】

①善：认为是好的。②宜春宫：秦朝离宫，在今西安市城东。③奏：进献。哀：怜悯；同情。二世：秦二世嬴胡亥、秦朝的第二代皇帝。前210—前207年在位。按：据《括地志》：宜春苑在（宜春）宫之东，杜（陵）之南。《史记·始皇本纪》云："葬二世杜南宜春苑中"。行失：行为过失。

登陂陁之长阪兮①，坌入曾宫之嵯峨②。临曲江之隑州兮③，望南山之参差④。岩岩深山之谾谾兮⑤，通谷豁兮谽谺⑥。汩淢噏习以永逝兮⑦，注平皋之广衍⑧。观众树之塕薆兮⑨，览竹林之榛榛⑩、东驰土山兮，北揭石濑⑪。弥节容与兮⑫，历吊二世⑬。持身不谨兮⑭，亡国失势⑮。信谗不寤兮⑯，宗庙灭绝⑰。呜呼哀哉⑱！操行之不得兮⑲，坟墓芜秽而不修兮⑳，魂无归而不食㉑。夐邈绝而不齐兮㉒，弥久远而愈休。精罔阆而飞扬兮㉓，拾九天而永逝㉔。呜呼哀哉！

【注释】

①陂陁：倾斜不平的样子。《汉书》本传作"陂陁"。阪（bǎn）：山坡。兮（xī）：语气词。②坌（bèn）：并；一起。曾（céng）：重叠。通"层"。嵯峨（cuó é）：高峻的样子。③曲江：即曲江池。故址在西安市东南。隑（qí）：通"碕"。曲折的堤岸。州：通"洲"。水中的陆地。④参差（cēn cī）：长短、高低不齐；不一致。⑤岩岩：高峻的样子。谾谾（hōng hōng）：山深的样子。⑥豁（huò）：《汉书》本传作"豁"。深的样子。谽谺（hān xiā）：《汉书》本传作"谽谺"。山深的样子。⑦汩（gǔ）：急快的样子。淢（yù）：快的样子。噏（xī）习：即"翕习"。舒缓的样子。永：水流长。逝：去。⑧注：流入。平皋：平原沼泽。衍：低而平坦之地。⑨塕（wēng）：《汉书》本传作"蓊"。茂盛的样子。蓊（wēng）：草木茂盛的样子。⑩榛榛（zhēn zhēn）：草木丛杂的样子。⑪揭：提起衣服过河。濑：从沙石上流过的急水。⑫弥（mǐ）节：驻节。指古代大官员出行途中暂时留住。《汉书》本传"弥"作"耴"。容与：迟缓不前的样子。⑬历：经过。⑭持身：立身。谨：谨慎；小心。⑮势：通"势"。《汉书》本传作"势"。⑯寤：通"悟"。醒悟。⑰宗庙：皇帝祖庙。可作王室或王权的代称。灭绝：灭亡断绝。⑱呜呼哀哉：伤痛之辞。旧时祭文中常用来表示对死者的悲悼。⑲操（cāo，旧读cào）行：品行。⑳芜秽（huì）：荒废多杂草。修（xiū）：通"修"。整治。㉑无：《汉书》本传作"亡"。归：归处。食：血食。㉒夐（xiòng）：远。邈（miǎo）：远。绝：极远；隔绝。齐：定限。㉓弥（mí）：久；远。㉓精：精灵；神怪。罔阆：同"罔两""魍魉"。飞扬：飘扬。㉔拾：通"涉"。涉历。九天：天空，相对九地说，极言其高。九，个位数字的极限。

相如拜为孝文园令①。天子既美子虚之事②，相如见上好仙道③，因曰："上林之事未足美也④，尚有靡者⑤。臣尝为《大人赋》，未就⑥，请具而奏之⑦。"相如以为列仙之儒居山泽闲⑧，形容甚臞⑨，此非帝王之仙意也⑩，乃遂就《大人赋》。其辞曰：

【注释】

①拜：用一种礼节授给官职。孝文园令：即掌管汉文帝刘恒陵园的长官。秩六百石。②美：赞美。③好（hào）：喜爱。仙道：成仙之道。④未足：不够。⑤靡：华丽。⑥就：完成。⑦请具而奏之：谓请允许我作完献上。⑧传：《汉书》本传

作"儒"。⑨形容：形体容貌。臞（qú）通癯（qú）：瘦。⑩非：不是。

世有大人兮①，在于中州②。宅弥万里兮③，曾不足以少留④。悲世俗之迫隘兮⑤，揭轻举而远游⑥。垂绛幡之素蜺兮⑦，载云气而上浮。建格泽之长竿兮⑧，总光耀之采旄⑨。垂旬始以为幓兮⑩，抴彗星而为髾⑪。掉指桥以偃蹇兮⑫，又猗旎以招摇⑬。揽欃枪以为旌兮⑭，靡屈虹而为绸⑮。红杳渺以眩湣兮⑯，猋风涌而云浮⑰。驾应龙象舆之蠖略逶丽兮⑱，骖赤螭青虬之蚴蟉蜿蜒⑲。低卬夭蟜据以骄骜兮⑳，诎折隆穷蠼以连卷㉑。沛艾赳螑仡以佁儗兮㉒，放散畔岸骧以孱颜㉓。跮踱輵辖容以委丽兮㉔，绸缪偃蹇怵兔以梁倚㉕。纠蓼叫奡蹋以艐路兮㉖，蔑蒙踊跃腾而狂趡㉗。莅飒卉翕熛至电过兮㉘，焕然雾除，霍然云消。

【注释】

①大人：比喻天子。②在于：在。中州：中国；中土。③弥：满遍。④曾（zēng）：竟。足：能。能愿动词。⑤世俗：指当时社会的风俗习惯。迫隘（ài）：狭窄。谓因受世俗逼迫，觉得处境狭窄。⑥揭（jiē）：离去。轻举：轻装疾进。⑦垂：《汉书》本传作"乘"，驾的意思。绛幡（jiàng fān）：红色的旗帜。素蜺（ní）：白色的副虹。蜺：通"霓"。⑧建：竖起；树立。格泽：即"格泽之气"。⑨总：系。光耀：即"光耀之气"。旄（máo）：古时旗杆头上用旄牛尾作的装饰，因即指有这种装饰的旗。⑩旬始：星名，出于北斗星旁，状如雄鸡。幓（shān）：古代旌旗边缘悬垂的装饰品，又叫旒（liú）。⑪抴（yè）：拖；用力拉。《汉书》本传作"曳"。彗（huì）星：我国古代叫"妖星"，因其形状像扫帚，通常又叫"扫帚星"。髾（shāo）：旌旗上所垂的羽毛。⑫掉：摆动；摇。指桥（jiǎo）：随风指靡。偃蹇（yǎn jiǎn）：高耸的样子。⑬猗旎（yǐ nǐ）：旌旗随风飘扬的样子。招（zhāo）摇：摇动的样子。⑭揽：采摘。欃（chán）枪（chēng）：彗星的别称。亦作"攙枪"。即天欃和天枪。⑮靡：顺，使动用法。屈虹：断虹。绸（táo）：缠裹套。⑯杳渺（yǎo miǎo）：深远。眩湣（xuàn mǐn）：《汉书》本传作"玄湣"。幽奥迷乱的意思。⑰猋（biāo）风：暴风。猋，通"飙"。涌：向上升起。浮：漂在空中。⑱应龙：一种有翼的龙。传说最为灵应。象舆：用象驾的车。蠖（huò）：即尺蠖。一种形体屈曲行走的昆虫。略：巡行。逶丽：行步进止的样子。⑲骖（cān）：驾。螭（chī）：传说中一种没有角的龙。虬（qiú）：《汉书》本传作"虯"，古代传说中的无角龙。蚴蟉（yōu liú）：屈曲行动的样子。蜿蜒：蛇类的曲折爬行的样子。⑳卬（yǎng）：通"仰"。举首向上。夭蟜：通"夭矫"。本为屈伸的样子，引申为屈曲。据（jù）：通"倨"。傲慢不恭。《汉书》本传作"裾"。骄骜（ào）：恣纵奔驰。㉑诎（qū）：弯曲。隆穷：同"隆穹"，高大而中央穹起。蠼（jué）：龙之形貌。连卷：通"连蜷"，蜷曲的样子。㉒沛艾：即駊騀（pǒ ě）。马头摇动的样子。赳螑（xiù）：伸颈低头。仡（yì）：抬头。佁儗（chì yì）：痴呆的样子。㉓放：恣纵；放任。畔岸：放纵任性。骧：马头昂举。孱（chán）颜：高峻貌。㉔跮踱：（chì duó）：走路时忽进忽退。輵辖（gé xiá）：《汉书》本传作"輵螛"，摇目吐舌的样子，一说辗转摇动。委丽：《汉书》本传作"骫（wěi）丽"。左右相随的意思。㉕绸缪（chóu móu）：缠绵，连绵。《汉书》本传作蜩蟉（tiáo liú），是龙首动貌。怵（chù）：受惊的样子。兔（chán）：狡兔。梁倚：像屋梁一样的互相依靠。㉖纠蓼（liǎo）：缠绕。叫奡（ào）：喧呼。奡：通"傲"。艐（jiè）：至；界。古"界"字。㉗蔑蒙：飞扬。踊跃：跃起。趡（cuǐ）：奔跑。㉘莅飒（lì sà）：迅捷的样子。卉翕（xī）：呼吸。《汉书》

史
记

司马相如列传第五十七（续）

1189

本传作"卉歙"。熛（biāo）：闪动。《汉书》本传作"猋"。

邪绝少阳而登太阴兮①，与真人乎相求②。互折窈窕以右转兮③，横厉飞泉以正东④。悉征灵圉而选之兮⑤，部乘众神于瑶光⑥。使五帝先导兮⑦，反太一而从陵阳⑧。左玄冥而右含雷兮⑨，前陆离而后潏湟⑩。厮征伯侨而役羡门兮⑪，属岐伯使尚方⑫。祝融惊而跸御兮⑬，清雾气而后行⑭。屯余车其万乘兮⑮，綷云盖而树华旗⑯。使句芒其将行兮⑰，吾欲往乎南嬉⑱。

【注释】

①邪：通"斜"。绝：横度。少阳：东极。太阴：北极。②真人：仙人。相求：结合在一起。③互折：交互反转。窈窕（yǎo tiǎo）：深远貌。④厉：渡。飞泉：谷名。⑤征：召。灵圉：众仙号。⑥部乘：《汉书》本传作"部署"。安排、布置的意思。瑶光：北斗星杓头第一星。⑦先导：领略；开路。⑧反：通"返"。谓返其所居。使动用法。从：谓侍从自己。使动用法。陵阳：即陵阳子明，仙人。陵阳，山名，在今安徽宣城市。⑨玄冥：古谓水神或雨神。含雷：即黔嬴。相传为天上的造化之神，一曰水神。⑩陆离：神名。潏（yù）湟：神名。⑪厮：役。征伯侨：仙人名。《汉书·郊祀志》作"正伯桥"。⑫属：使。《汉书》本传作"诏"。岐伯：黄帝太医。尚：掌管。方：方药。⑬祝融：火神。南方炎帝之佐。跸（bì）：帝王出行时开路清道，禁止道行。御：同"禦"，抵禦。⑭雾（fēn）气：恶气，雾气。⑮屯：聚集。⑯綷（cuì）：五彩杂合。盖：车盖。⑰句（gōu）芒：神名。东方青帝之佐。⑱嬉：《汉书》本传作"娭"。同为"戏"的意思。

历唐尧于崇山兮①，过虞舜于九疑②。纷湛湛其差错兮③，杂遝胶葛以方驰④。骚扰冲苁其相纷挐兮⑤，滂濞泱轧洒以林离⑥。钻罗列聚丛以笼茸兮⑦，衍曼流烂坛以陆离⑧。径入雷室之砰磷郁律兮⑨，洞出鬼谷之崛礧嵬礌⑩。遍览八纮而观四荒兮⑪，朅渡九江而越五河⑫。经营炎火而浮弱水兮⑬，杭绝浮渚而涉流沙⑭。奄息总极泛滥水嬉兮⑮，使灵娲鼓瑟而舞冯夷⑯。时若薆薆将混浊兮⑰，召屏翳诛风伯而刑雨师⑱。西望昆仑之轧沕洸忽兮⑲，直径驰乎三危⑳。排阊阖而入帝宫兮㉑，载玉女而与之归㉒。舒阆风而摇集兮㉓，亢乌腾而一止㉔。低回阴山翔以纡曲兮㉕，吾乃今目睹西王母曤然白首㉖。载胜而穴处兮㉗，亦幸有三足乌为之使㉘。必长生若此而不死兮㉙，虽济万世不足以喜㉚。

【注释】

①历：路过。崇山：即狄山。传说唐尧葬于其南。②九疑：即九嶷山。在今湖南宁远县南。③湛（chén）湛：重厚的样子。湛，通"沉"。差错：交错。④杂遝（tà）：即"杂沓"。众多杂乱的样子。遝，通"沓"。胶葛：杂乱的样子。⑤冲苁（sǒng）：纠结貌。纷挐（rú）：一作"纷拏（ná）"。混乱的样子。⑥滂濞（pāng pì）：通"滂沛""霶霈"。雨大的样子。泱（yāng）轧：不前的样子。洒：《汉书》本传作"丽"。林离：通"淋漓"。⑦钻：《汉书》本传作"攒"。簇聚的意思。茸茸：聚集的样子。⑧衍曼：即"曼衍"。散布。流烂：散布。坛：《汉书》本传作"疢（chì）"。众，陆离：离散的样子。一作参差。⑨雷室：雷渊。砰（pēng）磷郁律：深峻的样子。⑩洞：通。鬼谷：地名。相传为众鬼所聚之处，位于昆仑山北，在北辰之下。崛礧嵬礌（jué léi wéi huái）：突兀不平的样子。《汉书》本传作"堀礨崴魁"。⑪八纮（hóng）：指最远的地方。四荒：觚竹、北户、西王母、日下谓四荒，意即四方昏荒不开化的地区。《汉书》本传作"四海"。⑫朅（qiè）：

去。九江：泛指长江。五河：泛指大河。⑬经营：往来。炎火：即"炎火之山"，传说在"昆仑之丘"以外。弱水：西域绝远之水。⑭杭：船。绝：渡。浮渚：指流沙河中的小洲。⑮奄：突然。总极：《汉书》本传作"葱极"，即葱岭山，旧对帕米尔高原和昆仑山、喀喇昆仑山脉西部诸山的总称。泛滥：沉浮。⑯灵娲（wā）：即女娲。鼓瑟：弹奏瑟。瑟，一种弦乐器。有二十五根弦。冯夷：即河伯。⑰菱菱（ài ài）：《汉书》本传作"暧暧"，阴暗不明的样子。⑱屏翳：雷神。风伯：即飞廉，风神。刑：杀。雨师：雨神。⑲昆仑：山名。西起帕米尔高原东部，横贯新疆、西藏间，东沿入青海境内。轧汹（mì）泱（huǎng）忽：不分明的样子。《汉书》本传作"轧沕荒忽"。⑳三危：神话中的仙山。㉑排：推。阊阖（chānghé）：传说中的天门。㉒玉女：天仙；仙女。㉓舒：《汉书》本传作"登"。阆（làng）风：山名。摇：《汉书》本传作"遥"，远。㉔亢：高。乌腾：比喻像鸟一样地飞腾。㉕低回：《汉书》本传作"低徊"，即"徘徊"。阴山：相传在大昆仑山以西二千七百里。纡：屈曲；曲折。㉖西王母：神话人物，亦称王母。在《山海经》里，她是一个豹尾虎齿而善啸的怪物。到《汉武内传》中，却成了年约三十、容貌绝世的女神，并把三千年结一次果的蟠桃赠给武帝。皬（hè）然：白的样子。《汉书》本传作"㬝然"。㉗载：《汉书》本传作"戴"。胜：玉胜，妇人首饰，汉时叫作华胜。㉘三足乌：三足青乌。相传专为西王母取食。使：役使。㉙必：倘若；假如。㉚虽：即使；纵然。济：救助。

回车揭来兮①，绝道不周②，会食幽都③。呼吸沆瀣兮餐朝霞④，噍咀芝英兮叽琼华⑤。婌侵浔而高纵兮⑥，纷鸿涌而上厉⑦。贯列缺之倒景兮⑧，涉丰隆之滂沛⑨。驰游道而脩降兮⑩，骛遗雾而远逝⑪。迫区中之隘陕兮⑫，舒节出乎北垠⑬。遗屯骑于玄阙兮⑭，轶先驱于寒门⑮。下峥嵘而无地兮⑯，上寥廓而无天⑰。视眩眠而无见兮⑱，听惝恍而无闻⑲。乘虚无而上假兮⑳，超无友而独存。

【注释】

①回车：掉转车。②不周：即不周山。相传在昆仑山之东南。③幽都：山名。相传在北海之内。④沆瀣（hàng xiè）：旧谓夜间的水气。朝霞：旧谓日出之前的红黄之气。⑤噍咀（jiào zǔ）：咬嚼；含味的意思。芝英：芝菌之英。叽（jī）：稍稍吃一点。琼华：指琼树之花蕊。⑥婌（yǐn）：《汉书》本传作"傑（jìn）"，仰视。浸浔：渐进。纵：耸。⑦鸿涌：《汉书》本传作"鸿溶"，波涛腾涌的样子。鸿，通"洪"。厉：疾飞。⑧贯：穿。列缺：古时谓上天的裂缝；天门。也指闪电。倒景（yǐng）：道家指天上最高的地方。景，通"影"。⑨丰隆：云神。⑩游：游车。先驱之乘。道（dǎo）：道车。出入持马陪乘。降：下。⑪骛（wù）：纵横奔驰。⑫迫：逼迫。区中：世间。陕（xiá）：通"狭"。隘：⑬舒：缓。垠（yín）：崖，界限，边际。⑭玄阙：北极之山。⑮轶（yì）：散失。寒门：天北门。⑯峥嵘（zhēng róng）：深险之貌。⑰寥廓：空阔。⑱眩（xuàn）眠：眼昏花的样子。⑲惝恍（chǎng huǎng）：同"敞怳"，模糊不清。⑳假：通"遐"，远。

相如既奏《大人之颂》①，天子大说②，飘飘有凌云之气③，似游天地之闲意④。

【注释】

①《大人之颂》：即《大人赋》。②说：通"悦"。③飘飘：飘飘然。气：气势。④游：遨游；游览。闲：通"间"。

相如既病免，家居茂陵①。天子曰："司马相如病甚②，可往从悉取其书③；若不然，后失之矣④。"使所忠往⑤，而相如已死，家无书。问其妻，对曰："长卿固未尝有书也。时时著书，人又取去，即空居。长卿未死时，为一卷书⑥，曰有使者来求书，奏之。无他书⑦。"其遗札书言封禅事⑧，奏所忠。忠奏其书，天子异之⑨。其书曰：

【注释】

①茂陵：古县名。汉武帝建元二年（前139年）在槐里（今陕西兴平市东南）茂乡筑茂陵，并置县。治所在现在的兴平市东北。武帝去世后葬此。②甚：厉害。③悉：全；都。④后：以后。⑤所忠：人姓名。姓所，名忠。⑥为：作。⑦他：别的；其他的。⑧札：古代用来写字的小木片。秦始皇即举行过这种大典。⑨异：奇异。意动用法。

伊上古之初肇①，自昊穹兮生民②，历撰列辟③，以迄于秦④。率迩者踵武⑤，逖听者风声⑥，纷纶葳蕤⑦，堙灭而不称者⑧，不可胜数也⑨。续《昭》《夏》⑩，崇号谥⑪，略可道者七十有二君⑫。罔若淑而不昌⑬，畴逆失而能存⑭？

【注释】

①伊：发语词。肇（zhào）：始。②昊穹（hào qióng）：指天。③历撰：《汉书》本传、《昭明文选》作"历选"。即历数。辟（bì）：君主。④迄：至。⑤率：循。沿着。踵武：足迹。⑥逖（tì）：远。风声：遗风美名。⑦纷纶葳蕤（ruí）：多而乱。⑧堙灭：埋没。⑨胜（shēng）：尽。⑩续：《汉书》本传作"继"。《昭》：即《韶》，相传为舜乐，此处代舜。《夏》：相传为禹乐，此处代禹。⑪崇：崇尚；称扬。号谥（shì）：古代君主生前上有尊号，死后加有美谥。⑫略：大概；大致。有（yòu）：通"又"。⑬罔（wǎng）：没有谁。与"无""莫"通。无定指代词。若：顺从。淑：善良。昌：昌盛。⑭畴（chóu）：谁。逆：逆行。失：失德。

轩辕之前①，遐哉邈乎②，其详不可得闻也。五三"六经"载籍之传③，维见可观也④。《书》曰"元首明哉⑤，股肱良哉⑥"。因斯以谈⑦，君莫盛于唐尧⑧，臣莫贤于后稷⑨。后稷创业于唐⑩，公刘发迹于西戎⑪，文王改制⑫，爰周郅隆⑬，大行越成⑭，而后陵夷衰微⑮，千载无声⑯，岂不善始善终哉⑰。然无异端⑱，慎所由于前⑲，谨遗教于后耳⑳。故轨迹夷易㉑，易遵也；湛恩濛涌㉓，易丰也；宪度著明㉔，易则也；垂统理顺㉕，易继也。是以业隆于繦緥而崇冠于二后㉖。摅厥所元㉗，终都攸卒㉘，未有殊尤绝迹可考于今者也㉙。然犹蹑梁父㉚，登泰山，建显号，施尊名。大汉之德㉝，逢涌原泉㉞，沕潏漫衍㉟，旁魄四塞㊱，云尃雾散㊲，上畅九垓㊳，下诉八埏㊴。怀生之类沾濡浸润㊵，协气横流㊶，武节飘逝㊷，迩陕游原㊸，迴阔泳沫㊹，首恶湮没㊺，暗昧昭皙㊻，昆虫凯泽㊼，回首面内㊽。然后囿驺虞之珍群㊾，徼麋鹿之怪兽㊿，乐一茎六穗于庖㉛，牺双觡共抵之兽㉜，获周余珍收龟于岐㉝，招翠黄乘龙于沼㉞。鬼神接灵圉㉟，宾于閒馆㊱。奇物谲诡㊲，俶傥穷变㊳，钦哉㊴，符瑞臻兹㊵，犹以为薄㊶，不敢道封禅㊷。盖周跃鱼陨杭㊸，休之以燎㊹，微夫斯之为符也㊺，以登介丘㊻，不亦恧乎㊼！进让之道㊽，其何爽与㊾？

【注释】

①轩辕：即黄帝。姬姓，号轩辕氏、有熊氏。②遐（xiá）：远。邈（miǎo）：远。③五三：指五帝（黄帝、颛顼、帝喾、帝尧、帝舜）三王（夏禹、商汤、周

文王、周武王等三朝开国之王）。籍：典籍。传（chuán）：流传；传说。④维：句首语气词。见：《昭明文选》作"风"。可观：据《汉书音义》，谓经籍所载，善恶可知。⑤《书》：《尚书》。尚，即"上"，上代以来之书，故名。儒家经典之一。元首：君主。⑥股肱（gōng）：大腿和手臂。此处比喻帝王左右辅助得力的臣子。⑦因：依据。斯：此。以：而。⑧莫：与"无"通。无定指代词。意为"没有什么人……"。盛：美盛。唐尧：即尧。相传父系氏族社会后期部落联盟领袖。陶唐氏，名放勋。⑨后稷：古代周族的始祖。⑩创业：开创王业。唐：即陶唐氏。⑪公刘：古代周族领袖，相传为后稷曾孙。夏代末年率领周族迁到豳（今陕西彬县东北），观察地形水利，开垦荒地，安定居处。发迹：古谓人由隐微而得志显通。西戎：中国古代西北戎族总称。⑫文王：周文王。商末周族领袖，姬姓，名昌，商纣时为西伯，亦称西伯昌。曾被商纣囚于羑里（今河南汤阴县北），统治期间国势强盛，并建立丰邑（今陕西西安市长安区沣河以西）作为国都。在位五十年。改制：指改正朔、易服色诸事。⑬爰（yuán）：于；至。郅（zhì）：极；大。隆：盛。⑭行：道。此处指太平之道。越：于是。⑮而：与"以"通。陵夷：通"陵迟"。意为衰微。⑯无声：谓无恶声。⑰岂不：岂非。⑱然：然而。无异端：优言无他故。⑲所由：此处指规则、格局。⑳遗教：遗训；遗言。耳：而已，罢了。语气词。㉑轨迹：规范。夷易：平易。㉒遵：遵奉。㉓湛（chén）：深。濛涌：《汉书》本传、《昭明文选》作"㾮洪"。广大的意思。㉔丰：富足。㉕宪度：法令制度。著明：显明。㉖则：效法。㉗垂统：指封建帝王把基业传给后代。㉘是以：因此。繦緥（qiǎng bǎo）：同"襁褓"。襁，布幅，用以络负；緥，小儿的被，用以裹覆。泛称背负小儿所用的东西。此处指周成王。崇：高。冠（guàn）：位居第一。二后：指周文王、周武王。㉙揆（kuí）：度量。厥：与"其"通。代词。元：始。㉚终：竟；尽。都：于。攸（yōu）：所。卒：终。㉛殊：特别；特殊。尤：优异；突出。绝迹：卓绝的功业；不寻常的事迹。㉜蹑（niè）：踩；踏。㉝德：恩德；恩惠。㉞逢：大。㉟沕（wù）：没。潏（yù）：水涌出的样子。漫衍：广散。㊱旁魄（bó）：即旁薄。广被：四塞（sài）：指四方屏藩之国。㊲尃（fū）：分布。㊳畅：通畅；无阻碍。九垓（gāi）：九重天。㊴泝（sù）：流。八埏（yán）：八方边际之地。㊵怀生：谓有生命。沾濡（rú）漫润：谓皆被恩泽。㊶协气：和气。㊷武节：武威。猋：犬奔的样子，引申为迅捷的样子。逝：去。㊸陕：《汉书》本传、《昭明文选》作"陿（xiá）"。窄的意思。原：根本。㊹迥（jiǒng）：远。阔：广。泳：浮。沫：末梢。㊺首恶：首为恶者；罪魁祸首。㊻暗昧：愚昧。此处指"夷狄"之人。昭晰（zhé）：光亮。㊼昆虫：各种动物。昆，众。虫，泛指动物。凯：通"愷"。和乐；欢乐。泽：《汉书》本传、《昭明文选》作"怿"（yì）喜悦的意思。㊽面：向。㊾囿（yòu）：畜养禽兽的园地。用作动词。驺（zōu）虞：据说是一种白底黑纹、不食生物的"义兽"。㊿徼（yāo）：拦截。麋鹿：亦称"四不象"。此处指白麟。○51䆃（dào）：选择。庖（páo）：庖厨；厨房。此处谓择于庖厨以供祭祀。○52牺：即牺牲。觡（gé）：骨角。抵（dǐ）：根本。《昭明文选》作"牴"。○53获周余珍收龟于岐：文颖曰：周放畜余龟于沼池之中，至汉得之于岐山之旁。《汉书》本传、《昭明文选》"收"作"放"。余：即"馀"字。遗留；遗存。岐：岐山。在今陕西省岐山县东北。○54翠黄：刘奉世曰：言其色翠而黄，非别物。乘龙：即乘翠黄。相传为龙翼马身，黄帝乘着它登仙。○55接：接通。灵圉（yǔ）：神仙的统称。○56间：与"闲"通。○57谲（jué）诡：怪异；变化多端。

(58)俶傥（tì tǎng）：通“倜傥”。洒脱，不拘束。穷变：谓穷极生变。(59)钦：敬；敬佩。(60)符瑞：符兆祥瑞。臻兹：至此。(61)薄：指德薄。《汉书》本传、《昭明文选》均作德薄。(62)道：说；讲。(63)陨（yǔn）：坠落。杭：船。(64)燎（liǎo）：烘烤的意思。谓燎以祭天。按：胡广云：“武王渡河，白鱼入于王舟，俯取以燎。”此句当谓此事。(65)微：微小；细微。夫：语气词。斯：与“是”通。指示代词。(66)介丘：大山。指泰山。(67)恧（nǜ）：惭愧。(68)进让：“进”，谓周；“让”，谓汉。说周末可封禅而封禅为“进”，汉可以封禅而不封禅为“让”。(69)其何：《汉书》本传作“何其”。多么的意思。与：通“欤”。感叹词。

于是大司马进曰①：“陛下仁育群生②，义征不憓③，诸夏乐贡④，百蛮执贽⑤，德侔往初⑥，功无与二⑦，休烈浃洽⑧，符瑞众变⑨，期应绍至⑩，不特创见⑪。意者泰山、梁父设坛场望幸⑫，盖号以况荣⑬，上帝垂恩储祉⑭，将以荐成⑮，陛下谦让而弗发也⑯。挈三神之驩⑰，缺王道之仪⑱，群臣恧焉。或谓且天为质暗⑲，珍符固不可辞⑳；若然辞之㉑，是泰山靡记而梁父靡几也㉒。亦各并时而荣㉓，咸济世而屈㉔，说者尚何称于后㉕，而云七十二君乎？夫修德以锡符㉖，奉符以行事，不为进越㉗。故圣王弗替㉘，而修礼地祇㉙，谒款天神㉚，勒功中岳㉛，以彰至尊㉜，舒盛德㉝，发号荣㉞，受厚福，以浸黎民也㉟。皇皇哉斯事㊱！天下之壮观㊲，王者之丕业㊳，不可贬也㊴，愿陛下全之㊵。而后因杂荐绅先生之略术㊶，使获耀日月之末光绝炎㊷，以展采错事㊸，犹兼正列其义㊹，校饬厥文㊺，作《春秋》一艺㊻，将袭旧六为七㊼，摅之无穷㊽，俾万世得激清流㊾，扬微波，蜚英声㊿，腾茂实(51)。前圣之所以永保鸿名而常为称首者用此(52)，宜命掌故悉奏其义而览焉(53)。”

【注释】

①大司马：官名。进：进议。②仁育群生：以仁爱抚育百姓。③憓：顺服。《汉书》本传、《昭明文选》作“譓”。④诸夏：周代王室所分封的诸侯国，此处泛指中国。乐（lè）：乐意。贡：贡献。⑤百蛮：蛮夷。执贽：持礼。⑥侔（móu）：相等，等同。《汉书》本传、《昭明文选》作“牟”。往：过去；从前。初：当初。⑦二：双；比。⑧休烈：盛夏的功业。浃洽：融和；和洽。⑨众：多。⑩期应绍至：谓应期相续而至。绍：继续；接续。⑪不特创见：谓不独初创而见。⑫意者：想来大概是……。幸：谓皇帝临幸。⑬盖：发语词。号：尊号。一曰为符。况荣：意为和前代比荣耀。况，比。⑭上帝：上天。垂恩：谓垂恩于下。垂，自上施于下。储祉（zhǐ）：积福。⑮荐：祭荐。荐，进献。《汉书》作“庆”。成：告成功。⑯弗发：意为不肯发意去封禅。⑰挈（qiè）：绝。三神：上帝、泰山、梁父。一曰地祇、天神、山岳。一曰天、地、人。驩：通“欢”。⑱王道：儒者主张以仁义治天下，称为“王道”。仪：礼节；仪式。⑲或：有的人。不定指代词。且：而且。天：天道。质：实，诚信。⑳符：符瑞。固：本来。辞：辞让。按：此句应为“或谓且天为质，闇示珍符，固不可辞。”㉑若然：假若。㉒靡记：没有表记。靡几（jī）：意为没有祭祀的希望《汉书》本传、《昭明文选》作“罔几”。㉓并：一起；一道。荣：荣贵。㉔济世：毕代，济代之勋。屈：绝。㉕说：述说。称：称述。㉖修：修明。锡：赐予。㉗进越：苟进越礼。㉘弗替：不废。谓不废封禅之事。㉙礼：礼仪。地祇：古代称土地社稷的神。㉚谒：告。款：诚恳。天神：天上的神，古人所想象的日、月、星辰，风雨的主宰。㉛勒：刻。中岳：嵩山的古称。在河南省登封市北。为“五岳”之一。按：依礼应先祀中岳，后幸泰山。㉜彰：明。㉝舒：舒展；展开。㉞发：表现；显露。号：称号。荣：荣耀。㉟浸：浸润。黎民：即众民。㊱皇皇：

美盛。㊲壮观：宏伟的景象。㊳丕：大。㊴贬：损减。㊵全：完备，齐全，使动用法。㊶而后：然后。荐绅：通"缙绅"。略术：道术。㊷获：获得。耀：炫耀，引申为表现。末光：光芒的末梢，此处指余光。绝炎：终极的光焰，即末端之焰。炎：通"焰"。此句以明喻指武帝，意谓荐绅先生能得日月（武帝）余光的照耀（惠顾）。㊸展：扩展；伸展。错（cuò）：通"措"施行；施展。事：事业。㊹犹：因。正列：谓正天时，列人事。㊺校饰：《汉书》本传、《昭明文选》作"袚（fú）饰"颜师古曰：袚，除也。袚饰者，言除去旧事，更饰新文也。㊻艺：经。《春秋》：儒家经典之一。㊼袭：因循；沿袭。旧六：原有的"六经"。㊽摅（shū）：传布。㊾俾（bǐ）：使。清流：旧时常用来称负有时望、不肯与权贵同流合污的士大夫。㊿蜚（fēi）：通"飞"。英声：英华的声音。51腾：腾驰。茂实：茂盛的果实。52圣：圣君。鸿：盛。称：赞颂；表扬。用此：谓采用此封禅之仪。53掌故：《汉书》有"太史掌故"为太常属官，职掌旧事。义：《汉书》本传、《昭明文选》作"仪"。览：看。

于是天子沛然改容①，曰："愉乎②，朕其试哉③！"乃迁思回虑④，总公卿之议，询封禅之事，诗大泽之博⑤，广符瑞之富⑥。乃作颂曰⑦：

【注释】

①沛然：感动的意思。改容：改变神色。②愉：然。表示同意、许可。③朕（zhèn）：秦始皇以后专为皇帝的自称。④迁：改变。回（huí）：掉转。⑤诗：歌咏。指歌咏以下四章之颂。⑥广：广闻。符瑞之富：《汉书音义》谓指以下颂"斑斑之兽"以下三章。富，富饶。⑦颂：一种文体。《文心雕龙颂赞》："原夫颂为典雅，辞必清铄，敷写似赋，而不入华侈之区；敬慎如铭，而异乎规戒之域。"

自我天覆①，云之油油②。甘露时雨③，厥壤可游④。滋液渗漉⑤，何生不育⑥；嘉谷六穗⑦，我穑曷蓄⑧。

【注释】

①覆：掩蔽；遮盖。②油油：云行的样子。③甘露：古人迷信，以为天下太平，则天降甘露。"甘露"谓甜美的露水。④游：游泳。⑤滋：液汁；润泽。漉（lù）：渗出；润湿。⑥何生不育：意为没有那个生命之物得不到抚育。⑦嘉谷：即嘉禾。生长得特别苗壮饱满多穗的谷子。古人视为瑞征。⑧穑（sè）：收获谷物；收获。

非唯雨之①，又润泽之②；非唯濡之③，氾尃煥之④。万物熙熙⑤，怀而慕思⑥。名山显位⑦，望君之来。君乎君乎，侯不迈哉⑧！

【注释】

①非唯：不但；不仅。雨：动词。②润泽：滋润。③濡（rú）：沾湿。④氾（fàn）：普遍；广泛。尃煥（fū huǐ）：散布。尃：古"布"字。⑤熙熙：和乐的样子。⑥思：《汉书》本传作"之"。⑦名山：大山。⑧侯：何。迈：行。谓行封禅之事。

般般之兽①，乐我君囿②；白质黑章③，其仪可喜④；旼旼睦睦⑤，君子之态⑥。盖闻其声⑦，今观其来。厥途靡踪⑧，天瑞之征⑨。兹亦于舜⑩，虞氏以兴⑪。

【注释】

①般般：同"斑斑"。兽：指驺虞。②囿：蓄养禽兽的园地。③质：底子。章：花纹。④仪：外表。⑤旼旼（mín mín）：和蔼的样子。睦睦：《汉书》本传、

《昭明文选》作"穆穆"。谓仪表美好，容止端庄恭敬。⑥态：一作"能"。⑦盖：发语词。声：名声。⑧厥途：其所来之路。靡踪：是说不知从何处来。⑨征：应验。⑩兹亦于舜：是说此兽于"舜百兽率舞"之时也在其中。⑪虞氏：有虞氏。指舜。兴：兴盛。

濯濯之麟①，游彼灵畤②。孟冬十月③，君俎郊祀④。驰我君舆⑤，帝以享祉⑥。三代之前⑦，盖未尝有⑧。

【注释】

①濯濯（zhuó zhuó）：嬉游的样子。麟：指白麟。②灵畤：《汉书》本传曰："武帝祠五畤，获白麟，古言游灵畤。"③孟冬：孟冬月，夏历冬季第一个月，即十月。④俎（zǔ）：古代祭祀时用以载牲的礼器。《汉书》本传、《昭明文选》作"徂（cú）"。往：到的意思。郊祀：古代祭礼，在郊外祭天或祭地。⑤驰我君舆（yú）：是说白麟奔驰到我君乘舆之前。⑥帝：天帝。祉（zhǐ）：福。⑦三代：指夏、商、周三代。⑧盖：大概。副词。

宛宛黄龙①，兴德而升②；采色炫耀③，��炳辉煌④。正阳显见⑤，觉寤黎烝⑥。于传载之⑦，云受命所乘⑧。

【注释】

①宛：屈伸。②德：谓至德。③炫（xuàn）耀：光彩夺目。④煌（huáng）：光明。辉煌：即"辉煌"。⑤正阳：日为众阳之宗，古以为人君之象，因以正阳指帝王。⑥觉寤（wù）：即"觉悟"。黎烝（zhēng）：众民。⑦传（zhuàn）：当谓《易经》。⑧按：颜师古曰，《易》云："时乘六龙以御天也。"

厥之有章①，不必谆谆②。依类诧寓③，谕以封峦④。

【注释】

①厥：指天命。有章：是说有明显的符瑞。②谆谆（zhūn zhūn）：教诲不倦的样子。③类：事类。诧寓：寄托。④谕以封峦（luán）：谓用以告诉封禅者。这里指泰山、梁父诸山。

披艺观之①，天人之际已交②，上下相发允答③。圣王之德④，兢兢翼翼也⑤，故曰"兴必虑衰⑥，安必思危⑦。"是以汤、武至尊严⑧，不失肃祇⑨；舜在假典⑩，顾省厥遗⑪：此之谓也。

【注释】

①披：翻阅。艺：指儒家的六艺，即"六经"。一曰为图书。②天人：指天道和人道。际：指先后交接之时。③上下：指上天和下民。允答：即"允洽"。和谐一致的意思。④德：《汉书》本传作"事"。⑤兢兢：兢兢业业。翼翼：小心翼翼。⑥兴必虑衰：兴盛的时候一定要考虑衰亡。⑦安必思危：平安的时候一定要想到危险。⑧汤：商汤，又称成汤。商王朝的建立者。武：周武王。周王朝的建立者。至尊：谓居至尊之位。即帝王之位。⑨肃：恭敬。祇（qí）：地神。⑩在：观察。假典：大典。⑪顾：看。省（xǐng）：察看。遗：遗失。

司马相如既卒五岁①，天子始祭后土②。八年而遂先礼中岳③，封于太山④，至梁父禅肃然。⑤

【注释】

①既卒五岁：死后五年。既，已。卒，死。②后土：土地神。此处指祭祀土地神的社坛。③八年：谓相如死后八年，即武帝元封二年（前109年）。礼：敬神。中岳：嵩山。④封：古代帝王在泰山上筑坛祭天的一种迷信活动。太山：即泰山。⑤禅（shàn）：古代帝王祭地的一种迷信活动。肃然：山名，在泰山脚下东北方。

相如他所著①，若《遗平陵侯书》②《与五公子相难》《草木书》篇不采③，采其尤著公卿者云④。

【注释】

①他：其他。著：撰述。此处指撰述的作品。②若：如。平陵侯：苏建，苏武之父。平陵，汉县名，在今河北大城县。③采：收集。④尤：尤其；更加。公卿：原指三公九卿。

太史公曰①：《春秋》推见至隐②，《易》本隐之以显③，《大雅》言王公大人而德逮黎庶④，《小雅》讥小己之得失⑤，其流及上⑥。所以言虽外殊⑦，其合德一也⑧。相如虽多虚辞滥说⑨，然其要归引之节俭⑩，此与《诗》之风谏何异⑪。扬雄以为靡丽之赋⑫，劝百风一⑬犹驰骋郑、卫之声⑭，曲终而奏雅⑮，不已亏乎⑯？余采其语可论者著于篇⑰。

【注释】

①太史公：司马迁。②推：推求；推究。见：见解；见识。至：至于。隐：隐微。何焯曰："言由人事之著者，推而至于天道之隐微也。"③《易》：《易经》。即《周易》。之以：《汉书》本传作"以之"。之，往。韦昭曰："《易》本阴阳之微妙，出为人事乃更昭著也。"④《大雅》：《诗经》组成部分之一。王公：指周族领袖：文王，公刘。逮：至。⑤《小雅》：《诗经》组成部分之一。讥：非难；指责。己：自己。诗人的自称。⑥流：流言。指流传民间的言语。及：至。⑦外：外表。殊：不同。⑧合：符合。一：一致。⑨虚辞：虚假的言辞。⑩要：要领；关键。归：归结到一处。引：导引。⑪风（fěng）：通"讽"。用含蓄的话暗示或劝告。何异：有何不同。⑫扬雄：西汉文学家、哲学家、语言学家。字子云，蜀郡成都人。成帝时为给事黄门郎。王莽代汉立新，官为大夫，曾作《剧秦美新》以谀王莽。早年所作《长杨赋》《甘泉赋》《羽猎赋》，在形式上模仿司马相如的《子虚赋》《上林赋》等。后来主张，一切言论都应以"五经"为准则，以为"辞赋非贤人君子诗赋之正"，遂鄙薄辞赋，谓为"雕虫篆刻，壮夫不为"，转而研究哲学。靡丽：奢侈；华丽。⑬劝百风一：意为鼓励奢靡的言辞多，劝谏节约的言辞少。风：同"讽"。⑭驰骋：纵马疾驰。⑮雅：雅乐。即儒家尊奉的规范音乐。⑯已：太；甚。亏：亏损。指亏损司马相如的本意。《汉书》本传作"戏"。⑰可：合宜，好。论：议论。篇：指本篇文章。

淮南衡山列传第五十八

　　淮南厉王长者①，高祖少子也②，其母故赵王张敖美人③。高祖八年④，从东垣过赵⑤，赵王献之美人⑥。厉王母得幸焉⑦，有身⑧。赵王敖弗敢内宫⑨，为筑外宫而舍之⑩。及贯高等谋反柏人事发觉⑪，并逮治王⑫，尽收捕王母兄弟美人⑬，系之河内⑭。厉王母亦系，告吏曰⑮："得幸上⑯，有身。"吏以闻上⑰，上方怒赵王⑱，未理厉王母⑲。厉王母弟赵兼因辟阳侯后言吕后⑳，吕后妒㉑，弗肯白㉒，辟阳侯不彊争㉓。及厉王母已生厉王㉔，恚㉕，即自杀。吏奉厉王诣上㉖，上悔㉗，令吕后母之㉘，而葬厉王母真定㉙。真定，厉王母之家在焉㉚，父世县也㉛。

【注释】

　　①淮南厉王长（cháng）：即淮南王刘长（前198—前174年）。②高祖：汉高祖刘邦（前256—前195年），泗水郡沛县（今江苏沛县）人。西汉王朝的创建者，前202—前195年在位。少（shào）子：小儿子。③其：他的。人称代词，称代刘长。故：原。张敖：赵王张耳之子。高祖五年（前202年）张耳死，张敖嗣立为赵王，娶高祖长女鲁元公主为妻。死于高后六年（前182年）。美人：嫔妃的称号。④高祖八年：公元前199年。⑤东垣（yuán）：古县名。秦置。治所在今河北省石家庄市东。过：经过；走过。赵：指赵王张敖的都城邢（今河北省邢台市）。⑥献：奉献。⑦幸：幸御，指房事。焉（yān）：语气词。⑧有身：怀孕。身，通"娠"。按：《汉书·淮南传》作"有子"。⑨弗：不。内（nà）：同"纳"，动词。⑩为（wèi）：给。而：承接连词。舍之：让她居住。舍，居住。⑪及：到了……。按：贯高是赵王张敖的相。⑫并：一并；一道；一起。治：处分，惩罚。王：赵王。⑬尽：全部。收捕：逮捕。⑭系（xì）：拘囚。河内：郡名。楚汉之际置。治所在怀县（今河南省武陟县西南）。⑮告：告诉。吏：指狱吏。⑯上：旧时称帝王为上。此处指高祖刘邦。按：高祖过赵在八年冬，贯高等人谋反事发在九年冬十二月，此时刘长当已出生。⑰以闻上：以此闻于上。即把这事呈报给皇上。闻，达，传知，向上汇报。⑱方：正。⑲理：理会。⑳因：介词，表示"通过……"。辟阳侯：审食其（yì jī）。沛县人，因侍奉吕后得宠，被封为辟阳侯，吕后执政时任左丞相。辟阳，汉县名，在今河北冀州市东南。言吕后：言于吕后。即报告了吕后。吕后（前241—前180年）：刘邦妻。姓吕，名雉，字娥姁。她曾劝刘邦杀韩信、彭越等大臣。惠帝刘盈即位后，她掌握实权，刘盈死后，她临朝称制。因其为高祖皇后，故又称高后。详见《吕太后本纪》。㉑妒（dù）：忌妒。㉒白：下对上的说诉，陈述。㉓彊（qiáng）：通"强"。竭力；尽力。㉔已：已经。时间副词。㉕恚（huì）：恨；怒。㉖奉：两手捧着。诣（yì）上：

拜见皇上。㉗悔：后悔。㉘母之：像母亲那样抚育他。母，抚育。动词。㉙真定：古县名。汉高祖十一年（公元前196年）改东垣县为真定县。仍治今河北省石家庄市东北。㉚在焉：在那里。㉛父世县：父祖辈世代居住的县。

高祖十一年七月①，淮南王黥布反②，立子长为淮南王，王黥布故地③，凡四郡④。上自将兵击灭布⑤，厉王遂即位⑥。厉王蚤失母⑦，常附吕后⑧，孝惠、吕后时以故得幸无患害⑨，而常心怨辟阳侯，弗敢发⑩。及孝文帝初即位⑪，淮南王自以为最亲⑫，骄蹇⑬，数不奉法⑭，上以亲故⑮，常宽赦之⑯。三年⑰，入朝⑱。甚横⑲。从上入苑囿猎⑳，与上同车㉑，常谓上"大兄"㉒。厉王有材力㉓，力能扛鼎㉔，乃往请辟阳侯㉕。辟阳侯出见之㉖，即自袖铁椎椎辟阳侯㉗，令从者魏敬剄之㉘。厉王乃驰走阙下㉙，肉袒谢曰㉚："臣母不当坐赵事㉛，其时辟阳侯力能得之吕后㉜，弗争，罪一也㉝。赵王如意子母无罪㉞，吕后杀之，辟阳侯弗争，罪二也。吕后王诸吕㉟，欲以危刘氏㊱，辟阳侯弗争，罪三也。臣谨为天下诛贼臣辟阳侯㊲，报母之仇，谨伏阙下请罪㊳。"孝文伤其志㊴，为亲故㊵，弗治㊶，赦厉王。当是时㊷，薄太后及太子诸大臣皆惮厉王㊸，厉王以此归国益骄恣㊹，不用汉法㊺，出入称警跸㊻，称制㊼，自为法令㊽，拟于天子㊾。

【注释】

①高祖十一年：相当于前196年。②黥（qíng）布：即英布，六（lù）县：（今安徽六安市北）人。因其曾受黥刑，所以又称为黥布。楚汉战争中，刘邦因其功高，封为淮南王。后以彭越、韩信等相继为刘邦所杀，因举兵反，战败逃亡江南，被长沙王吴臣诱杀。③王（wàng）：掌管；统治。动词。④凡：总共；一共。四郡：指黥原来领有的九江、衡山、庐江、豫章四郡。⑤自：亲自。将兵：率领军队。⑥遂：于是。即位：就位，指登上淮南王位。⑦蚤：通"早"。失母：失去母亲。⑧附：依附。⑨孝惠：汉惠帝（前216—前188年），姓刘，名盈。刘邦子，吕雉所生。前195—前188年在位，实权操于吕雉。为西汉的第二代皇帝。以故：因此，由此故。得幸：能够侥幸。患害：忧患和祸害。⑩发：表现；显露。⑪孝文帝：汉文帝（前203—前157年），姓刘，名恒。刘邦子，薄姬所生。公元前180—前157年在位。吕雉死，他由代王入为皇帝。⑫亲：亲近。按：刘邦八个儿子，当时在世的只有文帝和淮南王两个了。所以"淮南王以为最亲"。⑬骄蹇（jiǎn）：骄横。蹇，不顺从。⑭数（shuò）：多次。⑮以：因为。故：缘故。⑯宽赦（shè）：宽容和赦免。⑰三年：文帝三年，即公元前177年。⑱入朝：入京朝见皇帝。⑲甚横（hèng）：很放肆。⑳从：随从；跟随。苑：养禽兽、植树木的地方。囿（yòu）：蓄养禽兽的园地。猎：打猎；捕捉野兽。㉑同车：同乘一辆车。㉒谓：称呼。大兄：大哥。㉓材力：才能和勇力。材：通"才"。㉔力：气力。扛：举。鼎（dǐng）：古代炊器。多用青铜制成。一般为圆形，三足，两耳。盛行于商周时期，汉代仍然流行。㉕往：前往。㉖即自袖铁椎（chuí）椎辟阳侯：意为便从衣袖里面抽出预先藏好的铁槌槌打辟阳侯。前一个"椎"是名词，指槌子（敲击的器具）；后一个"椎"是动词，指用槌打。㉗从（zòng）者：随从的人。剄（jǐng）：用刀割脖子。㉘驰走：使劲赶着马奔跑。阙（què）：皇宫前面两边的楼台，中间有道路。阙下：指皇宫门前。㉙肉袒（tǎn）：脱去上衣，露出身体。表示恐慌。谢：谢罪、请罪、认错。㉚臣：旧时官吏对君主的自称。㉛当：应当。坐赵事：指因贯高等人谋反的事而治罪。㉜其时：那个时候。其：那；那个。远指代词。㉝罪一也：一个罪。也：语气词。㉞赵王如意：戚夫人（高祖妃）子，名如意，封赵王。㉟王（wàng）：意为封之

为王。使动用法。诸吕：指吕后的侄子吕台、吕产、吕禄等。㊱危：危害。刘氏：刘家王室。㊲谨：副词。表示尊重的语气。诛（zhū）：铲除。贼臣：奸贼；奸臣。㊳伏：趴下。请罪：自己犯了过错，主动请求处分。㊴伤：悲；哀。志：心意。㊵为：因为。㊶治：处分；惩罚。㊷是时：这个时候。是：这。指示代词。㊸薄太后：高祖妃。太子：帝王指定的继承人。这里指刘启。诸：众。惮（dàn）：害怕。㊹以此：因此，由此故。国：指淮南国。益：更加，越发。骄恣（zì）：骄横放纵。㊺用：采用；使用。汉法：汉朝的法令。㊻称：称作；号称。警跸（bì）：警；警戒；跸：清道。㊼制：旧时称皇帝的命令为制。㊽为：制作。㊾拟于天子：和天子相比。拟；比拟。天子，旧时称帝王为天子。

六年①，令男子但等七十人与棘蒲侯柴武太子奇谋②，以辇车四十乘反谷口③，令人使闽越、匈奴④，事觉⑤，治之⑥，使使召淮南王⑦。淮南王至长安⑧。

【注释】

①六年：汉文帝六年，即公元前174年。②男子：汉时称没有官爵的成年男性为男子。但：人名。棘蒲侯柴武：又作陈武。谋：谋划；商量。③辇（niǎn）车：一种用马拉的大车。乘（shèng）：辆。古时一车四马叫乘。反谷口：反于谷口。即在谷口发动叛乱。谷口：古地名。在今陕西礼泉县东北泾水出山谷处。西汉曾于此置谷口县。④使：出使。闽越：又称东越。古代南方越人的一支。地当今福建和浙江南部一带。秦朝时于其地置闽中郡。治东冶（今福建省福州市）。汉初，复立无诸为闽越王，令统治闽中郡故地，仍治于东冶。⑤觉：发觉；破露。被动用法。⑥治：查究。之：代词，指谋反的事。⑦使使（shǐ shǐ）：派遣使者。前一个"使"为动词。后一个使为名词。⑧长安：西汉京城。在今陕西省西安市西北。

"丞相臣张仓①、典客臣冯敬②、行御史大夫事宗正臣逸③、廷尉臣贺④、备盗贼中尉臣福昧死言⑤：淮南王长废先帝法⑥，不听天子诏⑦，居处无度⑧，为黄屋盖乘舆⑨，出入拟于天子，擅为法令⑩，不用汉法。及所置吏⑪，以其郎中春为丞相⑫，聚收汉诸侯人及有罪亡者⑬，匿与居⑭，为治家室⑮，赐其财物爵禄田宅⑯，爵或至关内侯⑰，奉以二千石⑱，所不当得⑲，欲以有为⑳。大夫但㉑、士五开章等七十人与棘蒲侯太子奇谋反㉒，欲以危宗庙社稷㉓。使开章阴告长㉔，与谋使闽越及匈奴发其兵㉕。开章之淮南见长㉖，长数与坐语饮食㉗，为家室娶妇，以二千石俸奉之㉘。开章使人告但，已言之王㉙。春使使报但等㉚。吏觉知，使长安尉奇等往捕开章㉛。长匿不予㉜，与故中尉蕑忌谋㉝，杀以闭口㉞。为棺椁衣衾㉟，葬之肥陵邑㊱，谩吏曰㊲：'不知安在。'㊳又详聚土㉞，树表其上㊵，曰'开章死㊶，埋此下'。及长身自贼杀无罪一人㊷；令吏论杀无罪者六人㊸；为亡命弃市罪诈捕命者以除罪㊹；擅罪人㊺，罪人无告劾㊻，系治城旦舂以上十四人㊼；赦免罪人㊽，死罪十八人㊾，城旦舂以下五十八人㊿；赐人爵关内侯以下九十四人⑤⓪。前日长病⑤①，陛下忧苦之⑤②，使使者赐书⑤③、枣脯⑤④。长不欲受赐⑤⑤，不肯见拜使者⑤⑥。南海民处庐江界中者反⑤⑦，淮南吏卒击之。陛下以淮南民贫苦⑤⑧，遣使者赐长帛五千匹⑤⑨，以赐吏卒劳苦者⑥⓪。长不欲受赐，谩言曰'无劳苦者'⑥①。南海民王织上书献璧皇帝⑥②，忌擅燔其书⑥③，不以闻⑥④。吏请召治忌⑥⑤，长不遣⑥⑥，谩言曰'忌病'⑥⑦。春又请长⑥⑧，愿入见，长怒曰'女欲离我自附汉'⑥⑨。长当弃市，臣请论如法⑦⓪。"

【注释】

①丞相：官名。战国始置，为百官之长。秦代以后为朝廷的最高官职，辅佐皇帝，

管理全国政务。西汉初改名相国，不久又称丞相。与太尉、御史大夫合称"三公"。张仓：《汉书》作张苍。阳武（今河南省原阳县东南）人。秦时为御史，汉初任代、赵相，封北平侯，迁为计相，以列侯居相府，主持郡国上计（地方官员成绩的考核），后为丞相十多年，曾改定律、历法，是汉代著名的历算家。②典客：官名。③行御史大夫事：即代理御史大夫。行：古时，某官缺员时由地位较低的代理叫行。御史大夫：官名。秦汉时仅次于丞相的中央最高长官。宗正：官名。始于秦，汉沿置。为掌管皇族事务的长官，多由皇族中人充任。为"九卿"之一。逸：人名。事迹不详。④廷尉：官名。秦始置。掌管刑狱，为"九卿"之一。贺：人名。事迹不详。⑤中尉：官名。秦汉为武职。掌京师治安。汉代兼主守卫京师的屯上兵。备盗贼中尉当与中尉职掌相同。据陈直《史记新证》，毛子静藏有汉时"备盗贼尉"封泥。盖因汉初印文限用四字，疑"尉"即"中尉"的省称。福：人名。事迹不详。昧（mèi）死：冒昧而犯死罪的意思。为封建时代臣子上书时的客套话。言：上言；上书说。⑥先帝：封建时代对已死皇帝的敬称。此处指高祖刘邦。⑦听：听从；接受。⑧无度：没有制度，不遵守法律。⑨黄屋盖：即黄盖。指古代帝王乘坐的车上用黄缎子作衬里制成的车盖。乘（shèng）舆：帝王乘坐的车子。⑩擅：自作主张。⑪置吏：设置官吏。⑫其：他的。人称代词。称代淮南王。郎中：官名。始于战国，汉代沿置，属郎中令，管理车骑、门户，并内充侍卫。外从作战。秩禄为比三百石。春：人名。事迹不详。丞相：此处指淮南国丞相。秩禄为真二千石。⑬文帝六年，淮南王命令男子但等七十人和棘蒲侯柴武的太子柴奇商议，凭借四十辆大车在谷口县造反，派人出使闽越、匈奴。事情被发觉，追查这事，朝廷派使者召见淮南王。淮南王来到长安。聚收：聚集。汉诸侯人：指汉朝廷所辖郡、县及诸侯国之人。有罪亡者：因犯罪而逃亡的。⑭匿（nì）：隐藏。⑮为治家室：为他料理好家属。治：理；安置。家室：家属。⑯财物：金钱、物资。爵禄：爵位、俸禄。⑰或：有的人。关内侯：爵位名。秦汉时置。为二十等爵的第十九级，仅次于彻侯（第二十级）。一般居于京郊，没有封邑。⑱奉以二千石（shí）：意为拿二千石俸禄的官职尊奉他。二千石：秦汉时官阶的高低，掌按俸禄的多少计算，内自九卿、郎将，外至郡守、都尉，都是二千石，每月分别得谷一百八十斛（中二千石），一百五十斛（真二千石）、一百二十斛（二千石）、一百斛（比二千石）、在各王国，二千石为最高级官吏的俸禄等级。⑲所不当得：意为关内侯的爵位和二千石的俸禄均不应当由淮南王赐予。⑳欲以有为：想以此有所作为。有为，指发动叛乱。㉑大夫：爵位名。低于官大夫，为二十等爵的第五级。但：人名。即上文的"男子但"。因此时但已有官爵，故改称为"大夫但"。㉒士五：汉时把有罪而失去官爵的人称为士五。开章：人名。奇：人名，即棘蒲侯柴武的太子柴奇。㉓宗庙：王室的代称。㉔阴：暗中，暗地里。㉕与谋：同谋、合谋。㉖之：到……去。动词。㉗数（shuò）：多次；屡次。㉘奉之：尊奉他。㉙已言之王：已经对淮南王说了。之：代词，代指谋反的事。㉚报：告知。㉛长安尉：长安县尉。奇：人名。往：去。㉜予：通"与"，给。㉝蕑（jiān）忌：人名，汉淮南中尉。㉞杀以闭口：杀掉开章，以灭其口。闭：闭上；灭：使动词。㉟椁（guǒ）：内棺材外面套的外棺材。衾（qīn）：被子。㊱肥陵邑：《汉书》作"肥陵"。在今安徽省六安市东北。㊲谩（mán）：欺骗。吏：指往捕开章的长安县尉奇等。㊳安在：在哪儿。㊴详（yáng）：通"佯"。假装；装作。㊵树：立。表：标记。其：它的。物称代词。这里代称假坟堆。㊶曰：这里是"写道"的意思。死：为屍的省文（据陈直《史记新证》）。㊷身自贼杀：亲自杀害。㊸论杀：判罪杀害。

㊹为（wèi）：给；替。介词。亡命：指因罪改名换姓。弃市：死刑。古代处决罪犯，多在闹市。所以说弃市，表示为众人所弃。诈捕：假捕。命者：亡命者。㊺罪人：给人判罪。罪：惩处；判罪。动词。㊻《汉书·淮南王传》"罪人"二字不重复。疑无此二字。劾（hé）：揭发罪状。无告劾：指没有向汉朝告发。㊼治：治罪。城旦舂（chōng）：汉代刑制的一种。罚男子晨起治城（城旦），妇人舂米（舂），刑罚四年。㊽罪人：有罪之人。㊾死罪：该判死刑的罪犯。㊿赐人爵：赐给人爵位。(51)前曰：以前。病：指得了重病。(52)陛（bì）下：古代对帝王的尊称。(53)书：书信。(54)枣脯（fǔ）：枣干。脯，干肉。(55)不欲：不愿。(56)见拜：谒拜，此指请见和拜见使者。(57)南海：郡名。秦置，治所在番禺（今广东省广州市）。其时归属南越国。处：居住。庐（lú）江：郡名。(58)以：以为；认为。动词。(59)帛（bó）：丝织品的总称。(60)以：用；拿。劳苦：辛苦。(61)谩（màn）：通"慢"。傲慢。(62)南海民王：《汉书·淮南传》无"民"字。"民"疑衍字。织：南海王名。按：《汉书·高帝纪》有南海王织。献璧皇帝：奉献璧玉给皇帝。(63)忌：指蔺忌。燔（fán）：焚烧。(64)不以闻：不把这事上报朝廷。(65)吏：指司法的官吏。(66)遣：遣送，送走。(67)忌病：疾病。(68)又：再；更。请：请求。(69)女：同"汝"。你。离：脱离；离开。附汉：依附汉朝。(70)论如法：按照法令论处。

制曰①："朕不忍致法于王②，其与列侯二千石议③。"

【注释】

①制曰：皇帝下令说。制：皇帝的命令。②朕（zhèn）：古人自称。致法于王：使王受法律制裁。于：介词。此处表示动作的趋向。王：指淮南王。③其：语气副词。表示祈使。列侯：即彻侯。爵位名。议：议论；讨论。按：此处的"列侯二千石"，当指在京的公卿大臣。

"臣仓、臣敬、臣逸、臣福、臣贺昧死言：臣谨与列侯吏二千石臣婴等四十三人议①，皆曰'长不奉法度，不听天子诏，乃阴聚徒党及谋反者②，厚养亡命③，欲以有为'。臣等议论如法。"

【注释】

①婴：汝阳侯夏侯婴。②乃：竟然。副词。③厚：丰厚。

制曰："朕不忍致法于王，其赦长死罪，废勿王①。"

【注释】

①废勿王：废去王号，不再称王。

"臣仓等昧死言：长有大死罪，陛下不忍致法，幸赦①，废勿王。臣请处蜀郡严道邛邮②，遣其子母从居③，县为筑盖家室④，皆廪食给薪菜盐豉炊食器席蓐⑤。臣等昧死请，请布告天下⑥。"

【注释】

①幸：希望。②处：居住。使动词。蜀郡：战国时秦置。治所在成都（今四川省成都市）。邛（qióng）邮：邛僰邮亭。在今荥经县西。③遣其子母从居：送他的姬妾中有孩子的随着去一起生活。④县：指严道。⑤廪（lǐn）食：官方应分供给的食物。给（jǐ）：供给，供应。薪：柴。豉（chǐ）：豆豉。一种用豆子制成的食品。席蓐（rù）：睡觉用的席子和草垫子。⑥布告：张贴出来通告广大

群众的文件。此处作动词。

制曰："计食长给肉日五斤①，酒二斗。令故美人才人得幸者十人从居②。他可③。"

【注释】

①计：考虑。食（sì）：供养。②故美人才人：指原来的姬妾。③他：别的；其他的。

尽诛所与谋者①。于是乃遣淮南王②，载以辎车③，令县以次传④。是时袁盎谏上曰⑤："上素骄淮南王⑥，弗为置严傅相⑦，以故至此。且淮南王为人刚⑧，今暴催折之⑨，臣恐卒逢雾露病死⑩，陛下为有杀弟之名⑪，奈何⑫！"上曰："吾特苦之耳⑬，今复之⑭。"县传淮南王者皆不敢发车封⑮。淮南王乃谓侍者曰⑯："谁谓乃公勇者⑰？吾安能勇⑱！吾以骄故⑲，不闻吾过至此⑳。人生一世闲㉑，安能邑邑如此㉒！"乃不食死㉓。至雍㉔，雍令发封㉕，以死闻㉖。上哭甚悲，谓袁盎曰："吾不听公言㉗，卒亡淮南王㉘。"盎曰："不可奈何㉙，愿陛下自宽㉚。"上曰："为之奈何㉛？"盎曰："独斩丞相、御史以谢天下乃可㉜。"上即令丞相、御史逮考诸县传送淮南王不发封馈 侍者㉝，皆弃市。乃以列侯葬淮南王于雍㉞，守冢三十户㉟。

【注释】

①尽：全部；都。②遣：遣送。③载以辎（zī）车：用着衣的车子装载。④县：指沿途各县。以次传：按照次序传送。⑤是时：这时。袁盎（àng）：即"爰盎"。安陵（今陕西省咸阳市秦都区东北）人。谏（jiàn）：劝谏君主、尊长或朋友，使之改正错误。⑥素：向来；一向。骄：放纵。⑦弗为：不给。置：设置。严：严格；严厉。傅相：太傅和丞相。据《汉书·百官表》：诸侯王"有太傅辅王"，"丞相统众官"。⑧且：而且。转接连词。刚：坚硬；坚强。⑨暴：又猛又急；突然。催折：折断。之：人称代词。称代刘长。⑩卒（cù）：通"猝"。突然；仓促。逢：遇见；遇到。⑪为：通"将"。时间副词。⑫奈（nài）何：如何、怎么办。疑问代词。⑬吾特苦之耳：我特此为这个事苦恼啊。之：代词。代指处置淮南王这件事。耳：语气词，表示肯定。⑭今复之：意为不久就会让他回来。今：即。复：还、使动词。⑮发：打开。封：槛车上的封门。⑯乃：于是。谓：告诉；对……说。侍者：伺候他的人。⑰谁：那个。疑问代词。乃：你；你的。者：语气词，表示反问。⑱安：怎么。疑问副词。⑲以骄故：因为放纵的缘故。⑳不闻：没有听说。过：过失；罪过。㉑闲：通"间"。㉒邑邑：愁闷不安的样子。邑，通"悒"。㉓不食死：绝食而死。㉔雍：古县名。治所在今陕西凤翔县南。㉕令：县令。㉖以死闻：把淮南王死的事报告了皇上。闻：传知，汇报上去。㉗公：对人的尊称。㉘卒：终于。亡：死。使动词。㉙不：无。㉚愿：希望。自宽，自己放宽心。㉛为之奈何：对这件事要如何办呢。之：代词，指代淮南王死这件事。㉜独：只有。以：用。御史：御史大夫。谢：告诉。天下：指天下之人。乃可：才行。㉝考：通"拷"。诸：名。馈（kuì）：以食物送人。㉞以列侯葬：拿埋葬列侯的礼仪埋葬。于：在。介词。㉟守：看守；守护。冢（zhǒng）：通"塚"。坟墓。三十户：指赐给三十户人家让守护坟墓。

孝文八年①，上怜淮南王②，淮南王有子四人，皆七八岁，乃封子安为阜陵侯，子勃为安阳侯，子赐为阳周侯，子良为东城侯。

【注释】

①孝文八年：汉文帝八年（前172年）。②怜：怜悯；同情。

孝文十二年①，民有作歌歌淮南厉王曰②："一尺布③，尚可缝④，一斗粟⑤，尚可舂⑥。兄弟二人不能相容⑦。"上闻之，乃叹曰："尧、舜放逐骨肉⑧，周公杀管、蔡⑨，天下称圣⑩。何者⑪？不以私害公⑫。天下岂以我为贪淮南王地邪⑬？"乃徙城阳王王淮南故地⑭，而追尊谥淮南王为厉王⑮，置园复如诸侯仪⑯。

【注释】

①孝文十二年：汉文帝十二年（前168年）。②民有作歌歌淮南厉王：有人编了歌儿唱淮南厉王。③布：麻布。④尚：还。⑤粟（sù）：谷子。去皮后称为小米。⑥舂（chōng）：把谷类的壳捣掉。⑦容：宽容；容忍。⑧尧舜：传说中的二位父系氏族社会后期部落联盟领袖。放逐：流放；驱逐。骨肉：比喻兄弟。⑨周公：西周初年的政治家。姬姓，名旦，周武王之弟。因采邑在周（今陕西岐山县北），称为周公。⑩称：称作。圣：圣贤。⑪何者：什么原因呢。⑫不以私害公：不拿私情损害公义。⑬岂：难道。反诘副词。以：以为。贪：贪图。地：封地。邪（yé）：语气词，表示反诘。⑭徙（xǐ）：调职；迁封。城阳王：景王刘章之子刘嘉。王（wàng）：称王。动词。故地：原来的封地。⑮谥（shì）：古代帝王、贵族、大臣或其他有地位的人死后被加的带有褒贬意义的称号。⑯置：立；建立。园：陵园；墓地。复：仍旧。诸侯：诸侯王。仪：礼仪。

孝文十六年①，徙淮南王喜复故城阳②。上怜淮南厉王废法不轨③，自使失国蚤死④，乃立其三子⑤：阜陵侯安为淮南王⑥，安阳侯勃为衡山王⑦，阳周侯赐为庐江王⑧，皆复得厉王时地，参分之⑨。东城侯良前薨⑩，无后也⑪。

【注释】

①孝文十六年：汉文帝十六年（前164年）。②喜：刘喜。原城阳王。复故城阳：指仍做城阳王。③废法：废弃法令。④自使：使自己。失国：失去封国。⑤立：登上帝王或诸侯的位置叫立。⑥安：刘安。淮南王：国在今安徽省淮河以南一带，都寿春（今安徽寿县）。⑦勃：刘勃。衡山王：国在今安徽、河南、湖北三省交界地区，建都六（lù）县（今安徽六安市东北）。⑧赐：刘赐。庐江王：国在今安徽、湖北、河南三省交界地区，建都舒县（今安徽庐江县西南）。⑨参（sān）分之：指三家分领厉王旧地。⑩良：刘良。前薨（hōng）：在此以前死了。⑪后：后代。

孝景三年①，吴楚七国反②，吴使者至淮南③，淮南王欲发兵应之④。其相曰⑤："大王必欲发兵应吴⑥，臣愿为将⑦。"王乃属相兵⑧。淮南相已将兵⑨，因城守⑩，不听王而为汉⑪；汉亦使曲城侯将兵救淮南⑫：淮南以故得完⑬。吴使者至庐江，庐江王弗应⑭，而往来使越⑮。吴使者至衡山，衡山王坚守无二心。孝景四年⑯，吴楚已破⑰，衡山王朝⑱，上以为贞信⑲，乃劳苦之曰⑳："南方卑湿㉑。"徙衡山王王济北㉒，所以褒之㉓。及薨，遂赐谥为贞王㉔。庐江王边越㉕，数使使相交㉖，故徙为衡山王，王江北㉗。淮南王如故㉘。

【注释】

①孝景三年：汉景帝三年（前154年）。孝景：汉景帝刘启（前188—前141年）。刘恒子。前156—前141年在位。②吴楚七国反：指景帝三年，吴楚等七国发动

的武装叛乱。③淮南：指淮南国。④应：响应。之：代词。代指吴楚七国发动的
叛乱。⑤相：丞相。⑥必：一定。⑦为：当；担任。将：将领。⑧属（zhǔ）相兵：
把军权委托给丞相。属，通"嘱"，委托；托付。⑨将（jiàng）：带领，统率。
动词。⑩因：于是。与"则"通。副词。⑪听：听从；接受。而：却。为（wéi）：
助。⑫使：令。曲城侯：姓虫，名捷，其父名逢，为高祖功臣。⑬以故：因此。完，
使完整、完好、保全。⑭弗应：不响应。⑮往来使越：派遣使者和南越国交往。
⑯孝景四年：汉景帝四年（前153年）。⑰破：破灭。⑱朝（cháo）：朝见皇上。
⑲以为贞信：认为他贞忠诚实。⑳劳（lào）苦：慰劳。之：代词。代指衡山王。
㉑卑：地势低。湿：潮湿。㉒王（wàng）济北：做济北王。东北。㉓所以：以此。
褒（bāo）之：表扬他。㉔贞：据《谥法解》："清白守节曰贞"。㉕边城：与
南越国边界相接。㉖交：交往；交通。㉗江北：江水（长江）以北。㉘如故：同
从前一样（即仍为淮南王）。

淮南王安为人好读书鼓琴①，不喜弋猎狗马驰骋②，亦欲以行阴德拊循百姓③，
流誉天下④。时时怨望厉王死⑤，时欲畔逆⑥，未有因也⑦。及建元二年⑧，淮南王入朝。
素善武安侯⑨，武安侯时为太尉⑩，乃逆王霸上⑪，与王语曰："方今上无太子⑫，
大王亲高皇帝孙⑬，行仁义，天下莫不闻⑭。即宫车一日晏驾⑮，非大王当谁立者⑯！"
淮南王大喜，厚遗武安侯金财物⑰，阴结宾客⑱，拊循百姓，为畔逆事⑲。建元六
年⑳，彗星见㉑，淮南王心怪之㉒。或说王曰㉓："先吴军起时㉔，彗星出长数尺㉕，
然尚流血千里㉖。今彗星长竟天㉗，天下兵当大起㉘。"王心以为上无太子，天下有
变㉙，诸侯并争㉚，愈益治器械攻战具㉛，积金钱赂遗郡国诸侯游士奇材㉜。诸辨士
为方略者㉝，妄作妖言㉞，谄谀王㉟，王喜，多赐金钱，而谋反滋甚㊱。

【注释】

①好（hào）：喜爱。鼓：弹奏。动词。②喜：爱好；喜欢。弋（yì）猎：射猎。弋，
用带绳子的箭射。驰骋（chěng）：比喻射猎。狗马：指古代统治阶级玩好之物。③亦：
也。以：拿；用。行：做。阴德：旧谓暗中施德于人的行为。拊（fǔ）循：抚慰。
④流：流传，传布。誉：荣誉；美名。⑤怨望：埋怨。⑥时：时常；经常。畔（pàn）逆：
叛乱。畔，通"叛"。⑦未：没。否定副词。因：原因；缘由。⑧建元：汉武帝
第一个年号。我国古代帝王用年号纪元从此开始。建元二年，即公元前139年。⑨素：
平素；一向。善：友好。武安侯：田蚡（fén）。汉景帝皇后王娡的同母异父弟弟。
⑩时：当时。太尉：官名。秦至西汉设置。为全国军政首脑，与丞相、御史大夫
并称"三公"。武帝时改称大司马。⑪逆：迎。霸上：一作"灞上"，又名"霸头"，
因地处霸水（今西安市东）西高原上得名。⑫方今：当今。上：皇上。指汉武帝刘彻。
汉景帝第九子，生于公元前156年，为西汉第五代皇帝。在位五十四年（前140—
前87年）。无：未有。⑬大王：田蚡对淮南王的尊称。亲高皇帝孙：高皇帝的亲
孙。⑭莫：代词。与"无"通。意为"没有什么人……"。不闻：不知道。⑮即：
假设；如果。宫车一日晏驾：意为皇上有一天死了。用"宫车晏驾"指皇上死了，
是一种委婉的说法。晏：晚；迟。⑯此句意为继承皇位的不是您，还应当是谁呢。
⑰遗（wèi）：赠与；致送。⑱阴结：暗中交结。⑲为：做。⑳建元六年：公元前
135年。㉑彗（huì）星：绕太阳运行的一种天体。㉒怪：惊疑，奇怪。㉓或：有的
人。虚指代词。说（shuì）：劝说；说服。㉔先：早先。吴：吴王刘濞。㉕出：出
现。数：几。㉖然：然而。尚：尚且。流血千里：意为使千里范围流血。㉗竟天：
从天这头直到天那头。㉘兵：战事。㉙变：突然发生的事变。㉚诸侯：诸侯王。并

争：一齐争夺。㉛愈益：更加。治器械攻战具：意为整治武器和进攻作战的器具。㉜积：积蓄；积聚。赂遗（lù wèi）；奉送：赠送。郡国：汉初，郡和王国同为地方最高行政区划，郡直属朝廷，王国由分封的国王统治。史称"郡国制。"诸侯，此处兼指郡守和国王。㉝诸：一些。辨：通"辩"。辨士为方略者：给筹划大计和策略的能言善辩之士。㉞妄作：胡乱制作。妖言：迷惑人的邪说。㉟谄谀（chǎn yú）：阿谀奉承。㊱谋反：据张文虎考证，疑为"反谋"。滋：益；更加。

　　淮南王有女陵①，慧②，有口辩③。王爱陵，常多予金钱④，为中诇长安⑤，约结上左右⑥。元朔三年⑦，上赐淮南王几杖⑧，不朝⑨。淮南王王后荼⑩，王爱幸之⑪。王后生太子迁⑫，迁取王皇太后外孙修成君女为妃⑬。王谋为反具⑭，畏太子妃知而内泄事⑮，乃与太子谋，令诈弗爱⑯，三月不同席⑰。王乃详为怒太子⑱，闭太子使与妃同内三月⑲，太子终不近妃⑳。妃求去㉑，王乃上书谢归去之㉒。王后荼，太子迁及女陵得爱幸王㉓，擅国权㉔，侵夺民田宅，妄致系人㉕。

【注释】

　　①陵：王女之名。②慧：聪明；有才智。③口辩：口才。④予：给。⑤为中诇（xiòng）长安：意为让他在京师长安做侦探。诇：侦察；刺探。⑥约：网罗。上左右：与皇上亲近的人。⑦元朔三年：即公元前126年。元朔，汉武帝即位后第三个年号。按：据《史记志疑》，"三年"恐为"二年"之误。⑧几（jī）杖：老人居则凭几，行则拄杖。⑨不朝：指照顾淮南王，因其年老，让其不必按照制度入京朝见皇上。⑩荼（tú）：王后之名。⑪幸：宠爱；宠幸。⑫迁：太子之名。⑬取：通"娶"。⑭谋为反具：策划置办发动叛乱的器具。⑮畏：害怕。知而内泄事：意为知道并在朝内把此事泄露出去。⑯诈：假装。⑰席：同"蓆"。⑱详（yáng）：通"佯"。假装。⑲闭：关闭。同内：同房。⑳终：始终；终于。㉑求：请求；要求。去：离开。㉒谢：道歉。归去之：送她回去。㉓得爱幸王：得到王的宠爱。㉔擅（shàn）：独揽。㉕妄：胡乱。系（xì）：拴缚；拘囚。

　　元朔五年①，太子学用剑，自以为人莫及②，闻郎中雷被巧③，乃召与戏④。被一再辞让⑤，误中太子⑥。太子怒，被恐。此时有欲从军者辄诣京师⑦，被即愿奋击匈奴⑧。太子迁数恶被于王⑨，王使郎中令斥免⑩，欲以禁后⑪，被遂亡至长安⑫，上书自明⑬。诏下其事廷尉⑭、河南⑮。河南治⑯，逮淮南太子，王、王后计欲无遣太子，遂发兵反⑰，计犹豫⑱，十余日未定⑲。会有诏⑳，即讯太子㉑。当是时㉒，淮南相怒寿春丞留太子逮不遣㉓，劾不敬㉔。王以请相㉕，相弗听㉖。王使人上书告相㉗，事下廷尉治。踪迹连王㉘，王使人候伺汉公卿㉙，公卿请逮捕治王㉚。王恐事发，太子迁谋曰："汉使即逮王㉛，王令人衣卫士衣㉜，持戟居庭中㉝，王旁有非是㉞，则刺杀之，臣亦使人刺杀淮南中尉㉟，乃举兵，未晚㊱。"是时上不许公卿请㊲，而遣汉中尉宏即讯验王㊳。王闻汉使来，即如太子谋计㊴。汉中尉至，王视其颜色和㊵，讯王以斥雷被事耳㊶，王自度无何㊷，不发㊸。中尉还㊹，以闻㊺。公卿治者曰㊻："淮南王安拥阏奋击匈奴者雷被等㊼，废格明诏㊽，当弃市。"诏弗许。公卿请废勿王，诏弗许。公卿请削五县㊾，诏削二县。使中尉宏赦淮南王罪，罚以削地㊿。中尉入淮南界，宣言赦王[51]。王初闻汉公卿请诛之[52]，未知得削地[53]，闻汉使来，恐其捕之，乃与太子谋刺之如前计[54]。及中尉至，即贺王[55]，王以故不发[56]。其后自伤曰[57]："吾行仁义见削[58]，甚耻[59]。"然淮南王削地之后，其为反谋益甚[60]。诸使道从长安来[61]，为妄妖言[62]，言上无男[63]，汉不治[64]，即喜⑥⑤；即言汉廷治⑥⑥，有男，王怒，以为妄言⑥⑦，非也⑥⑧。

【注释】

①元朔五年：汉武帝年号。相当于前124年。②人莫及：没有人赶得上。③郎中：官名。属郎中令，管理车骑门户，并内充侍卫，外从作战。罴被（léi pī）：《汉书·淮南传》作"雷被"。罴，通"雷"。④召与戏：意为召唤来和他比试。⑤一再：一次再次。辞让：退让。⑥误中（zhòng）：失手击中。⑦辄（zhé）：立即；就。诣（yì）：到。⑧奋击：奋力击敌。⑨数（shuò）恶被于王：意为多次在王面前说雷被坏话。⑩郎中令：官名。为皇帝左右亲近的高级官职，主要职掌为守卫宫殿门户。诸侯王亦有此官。斥免：罢免。⑪欲以禁后：想以此禁止以后发生此类事情。⑫亡：逃亡。⑬自明：自己说明来由。⑭诏：皇帝文书，用以传达一般政令。下：交付。动词。其：那。远指代词。代指雷被上告之事。廷尉：官名。秦始置，掌刑狱，为"九卿"之一。⑮河南：河南郡。⑯计：计划；打算。无：通"毋"。不。遣：送；送走。⑰遂：就。⑱犹豫：迟疑不决的样子。⑲十余日：十多天。未：没有；不曾。⑳会：正好；恰好。副词。㉑即讯：意为就近在淮南国审问，不再往河南郡遣送。㉒当是时：在这时。㉓寿春：县名，当时为淮南国都城。今安徽寿县。丞：掌管刑狱囚徒的官员。留太子逮不遣：指寿春县丞顺从淮南王意，不执行遣送太子赴河南郡受审的命令。㉔劾（hé）：弹劾；揭发罪状。不敬：亦称"大不敬"。㉕王以请相："王以之请于相"的省语。请：求。㉖弗听：不接受。㉗告：告发；控告。㉘踪（zōng）迹：脚印；行动所留的痕迹。连：牵连。㉙候伺：窥伺；侦察。汉公卿：汉朝的公卿大臣。候伺汉公卿：指侦察汉公卿大臣对此事的态度。㉚请：请求。㉛即：即使；即便。㉜衣（yì）卫士衣（yī）：穿上卫士的衣服。前一个"衣"为动词，后一个"衣"为名词。㉝持戟（jǐ）：拿着戟。居：处于。庭：厅堂。㉞旁：旁边。有非是：指一有不对的情况。㉟淮南中尉：淮南国中尉。㊱未：不。㊲是时：这时。许：许可；答应。㊳宏：人名，即殷宏。验：验证；检验。㊴如：按照。㊵颜色：面容，脸色。和：温和。㊶讯王以斥罴被事耳：拿罢免雷被的事问王而已。㊷度：揣度；推测。无何：没有什么。何，指罪行。㊸不：没有。通"无"。发：发动。㊹还：回朝。㊺以闻：意为把这事向皇上作了汇报。㊻公卿治者：指查处淮南王的公卿大臣。㊼拥阏（è）：阻塞；阻挡。拥，通"壅"。㊽废：废弃；停止。格：搁置。㊾削：削减。五县：指五个县的封地。㊿罚以削地：给以削地的处分。51宣：宣布诏谕。52初：开始；当初。诛之：诛杀他。53未：不曾；没有。得削地：得到削地的处分。54谋：商议。55贺：庆贺；祝贺。56以故：因此。57其后：那以后。58见：被。削：削去封地。59甚耻之：为此感到很羞愧。60益：更加。甚：厉害。61从：由。62为：制造。63男：儿子。64治：安定；太平。65即：便。66即：假如；如果。廷：指朝廷。67以为妄言：认为他是胡说。68非也：不是实情。

王日夜与伍被①、左吴等案舆地图②，部署兵所从入③。王曰："上无太子④，宫车即晏驾⑤，廷臣必征胶东王⑥，不即常山王⑦，诸侯并争⑧，吾可以无备乎⑨！且吾高祖孙，亲行仁义，陛下遇我厚⑩，吾能忍之⑪；万世之后⑫，吾宁能北面臣事竖子乎⑬！"

【注释】

①伍被（pí）：楚国人。时为淮南国中郎。《汉书》有传。②左吴：淮南王

宾客。案：通"按"。考察。舆地图：指当时绘制的全国地图。③兵所从入：从什么地方进兵。④太子：一般称预定继承君位的皇子为太子。⑤即：假使；如果。⑥廷臣：朝廷大臣。征：征召；召。特指君召臣。胶（jiāo）东王：刘寄。景帝子。国都即墨（今山东省平度市东南）。⑦不即：要不就是。常山王：刘舜。景帝子。国都元氏（今河北省元氏县西北）。⑧诸侯：诸侯王。并：一齐；一起。争：指争夺皇位。⑨可以：能够。乎：语气词。⑩遇：对待；对。厚：指情谊深厚。⑪忍：忍耐；容忍。⑫万世之后：指皇上死后。⑬宁：同"岂"。难道。反诘副词。北面：古代帝王南面而坐，臣下朝见须面朝北方。臣事：像臣子那样奉事。"臣"作动词。竖子：小子。对人的鄙称。

王坐东宫，召伍被与谋，曰："将军上①。"被怅然曰："上宽赦大王，王复安得此亡国之语乎②！臣闻子胥谏吴王③，吴王不用④，乃曰'臣今见麋鹿游姑苏之台也⑤'。今臣亦见宫中生荆棘，露沾衣也。"王怒，系伍被父母⑥，囚之三月⑦。复召曰："将军许寡人乎⑧？"被曰："不，直来为大王画耳⑨。"臣闻聪者听于无声⑩，明者见于未形⑪，故圣人万举万全⑫。昔文王一动而功显于千世⑬，列为三代⑭，此所谓因天心以动作者也⑮，故海内不期而随⑯。此千岁之可见者⑰。夫百年之秦⑱，近世之吴楚⑲，亦足以喻国家之存亡矣⑳。臣不敢避子胥之诛，愿大王毋为吴王之听。昔秦绝圣人之道㉑，杀术士㉒，燔《诗》《书》㉓，弃礼义，尚诈力㉔，任刑罚㉕，转负海之粟致之西河。当是之时，男子疾耕不足于糟糠，女子纺绩不足于盖形。遣蒙恬筑长城㉙，东西数千里，暴兵露师常数十万㉚，死者不可胜数㉛，僵尸千里，流血顷亩，百姓力竭，欲为乱者十家而五㉜。又使徐福入海求神异物㉝，还为伪辞曰㉞：'臣见海中大神，言曰："汝西皇之使邪㉟？"臣答曰："然。""汝何求？"曰："愿请延年益寿药。"神曰："汝秦王之礼薄㊱，得观而不得取㊲。"即从臣东南至蓬莱山，见芝成宫阙㊳，有使者铜色而龙形㊴，光上照天。于是臣再拜问曰㊵："宜何资以献㊶？"海神曰："以令名男子若振女与百工之事㊷，即得之矣。"'秦皇帝大说㊸，遣振男女三千人，资之五谷种种百工而行㊹。徐福得平原广泽，止王不来㊺。于是百姓悲痛相思，欲为乱者十家而六。又使尉佗逾五岭攻百越㊻。尉佗知中国劳极㊼，止王不来。使人上书，求女无夫家者三万人，以为士卒衣补㊽。秦皇帝可其万五千人。于是百姓离心瓦解，欲为乱者十家而七。客谓高皇帝曰㊾：'时可矣㊿。'高皇帝曰：'待之，圣人当起东南间。'不一年，陈胜吴广发矣。高皇始于丰、沛，一倡天下不期而响应者不可胜数也。此所谓蹈瑕候间，因秦之亡而动者也。百姓愿之，若旱之望雨，故起于行陈之中而立为天子，功高三王，德传无穷。今大王见高皇帝得天下之易也，独不观近世之吴楚乎吴王赐号为刘氏祭酒，复不朝，王四郡之众，地方数千里，内铸消铜以为钱，东煮海水以为盐，上取江陵木以为船，一船之载当中国数十两车，国富民众。行珠玉金帛赂诸侯宗室大臣，独窦氏不与。计定谋成，举兵而西。破于大梁，败于狐父，奔走而东，至于丹徒，越人禽之，身死绝祀，为天下笑。夫以吴越之众不能成功者何？诚逆天道而不知时也。方今大王之兵众不能十分吴楚之一，天下安宁有万倍于秦之时，愿大王从臣之计。大王不从臣之计，今见大王事必不成而语先泄也。臣闻微子过故国而悲，于是作《麦秀之歌》，是痛纣之不用王子比干也。故孟子曰：'纣贵为天子，死曾不若匹夫'。是纣先自绝于天下久矣，非死之日而天下去之也。今臣亦窃悲大王弃千乘之君，必且赐绝命之书，为群臣先，死于东宫也。于是气怨结而不扬，涕满匡而横流，即起⁹⁸，历阶而去⁹⁹。

【注释】

①将军：武官。按：当时天子有将军，诸侯王只有中尉。淮南王呼伍被为将军，公开暴露了其叛逆之心。②复：还。安：怎么。得：能够。能愿动词。③子胥：伍员（yún）。春秋时吴国大夫，字子胥。谏：规劝君王，使其改正过错。吴王：夫差。阖闾之子，前495年—前473年在位。④用：采用；采纳。⑤麋鹿：哺乳动物，毛淡褐色，雄的有角，角像鹿，尾像驴，蹄像牛，颈像骆驼。⑥系：拘囚。⑦囚之三月：拘禁了三个月。之：语气助词。⑧许：答应。寡人：寡德之人。为古代帝王的自称。⑨直：只。副词。与"特""但"通。画：指筹划。耳：与"而已"通。表示"仅限于此""不过如此"的语气。⑩聪：听力好。听于无声：意为能从没有声音的地方听到动静。于：介词。此处相当于"从""自"。⑪明：视力好。见于未形：意为能从没有形迹的地方看出征兆。⑫万举万全：行动万次，成功万次。⑬昔：从前。文王：周文王。功显于千世：功业显扬到千代子孙。世：父子相继为一世。⑭列：安排列某类事物之中。三代：古称夏、商、周三个王朝为三代。⑮因：依照；按照。动词。以：而。者也：语气词。⑯海内：古人认为我国疆土四面临海，因此称全国、国内为海内。期：约会。随：追随；跟随。⑰此千岁之可见者：这是千年之前能够看见的。者：语气助词。⑱夫（fú）：发语词。百年之秦：百年之前的秦朝。⑲近世：近代。吴楚：指景帝三年带头发动叛乱的吴国、楚国。⑳喻国家之存亡：说明国家存亡的道理。㉑绝：断，断绝。㉒术士：指儒生与方士。㉓燔（fán）：焚烧。《诗》《书》：即《诗经》《书经》。代指儒家经典。㉔尚：崇尚。诈力：欺骗和暴力。㉕任：使用。㉖转：运输。负海之粟：海边的谷子。负：倚傍。致：给予；送给。动词。西河：古称西部地区南北流向的黄河为西河。即今山西南部黄河以西的陕西地境。㉗疾：急切地从事。不足于糟糠：糟糠都吃不饱。㉘绩：把麻搓成绳或线。盖形：遮蔽形体。㉙蒙恬：秦名将。㉚暴（pù）兵露师：泛指军队经受着日晒风雨霜雪驻守在外。㉛胜（shèng）：尽。㉜为乱：作乱；造反。十家而五：十家中就有五家。而：使；乃；就。副词。㉝徐福：《史记·秦始皇本纪》作"徐市（fú）。"㉞还为伪辞：回来编造谎言。㉟汝：你。西皇：西上皇帝。与东海相对而言。邪（yé）：通"耶"。疑问语气助词。㊱秦王：即秦始皇帝。始皇称帝前曾为秦王。薄：轻。㊲得：能够；可以。取：拿；取得。㊳芝：灵芝草。古代人称为"仙草"。阙（què）：宫殿。㊴铜色而龙形：颜色如铜，形状像龙。而：承接连词。㊵再拜：古代的一种礼节。㊶宜：应该；应当。何资以献：拿什么礼物来奉献。㊷令名男子：良家男孩儿。若：及。振女：童女。按：振疑为"伥"（chāng），伥即童子。百工：古时把营建制造的各种工匠称为百工。百工之事：意为百工的事务。㊸说（yuè）：通"悦"。喜欢；高兴。㊹资：供给。五谷种种：吾谷的种子。按：《汉书·伍被传》作"五谷种"。此处用二"种"字，疑衍一字。百工：指百工的制品。行：去；离开。㊺止王不来：意为停在那里，自称为王，不再回来。㊻尉佗（tā）：赵佗。西汉初为南越王因其称王前曾任秦南海郡尉，故又称尉佗。逾：越过。五岭：即越城、都庞（一说为揭阳）、萌渚、骑田、大庾五岭的总称。在今湖南、江西和广东、广西等省区边境。百越：又称"百粤"。在五岭以南。为古代南方越族活动地区。㊼中国：古时称华夏族聚居的黄河中下游地区（以其在四方少数民族之中）为"中国"。与"中土"，"中原"等含义相同，并非近代专指我国全部领土的"中国"。

1209

劳极：疲劳到极点。㊽以为士卒衣补：请梁廷楠《南越五主传·先帝传》作“为士卒衣补”。㊾客：宾客。谓：动词。表示“对……说”。高皇帝：汉高祖刘邦。刘邦死后上尊号为“高皇帝”。㊿时：时机。(51)待：等待。之：语气助词。(52)当：将。閒：通“间”。(53)不一年：没过一年。(54)陈胜：字涉。阳城（今河南登封市东南）人。秦二世元年（前209年），他和吴广等在蕲县大泽乡（今安徽宿县东南刘村集）起兵反秦，在陈县（今河南淮阳县）称王。吴广：字叔。阳夏（今河南太康县）人。秦二世元年，同陈胜一道发动同行戍卒起兵反秦。他任假王。发：发难；发动起义。按：尉佗称南越王在陈胜起义之后。此处说尉佗称王之后，陈胜等人才发动起义，与史实不符。(55)高皇：高皇帝。始于丰、沛：从丰邑和沛县开始。丰：丰邑。在今江苏丰县。沛：即沛县。(56)倡：带头；倡导。(57)蹈：踩；踏。瑕（xiá）：空隙；薄弱环节。候：窥伺；侦察。閒：通“间”。间隙；空隙。(58)因：介词。表示“趁……”。(59)行（háng）：古代军队编制，二十五人为一行。此处指行伍。陈：通“阵”。两军交战时队伍的行列。此处指战阵。(60)三王：指夏禹王，商汤王和周文王（一说包括周武王）三个开国君王。(61)德：恩德；恩惠。传：流传。无穷：指万世。(62)独：怎么；为什么。与“何”通。疑问代词。(63)吴王：刘濞（bì）。赐号为刘氏祭酒：意为受到刘家皇室的尊敬。(64)不朝：不必按制度入朝。按：据《史记·吴王濞列传》：文帝曾赐吴王几案和拐杖，并看其年老，准其不必入朝。此处即指此事。(65)王（wàng）：统治；治理。动词。四郡：东阳郡（辖今安徽省境）、鄣郡（辖今江苏西南部安徽南部和浙江西北部）、吴郡（辖今江苏南部和浙江东北部）、豫章郡（辖今江西省境）。众：民众。(66)方：方圆；周围。(67)内：方位名词。活用作动词，当“在内面”。铸：铸造。消：销。熔化金属。(68)江陵：县名。属南郡。治今湖北江陵县。(69)载：装载。当：相当。两：同“辆”。(70)行珠玉金帛赂：意为用珠玉金帛贿赂。诸侯：指诸侯王。宗室：指皇帝的宗族人。(71)独：唯独。窦氏：景帝外家窦氏族人。与：通“予”，给。(72)举兵而西：发动军队向西开去。西：方位名词作动词，当“往西去”讲。而：连词，表示一先一后两个动作行为。(73)破：打破。被动用法。于：在。大梁：古城名。在今河南省开封市。(74)败：被动用法。狐父：在今安徽砀山县南。(75)走：跑，逃跑。(76)至于：到达。丹徒：县名。治今江苏镇江市丹徒区丹徒镇。(77)越：指东越。禽：通“擒”。(78)绝祀：断绝祭祀。(79)吴越之众：《汉书·伍被传》“吴”下无“越”字。观上下文疑为“吴楚之众”。何：疑问代词。问原因是什么，或道理在什么地方。(80)诚：确实；的确。逆：违背。知时：懂得时运。(81)方今：当今。兵众：军队和民众。十分吴楚之一：吴楚的十分之一。(82)有万倍于秦之时：和秦朝的时候相比有一万倍。于：介词。表示比较。(83)从：听从。(84)必不：不一定。泄：泄露。(85)微子：《汉书·伍被传》作“箕子”按：据《史记·宋世家》之诗以歌咏之，可知作《麦秀之歌》者为箕子。(86)《麦秀之歌》：据《史记·宋世家》：其辞曰：“麦秀渐渐兮，禾黍油油。彼狡童兮，不与我好兮！”(87)是：这。指示代词。痛：痛恨；哀痛。纣：商（殷）代最后的君主。王子比干：殷纣王的叔父，官少师。相传因屡次劝谏纣王，被剖心而死。(88)故：因此；所以。按：此引文不见于《孟子》。(89)曾：竟然；简直；连……也。若：通“如”。匹夫：一个人。泛指平常的人。(90)自绝：做了对不起人的事而不愿悔改，因此自行断绝跟对方的关系。天下：天下之人。(91)去：去掉；抛弃。(92)窃：谦辞。暗自。悲：悲哀；伤心。意动词。千乘（shèng）之君：拥有千辆战车的君主。乘：量词。古代一车四马叫“乘”。(93)且：将。赐绝命之书：意为给臣下遗下绝命书。⑨为群臣先：在群臣面前。⑨于：在。东宫：当时淮南王所居住的地方。⑨气怨结：怒气和怨恨交结。扬：振。⑨涕：眼泪。匡：通"眶"，眼的四周。横：纵横错杂。按：以上两句谓王。⑨起：起身。此谓伍被。⑨历阶：一步一磴台阶。按：根据当时上下台阶的礼节，每一磴要并一下脚，然后再上（或下）第二磴。伍被因心绪不佳，遂不顾礼法，历阶而去。

王有孽子不害①，最长②，王弗爱，王、王后、太子皆不以为子兄数③。不害有子建④，材高有气⑤，常怨望太子不省其父⑥；又怨时诸侯皆得分子弟为侯⑦，而淮南独二子⑧，一为太子，建父独不得为侯⑨。建阴结交⑩，欲告败太子⑪，以其父代之。太子知之，数捕系而榜笞建⑫。建具知太子之谋欲杀汉中尉⑬，即使所善寿春庄芷以元朔六年上书于天子曰⑭："毒药苦于口利于病⑮，忠言逆于耳利于行。今淮南王孙建，材能高，淮南王王后荼、荼子太子迁常疾害建⑯。建父不害无罪，擅数捕系，欲杀之。今建在，可征问⑰，具知淮南阴事⑱。"书闻⑲，上以其事下廷尉，廷尉下河南治。是时故辟阳侯孙审卿善丞相公孙弘⑳，怨淮南厉王杀其大父㉑，乃深购淮南事于弘㉒，弘乃疑淮南有畔逆计谋㉓，深穷治其狱㉔。河南治建㉕，辞引淮南太子及党与㉖。淮南王患之㉗，欲发㉘，问伍被曰："汉廷治乱㉙？"伍被曰："天下治。"王意不说㉚，谓伍被曰："公何以言天下治也㉛？"被曰："被窃观朝廷之政，君臣之义，父子之亲，夫妇之别，长幼之序㉜，皆得其理㉝，上之举错遵古之道㉞，风俗纪纲未有所缺也㉟。重装富贾㊱，周流天下，道无不通㊲，故交易之道行㊳。南越宾服㊴，羌、僰入献㊵，东瓯入降㊶，广长榆㊷，开朔方㊸，匈奴折翅伤翼，失援不振㊹。虽未及古太平之时，然犹为治也㊺。"王怒，被谢死罪㊻。王又谓被曰："山东即有兵㊼，汉必使大将军将而治山东㊽，公以为大将军何如人也㊾？"被曰："被所善者黄义，从大将军击匈奴，还，告被曰：'大将军遇士大夫有礼㊿，于士卒有恩，众皆乐为之用[52]。骑上下山若蜚[53]，材干绝人[54]。'被以为材能如此，数将习兵[55]，未易当也。及谒者曹梁使长安来[56]，言大将军号令明，当敌勇敢[57]，常为士卒先[58]。休舍[59]，穿井未通[60]，须士卒尽得水，乃敢饮[61]。军罢[62]，卒尽已度河，乃度。皇太后所赐金帛[63]，尽以赐军吏[64]。虽古名将弗过也。"王默然。

【注释】

①孽（niè）子：庶子。即非正妻所生的儿子。不害：孽子名。②长（zhǎng）：年纪大的。③王、王后、太子皆不以为子兄数：意为王和王后没把他当作儿子，太子没把他当兄长。《汉书·淮南传》"王"字不重。④建：人名。⑤材：通"才"。才能。气力。⑥怨望：怨恨；责望。因为失望而增加怨恨。不省其父：不把他的父亲算到兄弟的数中。⑦时：当时。诸侯：诸侯王。分子弟以为侯：割裂封土，把子弟封作侯。⑧独：仅仅；只有。副词。⑨独：与"唯"通。⑩阴结交：指暗中与外人交往。⑪告败：告倒。⑫捕系：捉拿绑缚。榜：捶击、捶打。笞（chī）：用竹板、荆条抽打。⑬具：全部。知太子之谋欲杀汉中尉：即知太子欲杀汉中尉之谋。⑭寿春庄芷：寿春县人庄芷。寿春：县名。以：在。介词。元朔六年：公元前123年。元朔，汉武帝年号。⑮苦于口：对口有苦味。利于病：对病愈有利。⑯疾：通"嫉"。妒忌。害：伤害；损害。⑰征问：征召询问。⑱淮南：淮南国。阴事：隐秘的事。⑲书：指庄芷给皇帝的上书。闻：报告皇上。⑳审卿：辟阳侯审平。审食其孙，字卿。景帝二年嗣侯爵，后因犯谋反罪自杀。公孙弘（hóng）：公孙，复姓；弘，名。字季。薛（今山东省微山县东北）人。

㉑大父：祖父。㉒深：表示程度深。购：通"讲"。深购：深讲，极力夸大其事。《汉书·淮南传》作"构"。㉓畔：通"叛"。㉔穷治：穷究严查。其狱：指庄芷告发淮南太子那个案件。狱：讼；官司。㉕治建：审问刘建。㉖辞：口供。引：牵引。党与：朋党。㉗患：担忧；忧虑。之：他称代词。称代"辞引淮南太子及党与"这件事。㉘发：发兵。㉙汉廷治乱：意为汉朝的天下太平还是不太平。㉚意：心意。说：同"悦"。㉛何以：缘何。即凭什么。何：疑问代词。㉜《孟子·滕文公》："圣人使契为司徒，教以人伦，父子有亲，君臣有义，夫妇有别，长幼有序，朋友有信。"此所谓"五教"。此处"朝廷之政"以下数句，当是针对"五教"而言。㉝理：道理；规律，原则。㉞举错：举动。错，通"措"。遵：遵循；遵守。㉟纪纲：法度。㊱重装：多载货物。贾（gǔ）：商人。㊲周流：遍布。㊳无：代词，代指"没有什么路"。通：通到；通行。㊴交易：买卖。道行：道路通行。㊵宾：归顺。服：降服。㊶羌（qiāng）：古代西部的一种少数民族。僰（bó）：古羌族中的一支。分布在今四川南部和云南东北部。入献：入朝贡献。㊷东瓯（ōu）：古代越族中的一支。亦称瓯越。㊸广：拓大。长榆：塞名。又名榆木塞。在朔方郡。王恢为防御匈奴，曾于此"树榆木为塞"，故名。㊹开：开辟。朔方：郡名。西汉元朔二年置。㊺援：帮助；援救。振：振作；奋起。㊻然：然而。转折连词。犹：也；还，副词。㊼谢：谢罪。死罪：古时常用的套语，表示有所冒犯。㊽山东：古地区名。战国秦汉时代，通称崤山或华山以东为"山东"，与当时所谓"关东"（函谷关以东）含义相同。即：假使；如果。假设连词。兵：战事。此处暗指淮南国举兵反叛。㊾大将军：汉代将军的最高称号。职掌统兵作战。位比三公。而：承接连词。制：控制。㊿也：同"邪""耶"。疑问语气词。(51)士大夫：古代称军士将佐。(52)众：大家。乐：喜欢；乐意。为之用：受他指挥。(53)骑上：指马上。蜚（fēi）：通"飞"。(54)绝人：指没人能赶得上。绝，独一无二。(55)数（shuò）将习兵：多次率兵，通晓军事。(56)谒（yè）者：汉时为国君掌管传达的官员，属郎中令或少府。诸侯王亦有此官。使长安来：出使长安归来。(57)当：面对。(58)为士卒先：身先士卒，奋勇当先。(59)舍：住宿。《汉书·淮南传》作"须士卒休乃舍"。(60)穿：凿。《汉书·淮南传》作"穿井得水乃敢饮"。(61)敢：肯。(62)罢：归。(63)皇太后：景帝王皇后，武帝之母。(64)以：拿。军吏：军队中的官员。

　　淮南王见建已征治，恐国阴事且觉①，欲发，被又以为难②，乃复问被曰："公以为吴兴兵是邪非也③？"被曰："以为非也。吴王至富贵④，举事不当⑤，身死丹徒，头足异处⑥，子孙无遗类⑦。臣闻吴王悔之甚⑧。愿王孰虑之⑨，无为吴王之所悔⑩。"王曰："男子之所死者一言耳⑪。且吴何知反⑫，汉将一日过成皋者四十余人⑬。今我令楼缓先要成皋之口⑭，周被下颍川兵塞轘辕、伊阙之道⑮，陈定发南阳兵守武关⑯。河南太守独有雒阳耳⑰，何足忧。然此北尚有临晋关、河东、上党与河内、赵国⑲。人言曰'绝成皋之口，天下不通'⑳。据三川之险㉑，招山东之兵㉒，举事如此㉓，公以为何如？"被曰："臣见其祸㉔，未见其福也。"王曰："左吴、赵贤、朱骄如皆以为有福㉕，什事九成㉖，公独以为有祸无福，何也？"被曰："大王之群臣近幸素能使众者㉘，皆前系诏狱㉙，余无可用者㉙。"王曰："陈胜、吴广无立锥之地㉚，千人之聚㉛，起于大泽，奋臂大呼而天下响应㉝，西至于戏㉞而兵百二十万。今吾国虽小㉟，然而胜兵㊱者可得十余万，非直適戍之众㊲，钆凿棘矜也㊳，公何以言有祸无福㊳？"被曰："往者秦为无道㊵，残贼天下㊶。兴万乘之驾㊷，作阿房之宫㊸，收太半之赋㊹，发闾左之成⑮，父不宁子⑯，兄不便弟⑰，政苛刑峻⑱，天下熬然若焦⑲，民皆引领而望⑳，倾耳而听㉑，悲号仰天㉒，叩心而怨上㉓，故陈胜大呼，天下响应。当今陛下临制天下㉞，一齐海内㉟，泛爱蒸庶㊱，布德施惠㊲。口虽未言，声疾雷霆㊳，令虽未出，化驰如神㊴，心有所怀，威动万里㊵，下之应上㊶，犹影响也。而大将军材能不特章邯、杨熊也㊷。大王以陈胜、吴广谕之㊸，被以为过矣。"王曰："苟如公言㊹，不可徼倖邪㊺？"被曰："被有愚计㊻。"王曰："奈何？"被曰："当今诸侯无异心，百姓无怨气。朔方之郡田地广㊼，水草美，民徙者不足以实其地㊽。臣之愚计，可伪为丞相御史请书㊾，徙郡国豪杰任侠及有耐罪以上㊿，赦令除其罪，产五十万以上者[51]，皆徙其家属朔方之郡[52]，益发甲卒[53]，急其会日[54]。又伪为左右都司空上林中都官诏狱书[55]，逮诸侯太子幸臣[56]。如此则民怨，诸侯惧，即使辩武随而说之[57]，傥可徼幸什得一乎[58]？"王曰："此可也。虽然，吾以为不至若此[59]。"于是王乃令官奴入宫[60]，作皇帝玺[61]，丞相、御史、大将军、军吏、中二千石、都官令、丞印[62]，及旁近郡太守、都尉印，汉使节法冠[63]，欲如伍被计[64]。使人伪得罪而西[65]，事大将军[66]、丞相；一日发兵[67]，使人即刺杀大将军青[68]，而说丞相下之[69]，如发蒙耳[70]。

【注释】

①国：淮南国。且：将要；快要；副词。觉：发觉。②以为：认为。难（nán）：不易。形容词。③吴：吴王刘濞。是：对；正确。④至：极；最。⑤当（dàng）：恰当；合适。⑥据《史记·吴王濞列传》：吴王兵败，逃至丹徒，东越人诳杀吴王，"盛其头，驰传以闻。"⑦遗类：一作"噍（jiào）类"。原谓能饮食的动物，此处指活着的人。⑧悔之甚：后悔得恨。之：结构助词。⑨孰（shú）：仔细；认真。与"熟"通。⑩无：与"勿"通。无为吴王之所悔：意为不要干吴王所后悔的事。⑪男子：男子汉。者：语气助词。有待申明原因。⑫且：况且。何知反：那里懂得举兵的事。知：解；懂得。⑬过：走过；经过。成皋：古县名。汉置，治所在今河南省荥阳市汜水镇。⑭楼缓：淮南国臣名。按：《汉书·伍被传》无"楼"字。要（yāo）：通"腰"。动词。半路拦截。口：关口。⑮周被（pī）：淮南国臣名。下：攻克；攻下。颍川：郡名。治所在阳翟（今河南省禹县）。兵塞轘（huán）辕、伊阙之道：用兵阻塞由轘辕、伊阙来的道路。轘辕，古关名，在今河南偃师县东南轘辕山上。伊阙，古关名。在今河南洛阳市南伊阙山上。⑯陈定：淮南国臣名。南阳：郡名。治所在河南南阳市。武关：古关名。在今陕西商南县南丹江上。⑰河南：郡名。太守：官名。本为战国时郡守的尊称。汉景帝时改郡守为太守。为一郡行政的最高长官。雒阳：即洛阳。县名。在今河南洛阳市白马寺东洛水北岸，当时为河南郡治所。耳：与"而已"同。语气词。⑱何足忧：有什么值得忧虑的。⑲此北：这北面。临晋关：古关名。在今陕西大荔县东黄河西岸。汉武帝时改称蒲关。当时为河北地区通往京城长安的要道。河东：郡名。治所安邑，在今山西省夏县西北。上党：郡名。治所在今山西省长子县西南。河内：郡名。治所在今河南武陟县西南。赵国：汉初改邯郸郡置。都城邯郸。在今河北省邯郸市。⑳绝：断绝；这里指堵绝。㉑三川：古称伊水、洛水、河水（黄河）为三川。战国时秦于此置三川郡。治洛阳。汉兴改为河南郡。险：指成皋关。㉒招：招来；招集。㉓举事如此：这样起事。㉔其：判断词。与"为"通。相当于"是"。㉕左吴、赵贤、朱骄如：淮南国三臣。㉖什事九成：十成事情中有九成要成功。什：通"十"。表示十成。㉗近幸：亲近宠爱。素：向来。使：驱使。㉘系诏狱：系于诏狱。诏狱：古代奉皇帝诏令办

理的案件。或曰奉皇帝诏令惩治罪犯的场所。㉙余：剩下的。㉚无立锥之地：比喻穷的连插根锥子的地方都没有。㉛聚：聚集。㉜起于大泽：从大泽乡起事。大泽，指大泽乡。㉝奋：举起来。㉞西至于戏（xì）：向西到达戏水。戏：戏水。在今陕西西安市临潼区东。㉟吾国：淮南国。㊱胜（shēng）兵：能胜任兵士的丁壮。可得：能得到。㊲非直：不仅；非但。適（zhé）戍：被强迫去戍边。適：通"谪"。㊳钆（jī）：通"机"指弓弩发射的机括。钆凿（záo）：凿木为弩机。棘（jí）：通"戟"。一种戈矛组合的兵器。矜（jīn）：柄。棘矜：指仅有戟柄。㊴何以：以何。即凭什么。㊵往：从前；过去。时间名词。者：助词。秦为无道：秦朝做无道的事。㊶残贼：残害。㊷兴：发动。乘（shèng）：量词。古时一车四马叫"乘"。驾：车。㊸作：造作。阿房（ē páng）之宫：阿房宫。㊹收太半之赋：征收百姓收入的大半作为赋税。太：通"大"。㊺闾左：古时称里巷大门左面的居民为闾左。闾左穷苦，本来不服役，秦朝时也征发了。戍：防守边疆。此处泛指徭役。㊻宁：安宁；平安。使动词。㊼便（pián）：安逸。使动词。㊽苛：苛刻；狠。峻：严峻；严厉。㊾熬然：痛苦的样子。若：好像。焦（jiāo）：同"燋"火伤。㊿引领而望：伸长脖子盼望。形容盼望的殷切。51倾：侧；斜。52悲号仰天：仰望着天上，悲痛的呼叫。53叩心：捶打着胸膛。怨上：怨恨皇上。54临制：临朝治理。55一：统一。齐：整齐；有秩序。均为使动词。56泛：广泛；普遍。蒸：通"烝"。众，庶，庶民，百姓。57布德施惠：布施恩惠。58声疾雷霆：声音比雷霆还快。59化驰如神：变化奔驰好像神明一样。60心有所怀：心中想着什么。怀，想。61感动：振动。62应：响应。63犹影响也：好像影子和回声那样来得快。响，回声。64不特章邯、杨熊也：不只和章邯、杨熊相同啊哩。章邯、杨熊：均为率军镇压陈胜、吴广领导的农民起义军的秦朝将军。65谕：比喻。66苟：如果；假设。67不可：不能够。徼（jiǎo）幸：通"侥幸"。由于偶然原因得到成功或免去不幸的事。68愚计：愚蠢的计策。愚：自谦之词。69朔方之郡：朔方郡。70徙（xǐ）：迁移。实：老实。71伪为：假造。御史：指御史大夫。请书：请求文书。72豪杰：依仗权势横行一方的人。侠：旧时把抑强扶弱的行为叫侠。耐罪：二年徒刑以上。耐，又作"奈"。73产：家中拥有的资产。五十万：五十万钱。74家属：家眷和部属。75发：派遣。甲卒：披甲的士兵。76急：促。会日：会合的日期。77左右都司空：指少府所属的左司空、右司空及宗正所属的都司空。皆为掌管囚徒的官员。上林中都官诏狱：指上林苑中的诏狱和京师诸官府的诏狱。78诸侯：诸侯王。79辩武：辩士。即能言善辩之士。随而说（shuì）之：跟着解说。80傥（tǎng）可徼幸什得一乎：意为或者能够侥幸得到十分之一的希望呢。傥，通"倘"。或者。81不至若此：即不至于像您说的只有十分之一的希望。82官奴：旧时供奉官府的手工业隶或仆役。83玺（xǐ）：秦以后称皇帝的印为玺。84御史：指御史大夫。都官：中都官的省称。指京师各官府。85法冠：御史所戴之冠。86欲如伍被计：打算按照伍被所献的计策行事。87伪得罪而西：假装罪犯向京师去。88事：奉事；为……服务。89一日：一旦；一朝。90使人：所派使的人。青：卫青。91下之：以下的人。92如发蒙耳：指那时成就大事，就好像揭去蒙在头上的手巾一样容易了。

　　王欲发国中兵，恐其相、二千石不听①。王乃与伍被谋，先杀相、二千石；伪失火宫中，相、二千石救火，至即杀之。计未决，又欲令人衣求盗衣②，持羽檄③，从东方来④，呼曰"南越兵入界"。欲因以发兵⑤。乃使人至庐江、会稽为求盗⑥，未发⑦。王问伍被曰："吾举兵西乡⑧，诸侯必有应我者⑨；即无应⑩，奈何？"被曰："南收衡山以击庐江⑪，有寻阳之船⑫，守下雉之城⑬，结九江之浦⑭，绝豫章之口⑮，彊弩临江而守⑯，以禁南郡之下⑰，东收江都、会稽⑱，南通劲越⑲，屈彊江淮南间⑳，犹可得延岁月之寿㉑。"王曰："善，无以易此㉒。急则走越耳㉓。"

【注释】

①二千石：指其相以外秩二千石（月俸一百二十斛谷）的内史、中尉等高级臣僚。听：听从。②衣（yì）求盗衣（yī）：穿上追捕盗贼的士卒的衣服。前一个"衣"为动词，后一个"衣"为名词。③持：拿着。檄（xí）：古代用来征召、声讨的文书。④《汉书·淮南传》为"从南方来"。⑤因：趁……，介词。以：而。⑥庐（lú）江：郡名。楚汉之际分秦九江郡置。治所在舒县（今安徽庐江县西南），当时辖境相当今安徽巢县、舒城、霍山以南，长江以北，湖北英山、广济、黄梅和河南商城县等地。会稽（kuài jī）：郡名。为求盗：意为实施追捕盗贼的计谋。⑦发：发兵。《汉书·淮南王传》"决"。⑧西乡：向西。乡，通"向"。⑨应：响应。⑩即：如果；假如。⑪南收衡山：向南面收取衡山国。"南收"与下句"东收""南通"皆为动状结构。意为"向南面收取""向东面占据""向南面皎往"。⑫有：占有；据有。寻阳：古县名。⑬守：守御；防守。下雉：古县名。治所在今湖北阳新县东南。位于江夏郡东边的长江南岸。⑭结九江之浦：扼住九江的入口。九江：地区名。在当时寻阳县境。⑮豫章：豫章水。即今江西赣江的上源章水。口：指豫章水北入长江的彭蠡湖口，在今江西湖口县境。⑯彊：通"强"。弩（nǔ）：弩弓。⑰南郡：治所在江陵（今湖北江陵县），辖境相当今湖北粉青河及襄樊市以南，荆门、洪湖以西，长江和清江流域以北，西至四川巫山县。⑱江都：王国名。汉景帝四年封其子刘非为江都王。辖境相当今江苏长江以北、射阳湖西南、仪征市以东地区。武帝元狩三年国除为江陵郡。⑲通：交往。劲：强有力。越：南越国。⑳屈彊：亦作"倔强"。强硬。江淮间：江水（长江）、淮水（淮河）之间。间，通"间"。㉑犹：也；还。可得延岁月之寿：可以使岁月的寿命延长。延：延长。使动词。㉒无以易此：没有什么可以拿来替换这个计策。㉓急：指情势紧急。则：即。时间副词。越：当指南越。耳：表示语气的结束。

于是廷尉以王孙建辞连淮南王太子迁闻①。上遣廷尉监因拜淮南中尉②，逮捕太子。至淮南，淮南王闻，与太子谋召相、二千石，欲杀而发兵。召相，相至；内史以出为解③。中尉曰："臣受诏使④，不得见王⑤。"王念独杀相而内史、中尉不来⑥，无益也，即罢相⑦。王犹豫，计未决。太子念所坐者谋刺汉中尉⑧，所与谋者已死，以为口绝⑨，乃谓王曰："群臣可用者皆前系，今无足与举事者⑩。王以非时发⑪，恐无功⑫，臣愿会逮⑬。"王亦偷欲休⑭，即许太子。太子即自刭⑮，不殊⑯。伍被自诣吏⑰，因告与淮南王谋反，反踪迹具如此⑱。

【注释】

①此句意为：廷尉把淮南王之孙刘建口供牵连到淮南王太子刘迁的事报告了皇上。②廷尉监：归尉属官。因：趁着。淮南中尉：淮南国中尉。当时诸侯王国有太傅辅王、内史治国民，中尉掌武职，相（丞相）统众官。③以出为解：拿已经出去作为不来解释。④受诏使：接受皇上派遣的使者。⑤得：能。⑥念：想。⑦罢相：罢却杀相的初衷，指把相送出去。⑧所：之所以。者：语气助词。表示有待申明原因。⑨口绝：指没有活的证见。⑩今无足与举事者：如今没有能够一

道举行大事的人。⑪以：因为。非时发：不到举行大事的时机。⑫无：没有。功：功绩；成效。⑬会逮：应逮前往。⑭偷：苟且偷安。⑮自刭（jǐng）：自杀。刭：用刀割脖子。⑯不殊：谓身首不断，没有死去。殊：绝。⑰诣（yì）：到……去。吏：司法的官吏。⑱踪迹：走过的脚印。这里指前后情形。具：都；全部。

吏因捕太子、王后，围王宫，尽求捕王所与谋反宾客在国中者①，索得反具以闻②。上下公卿治③，所连引与淮南王谋反列侯二千石豪杰数千人④，皆以罪轻重受诛⑤。衡山王赐⑥，淮南王弟也，当坐收⑦，有司请逮捕衡山王⑧。天子曰："诸侯各以其国为本⑨，不当相坐。与诸侯王列侯会肄丞相诸侯议⑩。"赵王彭祖、列侯臣让等四十三人议⑪，皆曰："淮南王安甚大逆无道⑫，谋反明白⑬，当伏诛⑭。"胶西王臣端议曰⑮："淮南王安废法行邪⑯，怀诈伪心⑰，以乱天下，荧惑百姓⑱，倍畔宗庙⑲，妄作妖言⑳。《春秋》曰'臣无将，将而诛㉑。'安罪重于将㉒，谋反形已定㉓。臣端所见其书节印图及他逆无道事验明白㉔，甚大逆无道，当伏其法。而论国吏二百石以上及比者㉕，宗室近幸臣不在法中者㉖，不能相教㉗，当皆免官削爵为士伍㉘，毋得宦为吏。其非吏㉙，他赎死金二斤八两。以章臣安之罪㉚，使天下明知臣子之道，毋敢复有邪僻倍畔之意㉛。"丞相弘、廷尉汤等以闻㉜，天子使宗正以符节治王㉝。未至，淮南王安自刭杀。王后荼、太子迁诸所与谋反者皆族㉞。天子以伍被雅辞多引汉之美㉟，欲勿诛㊱。廷尉汤曰："被首为王画反谋，被罪无赦㊲。"遂诛被。国除为九江郡㊳。

【注释】

①尽求捕王所与谋反宾客在国中者：即尽力寻找并逮捕在国中的所有参与淮南王谋反的宾客。用"者"字煞尾，变换了定语和中心词的位置，目的在于强调和突出中心词。②索：搜。反具：准备谋反的器具。③上：皇上。下公卿治：交付公卿大臣处治。④所：指示代词。指代行为关涉的对象。表示"所……的人。"⑤以：按照。诛：惩罚；惩处。⑥赐：刘赐。⑦当坐收：理当株连定罪受惩处。⑧有司：主管某部门的官吏。古代设官分职，各有专司，故称有司。⑨诸侯：诸侯王。⑩会：聚会；会同。肄（yì）：研习。诸侯：此处指诸大臣。按：此句所议的对象是淮南王刘安，非衡山王刘赐。⑪彭祖：刘彭祖。景帝子，初封广川王，后徙为赵王。让：人名。"让"疑作"襄"（曹参的玄孙平阳侯曹襄）。⑫大逆无道：大逆不道。⑬谋反明白：指谋反的罪状清楚明白。⑭伏诛：受到杀戮。⑮端：刘端。景帝子。⑯废法行邪：废弃法度，行为邪恶。⑰怀：怀抱；揣着。诈：欺骗。⑱荧（yíng）惑：迷惑；迷乱。⑲倍畔：背叛。倍，通"背"。宗庙：指朝廷。⑳妄作妖言：胡乱造作迷惑人的邪说。㉑《春秋》：指《公羊春秋》。原文为"君亲无将，将而诛焉。"此处引语为大意。无，不要。与"勿"通。㉒罪重于将：罪比做叛逆的事还重。于，介词。㉓情：情形。㉔书节印图：指谋反用的文告、符节、印玺、地图。他：别的。逆：谋逆。验：证据。凭据。㉕国吏：淮南国官吏。二百石以上及比者：秩禄真二百石和比二百石以上的。二百石：月谷为三十斛，相当于县丞、县尉一级。㉖不在法中者：没有参与谋反的。㉗教：通"校"。考校。㉘免官削爵：免去官职，夺去爵位。士伍：从士卒之伍。指有罪而免官削爵的人。㉙其非吏：指与谋反有牵连的其他不是官吏的人。赎（shú）：用财物或行动解除刑罚。㉚章：通"彰"。彰明；显著。使动词。㉛僻：邪；不正。㉜汤：张汤。㉝以：用；拿。符节：古代朝廷传达命令的凭证。王：淮南王。㉞诸：

许多；一些。形容词。族：灭族。动词。当时一种刑罚，一人有罪，灭其三族（父、母、妻族）。㉟以：因。多引：多次引证。美：善；好。指善政。㊱勿：不。㊲无：不要。否定副词。㊳国除：封国被取消。为九江郡：即把原封国改作九江郡。

衡山王赐，王后乘舒生子三人①，长男爽为太子②，次男孝，次女无采③。又姬徐来生子男女四人④，美人厥姬生子二人⑤。衡山王、淮南王兄弟相责望礼节⑥，间不相能⑦。衡山王闻淮南王作为畔逆反具⑧，亦心结宾客以应之⑨，恐为所并⑩。

【注释】

①乘舒：王后名。子：子女。②爽：长子名。③次：数词。意为"下一个"。无采：次女名。④姬：妾。徐来：姬名。⑤厥姬：美人名。⑥相责望礼节：在礼节上互相责怪。责望：责怪。⑦间（jiān）：通"间"。疏远；隔阂。⑧作：制作。反具：谋反的器械。⑨心：思念。应：应付；对付。之：代词。代指淮南王谋反这个事。⑩为：被。并：吞并；兼并。

元光六年①，衡山王入朝，其谒者卫庆有方术②，欲上书事天子。王怒，故劾庆死罪③，彊榜服之④。衡山内史以为非是⑤，郤其狱⑥。王使人上书告内史⑦，内史治⑧，言王不直⑨。王又数侵夺人田⑩，坏人冢以为田⑪。有司请逮治衡山王。天子不许，为置吏二百石以上⑫。衡山王以此恚⑬，与奚慈、张广昌谋⑭，求能为兵法候星气者⑮，日夜从容王密谋反事⑯。

【注释】

①元光：汉武帝第二个年号（前134—前129年）。元光六年为公元前129年。②方术：中国古代指天文、医学、占卜、命相、相术、遁甲、神仙术等。③故：故意。死罪：指犯有死罪。④彊：同"强"。竭力：尽力。榜：捶击；捶打。服：服罪。使动词。⑤非是：不对；不是事实。⑥郤：同"却"。狱：案子；官司。⑦告：控告；告发。⑧治：指受理卫庆的案子。⑨言：说。直：与"曲"相对。不直：即理曲。⑩数（shuò）：屡。人：他人。田：农田。⑪坏：毁坏；拆毁。动词。冢（zhǒng）：坟墓。以为：作为。⑫为置吏二百石以上：意为给调任二百石以上的官吏。⑬以此：因此。恚（huì）：恨；怒。⑭奚慈、张广昌：均为衡山国臣。谋：谋划；商议。⑮为兵法：懂得兵法。候星气：观测天文气象。⑯从容（sǒngyǒng）：通"怂恿"；鼓动人做坏事。密：指预先进行谋划的意思。

王后乘舒死，立徐来为王后。厥姬俱幸①。两人相妒②，厥姬乃恶王后徐来于太子曰③："徐来使婢蛊道杀太子母④。"太子心怨徐来⑤。徐来兄至衡山⑥，太子与饮⑦，以刃刺伤王后兄⑧。王后怨怒，数毁恶太子于王⑨。太子女弟无采⑩，嫁弃归⑪，与奴奸⑫，又与客奸⑬。太子数让无采⑭，无采怒，不与太子通⑮。王后闻之，即善遇无采⑯。无采及中兄孝少失母⑰，附王后⑱，王后以计爱之⑲，与共毁太子，王以故数击笞太子。元朔四年中⑳，人有贼伤王后假母者㉑，王疑太子使人伤之，笞太子。后王病㉒，太子时称病不侍㉓，孝、王后、无采恶太子："太子实不病㉔，自言病，有喜色。"王大怒，欲废太子㉕，立其弟孝。王后知王决废太子㉖，又欲并废孝㉗。王后有侍者，善舞㉘，王幸之㉙，王后欲令侍者与孝乱以汙之㉚，欲并废兄弟而立其子广代太子㉛。太子爽知之，念后数恶己无已时㉜，欲与乱以止其口㉝。王后饮，太子前为寿㉞，因据王后股㉟，求与王后卧㊱。王后怒，以告王㊲。王乃召㊳，欲缚而笞之㊴。太子知王常欲废己立其弟孝㊵，乃谓王曰："孝与王御者奸^㊶，无采与奴奸，王彊食^㊷，请上书^㊸。"即倍王去^㊹。王使人止之^㊺，莫能禁^㊻，乃自驾追捕太子^㊼。太子妄恶言^㊽，王械系太子宫中^㊾。孝日益亲幸。王奇孝材能^㊿，乃佩之王印⁵¹，号曰将军⁵²，令居外宅⁵³，多给金钱，招致宾客⁵⁴。宾客来者，微知淮南、衡山有逆计⁵⁵，日夜从容劝之⁵⁶。王乃使孝客江都人救赫、陈喜作辒车镞矢⁵⁷，刻天子玺，将、相、军吏印。王日夜求壮士如周丘等⁵⁸，数称引吴楚反时计画⁵⁹，以约束⁶⁰。衡山王非敢效淮南王求即天子位⁶¹，畏淮南起并其国⁶²，以为淮南已西⁶³，发兵定江淮之间而有之⁶⁴，望如是⁶⁵。

【注释】

①俱幸：一同受到宠爱。②妒（dù）：忌妒。③恶（è）王后徐来于太子：在太子面前谗毁王后徐来。于：介词。④使：支使；让。婢：宫中的使女。蛊（gǔ）道：古人所说的一种毒害人的巫术。一般埋木偶诅咒仇者。太子母：太子刘爽的母亲乘舒。⑤怨：怨恨；仇恨。⑥衡山：衡山国。⑦与饮：和他饮酒。⑧刃：刀。⑨数（shuò）：与"屡"通。⑩女弟：妹妹。⑪嫁弃归：出嫁后抛弃丈夫，返回家里。⑫奴：指宫中的奴仆。奸：私通；通奸。⑬客：宾客。⑭让：责备；责怪。⑮通：交往。⑯善：友好。遇：待遇；对待。⑰少（shào）失母：少年失去母亲。中兄：二哥。⑱附：依附。⑲以计爱之：意为并非真心慈爱，只是为了施行计谋而爱他们。⑳元朔：汉武帝即位后第三个年号。（前128—前123年）。㉑人有：有人。贼：刺杀。假母：继母。㉒后：后来；以后。病：生重病。㉓时：时时；常常。称病：声言有病。侍：服侍；伺候。㉔实：确实；的确。不：没有。与"无"通。动词。㉕废：废黜。㉖决：决定；决意。㉗并：一并；一起。㉘善舞：擅长舞蹈。㉙幸：指性关系。㉚乱：淫乱。汙（wū）：通"污"，玷污。㉛广：刘广。代：代替。㉜念：想。已：停止；完毕。㉝止其口：意为捂她的嘴。㉞前：上前。为寿：指给王后祝寿。寿：敬酒或用礼物敬人，表示祝人长寿。㉟因：趁……就……介词。㊱求：乞求；请求。卧：躺下睡觉。㊲以告王：把这事告诉了王。㊳召：呼唤使来；召见。㊴缚：捆绑。㊵常：经常；常常。与"恒"通。㊶御者：御婢。即上文"侍者"。㊷王彊食：意为愿王努力加餐。㊸请上书：意为请允许我上书给天子揭发这件事。㊹倍：背着。去：离去。㊺止之：阻止他。㊻莫：没有什么人……与"无"通。㊼自：亲自。驾：驾车。㊽妄：胡乱地。情态副词。恶言：坏话。㊾械系：用镣铐拘禁。㊿奇：奇异的；不寻常的。意动词。⁵¹佩之王印：佩王印于之。即让他佩带上王印。⁵²号曰：号称。⁵³外宅：宫外的住所。⁵⁴招：招集。致：招引。⁵⁵微：暗暗地。逆计：反叛的计谋。⁵⁶劝：劝说。⁵⁷客：宾客。救赫：《汉书·衡山传》作"枚赫"。辒（péng）车：古代的一种战车。镞（zú）：箭头。矢：箭。⁵⁸王日夜求壮士如周丘等：意为衡山王日夜寻找象周丘一样的壮士。等：与"同"通。相同；一样；同样。⁵⁹数（shuò）：与"屡"通。称引：称颂和征引。计画：策略计谋。⁶⁰约束：控制；制约；管束。⁶¹非：不。求：要求。⁶²畏：害怕；担心。⁶³以为：认为。已西：往西。指打向京师。⁶⁴定：平定。有之：占有它。⁶⁵望：期望。如是：如此；像这样。

元朔五年秋^①，衡山王当朝^②，过淮南^③，淮南王乃昆弟语^④，除前郄^⑤，约束反具^⑥。衡山王即上书谢病^⑦，上赐书不朝^⑧。

【注释】

①元朔五年：公元前124年。元朔为汉武帝年号。②当朝：指依例应当入朝。③过淮南：经过淮南国。④乃：于是；就。昆弟语：意为说了兄弟间互相亲爱的话。

⑤除：解除。邰（xì）：通"隙"。裂缝；嫌隙。按：《汉书·衡山传》作"隙"。
⑥约束反具：意为相约共同制作反叛的器具。⑦谢病：推托有病。⑧赐书不朝：
写信允许他可以不入朝。

　　元朔六年中①，衡山王使人上书请废太子爽，立孝为太子。爽闻，即使所善
白嬴之长安上书②，言孝作辒车镞矢，与王御者奸，欲以败孝③。白嬴至长安，未
及上书④，吏捕嬴，以淮南事系⑤。王闻爽使白嬴上书，恐言国阴事，即上书反告
太子爽所为不道弃市罪事⑥。事下沛郡治⑦。元狩元年冬⑧，有司公卿下沛郡求捕
所与淮南谋反者未得⑨，得陈喜于衡山王子孝家⑩。吏劾孝首匿喜⑪。孝以为陈喜
雅数与王计谋反⑫，恐其发之⑬，闻律先自告除其罪⑭，又疑太子使白嬴上书发其事，
即先自告，告所与谋反者救赫、陈喜等。廷尉治验，公卿请逮捕衡山王治之。天
子曰："勿捕⑮。"遣中尉安、大行息即问王⑯，王具以情实对⑰。吏皆围王宫而守之。
中尉、大行还，以闻，公卿请遣宗正、大行与沛郡杂治王⑱。王闻，即自刭杀。
孝先自告反⑲，除其罪；坐与王御婢奸⑳，弃市。王后徐来亦坐蛊杀前王后乘舒，
及太子爽坐王告不孝㉑，皆弃市。诸与衡山王谋反者皆族㉒。国除为衡山郡㉓。

【注释】

　　①元朔六年：为公元前123年。元朔，汉武帝年号。②白嬴（yíng）：人姓名。
之：去；往。动词。③败：败坏。④未及：没有赶上。⑤以淮南事系：因与淮南
王谋反的事有牵连被拘。⑥弃市罪：死罪。⑦事：指衡山王反告太子的事。下：
交付。沛郡：汉高祖改泗水郡置。治所在相县（今安徽濉溪县西北）。辖境相当
今安徽淮河以北，西肥河以东，河南夏邑、永城市及江苏沛县、丰县等地。⑧元
狩：汉武帝即位后第四个年号（前122—前117年）。元狩元年为公元前122年。
⑨公卿：大臣。下：去；到……去。淮南：淮南王。未得：没有获得。⑩于：从。
⑪首：为首。匿（nì）：隐藏；藏匿。⑫雅：平素；向来。数（shuò）：通"屡"。
计：盘算；谋划。⑬发：告发。之：此事。⑭律：法律；律令。先自告：首先告
发自己有罪，即自动投案自首。⑮勿：不要。与"毋"通。⑯安：司马安。大行：
即大行令。"九卿"之一。秦始置，名典客。息：李息。即问：就在衡山国讯问。
⑰具：一一；全部。范围副词。以：把。情：真实的情况。实：真实；诚实。对：
古代下对上的回答叫对。⑱杂：共同。⑲先自告反：指首先投案自首有反谋，又
告发别人与自己谋反。⑳坐：因犯……罪（或错误）。㉑及：和。与"与"通。
㉒诸：许多；一些。㉓为衡山郡：即把原封国改作衡山郡。

　　太史公曰①：《诗》之所谓"戎狄是膺，荆舒是惩②"，信哉是言也③。淮南、
衡山亲为骨肉④，疆土千里，列为诸侯，不务遵蕃臣职以承辅天子⑤，而专挟邪僻
之计⑥，谋为畔逆⑦，仍父子再亡国⑧，各不终其身⑨，为天下笑⑩。此非独王过也⑪，亦
其俗薄⑫，臣下渐靡使然也⑬。夫荆楚僄勇轻悍⑭，好作乱⑮，乃自古记之矣⑯。

【注释】

　　①太史公：当时人尊称太史令为太史公，司马迁曾任太史令，遂亦以此自称。
②《诗》：《诗经》。中国最早的诗歌总集。编成于春秋时代。长期以来，《诗
经》一直受到很高的评价。③信：指语言真实，不虚伪。是：这。指示代词。指
代所引《诗经》语。哉、也：均为帮助表达感叹的语气词。④淮南、衡山：淮南
王、衡山王。为：是。骨肉：比喻亲人。⑤务：致力；从事。蕃臣：藩国之臣。蕃：
通"藩"。藩的本意为篱笆，引申为屏障。古代封建王朝分封诸侯，就是为了把

诸侯国作为王朝的屏障。职：职守；职责。承：通"丞"，辅助。辅：辅助；协助。⑥而：却。挟：怀着；藏着。邪僻：邪恶不正。计：心计。⑦谋：图谋。⑧仍：频；先后。父子：刘长和其子刘安、刘赐。再：两次。⑨各：各自；每个。不终其身：意为没有活到他们生命的终结。不，没有。终：终结。与"竟"通。身：生命。⑩为：被。天下：天下人。笑：嘲笑；讥笑。⑪独：仅仅。⑫其：那个。远指代词。薄：不淳厚；不厚道。⑬渐：浸；浸染。靡（mó）：通"摩"。相随从。使然："使之然"的省语。⑭夫：发语词。荆楚：即楚国。按：淮南、衡山国为先秦时的楚国旧地，故太史公这样说。僄（piào）：轻捷。轻：行动迅速。悍（hàn）：强劲。⑮好（hào）：喜爱。⑯乃：即。就：记：记载；记述。

循吏列传第五十九①

太史公曰：法令所以导民也，刑罚所以禁奸也②。文武不备，良民惧然身修者，官未曾乱也③。奉职循理，亦可以为治④。何必威严哉⑤？

【注释】

①循吏：本法循理的官吏，即依法办事遵循政理的官吏。②所以导民：用来教导人民的手段。③文武：指法令和刑罚。惧然：谨慎戒惧的样子。身修：自身有修养。④为治：达到治理天下的目的。⑤威严：指严刑峻法。

孙叔敖者，楚之处士也①。虞丘相进之于楚庄王以自代也②。三月为楚相，施教导民，上下和合，世俗盛美，政缓禁止，吏无奸邪，盗贼不起③。秋冬则劝民山采，春夏以水④。各得其所便，民皆乐其生⑤。

【注释】

①孙叔敖：春秋时楚人，蒍敖。蒍（wéi）贾之子，名蒍敖。据说他年幼时曾路遇两头蛇。②虞丘相（xiàng）：复姓虞丘的楚相，名失传，世称虞丘子。曾任楚庄王令尹（楚国最高官职，相当于相。司马迁在本篇中将楚国令尹一律称相），闻孙叔敖贤，极力向庄王举荐。庄王嘉其荐贤之功，特赐采地三百里，称他为国老。③施教导民：实施教化，开导人民。意谓通过教育感化来治理楚国。和合：和谐合作。政缓禁止：政治措施和缓，但有禁即止。禁止，不要理解为今天的双音节动词"禁止"。④山采：上山采伐竹木等山货。以水：趁多水季节把竹木等运出山来。⑤各得其所便：各自都能找得适合于自己谋生的职业。乐其生：快乐地过着他们的生活。

庄王以为币轻，更小以为大①。百姓不便，皆去其业②。市令言之相曰③："市乱，民莫安其处④，次行不定⑤。"相曰："如此几何顷乎⑥？"市令曰："三月顷。"相曰："罢！吾今令之复矣⑦。"后五日，朝⑧，相言之王曰："前日更币，以为轻。今市令来言曰'市乱，民莫安其处，次行之不定'。臣请遂令复如故⑨。"王许之，下令三日而市复如故⑩。

【注释】

①以为币轻：认为货币太轻。更（gēng）：更改（币制）。以小为大：将小币改铸成大币。②去其业：放弃原来从事的职业。③市令：管理市场的官吏。言之相："言之于相"的省文，即向楚相报告这个情况。④民莫安其处：市民没有谁肯安心地在这里做买卖。⑤次行（háng）不定：秩序很不安定。次行，次序，等级。⑥几何顷：多少时间，多久。顷，本指很短的时间，这里泛指时间。⑦罢：不要说了。之，指代市场。⑧朝（cháo）：朝见。⑨遂：就。⑩市复如故：市场恢复繁荣，像原来一样。更改币制，导致郢都"市乱"，孙叔敖提出恢复币制，使市场恢复繁荣。

楚民俗好庳车①。王以为庳车不便马②，欲下令使高之③。相曰："令数下④，民不知所从⑤，不可。王必欲高车，臣请教闾里使高其梱⑥。乘车者皆君子⑦，君子不能数下车⑧。"王许之。居半岁⑨，民悉自高其车。

【注释】

①庳（bēi）车：车轮小，车厢低的矮车。②不便马：不利于驾车的马（奔驰）。由于车矮，拉车的绳索位置低，妨碍马的奔驰。③高之：把车厢提高。高，使动用法。④数（shuò）：频繁。⑤不知所从：不知道该听从什么。⑥闾（lú）里：京城近远郊二十五家称闾，郊外二十五家称里。闾里合称，泛指民间。高其梱（kǔn）：加高他们住屋的门限。梱，门限，门槛。⑦君子：对统治者和贵族男子的通称。⑧君子不能数下车：乘车的贵族们是不会频繁地上下车的。⑨居：停留，经过。

此不教而民从其化①，近者视而效之，远者四面望而法之②。故三得相而不喜，知其材自得之也；三去相而不悔，知非己之罪也。

【注释】

①从其化：顺从他的意志行事，自然地受到感化。②法：效法，动词。

子产者，郑之列大夫也①。郑昭君之时，以所爱徐挚为相②。国乱，上下不亲，父子不和。大宫子期言之君③，以子产为相。为相一年，竖子不戏狎④，斑白不提挈⑤，僮子不犁畔⑥。二年，市不豫贾⑦。三年，门不夜关，道不拾遗。四年，田器不归⑧。五年，士无尺籍⑨，丧期不令而治⑩。治郑二十六年而死，丁壮号哭，老人儿啼，曰："子产去我死乎⑪！民将安归⑫？"

【注释】

①子产：公孙侨。字子产，又字子美，谥成子。列大夫：指在大夫之列。②郑昭君：即郑昭公，见《郑世家》。③大宫子期：郑国的公子。④竖子：对人的鄙称，犹小子。戏狎（xiá）：轻浮嬉戏。⑤斑白：（头发）花白，指代老年人。提挈（qiè）：携带。挈，提起。⑥僮子：儿童。僮，"童"的本字。犁畔：犁田。畔，田界，此处指田地。⑦豫贾：指交易前预定虚价，交易时再讨价还价。⑧田器：农具。⑨士无尺籍：士民无须服兵役。尺籍：一尺见方的木板，用以书写军令或记载战功。⑩丧（sāng）期不令而治：国丧期间，没有政府命令也秩序井然。⑪去：离开。⑫将安归：将跟从谁？

公仪休者①，鲁博士也②。以高弟为鲁相③。奉法循理，无所变更，百官自正④。使食禄者不得与下民争利⑤，受大者不得取小⑥。

【注释】

①公仪休：复姓公仪，战国时鲁穆公相。②鲁：周代国名。博士：学官名，掌史籍文书。③高弟：指才德优良，名望很高。弟，通"第"，等级。④自正：行为自然端正。⑤食禄者：享受俸禄的人。⑥受大者：指享受高俸禄的官员。

客有遗相鱼者①，相不受。客曰："闻君嗜鱼②，遗君鱼，何故不受也？"相曰："以嗜鱼，故不受也。今为相，能自给鱼③；今受鱼而免④，谁复给我鱼者？吾故不受也。"

【注释】

①遗（wèi）：赠送。②嗜（shì）：喜爱，爱好。③自给（jǐ）：自己买得起。④免：罢免。

食茹而美①，拔其园葵而弃之②。见其家织布好，而疾出其家妇③，燔其机④。云："欲令农士、工女安所雠其货乎⑤？"

【注释】

①茹（rú）：蔬菜的总称。②园葵：指自己园中的葵菜。③疾出其家归：立即逐出他家的织妇。④燔（fán）：烧。⑤安所：何所，哪里。雠（chóu），售。

石奢者，楚昭王相也①。坚直廉正②，无所阿避③。行县④，道有杀人者，相追之，乃其父也。纵其父而还自系焉⑤。使人言之王曰："杀人者，臣之父也。夫以父立政⑥，不孝也；废法纵罪⑦，非忠也。臣罪当死。"王曰："追而不及，不当伏罪⑧。子其治事矣⑨。"石奢曰："不私其父⑩，非孝子也；不奉主法，非忠臣也。王赦其罪，上惠也；伏诛而死，臣职也⑪。"遂不受令，自刎而死。

【注释】

①楚昭王：楚国国王，为楚庄王之曾孙，姓熊名珍。②坚直：果决坦率。③阿（ē）避：指阿谀、回避的行为。④行（xíng）县：巡行楚国各地。县，古称邦畿千里之地为县，后亦称王畿内都邑为县，其后诸侯境内之地亦称县。⑤纵：放走。自系：自缚。⑥以父立政：用惩处父亲的办法来确立法纪，推行政令。⑦纵罪：放走罪犯。⑧伏罪：服罪。⑨子：表敬意的对称词。其：祈使副词。⑩私：偏爱，偏袒。动词。⑪伏诛：受死刑。职：本分。

李离者，晋文公之理也①。过听杀人②，自拘当死③。文公曰："官有贵贱，罚有轻重。下吏有过，非子之罪也。"李离曰："臣居官为长，不与吏让位；受禄为多，不与下分利。今过听杀人，傅其罪下吏④，非所闻也。"辞不受令⑤。文公曰："子则自以为有罪⑥，寡人亦有罪邪⑦？"李离曰："理有法⑧：失刑则刑，失死则死⑨。公以臣能听微决疑⑩，故使为理。今过听杀人，罪当死。"遂不受令，伏剑而死⑪。

【注释】

①晋文公：名重耳，春秋时晋国君。②过听：误听，听信不实之词。③自拘：拘禁自己。当：判罪。④傅（fù）：通"附"，推卸，转嫁。⑤辞不受令：辞谢（晋文公），不接受（赦免自己的）命令。⑥则：假如，如果。⑦寡人：古代帝王、诸侯自称的谦辞。⑧理有法：治狱有一定的法则。⑨失刑则刑：误用刑的就要自己受刑。⑩听微决疑：听察隐蔽幽深的案情，判决疑难的案件。⑪伏剑：用剑自杀。

太史公曰：孙叔敖出一言，郢市复^①。子产病死，郑民号哭。公仪子见好布而家妇逐。石奢纵父而死，楚昭名立。李离过杀而伏剑，晋文以正国法。

【注释】

①郢（yǐng）市复：郢都的市场恢复繁荣。

汲郑列传第六十

汲黯字长孺，濮阳人也^①。其先有宠于古之卫君^②。至黯七世，世为卿大夫^③。黯以父任^④，孝景时为太子洗马^⑤，以庄见惮^⑥。孝景帝崩^⑦，太子即位^⑧，黯为谒者^⑨。东越相攻^⑩，上使黯往视之。不至，至吴而还^⑪，报曰："越人相攻，固其俗然，不足以辱天子之使^⑫。"河内失火^⑬，延烧千余家^⑭，上使黯往视之。还报曰："家人失火^⑮，屋比延烧^⑯，不足忧也。臣过河南^⑰，河南贫人伤水旱万余家^⑱，或父子相食，臣谨以便宜^⑲，持节发河南仓粟以振贫民^⑳。臣请归节^㉑，伏矫制之罪^㉒。"上贤而释之，迁为荥阳令^㉓。黯耻为令^㉔，病归田里^㉕。上闻，乃召拜为中大夫^㉖。以数切谏^㉗，不得久留内^㉘，迁为东海太守^㉙。黯学黄老之言^㉚，治官理民，好清静，择丞史而任之^㉛。其治，责大指而已^㉜，不苛小^㉝。黯多病，卧闺阁内不出^㉞。岁余，东海大治^㉟。称之。上闻，召以为主爵都尉^㊱，列于九卿^㊲。治务在无为而已^㊳，弘大体^㊴，不拘文法^㊵。

【注释】

①濮阳：县名。在今河南省濮阳市西南。②先：祖先。卫君：卫在战国时已臣属于魏国，故只称卫君。③卿大夫：卿和大夫。三代时，官分卿、大夫、士三等。这里泛指较高级的官职。④任：保举。汉制吏二千石以上任职满三年，得保举弟或子一人为郎。⑤孝景（前188—前141年）：汉景帝，刘启。公元前157—前141年在位。⑥庄：庄严。见：被。惮：敬畏。⑦崩：死。君主时代专指帝王的死。⑧即位：帝王登位。⑨谒者：郎中令（掌管宫殿门户）的属官，专为皇帝管收发传达之事。⑩东越：瓯越，（建都东瓯即今浙江省温州市）和闽越（建都东冶，即今福建省福州市）。⑪吴：县名。即今江苏省苏州市。当时是会稽郡治所。⑫足：值得。辱：屈辱。⑬河内：郡名。地在今河北省南端、山西省东南部及河南省黄河以北地区。治所怀县（今河南省武陟县西南）。⑭延烧：火势蔓延燃烧。⑮家人：庶人；平民。⑯屋比：房屋毗连。比，通"毗"。紧接。⑰河南：郡名。地在今河南省西北大部分地区。治所雒阳县（今河南省洛阳市东北）。⑱伤：损害。被动用法。⑲谨：表敬副词。没有具体意义。便宜：便于公而宜于民。⑳节：符节，传布命令的信物。振：通"赈"。救济。㉑归：归还。㉒伏：通"服"。承受。矫：假托。制：皇帝的命令。㉓迁：调升。迁有时指左迁，含有贬谪之意。故下文说"黯耻为令"。荥（xíng）阳：县名。属河南郡。治所在今河南省荥阳市东北。令：县令。㉔耻：意动用法。㉕病：托病请假。田里：本乡。㉖召拜：召见授予官职。

中大夫：郎中令属官，掌议论。武帝时改名光禄大夫。秩比二千石。㉗数（shuò）：屡次；频繁。切谏：直言极谏。㉘内：宫廷内。此处意为中央朝廷。㉙东海：郡名。郡治郯县（今山东省郯城县西北三十里）。太守（shòu）：官名。战国时，各国常于边郡设郡守，初为武职，负责防守，后逐渐成为地方长官。汉景帝时，改称太守。秩二千石。㉚黄老：黄帝、老子。二人被尊为道家的始祖。㉛丞：太守的副职，秩六百石。史：掌文书的掾吏。任：委任。㉜责：要求。大指：大纲；主要的意图。指通"旨"。㉝苛小：琐碎细节。㉞闺阁（gé）：内室。闺，寝室的门；阁，侧门。㉟大治：治理得很好，太平无事。㊱主爵都尉：官名。秦设立爵中尉，汉改为主爵都尉。掌管有关列侯封爵的事务。秩二千石。㊲九卿：汉初，以奉常（后改太常）、郎中令、卫尉、太仆、廷尉（后改大理）、典客（后改大行）、宗正、治粟内史（后改大司农）、少府为九卿。㊳治：办事。务在：力求。无为：道家的主要精神，就是纯任自然，化于无形，绝不矫揉造作。㊴弘：扩大；推广。㊵拘：拘泥；执着。文法：法令条文。

黯为人性倨①，少礼②，面折③，不能容人之过④。合己者善待之⑤，不合己者不能忍见⑥，士亦以此不附焉⑦。然好学游侠⑧，任气节⑨，内行修絜⑩，好直谏，数犯主人颜色⑪，常慕傅柏、袁盎之为人也⑫。善灌夫、郑当时及宗正刘弃⑬，亦以数直谏，不得久居位⑭。

【注释】

①性倨：秉性倨傲。②少礼：缺少礼数、客套。③面折：当面驳回上级的主张、见解。④容：容忍。过：过失。⑤待：对待。⑥忍见：耐心接见。⑦焉：指示代词，这里指代汲黯。⑧游侠：无视封建法纪、好交游、轻生死、重信义、能救人于急难的人。⑨气节：志气和节操。⑩内行（xíng）：平日家居的操行。⑪颜色：脸色；面子。⑫傅柏：梁国人，为梁孝王将，性优直。袁盎（？—前148年）：字丝，楚国人，后徙安陵（今陕西省咸阳市东北）。历任齐相、吴相、楚相。本为游侠，仁爱部属，人乐为死。晁（cháo）错为御史大夫，告发他受吴王濞（bì）财物，降为庶人。吴楚反时，他借机向景帝建议杀了晁错。后因反对梁孝王想继其兄景帝的帝位等事被梁孝王派人刺死。⑬灌夫（？—前131年）：颍阴（今河南省许昌县）人。宗正：官名。掌皇帝宗族事务，为九卿之一。刘弃：当是汉宗室。一作刘弃疾。⑭居位：在位。在九卿之位。

当是时，太后弟武安侯蚡为丞相①，中二千石来拜谒②，蚡不为礼。然黯见蚡未尝拜③，常揖之④。天子方招文学儒者⑤，上曰吾欲云云⑥。黯对曰："陛下内多欲而外施仁义⑦，奈何欲效唐虞之治乎⑧！"上默然，怒，变色而罢朝。公卿皆为黯惧⑨。上退，谓左右曰⑩："甚矣，汲黯之戆也⑪！"群臣或数黯⑫，黯曰："天子置公卿辅弼之臣，宁令从谀承意⑬，陷主于不义乎⑭？且已在其位，纵爱身，奈辱朝廷何⑮！"

【注释】

①太后：帝王的母亲。这里指武帝之母，姓王名介，右扶风槐里（今陕西省兴平市东南）人。初为景帝刘启的夫人。后所生子刘彻立为太子，她被立为皇后；刘彻登上帝位，被尊为皇太后。武安：县名。即今河北省武安县。蚡（fén）：田蚡（？—前131年）；长陵县（今陕西省咸阳市东北）人。②中二千石（shí）：二千石级官阶中的最高级。这里指九卿。秦汉官阶的高低，常按年俸禄的多少计

算，从二千石递减至百石为止。汉代官吏俸禄等级，内自九卿郎将，外至郡守尉都是二千石，分四等：每月中二千石得百八十石，真二千石得百五十石，二千石得百二十石，比二千石得百石。十斗为石（又称为斛）。按年计算，中二千石每年得二千一百六十石。由于超过二千石，故冠中字。中，满；超过。拜谒；以拜礼谒见。拜，一种表示敬意的礼节，古时为下跪叩头及打躬作揖的总称。这里指下跪叩头。③未尝：从来没有。④揖：拱手行礼。⑤招：招选。文学：贤良文学的简称。儒者：信奉孔子儒家学说的人。由于文学为孔门四科之一，故文学与儒者往往同义。⑥云云：如此如此。⑦陛下：对皇帝的敬称。⑧奈何：怎么。唐虞；上古的陶唐氏（尧）和有虞氏（舜）。儒家称他们都以揖让有天下，是太平盛世。治：太平。⑨公卿：三公九卿。⑩左右：在旁侍候的人；近臣。⑪戆（zhuàng）：刚直而愚。⑫数（shǔ）：责备；埋怨。⑬宁（nìng）：岂；难道。从（sǒng）谀：奉承怂恿谄谀。承意：迎合意旨。⑭陷：堕落。使动用法。⑮辱：污辱。使动兼被动用法。

黯多病，病且满三月①，上常赐告者数②，终不愈。最后病，庄助为请告③。上曰："汲黯何如人哉？"助曰："使黯任职居官，无以逾人④。然至其辅少主，守城深坚⑤，招之不来，麾之不去⑥，虽自谓贲、育，亦不能夺之矣⑦。"上曰："然。古有社稷之臣⑧，至如黯⑨，近之矣"。

【注释】

①汉制，职官病满三月当免官。且：而且。②赐告：准予休假。③庄助（？—前122年）：吴人。④逾：超越。⑤守城：维护既定国策；保持前人已有的成就和业绩。城通"成"一说在非常情况下守卫城池。深坚：沉着坚定。⑥麾（huī）：通"挥"，驱使。⑦贲（bēn）育：古代勇士孟贲、夏育。孟贲，齐人。⑧社稷之臣：与国家共患难的忠臣。社稷本为古代天子和诸侯所祭的土神与谷神。实为当时国家的象征。⑨至如：至于。他转连词。

大将军青侍中①，上踞厕而视之②。丞相弘燕见③，上或时不冠。至如黯见，上不冠不见也。上尝坐武帐中，黯前奏事，上不冠，望见黯，避帐中，使人可其奏④。其见敬礼如此。

【注释】

①大将军：武官名。青：卫青（？—前105年），字仲卿，河东郡平阳县（今山西省临汾市西南）人。卫皇后弟。本平阳公主家奴。后为汉武帝重用，官至大将军，封长平侯。②踞：蹲；坐。厕：厕所。一说：厕通"侧"。据钱钟书《管锥篇》，应以前说为是。视：召见。③弘：公孙弘（前200—前121年）。薛县（今山东省滕州市东南）人。字季。④可：许可；批准。

张汤方以更定律令为廷尉①，黯数质责汤于上前②，曰："公为正卿③，上不能褒先帝之功业④，下不能抑天下之邪心，安国富民，使图圄空虚⑤，二者无一焉。非苦就行⑥，放析就功⑦，何乃取高皇帝约束纷更之为⑧？公以此无种矣⑨。"黯时与汤论议，汤辩常在文深小苛⑩，黯伉厉守高不能屈⑪，忿发骂曰："天下谓刀笔吏不可以为公卿⑫，果然。必汤也⑬，令天下重足而立⑭，侧目而视矣⑮！"

【注释】

①张汤（？—前115年）：杜陵（今陕西省西安市东南）人。律令：刑律法

令的总称。廷尉：官名。正九卿之一，掌刑狱，是当时的最高法院长官。②质：质问。责：指责。③正卿：别于列卿而言。④褒：赞扬。⑤图圄（líng yǔ）：监狱。⑥非苦就行：以陷人于罪使人受苦来成就其行事。非，罪；陷人于罪。⑦放析就功：以任意破析解释法律条文罗织人罪来成就事功。《汉书·宣帝纪》元康二年有诏批评"析律贰端"，分破律条，妄生端绪，以出入人罪。放，放肆；任意。析，破析，解释。⑧乃：竟。高皇帝（公元前256—前195年）：汉高帝，刘邦。泗水沛县（今江苏省沛县）人。西汉王朝的创建者。公元前202—前195年在位。⑨无种：无遗种。灭族的意思。⑩辩：（言词）动听。文深：推究法律条文的深刻性。小苛：细技末节。⑪伉：伉直。厉：峻厉严肃。守高：掌握最高原则。意即高谈阔论。屈：屈服。使动用法。⑫刀笔吏：主办文案的小吏。⑬必汤也：假如张汤得势。必，如果，假如。⑭重（chóng）足而立：两脚叠立，一脚立地，另一脚跟压在立地的脚背上。⑮侧目而视：斜着眼睛偷觑。形容不敢正眼看。

　　是时，汉方征匈奴①，招怀四夷②。黯务少事，乘上间③，常言与胡和亲④，无起兵⑤。上方向儒术⑥，尊公孙弘，及事益多，吏民巧弄⑦。上分别文法⑧，汤等数奏决谳以幸⑨。而黯常毁儒，面触弘等徒怀诈饰智以阿人主取容⑩，而刀笔吏专深文巧诋⑪，陷人于罪，使不得反其真⑫，以胜为功⑬。上愈益贵弘、汤，弘、汤深心疾黯⑭，唯天子亦不说也⑮，欲诛之以事⑯。弘为丞相，乃言上曰："右内史界部中多贵人宗室⑰，难治，非素重臣不能任⑱，请徙黯为右内史⑲。"为右内史数岁，官事不废。

【注释】

　　①汉：朝代名。前206—220年，刘邦所建。匈奴：北方的一个游牧民族，当时是汉朝的主要外患。②招：招纳。怀：安抚。③乘……间（jiàn）：伺……隙；趁……机会。④胡：古代泛指西、北方的少数民族。这里专指匈奴。和亲：联姻。⑤无：莫；不要。禁戒副词。⑥向：向往。儒术：指以孔丘为代表的儒家学术思想。⑦巧：取巧规避。弄：舞文弄法。⑧分别文法：即扩充法律条文。破析律条：把法律条文或分出，或另外加入，以加重对吏和民的刑罚。对吏，据《汉书·刑法志》是"缓（减轻）深故（加重处罚，故意陷人于罪）之罪，急（加重）纵出（放松、不严办犯人）之诛。"⑨谳（yàn）：判决的罪案。⑩面触：当面触犯、指责。怀诈饰智：内挟欺诈，外露智巧。阿：迎合。取容：曲从讨好，取悦。⑪深文：歪曲法律条文。巧诋：巧妙地诋毁诬陷。⑫反其真：恢复他的真相。反，通"返"。⑬胜：稳操胜算；无法翻案。⑭深心：深深地从内心。疾：痛恨。⑮唯：通"虽"。说（yuè）：通"悦"，喜悦。他动词。⑯以事：借故。⑰右内史：官名，亦为政区名。景帝二年（前155年）由掌治京师的内史分置。治所在长安（今西安市西北）。界部中：所辅治的地面。宗室：皇族。⑱素重臣：平素著名的在朝廷中居重要职位的大臣。⑲徙：调职。也用于调升。

　　大将军青既益尊，姊为皇后①，然黯与亢礼②。人或说黯曰③："自天子欲群臣下大将军④，大将军尊重益贵，君不可以不拜⑤。"黯曰："夫以大将军有揖客⑥，反不重邪⑦？"大将军闻，愈贤黯⑧，数请问国家朝廷所疑⑨，遇黯过于平生⑩。

【注释】

　　①姊（zǐ）：指卫子夫。河东郡平阳县（今山西省临汾市西南）人。汉武帝的皇后。初为平阳公主家的歌女，后入宫。皇后：皇帝的正妻。古但称后。秦以

后天子称皇帝，后遂称皇后。②亢礼：以平等礼节相待。亢通"抗"，抗衡。③说（shuì）：用话劝说别人使之听从自己的意见。④自：过去。下大将军：对大将军卫青谦恭自下。下，为动用法。⑤君：您。敬称。⑥夫（fú）：语气词。以：使；让。⑦反：反而。邪（yé）：通"耶"。疑问语气助词。⑧贤：贤良，有德有才。以动用法。⑨请问：问。请，表敬副词。国家：实施统治的组织。所疑：疑难大事。所，代词。放在动词前面，组成名词性词组。⑩遇：看待。平生：平时；平素。

淮南王谋反①，惮黯，曰："好直谏，守节死义②，难惑以非③。至如说丞相弘，如发蒙振落耳④。"

【注释】

①淮南王：这里指刘安（前179—前122年），沛郡丰（今江苏省丰县）人。②守节：信守名分，保持节操。死义：守节义而死。死，为动用法。③以非：用不合理的言行。④发：揭露；掀开。蒙：罩盖；掩盖物。振：摇动。落：将落的树叶；枯叶。

天子既数征匈奴有功①，黯之言益不用②。

【注释】

①既：已经。②益：愈；更。

始黯列为九卿，而公孙弘、张汤为小吏。及弘、汤稍益贵，与黯同位，黯又非毁弘、汤等①。已而弘至丞相，封为侯②；汤至御史大夫③；故黯时丞相史皆与黯同列④，或尊用过之⑤。黯褊心⑥，不能无少望⑦，见上，前言曰："陛下用群臣如积薪耳⑧，后来者居上⑨。"上默然。有间黯罢⑩，上曰："人果不可以无学⑪，观黯之言也日益甚⑫。"

【注释】

①非：责难。毁：诋毁。②封为侯：时公孙弘封平津侯。③御史大夫：官名。秦置。④故：从前。丞相史：《史记会注考证》本无"相"字，《汉书·汲黯传》亦无。汲黯从没做过丞相，不必与丞相史比较。据上文"择丞史而任之"，没有"相"字是对的。⑤或：有的。尊用：重用。被动用法。⑥褊（biǎn）心：心地狭窄。褊，衣服狭小。引申为狭隘。⑦少：些许。⑧积薪：堆积柴垛。⑨居：占据。使动用法。⑩有间（jiàn）：不久。罢：退去。⑪果：的确。无学：没有学识。⑫观：玩味；体察。

居无何①，匈奴浑邪王率众来降②，汉发车二万乘③。县官无钱④，从民贳马⑤。民或匿马⑥，马不具⑦。上怒，欲斩长安令⑧。黯曰："长安令无罪，独斩黯⑨，民乃肯出马。且匈奴畔其主而降汉⑩，汉徐以县次传之⑪，何至令天下骚动，罢弊中国而以事夷狄之人乎⑫！"上默然。及浑邪至，贾人与市者⑬，坐当死者五百余人⑭。黯请间⑮，见高门⑯，曰："夫匈奴攻当路塞⑰，绝和亲，中国兴兵诛之⑱，死伤者不可胜计，而费以巨万百数⑲。臣愚以为陛下得胡人，皆以为奴婢以赐从军死事者家；所卤获⑳，因予之㉑，以谢天下之苦㉒，塞百姓之心㉓。今纵不能㉔，浑邪率数万之众来降，虚府库赏赐，发良民侍养㉕，譬若奉骄子㉖，愚民安知市买长安中物而文吏绳以为阑出财物于边关乎㉗？陛下纵不能得匈奴之资以谢天下，又以微文杀无知者五百余人㉘，是所谓'庇其叶而伤其枝'者也㉙，臣窃为陛下不取也㉚。"上默然，不许，曰："吾久不闻汲黯之言，今又复妄发矣㉛。"后数月，黯坐小法⑫，会赦免官㉝。于是黯隐于田园。

【注释】

①居无何：过时不久。②浑邪（yē）王：与休屠（xiū chú）王都是匈奴右地的名王。原为今甘肃省河西走廊一带。③发车：派车。乘（shèng）：辆。量词。古时一车四马为一乘。④县官：当时天子或国家政府的代称，后世也称官家，引申有公家府库的意义。⑤从民：向老百姓。贳（shì）：赊贷；借用。⑥匿（nì）马：把马隐藏起来。⑦具：齐备；凑足。⑧长安：县名。属右内史。⑨独：只有；只要。⑩畔：通"叛"。背叛。⑪以县次：按沿路各县的顺序。传（zhuàn）：驿车。这里做动词：用驿车运送。⑫罢（pí）：通"疲"。疲劳。使动用法。弊：困之；疲惫。使动用法。事：伺候；事奉。⑬贾（gǔ）人：商人。与市者：跟匈奴的来降者做交易买卖的人。⑭坐：犯罪。当：判决。⑮请间（jiàn）：请在皇帝空隙之时奏事，不愿当众讲。⑯高门：殿名。在长安未央宫内。⑰当路塞：当匈奴入侵中国之路的边疆要塞。⑱诛：讨伐。⑲费：耗费的钱财。巨万：万万；亿。指铜钱。⑳卤：通"掳"。缴获。㉑予：通"与"。给。㉒谢：感谢；慰问。㉓塞：满足。㉔纵：纵或；即使。㉕发良民：征发善良的百姓。㉖譬若：比如；如同。奉：供奉；奉养。骄子：宠儿；心爱的儿子。㉗文吏：死扣法令条文的官吏；舞文弄墨的法吏。绳：约束；处分。阑：没有符信出入。当时的法律：与胡人通市，吏民不得持兵器及铁出关。㉘微文：隐约不明的法令条文。㉙庇：遮盖；掩护。庇叶伤枝，比喻轻重倒置。㉚为：认为。取：采取。㉛妄发：乱说一气。㉜小法：不大严重的罪。㉝会赦：恰逢大赦。

居数年，会更五铢钱①，民多盗铸钱②，楚地尤甚③。上以为淮阳④，楚地之郊⑤，乃召拜黯为淮阳太守。黯伏谢不受印⑥，诏数强予⑦，然后奉诏。诏召见黯，黯为上泣曰⑧："臣自以为填沟壑⑨，不复见陛下，不意陛下复收用之⑩。臣常有狗马病⑪，力不能任郡事，臣愿为中郎⑫，出入禁闼⑬，补过拾遗⑭，臣之愿也。"上曰："君薄淮阳邪⑮？吾今召君矣⑯。顾淮阳吏民不相得⑰，吾徒得君之重⑱，卧而治之⑲。"黯既辞行，过大行李息⑳，曰："黯弃居郡，不得与朝廷议也㉑。然御史大夫张汤智足以拒谏㉒，诈足以饰非㉓，务巧佞之语㉔，辩数之辞㉕，非肯正为天下言㉖，专阿主意。主意所不欲，因而毁之；主意所欲，因而誉之。好兴事㉗，舞文法㉘，内怀诈以御主心㉙，外挟贼吏以为威重㉚。公列九卿，不早言之，公与之俱受其僇矣㉛。"息畏汤，终不敢言。黯居郡如故治㉜，淮阳政清。后张汤果败㉝，上闻黯与息言，抵息罪㉞。令黯以诸侯相秩居淮阳㉟。七岁而卒㊱。

【注释】

①更：改；改铸。五铢钱：汉铜币名。②盗铸私铸；不得官府允许偷铸。③楚地：战国后期楚国的故地。汉时的楚国，地在今江苏省、山东省、安徽省和河南省交界地区。都彭城（今江苏省徐州市）。其地产铜。④淮阳；国名。地在今河南省鹿邑、柘城、扶沟等县。都陈县（今河南省淮阳县）。⑤郊：境，境域内。⑥伏：通"匐"。拜伏于地。印：印信。⑦强（qiǎng）：强迫；坚决。⑧为：向，对着。⑨填沟壑：谦词，喻死去。意思是没有葬地，把尸骨填塞在荒沟或坑谷罢了。壑（hè）：坑谷；山沟。⑩意：意料；想到。⑪狗马：谦辞。臣对君自卑之称。⑫中郎：郎中令属官，与议郎、郎中之职相同，掌宿卫侍值，守门户，出充车骑。这里泛指近侍之官。⑬禁：指帝王的宫殿。闼（tà）：小门。⑭补过拾遗：替皇

帝补救过失或提示疏忽的事项。⑮薄：轻视。⑯今：即；马上。⑰顾：但；只是。得：合；融洽。⑱徒：只；仅仅。得：借重。重：威信；德望。⑲卧：躺在床上。⑳过：访；探望。大行：即大行令，九卿之一。本典客改名。掌归义蛮夷，后又改名大鸿胪。其实即当时的外交官。李息：郁郅县（北地郡属县，即今甘肃省庆阳市）人。武帝时三次做将军，出塞作战，都无功。其后常为大行。㉑与（yù）：参与。㉒足：够得上。拒谏：拒绝忠谏和批评。㉓诈：诡计。饰非：掩饰错误。㉔佞（nìng）：谄媚。㉕辩：强辩；诡辩。数（shǔ）：指责；挑剔。㉖正：根据正道。名词作状语。㉗好（hào）：喜欢。兴事：生事；制造纠纷。㉘舞：搬弄；玩弄。㉙御（yà）：迎合。㉚挟（xié）：挟制，钳制。贼吏：残忍贪酷的恶吏。为威重：制造威望、尊严。㉛僇（lù）：通"戮"。诛死，惩处。㉜居郡：处理郡政。故治：过去的治理方法。㉝败：败露；垮台。㉞抵：当（dàng），判处。㉟诸侯相秩：王国的相一级的俸禄。当时的制度，王国相的秩为真二千石，月支俸钱二万；郡太守的秩为二千石，月支俸钱一万六千。㊱七岁：过七年。汲黯死于元鼎五年（前112年）。

卒后，上以黯故，官其弟汲仁至九卿①，子汲偃至诸侯相。黯姑姊子司马安亦少与黯为太子洗马②。安文深巧善宦③，官四至九卿④，以河南太守卒⑤。昆弟以安故⑥，同时至二千石者十人。濮阳假宏始事盖侯信⑦，信任宏⑧，宏亦再至九卿。然卫人仕者皆严惮汲黯⑨，出其下⑩。

【注释】

①官：为官。使动用法。②姑姊：父亲的姊姊；姑母。一说：姑姊，表姊。③文深：即深文，指用法过于深刻，近于罗织。巧：机智于应变。善宦：善于做官。④四：四次。⑤以：于；在。⑥昆弟：兄弟。⑦盖侯信：王信。景帝王皇后之兄，武帝之舅。封盖侯。盖，县名，在今山东省沂水县西北。⑧任：保举。⑨卫人：濮阳同乡人。⑩出其下：声名都在汲黯之下。

郑当时者，字庄，陈人也①。其先郑君尝为项籍将②；籍死，已而属汉③。高祖令诸故项籍臣名籍④，郑君独不奉诏，诏尽拜名籍者为大夫，而逐郑君⑤。郑君死孝文时⑥。

【注释】

①陈：县名。淮阳郡治所在。即现在的河南省淮阳县。②其先：他的祖先。郑君：郑某。史失其名。郑当时的父亲。③已而：不久。④高祖：刘邦。故：旧；过去。名籍：直呼项籍的名讳。意思是不要尊敬项羽。当时以犯名讳为大不敬。另一说是造册登记姓名于簿籍。⑤大（dà）夫：汉爵位名。属二十级中的第五级。逐：驱逐；开除。⑥孝文（前203—前157年）：汉文帝，刘恒。前180—前157年在位。

郑庄以任侠自喜①，脱张羽于厄②，声闻梁、楚之间③。孝景时，为太子舍人④。每五日洗沐⑤，常置驿马长安诸郊⑥，存诸故人⑦，请谢宾客⑧，夜以继日，至其明旦⑨，常恐不徧⑩。庄好黄老之言，其慕长者如恐不见⑪。年少官薄⑫，然其游知交皆其大父行⑬，天下有名之士也。武帝立，庄稍迁为鲁中尉、济南太守、江都相⑭，至九卿为右内史。以武安侯、魏其时议⑮，贬秩为詹事⑯，迁为大农令⑰。

【注释】

①任侠：依借气力打抱不平。自喜：自豪。②脱：解脱；解救。张羽：梁孝

王之将。厄：困厄；患难。③声闻：名声传闻于；扬名于。梁：王国名。地在今河南省、安徽省交界地区。建都睢（suī）阳县（今河南省商丘市南）。④太子舍人：太子属官。⑤洗沐：汉制，官吏办公每五天例得休假一天，进行洗沐。借指为例假。⑥驿马：往来传送的快马。诸郊：四郊。邑外叫郊，离城二十里叫近郊。⑦存：慰问；看望。故人：老朋友。⑧请：请谒；候见。谢：拜谢；答拜。⑨明旦：天亮。⑩徧：通"遍"。周到，遍及。⑪慕：爱慕。长（zhǎng）者：年高有德的人。不见：来不及见到。⑫薄：卑。⑬游：交游；交际往来。知交：知己的朋友。大父：祖父。行（háng）：行辈。⑭鲁：王国名。地在今山东省南部一带。中尉：官名。掌武职。济南：郡名。地在今山东省济南市、济阳县、邹平县、章丘市。郡治东平陵县（在今济南市东七十五里）。江都：王国名。地在今江苏省扬州市、扬州市江都区、宝应县、金湖县、高邮市地区。建都广陵县（今江苏扬州市东北）。元狩二年（前121年），国除为广陵郡。⑮武安侯：指田蚡。魏其（jī）：指窦婴。时议：一时的廷议。⑯贬秩：降职。窦婴、田蚡廷辩时，郑当时初以窦婴为是，后不敢坚持己见，武帝恨得要杀他，后以贬秩了事。詹事：官名。⑰大农令：官名。本即九卿之一的治粟内史，掌全国谷货之政。景帝后元年（前143年）更名大农令。武帝太初元年（前104年）又改名大司农。

庄为太史①，诫门下②："客至，无贵贱无留门者③。"执宾主之礼④，以其贵下人⑤。庄廉，又不治其产业，仰奉赐以给诸公⑥。然其馈遗人⑦，不过算器食⑧。每朝，候上之间⑨，说未尝不言天下之长者⑩。其推毂士及官属丞史⑪，诚有味其言之也⑫，常引以为贤于己⑬。未尝名吏⑭，与官属言⑮，若恐伤之⑯。闻人之善言，进之上⑰，唯恐后。山东士诸公以此翕然称郑庄⑱。

【注释】

①太史：太常的属官，秩千石。②诫：告诫。门下：使役之人；门子。③无贵贱：无论是贵是贱。无留门者：都没有停留在门口等候的。④执：执行。宾主之礼：客人和主人相见之礼。这里偏指主人敬待客人之礼。⑤下人：谦恭地对待客人。下，卑下。为动用法。⑥仰：依赖。奉：通"俸"。俸禄。赐：旧指上对下的给予。给（jǐ）供应。⑦馈（kuì）：赠送。遗（wèi）：赠予。⑧算器：竹制食器。食：食物。⑨候……间：等候到……空隙、机会。⑩说：出言；进言。言：称道。⑪推毂：屈身为人推动车轮，表示谦恭自下的至诚。⑫味：意味；意义。⑬引：提及；推荐。⑭名：直呼名讳。动词。⑮官属：属吏。⑯伤：伤害。⑰进：向上级推荐。⑱山东：崤山以东广大地区。关东：函谷关以东。翕（xī）然：和同地；毫无异议地。

郑庄使视决河①，自请治行五日②。上曰："吾闻'郑庄行，千里不赍粮③'，请治行者何也？"然郑庄在朝，常趋和承意④，不敢甚引当否⑤。及晚节⑥，汉征匈奴，招四夷，天下费多，财用益匮⑦。庄任人宾客为大农僦人⑧，多逋负⑨。司马安为淮阳太守，发其事⑩。庄以此陷罪，赎为庶人⑪。顷之⑫，守长史⑬。上以为老，以庄为汝南太守⑭。数岁，以官卒。

【注释】

①使：派遣。被动用法。决河：黄河的决口。②治行：整治行装。③赍（jī）：携带；装送。④趋和：迎合。⑤甚引：明确表态。当否：当与不当；是非。⑥晚节：晚年。⑦财用：钱谷货物。匮：空虚；耗竭。⑧任人：所保举的人。僦（jiù）

人：承雇服役的人。⑨逋（bū）负：亏欠款项。⑩发：举发；揭发。⑪赎：纳粟赎罪。庶人：平民。⑫顷之：不久。⑬守：权任；暂管。⑭汝南：郡名。

郑庄、汲黯始列为九卿，廉，内行修絜。此两人中废①，家贫，宾客益落②。及居郡，卒后家无余赀财③。庄兄弟子孙以庄故，至二千石六七人焉。

【注释】

①中废：中经罢官家居。②落：零落。散伙。③赀：通"资"。资财；钱财。

太史公曰：夫以汲黯之贤，有势则宾客十倍①，无势则否，况众人乎！下邽翟公有言②，始翟公为廷尉，宾客阗门③；及废，门外可设雀罗④。翟公复为廷尉，宾客欲往，翟公乃大署其门⑤："一死一生⑥，乃知交情⑦。一贫一富，乃知交态。一贵一贱，交情乃见⑧。"汲、郑亦云⑨，悲夫！

【注释】

①十倍：即倍十，为十的若干倍。②下邽：汉县名，属京兆尹。故城在今陕西省渭南县东北五十里。翟（zhái）公：翟为姓，公为对人的尊称。③阗（tián）：通"填"。充满。④雀罗：捕雀用的网罗。⑤署：书写。⑥一死一生：指两个朋友，一个死了，一个活着。⑦乃：才。⑧见（xiàn）：同"现"。⑨云：如此。

儒林列传第六十一①

太史公曰：余读功令②，至于广厉学官之路③，未尝不废书而叹也④。曰：嗟乎！夫周室衰而《关雎》作⑤，幽、厉微而礼乐坏⑥，诸侯恣行⑦，政由强国⑧。故孔子闵王路废而邪道兴⑨，于是论次《诗》《书》⑩，修起礼乐⑪。适齐闻《韶》⑫，三月不知肉味。自卫返鲁⑬，然后乐正⑭，《雅》《颂》各得其所⑮。世以混浊莫能用⑯，是以仲尼干七十余君无所遇⑰，曰"苟有用我者，期月而已矣"⑱。西狩获麟，曰"吾道穷矣"⑲。故因史记作《春秋》⑳，以当王法，其辞微而指博㉑，后世学者多录焉。

【注释】

①儒林：儒者之林。形容众多儒者。②功令：古时国家考核和选用学官的法规。③厉：通"励"。劝勉。学官：又称"教官"，指主管学务的官员和官学教师。如汉代开始设置的五经博士。④未尝：未曾，不曾。⑤夫（fú）：提起连词。周室：周朝王室。《关雎》：《诗·周南》篇名，为《诗经》首篇。⑥幽：指周幽王（姬宫湦），前781—前771年在位。被犬戎所杀，西周亡。厉：指周厉王（姬胡），贪狠好利，横征暴敛，钳制言论。微：衰败。⑦恣（zì）：放纵。⑧政：政令。⑨闵：通"悯"。忧伤。⑩论次：论定编次；整理。《书》：亦称《尚书》《书经》。

上古历史政治文献汇编。儒家经典之一。⑪修起：修订兴起。⑫适：往；去到。《韶》：虞舜乐名。⑬卫：国名。地在今河南省淇县一带。鲁：国名。地在今山东省西南部，建都曲阜（今曲阜市），是孔子的家乡。⑭乐正：音乐端正。⑮《雅》《颂》：《诗经》的内容，按作品性质和乐调不同，分为"风""雅""颂"三类。"风"是各国的民歌，"雅"是周王畿的乐歌。"颂"是朝廷祭祀鬼神，赞美功德的乐歌。⑯以：通"已"。⑰干：求取。七十余君：据《家语》等记载，孔丘曾历游周、郑、齐、宋、曹、卫、陈、楚、杞、莒、匡等国。⑱期（jī）月：一年。引语见《论语·子路》。⑲西狩获麟：古代传说，麟是一种仁兽，是圣王的祥瑞。⑳《春秋》：编年体史书。儒家的经典之一。㉑辞微：言词精微。指博：意旨广博。指，通"旨"。

　　自孔子卒后①，七十子之徒散游诸侯，大者为师傅卿相②，小者友教士大夫③，或隐而不见④。故子路居卫⑤，子张居陈⑥，澹台子羽居楚⑦，子夏居西河⑧，子贡终于齐⑨。如田子方、段干木、吴起、禽滑釐之属⑩，皆受业于子夏之伦⑪，为王者师。是时独魏文侯好学⑫。后陵迟以至于始皇⑬，天下并争于战国，儒术既绌焉⑭，然齐、鲁之间，学者独不废也。于威、宣之际，孟子、荀卿之列⑮，咸尊夫子之业而润色之⑯，以学显于当世。

【注释】

　　①卒：古代称士大夫死亡或年老寿终。②师傅：官名。③友教：交结和教育。④隐：隐居。见：通"现"。⑤子路：孔丘的学生。鲁国卞（今山东泗水）人，姓仲，名由，字子路。⑥子张：孔丘的学生。陈国人。姓颛孙，名师，字子张。陈：国名。地在今河南省东部和安徽省一部分。建都宛丘（今河南淮阳）。⑦澹（tán）台子羽：孔丘的学生。楚：国名。地在今长江中下游一带，建都于丹阳、郢（今湖北江陵县西北）、郤、陈、寿春等地。⑧子夏：孔丘的学生。晋国温（今河南温县西南）人。姓卜，名商，字子夏。曾在卫国西河（今河南安阳）一带讲学，魏文侯亲咨国政，待以师礼。相传《诗》《春秋》等儒家经典是由他传授下来的。⑨子贡：孔丘的学生。卫国人。姓端木，名赐，字子贡。善于辞令，曾游说齐、吴等国。终：老死。⑩田子方：魏国人。曾为魏文侯所优礼。段干木：姓段干，名木。魏国人。吴起：兵家。卫国左氏（今山东曹县北）人。禽滑釐：后来成为墨家代表人物。属：等辈。⑪伦：同类、同辈。⑫是：这。代词。魏文侯：魏斯。战国时魏国的建立者。前445—前396年在位。⑬陵迟：像丘陵逶迤逐渐卑下，意为走下坡路。始皇：指秦始皇。⑭绌：通"黜"。贬退；排除。⑮威、宣：指齐威王、齐宣王。齐国国君。孟子（约前372—前289年）：孟轲，字子舆。邹（今山东省邹县东南）人。儒家著名代表。荀卿（前313—前238年）：荀况。赵国人。列：行列。⑯咸：皆；都。润色：修饰，使之更有文采。

　　及至秦之季世①，焚《诗》《书》，坑术士②，《六艺》从此缺焉③。陈涉之王也④，而鲁诸儒持孔氏之礼器往归陈王。于是孔甲为陈涉博士⑤，卒与涉俱死。陈涉起匹夫⑥，驱瓦合适戍⑦，旬月以王楚⑧，不满半岁竟灭亡，其事至微浅⑨，然而缙绅先生之徒负孔子礼器往委质为臣者⑩，何也？以秦焚其业⑪，积怨而发愤于陈王也⑫。

【注释】

　　①季世：末世。②焚《诗》《书》，坑术士：秦始皇三十四年（前217年），

博士淳于越反对中央集权的郡县制，要依据古制，分封子弟。丞相李斯加以驳斥，主张禁止儒生以古非今，以私学诽谤朝政。秦始皇采纳李斯的建议，下令：焚烧《秦记》以外的列国史记，对不属于博士官的私藏《诗》《书》等限期缴出烧毁；有敢谈论《诗》《书》的处死，以古非今的灭族；禁止私学，要学法令以吏为师。次年，卢生、侯生等方士、儒生攻击秦始皇。秦始皇派御史查究，将四百六十名方士和儒生坑死在咸阳。史称"焚书坑儒"。③《六艺》：即《六经》：《诗》《书》《易》《礼》《乐》《春秋》。④王（wàng）：称王。动词。⑤孔甲：孔鲋，字甲。孔丘八代孙。博士：古代学官名，源于战国。⑥匹夫：寻常的个人。⑦瓦合：如破瓦之相合，虽说聚合，而不齐同。形容不相亲附。适（zhé）戍：指封建时代官吏或人民有罪被遣戍远方。适，通"谪"。⑧旬月：一个月。旬，训为"遍"，所以满一月叫"旬月"。⑨微浅：（事情的规模）细小。⑩缙绅：亦作"搢绅""荐绅"。古时原指高级官吏的装束。委质：古代臣下向君主献礼，表示献身。"质"通"贽"。另一说为下拜，表示恭敬承奉之意，引申为归顺。⑪业：古时的书版，此处指《六经》等书籍。⑫发愤：发泄愤懑。

及高皇帝诛项籍①，举兵围鲁，鲁中诸儒尚讲诵习礼乐，弦歌之音不绝，岂非圣人之遗化②，好礼乐之国哉？故孔子在陈，曰"归与归与③！吾党之小子狂简④，斐然成章⑤，不知所以裁之⑥"。夫齐、鲁之间于文学⑦，自古以来，其天性也⑧。故汉兴，然后诸儒始得修其经艺⑨，讲习大射乡饮之礼⑩。叔孙通作汉礼仪⑪，因为太常⑫，诸生弟子共定者，咸为选首⑬，于是喟然叹兴于学。然尚有干戈，平定四海，亦未暇遑庠序之事也⑭。孝惠、吕后时⑮，公卿皆武力有功之臣。孝文时颇征用⑯，然孝文帝本好刑名之言⑰。及至孝景⑱，不任儒者，而窦太后又好黄老之术⑲，故诸博士具官待问⑳，未有进者。

【注释】

①高皇帝（前256—前195年）：刘邦。沛（今江苏沛县）人。秦末农民起义领袖，西汉开国皇帝。前202—前195年在位。详见《高祖本纪》。项籍（前232—前202年）：即项羽。②遗化：遗留下来的教化。③与（yú）：通"欤"。④党：乡党，泛指乡里。小子：旧时长辈称晚辈，或老师称学生。狂简：急于进取而流于疏阔，致行事不切实际。⑤斐（fěi）然成章：文采斐然可观。斐，有文采的样子。⑥不知所以裁之：这句省略了主语"吾"。裁：剪裁。比喻为"指导"的意思。⑦文学：先秦时期曾将哲学、历史、文学等著作统称为文学。⑧天性：先天之本性。⑨修：学习，研究。经艺：儒家经典"六经"又称"六艺"，因亦称"经艺"。⑩大射：为祭祀而举行的射礼。数中者得与于祭；不数中者，不得与于祭。乡饮：又称饮酒礼。古之乡学，三年业成，举其贤能者以升于君。将升之时，乡大夫为主人，与之饮酒而后升之。⑪叔孙通：姓叔孙，名通。薛县（今山东滕州市南）人。曾为秦博士。后归刘邦，任博士，称稷嗣君。汉朝建立，与儒生共立朝仪。后任太子太傅。⑫太常：官名。⑬选首：选用的对象。⑭暇遑（huáng）：空闲。庠序：古代学校名。夏曰校，殷曰庠，周曰序。⑮孝惠：汉惠帝刘盈，前195—前188年在位。详见《孝惠本纪》。吕后（前241—前180年）：吕雉。汉高帝皇后。刘邦死，子刘盈即位，她掌握实权。刘盈死，她临朝称制。前后执政共十六年。详见《吕太后本纪》。⑯孝文（前203—前157年）：汉文帝刘恒。前180—前157年在位。征用：征召任用。⑰刑名：亦作"形名"。原指形体（或

实际）和名称。先秦法家则把"刑名"和"法术"联系起来，把"名"引申为法令、名分、言论等，主张循名责实，慎赏明罚。⑱孝景（前188—前141年）：汉景帝刘启。前157—前141年在位。⑲黄老之术：道家祖黄帝、老子，所以道家学说叫作黄、老之术。⑳具官：配备应有的官员。形式上有此种官员的设置，但不被信用。

及今上即位①，赵绾、王臧之属明儒学②，而上亦乡之③，于是招方正贤良文学之士④。自是之后，言《诗》于鲁则申培公⑤，于齐则辕固生⑥，于燕则韩太傅⑦。言《尚书》自济南伏生⑧。言《礼》自鲁高堂生⑨。言《易》自菑川田生⑩。言《春秋》于齐鲁自胡毋生⑪，于赵自董仲舒⑫。及窦太后崩⑬，武安侯田蚡为丞相⑭，绌黄老、刑名百家之言，延文学儒者数百人⑮，而公孙弘以《春秋》白衣为天子三公⑯，封以平津侯。天下之学士靡然乡风矣⑰。

【注释】

①今上：指汉武帝刘彻。前141—前187年在位。②赵绾、王臧：都是当时著名的儒者，详见下文。③乡（xiàng）：通"向"向往；亲近。④招方正贤良文学之士：汉文帝为了询访政治得失，始下诏"举贤良方正能直言极谏者"，中选者授予官职。⑤申培公：姓申，名培。"公"是敬称。鲁（今山东曲阜一带）人。今文《诗》学"鲁诗学"的开创者。文帝时为博士。⑥辕固生：姓辕，名固，"生"是敬称。齐（今山东淄博市一带）人。今文《诗》学"齐诗学"的开创者。景帝时任博士。⑦韩太傅：姓韩，名婴。燕（今北京市一带）人。今文《诗》学"韩诗学"的开创者。文帝时任博士。景帝时为常山王刘舜的太傅。著有《韩诗内传》和《韩诗外传》。⑧伏生：姓伏，名胜，"生"是敬称。济南（今山东章丘一带）人。今文《尚书》的最早传授者。西汉的《尚书》学者，都出于他的门下。今本今文《尚书》二十八篇，即由他传授而存。⑨《礼》：又名《仪礼》《礼经》。儒家经典之一。是春秋战国时一部分礼制的汇编。高堂生：姓高堂，字伯，鲁人。今文《礼》学的最早传授者。今本《仪礼》十七篇即出于他的传授。⑩《易》：又名《周易》《易经》。儒家经典之一。由"传"和"经"两部分构成。经文部分由卦、爻两种符号和卦辞（说明卦的）、爻辞（说明爻的）两种文字构成，都是为着占卜用的。在宗教迷信的外表下，保存了古代人的某些朴素辩证法的观点。菑川：封国名。在今山东寿光市境。⑪胡毋（wú）生：姓胡毋，字子都。齐人。今文经学家，治《春秋公羊传》。景帝时为博士。⑫董仲舒（前179—前104年）：广川（今河北枣强县东）人。今文经学大师，专治《春秋公羊传》。汉武帝举贤良文学之士，他对策建议："诸不在《六艺》之科，孔子之术者，皆绝其道，勿使并进。"为武帝所采纳，开此后两千余年封建社会以儒学为正统的先声。⑬崩：古代称帝王死为崩。如山陵崩的意思。⑭田蚡（fén）：长陵（今陕西咸阳东北）人。⑮延：聘请；邀请。⑯公孙弘（前200—前121年）：菑川薛人。治《春秋公羊传》，曾建议设五经博士，置弟子员。以熟悉文法吏治。任丞相，封平津侯。白衣：古代平民着白衣，因以为平民的代称。⑰靡（mǐ）然：一边倒下的样子。乡风：顺风归化。

公孙弘为学官，悼道之郁滞①，乃请曰："丞相、御史言②：制曰③'盖闻导民以礼④，风之以乐⑤。婚姻者，居室之大伦也⑥。今礼废乐崩，朕甚愍焉⑦。故详延天下方正博闻之士⑧，咸登诸朝⑨。其令礼官劝学，讲议洽闻兴礼，以为天下先⑩。太常议，与博士弟子⑪，崇乡里之化⑫，以广贤材焉⑬'。谨与太常臧、博士平等议曰⑭：闻三代之道⑮，乡里有教⑯，夏曰校，殷曰序，周曰庠。其劝善也，显之朝廷⑰；其惩恶也，加之刑罚⑱。故教化之行也⑲，建首善自京师始⑳，由内及外。今陛下昭至德㉑，开大明㉒，配天地㉓，本人伦㉔，劝学修礼，崇化厉贤，以风四方，太平之原也㉕。古者政教未洽㉖，不备其礼，请因旧官而兴焉㉗。为博士官置弟子五十人，复其身㉘。太常择民年十八已上，仪状端正者，补博士弟子㉙。郡国县道邑有好文学，敬长上，肃政教，顺乡里，出入不悖所闻者㉚，令相长丞上属所二千石，二千石谨察可者，当与计偕㉛，诣太常，得受业如弟子。一岁皆辄试㉜，能通一艺以上㉝，补文学掌故缺㉞；其高弟可以为郎中者㉟，太常籍奏㊱。即有秀才异等㊲，辄以名闻。其不事学若下材及不能通一艺，辄罢之，而请诸不称者罚。臣谨案诏书律令下者㊳，明天人分际㊴，通古今之义，文章尔雅㊵，训辞深厚㊶，恩施甚美。小吏浅闻，不能究宣，无以明布谕下。治礼次治掌故㊷，以文学礼义为官迁留滞㊸。请选择其秩比二百石以上㊹，及吏百石通一艺以上，补左右内史、大行卒史㊺；比百石已下，补郡太守卒史㊻：皆各二人，边郡一人。先用诵多者，若不足，乃择掌故补中二千石属㊼，文学掌故补郡属，备员㊽。请著功令。佗如律令㊾。"制曰："可。"自此以来，则公卿大夫士吏斌斌多文学之士矣㊿。

【注释】

①悼：担忧；忧伤。道：一定的世界观、人生观、政治主张或思想体系。这里指儒家的道理和主张。郁滞：闭结滞留而不向前发展。②丞相：官名。始于战国时，为百官之长。御史：官名。此指御史大夫，职务仅次于丞相。③制：帝王的命令。④盖：发语词。⑤风（fēng）：感化。⑥居室：指夫妇同居。大伦：伦常大道。⑦朕（zhèn）：古人自称代词。从秦始皇起专作为皇帝的自称。愍（mín）：忧伤。⑧详：周遍。⑨咸：都、全。诸："之于"的合音词。⑩礼官：掌教化、礼仪的官。洽闻：多闻博识。⑪与：给予；授予。博士弟子：汉代以在太学学习者为博士弟子。⑫崇：崇尚。化：教化；教育。⑬广：扩大。臧：孔臧。人名。⑭平：人名。⑮三代：指夏、商（殷）、周三个朝代。⑯教：指教育的组织形式。⑰显：彰显、显扬。⑱加：施加。⑲教化：政教风化。⑳首善：实施教化的开始和榜样。㉑昭：彰明；显扬。㉒开：显示。大明：指日月的光辉。㉓配：匹敌；媲美。㉔本：根本；根据。人伦：指人与人之间的关系和应当遵守的行为准则。㉕原：本原；根本。㉖洽：周遍；普及。㉗因：依据。旧官：指原有的学官。㉘复：免除租税或徭役。道：指少数民族聚居的县。邑：指皇帝、后妃、公主的封地——汤沐邑。㉙补：补充。㉚悖（bèi）：违背；违反。㉛二千石：汉代对郡太守及王国相的通称，因其俸禄为二千石（月俸为一百二十斛谷）。郡国上计簿（报告地方政情的文书）的官吏。偕：俱；同。㉜辄（zhé）：即；就。㉝一艺：一种经学。㉞文学掌故：官名。掌管学术故实。㉟弟：通"第"，考试及格的等次。㊱籍奏：造册上奏。籍，簿籍。㊲秀才：本系通称才之秀者。汉以来成为荐举人员科目之一。这里指才能特别优秀。㊳案：通"按"。依据。律令：法令。㊴天人：天道和人道；自然和人事。分（fèn）际：区别与联系。㊵尔雅：正。㊶训辞：教导的言辞。㊷治：研究。掌故：国家典章制度或学术方面的故实。㊸迁：升迁；提拔。㊹比（bì）二百石：汉代官吏俸禄等级，下文的中（zhòng）二千石、百石、比百石也同。秩：官吏的俸禄。㊺左右内史：汉代京畿地方长官，后改名左冯翊、京兆尹。大行：官名。掌接待宾客。㊻太守：

郡的最高行政长官。㊼掌故：官名。掌管典章制度的故实。属：泛指官署的各种吏员。㊽备员：担任官吏而无职权。㊾佗（tuō）：同"它"。㊿斌斌：同"彬彬"。文质兼备的样子。

申公者，鲁人也。高祖过鲁，申公以弟子从师入见高祖于鲁南宫①。吕太后时，申公游学长安②，与刘郢同师③。已而郢为楚王，令申公傅其太子戊④。戊不好学，疾申公⑤。及王郢卒，戊立为楚王，胥靡申公⑥。申公耻之⑦，归鲁，退居家教，终身不出门，复谢绝宾客，独王命召之乃往⑧。弟子自远方至受业者百余人。申公独以《诗》经为训以教⑨，无传⑩，疑者则阙不传⑪。

【注释】

①师：指浮丘伯。②游学：远游异地，从师求学。③刘郢（yǐng）：汉高帝之弟，楚元王刘交之子。④傅：教育，辅导。⑤疾：厌恶、憎恨。⑥胥（xū）靡：亦作"缗縻"，古代对一种奴隶的称谓，因被绳索牵连着强迫劳动，故名。汉代用作一种罚作苦工的罪犯的名称。⑦耻：以动用法。⑧王：指鲁恭王刘馀。⑨训：解释。⑩传（zhuàn）：阐述经义的文字。⑪阙（quē）：通"缺"。

兰陵王臧既受《诗》①，以事孝景帝为太子少傅②，免去。今上初即位，臧乃上书宿卫上③，累迁，一岁中为郎中令④。及代赵绾亦尝受《诗》申公，绾为御史大夫⑤。绾、臧请天子，欲立明堂以朝诸侯⑥，不能就其事⑦，乃言师申公。于是天子使使束帛加璧安车驷马迎申公⑧，弟子二人乘轺传从⑨。至，见天子。天子问治乱之事⑩，申公时已八十余，老，对曰："为治者不在多言，顾力行何如耳⑪。"是时天子方好文词⑫，见申公对，默然。然已招致，则以为太中大夫⑬，舍鲁邸⑭，议明堂事。太皇窦太后好老子言，不说儒术⑮，得赵绾、王臧之过以让上⑯，上因废明堂事，尽下赵绾、王臧吏⑰，后皆自杀。申公亦疾免以归⑱，数年卒。

【注释】

①兰陵：县名。在今山东枣庄市东南。②太子少傅：官名。为辅导太子的官。③宿卫：在宫禁中值宿警卫。④郎中令：官名。始于秦，汉初沿设。⑤代：国名。地在今山西省北部、河北省西北部和内蒙古自治区东南部一带，原都代（今河北省蔚县东北），汉文帝为代王时改都中都（今山西平遥县西南）。御史大夫：官名。秦、汉时仅次于丞相的中央最高长官，主要职务为监察、执法、兼掌重要文书图籍。⑥明堂：古代帝王宣明政教的地方，凡朝会及祭祀、庆赏、选士、养老、教学等大典，均在此举行。⑦就：成就；完成。⑧束帛：古代聘问、赏赐的礼物。安车：一种可以安坐的小车。是敬老尊贤的一种优待。驷马：古代一车套四马，因以称一车所驾之四马或驾四马之车。⑨轺传（yáo zhuàn）：古代驿站车子的一种，驾一匹或两匹马。⑩治乱之事：指国家政治太平或混乱的关键。⑪顾：但，只。力行：尽力去做。⑫文词：文章辞藻。⑬太中大夫：官名。掌议论。⑭舍：住宿。邸（dǐ）：古时朝觐京师者在京的住所。⑮说（yuè）：通"悦"。⑯让：责备。⑰尽：都；全部。⑱疾：急速。

弟子为博士者十余人：孔安国至临淮太守①，周霸至胶西内史②，夏宽至城阳内史③，砀鲁赐至东海太守④，兰陵缪生至长沙内史⑤，徐偃为胶西中尉⑥，邹人阙门庆忌为胶东内史⑦。其治官民皆有廉节，称其好学。学官弟子行虽不备⑧，而至于大夫、郎中、掌故以百数。言《诗》虽殊，多本于申公。

【注释】

①孔安国：经学家。临淮：郡名。地在今安徽、江苏交界地区，治所在徐县（今江苏省泗洪县南）。②周霸：鲁人。胶西：郡、国名。地在今山东胶河以西一带，治所在高密（今高密西南）。内史：西汉初，诸侯王国设内史，掌民政。③城阳：郡、国名。地在今山东莒县一带，治所在莒县（今莒县）。④砀（dàng）：郡、县名。东海：郡名。地在今山东省南部、江苏省北部，治所在郯县（今山东郯城县北）。⑤长沙：国名。地在今湖南省东部、南部和广东省、广西壮族自治区交界地区。治所在临湘（今湖南长沙市）。⑥中尉：官名。主管王国军事。⑦邹：县名。即今山东省邹县。阙门庆忌：姓阙门，名庆忌。胶东：国名。地在今山东省平度市一带。⑧行：造诣；德行。

清河王太傅辕固生者，齐人也①。以治《诗》，孝景时为博士。与黄生争论景帝前②。黄生曰："汤、武非受命，乃弑也。"③辕固生曰："不然。夫桀、纣虐乱④，天下之心皆归汤、武，汤、武与天下之心而诛桀、纣，桀、纣之民不为之使而归汤、武，汤、武不得已而立，非受命为何？"黄生曰："冠虽敝，必加于首；履虽新，必关于足。何者，上下之分也。今桀、纣虽失道，然君上也；汤、武虽圣，臣下也。夫主有失行，臣下不能正言匡过以尊天子⑤，反因过而诛之，代立践南面⑥，非弑而何也？"辕固生曰："必若所云，是高帝代秦即天子之位，非邪？"于是景帝曰："食肉不食马肝⑦，不为不知味；言学者无言汤、武受命，不为愚。"遂罢。是后学者莫敢明受命放杀者⑧。

【注释】

①清河：国名。地在今河北省、山东省交界地区。治所在清阳（今河北清河县东南）。这时的国王是汉景帝的儿子刘乘。②景帝（前188—前141年）：刘启。前157—前141年在位。③受命：受天之命。弑（shì）：古代称臣杀君、子杀父母等行为。④桀（jié）：夏朝末代君主。纣（zhòu）：商朝末代君主。⑤正言：正直的话。匡过：纠正过错。⑥践：帝王登位。⑦马肝：马的肝脏。相传马肝有毒，食之能致人于死。⑧放杀：放逐而杀之。杀同"弑"。

窦太后好《老子》书①，召辕固生问《老子》书。固曰："此是家人言耳②。"太后怒曰："安得司空城旦书乎③！"乃使固入圈刺豕。景帝知太后怒而固直言无罪，乃假固利兵④，下圈刺豕，正中其心，一刺，豕应手而倒。太后默然，无以复罪，罢之。居顷之⑤，景帝以固为廉直，拜为清河王太傅。久之，病免。

【注释】

①《老子》：书名。亦称《道德经》。道家的主要经典。②家人：普通平民。③安：哪；怎么。司空：主管刑狱之官。城旦：秦汉时的一种刑罚。④假：给予；授予。利兵：锋利的刀枪。⑤居：处；经过。顷：短时间；不久。

今上初即位，复以贤良征固①。诸谀儒多疾毁固②，曰"固老"，罢归之③。时固已九十余矣。固之征也，薛人公孙弘亦征④，侧目而视固⑤。固曰："公孙子，务正学以言⑥，无曲学以阿世⑦！"自是之后，齐言《诗》皆本辕固生也。诸齐人以《诗》显贵，皆固之弟子也。

【注释】

①征：征聘。②谀儒：喜欢阿谀奉承他人的儒生。疾毁：嫉妒诽谤。疾，通

"嫉"。③罢：罢免。④薛：邑名。⑤侧目：不敢正视，形容畏惧。⑥正学：汉武帝时排斥百家，独尊儒术，以儒家学说为正学。⑦曲学：指邪僻之学，以别于当时的所谓正学。阿（ē）世：迎合当世。

韩生者，燕人也①。孝文帝时为博士，景帝时为常山王太傅②。韩生推《诗》之意而为《内外传》数万言③，其语颇与齐、鲁间殊④，然其归一也⑤。淮南贲生受之⑥。自是之后，而燕、赵间言《诗》者由韩生⑦。韩生孙商为今上博士。

【注释】

①韩生：名婴。燕（在今北京市一带）人。②常山：国名。地在今河北省西部，治所在元氏（今元氏县西北）。这时的国王是汉景帝的儿子刘舜。③推：推衍。《内外传》：指《韩诗内传》和《韩诗外传》。④齐、鲁：指齐诗学和鲁诗学。⑤归一：趋向一致。谓所得结果相同。⑥贲（féi）生：姓贲，名不详。⑦由：出于。

伏生者，济南人也。故为秦博士。孝文帝时，欲求能治《尚书》者，天下无有，乃闻伏生能治，欲召之。是时伏生年九十余，老，不能行，于是乃诏太常使掌故朝错往受之①。秦时焚书，伏生壁藏之。其后兵大起，流亡，汉定，伏生求其书，亡数十篇，独得二十九篇，即以教于齐、鲁之间。学者由是颇能言《尚书》，诸山东大师无不涉《尚书》以教矣②。

【注释】

①太常：官名。朝错（前200—前154年）：颍川（今河南禹县）人。后为太子（即景帝）家令，深得宠信，号为"智囊"。②山东：地区名。战国、秦、汉时代，通称崤山或华山以东为山东，与当时所谓关东（函谷关以东）含义相同。大师：指有巨大成就而为人所崇尚的学者或艺术家。涉：涉猎。

伏生教济南张生及欧阳生①，欧阳生教千乘兒宽②。兒宽既通《尚书》，以文学应郡举，诣博士受业③，受业孔安国。兒宽贫无资用，常为弟子都养④，及时时间行佣赁⑤，以给衣食⑥。行常带经，止息则诵习之。以试第次，补廷尉史⑦。是时张汤方乡学，以为奏谳掾⑧，以古法议决疑大狱⑨，而爱幸宽。宽为人温良，有廉智，自持，而善著书。书奏⑩，敏于文，口不能发明也⑪。汤以为长者，数称誉之。及汤为御史大夫，以兒宽为掾，荐之天子。天子见问，说之。张汤死后六年，兒宽位至御史大夫，九年而以官卒⑫。宽在三公位，以和良承意从容得久⑬，然无有所匡谏⑭；于官，官属易之⑮，不为尽力。张生亦为博士。而伏生孙以治《尚书》征，不能明也。

【注释】

①欧阳生：姓欧阳，字和伯。千乘人。西汉今文《尚书》学"欧阳学"的开创者。②兒（ní）宽：后任左内史、御史大夫。曾在郑国沿岸开发"六辅渠"，扩大灌溉效益。又曾与司马迁共制定《太初历》。③诣：前往；去到。④都养：集体的炊事员。⑤间（jiàn）行：行动隐秘。佣赁：受雇为人劳动。⑥给（jǐ）：供给。⑦廷尉：官名。廷尉史：廷尉属官，秘书之类。⑧谳（yàn）：审判定案。掾（yuàn）：古代属官的通称。奏：臣子向君主进言、上书。⑨议决：朝议决定。疑大狱：案情不明、难以判决的大案件。⑩著书：写作文章。书奏：书写奏章。⑪敏于文：文思敏捷。⑫以：于；在。⑬和良：谦和温良。承意：顺从人意。⑭匡

谏：匡正，谏诤。⑮官属：主官的属吏。易：轻视。

自此之后，鲁周霸、孔安国，雒阳贾嘉①，颇能言《尚书》事。孔氏有古文《尚书》②，而安国以今文读之③，因以起其家④。逸《书》得十余篇⑤，盖《尚书》滋多于是矣⑥。

【注释】

①雒（luò）阳：县名。在今河南省洛阳市东北。贾嘉：贾谊孙。后为郡守、九卿。②古文《尚书》：儒家经典《尚书》的一种。③今文：专指隶书。隶书是汉代通行的文字，当时称为"今文"或"今字"。④起其家：从家中征召出来，授以官职。⑤逸《书》：即古文《尚书》。⑥滋：增益；加多。

诸学者多言《礼》，而鲁高堂生最本①。《礼》固自孔子时而其经不具②，及至秦焚书，书散亡益多，于今独有《士礼》③，高堂生能言之。

【注释】

①本：原始；本原。②《礼》：《礼经》。③《士礼》：即《仪礼》。简称《礼》，亦称《礼经》。儒家经典之一。春秋、战国时代一部分礼制的汇编。十七篇。

而鲁徐生善为容①。孝文帝时，徐生以容为礼官大夫②。传子至孙徐延、徐襄③。襄，其天姿善为容，不能通《礼经》；延颇能，未善也。襄以容为汉礼官大夫，至广陵内史④。延及徐氏弟子公户满意、桓生、单次，皆尝为汉礼官大夫⑤。而瑕丘萧奋以《礼》为淮阳太守⑥。是后能言《礼》为容者，由徐氏焉。

【注释】

①容：指礼仪、仪式。②礼官大夫：官名。③徐延为徐生子，徐襄为徐生孙。④广陵：国名。⑤公户满意：姓公户，名满意。单（shàn）次：姓单，名次。⑥瑕丘：县名。春秋鲁负瑕邑。淮阳：郡名。（今淮阳）。

自鲁商瞿受《易》孔子①，孔子卒，商瞿传《易》，六世至齐人田何②，字子庄，而汉兴。田何传东武人王同子仲③，子仲传菑川人杨何。何以《易》，元光元年征④，官至中大夫⑤。齐人即墨成以《易》至城阳相⑥。广川人孟但以《易》为太子门大夫⑦。鲁人周霸，莒人衡胡，临菑人主父偃⑧，皆以《易》至二千石。然要言《易》者本于杨何之家⑨。

【注释】

①商瞿：春秋时鲁国人。孔丘学生。②六世：商瞿传桥庇，再传馯（chǒu）臂子弓，再传周虞，再传孙虞，田何，共为六代。田何：西汉今文《易》的开创者。③东武：县名。在今山东省诸城市。④元光：汉武帝年号（前134—前129年）。⑤中大夫：官名。掌议论。⑥即墨成：姓即墨，名成。城阳：国名。⑦广川：国名。地在今河北省南部和山东省交界地区，治所在信都（今河北省冀州市）。太子门大夫：官名。⑧主父偃（？—前126年）：姓主父，名偃。任中大夫。⑨要：精要。

董仲舒，广川人也。以治《春秋》，孝景时为博士。下帷讲诵①，弟子传以久次相受业②，或莫见其面，盖三年董仲舒不观于舍园，其精如此。进退容止③，非礼不行，学士皆师尊之④。今上即位，为江都相。以《春秋》灾异之变推阴阳所以错行⑤，故求雨闭诸阳，纵诸阴，其止雨反是⑥。行之一国，未尝不得所欲。

中废为中大夫⑦，居舍，著《灾异之记》。是时辽东高庙灾⑧，主父偃疾之，取其书奏之天子。天子召诸生示其书，有刺讥⑨。董仲舒弟子吕步舒不知其师书，以为下愚⑩。于是下董仲舒吏，当死⑪，诏赦之。于是董仲舒竟不敢复言灾异。

【注释】

①下帷：放下室内悬挂的帷幕。②传：依次轮流。久次：以时间长短为次序。③容止：仪容举止。④学士：在学之士。⑤灾异：指自然灾害和某些特异的自然现象。阴阳：中国哲学的一对范畴。错行：更替运行。⑥反是：与这相反。是，指"闭诸阳，纵诸阴"。⑦废：废黜。⑧辽东：郡名。⑨刺讥：指责，讥讽。⑩下愚：至愚之人。⑪当死：判处死刑。当，判罪。

董仲舒为人廉直。是时方外攘四夷①，公孙弘治《春秋》不如董仲舒，而弘希世用事②，位至公卿。董仲舒以弘为从谀③。弘疾之，乃言上曰："独董仲舒可使相胶西王④。"胶西王素闻董仲舒有行⑤，亦善待之。董仲舒恐久获罪，疾免居家。至卒，终不治产业⑥，以修学著书为事。故汉兴至于五世之间⑦，唯董仲舒名为明于《春秋》⑧，其传公羊氏也⑨。

【注释】

①攘：排除。②希世：迎合世俗。③从（sǒng）谀：怂恿诌谀。④胶西王：汉景帝的儿子刘端，为人阴险狠毒，曾杀害胶西国的许多相和高级官吏。⑤行：指道德学问。⑥产业：家产。⑦五世：指汉高帝、吕后、文帝、景帝、武帝五代。⑧名：著名。⑨公羊：复姓。

胡毋生，齐人也。孝景时为博士，以老归教授①。齐之言《春秋》者多受胡毋生②，公孙弘亦颇受焉。

【注释】

①教授：把知识传授给学生。②受：接受；受业。

瑕丘江生为《穀梁春秋》①。自公孙弘得用，尝集比其义②，卒用董仲舒。

【注释】

①穀（gǔ）梁：复姓。②集比：收集，比较。

仲舒弟子遂者①：兰陵褚大，广川殷忠，温吕步舒②。褚大至梁相③。步舒至长史④，持节使决淮南狱⑤，于诸侯擅专断⑥，不报，以《春秋》之义正之⑦，天子皆以为是。弟子通者⑧，至于命大夫⑨；为郎、谒者、掌故者以百数。而董仲舒子及孙皆以学至大官。

【注释】

①遂：通达，有成就。②温：县名。即今河南省温县。③梁：国名。地在今河南省、安徽省交界地区，治所在睢（suī）阳（今河南省商丘市南）。④长（zhǎng）史：官名。⑤节：使者所持以作凭证的信物，用竹、木制成。⑥诸侯：汉代分封的各国王类似古代的诸侯，此指淮南王。⑦正：治罪。⑧通：处境顺利，做官显达。⑨命大夫：受皇帝赐命的大夫，如光禄大夫、太中大夫、谏大夫等。

酷吏列传第六十二^①

孔子曰^②："导之以政^③，齐之以刑^④，民免而无耻^⑤。导之以德，齐之以礼，有耻且格^⑥。"老氏称^⑦："上德不德^⑧，是以有德；下德不失德^⑨，是以无德。法令滋章^⑩，盗贼多有。"太史公曰：信哉是言也^⑪！法令者治之具，而非制治清浊之源也^⑫。昔天下之网尝密矣^⑬，然奸伪萌起^⑭，其极也，上下相遁^⑮，至于不振。当是之时，吏治若救火扬沸^⑯，非武健严酷，恶能胜其任而愉快乎^⑰！言道德者，溺其职矣^⑱。故曰"听讼，吾犹人也，必也使无讼乎^⑲"。"下士闻道大笑之^⑳"，非虚言也。汉兴，破觚而为圜^㉑，斫雕而为朴^㉒，网漏于吞舟之鱼^㉓，而吏治烝烝^㉔，不至于奸，黎民艾安^㉕。由是观之，在彼不在此^㉖。

【注释】

①酷吏：指那些施行严刑峻法，以残酷著称的官吏。②孔子曰：引文见《论语·为政》。孔子，即孔丘。③导：引导。《论语》作"道"。④齐：整齐；整顿。⑤免：避免犯罪的意思。⑥格：方正；感化。⑦老氏称：引文前四句《老子》三十八章，后两句见《老子》五十七章。⑧上德：指具有高尚德性的人。⑨下德：德性低下的人。⑩滋：更加。章：通"彰"，明白。⑪信：确实，实在。是：这。⑫清：清明，指政治好。浊：混乱，指政治不好。⑬昔：指秦代。⑭萌（méng）起：像草木初生那样出现，形容不断发生的意思。⑮遁：欺骗。⑯救火扬沸：比喻不能从根本上解决问题。救火：指负薪救火。扬沸：指扬汤止沸。⑰恶（wū）：何；怎么。⑱溺：丧失。⑲"听讼"三句：意谓审判案件，我和别人差不多，一定要不发生案件才好。⑳"下士"句：语出《老子》四十一章。㉑破觚（gū）而为圜（yuán）：把方正有棱角的酒器改为圆形的酒器。汉初仅颁约法三章。圜，通"圆"。㉒斫雕而为朴：把器物上雕刻的花纹削去而使它回复原来的朴素形态，即返璞归真。㉓网漏于吞舟之鱼：一口能吞下船的大鱼从网里漏掉。比喻法网的宽疏。㉔吏治：官吏办事的成绩。烝（zhēng）烝：淳厚美盛的样子。㉕艾（yì）安：太平无事。艾，通"乂"，治理。㉖彼：指任德。此：指任刑。

高后时^①，酷吏独有侯封，刻轹宗室^②，侵辱功臣。吕氏已败^③，遂夷侯封之家^④。孝景时^⑤，晁错以刻深颇用术辅其资^⑥，而七国之乱，发怒于错，错卒以被戮^⑦。其后有郅都、宁成之属。

【注释】

①高后（前241—前180年）：汉高帝皇后。吕雉。②刻轹（lì）：苛刻欺凌。宗室：皇族。③吕氏已败：公元前180年，吕后死后，诸吕想夺权，被周勃、陈

平等诛杀。④夷：削平；诛锄。⑤孝景（前188—前141年）：汉景帝刘启，公元前157—前141年在位。详见《孝景本纪》。⑥晁错（前200—前154年）：颍川（今河南禹县一带）人。文帝时，任太子家令，深得太子（即景帝）信任。⑦七国之乱：景帝任用晁错为御史大夫，逐步削夺诸侯王国的封地，以巩固中央集权制度。景帝三年（前154年），吴楚等七国以诛晁错为名，发动武装叛乱；晁错为袁盎等所谮，被杀。

郅都者，杨人也①。以郎事孝文帝②。孝景时，都为中郎将③，敢直谏，面折大臣于朝④。尝从入上林⑤，贾姬如厕⑥，野彘卒入厕⑦。上目都，都不行。上欲自持兵救贾姬，都伏上前曰："亡一姬复一姬进，天下所少宁贾姬等乎⑧？陛下纵自轻，奈宗庙太后何⑨！"上还，彘亦去。太后闻之，赐都金百斤，由此重郅都。

【注释】

①杨：县名。②郎：帝王侍从官的通称，有议郎、中郎、侍郎、郎中等名称。事：事奉。③中郎将：官名。④面折：当面使之屈服。⑤上林：苑名。⑥贾姬：汉景帝的妃妾。如：去；往。⑦野彘（zhì）：野猪。⑧宁（nìng）：岂；难道。⑨纵：即使。

济南瞷氏宗人三百余家①，豪猾②，二千石莫能制③，于是景帝乃拜都为济南太守④。至则族灭瞷氏首恶⑤，余皆股栗⑥。居岁余，郡中不拾遗。旁十余郡守畏都如大府⑦。

【注释】

①济南：郡名。地在今山东省中部，治所在东平陵（今章丘西）。瞷（xián）氏：姓义。②豪猾：豪强横行霸道，不守法纪。③二千石：汉代对郡守的通称，因其俸禄为二千石。④拜：用一定的礼节授予官职。太守：官名。⑤族灭：整个家族被诛灭。⑥股栗：因害怕两腿发抖，形容恐惧到了极点。股，大腿。栗，通"慄"。⑦郡守：官名。大府：高级官署。如三公府、将军府之类。

都为人勇，有气力，公廉①，不发私书②，问遗无所受③，请寄无所听④。常自称曰："已倍亲而仕⑤，身固当奉职死节官下⑥，终不顾妻子矣⑦。"

【注释】

①公廉：公正廉洁。②不发私书：因私事而来的信件不拆开看。③问遗（wèi）：赠送礼物。④请寄：以私事相托。⑤倍亲而仕：背弃父母而置身官府。倍，通"背"，背弃。⑥固：本来。⑦妻子：妻子儿女。

郅都迁为中尉①。丞相条侯至贵倨也②，而都揖丞相。是时民朴③，畏罪自重，而都独先严酷，致行法不避贵戚④，列侯宗室见都侧目而视⑤，号曰"苍鹰"。

【注释】

①迁：调动；提升。中尉：官名。掌管京师的治安，兼主北军（京师警卫部队）。②条侯：周亚夫（？—前143年），沛县（今江苏沛县）人。周勃之子。初封条侯。③朴：敦厚。④贵戚：帝王的内外亲族。⑤列侯：爵位名。秦代称彻侯，为二十等爵的最高一级。汉沿用，亦称通侯。

临江王征诣中尉府对簿①，临江王欲得刀笔为书谢上②，而都禁吏不予。魏其侯使人以间与临江王③。临江王既为书谢上，因自杀。窦太后闻之，怒，以危法中都④，都免归家。孝景帝乃使使持节拜都为雁门太守⑤，而便道之官⑥，得以便宜从事⑦。匈奴素闻郅都节⑧，居边，为引兵去，竟郅都死不近雁门。匈奴至为偶人象郅都⑨，令骑驰射莫能中，见惮如此。匈奴患之。窦太后乃竟中都以汉法。景帝曰："都忠臣。"欲释之。窦太后曰："临江王独非忠臣邪？"于是遂斩郅都。

【注释】

①临江王：汉景帝原太子刘荣，前149年因其母栗姬失宠而被废为临江王。对簿：受审讯或质讯。簿，文状，起诉书之类。②刀笔：写字的工具。③魏其（jī）侯（？—前131年）：窦婴。④危法：罗织罪名。中（zhòng）：中伤，攻击和陷害。⑤节：古代使者所持以作凭证的信物。雁门：郡名。地在今山西省北部和内蒙古自治区南部，治所在善无（今山西右玉县南）。⑥便道之官：即从家直接取道赴任，不用去朝廷拜谢。⑦便宜从事：可斟酌事势所宜，自行处理，不必上奏请示。⑧匈奴：北方部族名，也称胡。⑨偶人：刻木偶类人形。

宁成者，穰人也①。以郎谒者事景帝②。好气③，为人小吏，必陵其长吏④；为人上，操下如束湿薪⑤。滑贼任威⑥。稍迁至济南都尉⑦，而郅都为守。始前数都尉皆步入府，因吏谒守如县令⑧，其畏郅都如此。及成往，直陵都出其上⑨。都素闻其声，于是善遇，与结驩⑩。久之，郅都死，后长安左右宗室多暴犯法⑪，于是上召宁成为中尉，其治效郅都，其廉弗如，然宗室豪桀皆人人惴恐⑫。

【注释】

①穰：县名。在今河南省邓州市。②谒者：官名。③好气：好胜。④陵：欺侮。⑤操：控制。⑥滑贼：狡猾凶残。任威：任性使威。⑦稍：逐渐。都尉：官名。⑧谒（yè）：拜见。县令：县的长官。秦、汉县官辖区在万户以上者称令，在万户以下者称长。⑨直：径直。陵：越过。⑩结驩：结成朋友。驩，通"欢"。⑪长安：汉都城，在今陕西省西安市西北。宗室：同一祖宗的贵族，指帝王的宗族。暴：暴虐作恶。⑫桀（jié）：通"杰"。惴（zhuì）恐：恐惧。

武帝即位①，徙为内史②。外戚多毁成之短③，抵罪髡钳④。是时九卿罪死即死⑤，少被刑，而成极刑⑥，自以为不复收⑦，于是解脱⑧，诈刻传出关归家⑨。称曰："仕不至二千石，贾不至千万⑩，安可比人乎！"乃贳贷买陂田千余顷⑪，假贫民⑫，役使数千家⑬。数年，会赦⑭。致产数千金，为任侠⑮，持吏长短⑯，出从数十骑。其使民威重于郡守。

【注释】

①武帝（前156—前87年）：汉武帝刘彻。前141—前87年在位。②徙：调任。内史：官名。③外戚：外家的亲属，特指帝王的母族或妻族。毁：诋毁。④抵罪：抵偿所应负的罪责。髡（kūn）钳：古代刑罚名。⑤九卿：秦、汉时指奉常（太常）、郎中令（光禄勋）、卫尉、太仆、廷尉、典客（大鸿胪）、宗正、治粟内史（大司农）、少府，实即中央各机关长官的总称。⑥极刑：最重的刑罚。这里指髡钳。⑦收：录用。⑧解脱：解开除去（刑具）。⑨传（zhuàn）：经过关卡的通行证，用木板制成。⑩贾（gǔ）：经商。⑪贳（shì）：租借；赊欠。贷：借入。陂（bēi）田：附有水利设施的田。陂，池塘。⑫假：租赁。⑬役使：奴役使用。⑭会赦（shè）：适逢赦免罪行。⑮任侠：以抑强扶弱为己任。⑯持：掌握。长短：指官吏的隐私。偏义词。

周阳由者，其父赵兼以淮南王舅父侯周阳^①，故因姓周阳氏。由以宗家任为郎^②，事孝文及景帝。景帝时，由为郡守。武帝即位，吏治尚循谨甚^③，然由居二千石中，最为暴酷骄恣^④。所爱者，挠法活之^⑤；所憎者，曲法诛灭之^⑥，所居郡，必夷其豪。为守，视都尉如令。为都尉，必陵太守，夺之治。与汲黯俱为忮^⑦，司马安之文恶^⑧，俱在二千石列，同车未尝敢均茵伏^⑨。

【注释】

①赵兼：赵国人。汉高帝妾赵美人的弟弟。淮南王：指汉高帝少子刘长。侯：封侯。周阳：城名。在今山西省闻喜县东。②宗家：帝王。③尚：崇尚。循谨：遵理守法，办事谨慎。④暴酷：暴虐残酷。骄恣（zì）：骄横放纵。⑤挠（náo）法：枉法；曲解法律。⑥曲法：歪曲法律。⑦汲黯：濮阳（今河南省濮阳县西南）人。忮（zhì）：刚愎。⑧文恶：利用法令条文伤害人。⑨均：均等。茵：车垫子。伏：指车轼。

由后为河东都尉^①，时与其守胜屠公争权^②，相告言罪。胜屠公当抵罪，义不受刑^③，自杀，而由弃市^④。

【注释】

①河东：郡名。②胜屠：复姓，同"申屠"。③义：道义。指某人的人格、身份等。④弃市：古代的一种刑罚。

自宁成、周阳由之后，事益多，民巧法^①，大抵吏之治类多成、由等矣^②。

【注释】

①民巧法：奸民用巧诈的手段对付法律。②大抵：大概；大都。类：像。

赵禹者，斄人^①。以佐史补中都官^②，用廉为令史^③，事太尉亚夫^④。亚夫为丞相，禹为丞相史^⑤，府中皆称其廉平。然亚夫弗任，曰："极知禹无害^⑥，然文深^⑦，不可以居大府。"今上时，禹以刀笔吏积劳^⑧，稍迁为御史^⑨。上以为能，至太中大夫^⑩。与张汤论定诸律令^⑪，作见知^⑫，吏传得相监司^⑬。用法益刻，盖自此始。

【注释】

①赵禹：后任廷尉、燕国相，老死于家。斄（tái）：县名。在今陕西省武功县西南。②佐史：汉代地方官的属吏。中都官：汉代京师各官署的统称。③用：因。令史：掌管文书的办事官员。④太尉：官名。为全国军政首脑，与丞相、御史大夫合称三公。汉武帝时改称大司马。⑤史：辅佐官员。⑥无害：无比能干。⑦文深：制定或援用法律条文苛细严峻。⑧刀笔吏：主办文案的官吏。⑨御史：官名。⑩太中大夫：官名。掌议论。属于光禄勋。⑪律令：法令。⑫见知：汉律官吏知他人犯罪不检举的，与之同罪。这就叫作"见知法"。⑬传：通"转"。彼此互相轮转。监司（sì）：通"监伺"。

张汤者，杜人也^①。其父为长安丞^②，出，汤为儿守舍。还而鼠盗肉，其父怒，笞汤^③。汤掘窟得盗鼠及余肉，劾鼠掠治^④，传爰书^⑤，讯鞫论报^⑥，并取鼠与肉，具狱磔堂下^⑦。其父见之，视其文辞如老狱吏^⑧，大惊，遂使书狱^⑨。父死后，汤为长安吏，久之。

【注释】

①杜：县名。宣帝改名杜陵。在今陕西省西安市东南。②丞：官名。③笞：鞭打；

杖击。④劾（hé）：揭发，审判。掠治：拷打审问。⑤传：递送；发出。爰（yuán）书：记录囚犯供词的文书。⑥讯鞫（jū 或 jú）：考问口供，反复穷追。⑦具狱：据以定罪的全部案卷。磔（zhé）：古代的一种酷刑，即分裂肢体。⑧狱吏：审讯囚犯、管理监牢的官吏。⑨书狱：学习刑狱文书。

　　周阳侯始为诸卿时①，尝系长安②，汤倾身为之③。及出为侯，大与汤交，遍见汤贵人④。汤给事内史⑤，为宁成掾⑥，以汤为无害，言大府，调为茂陵尉⑦，治方中⑧。

【注释】

　　①周阳侯：田胜。②系：拘囚。③倾身：竭尽全身力量。④遍：普遍。见（xiàn）：引见；介绍。⑤给事：供职。内史：官名。掌治京师。⑥掾（yuàn）：属官的通称。⑦茂陵：汉武帝在世时预建的陵墓，旧址在今陕西省兴平市东北。尉：官名。本是县级主管军事和治安的官员，这里指主持修建陵墓的官员。⑧治：主持办理。方中：修建陵墓的土方工程。

　　武安侯为丞相①，征汤为史②，时荐言之天子③，补御史，使案事④。治陈皇后蛊狱，深竟党与⑤。于是上以为能，稍迁至太中大夫。与赵禹共定诸律令，务在深文⑥，拘守职之吏⑦。已而赵禹迁为中尉，徙为少府⑧，而张汤为廷尉⑨，两人交驩，而兄事禹。禹为人廉倨⑩。为吏以来，舍毋食客⑪。公卿相造请禹⑫，禹终不报谢⑬，务在绝知友宾客之请，孤立行一意而已⑭。见文法辄取⑮，亦不覆案⑯，求官属阴罪⑰。汤为人多诈，舞智以御人⑱。始为小吏，干没⑲，与长安富贾田甲、鱼翁叔之属交私⑳。及列九卿，收接天下名士大夫，己心内虽不合，然阳浮慕之㉑。

【注释】

　　①武安侯（？—前131年）：田蚡（fén）。长陵（今陕西省咸阳市东北）人。②征：征调。③时：时时。④案事：考问事情的内情。⑤竟：穷究；根究。党与：朋党。⑥深文：通"文深"。细抠法律条文罗织人罪。⑦拘：限制；控制。守职：居官；在职。⑧少府：官名。始于战国。秦、汉相沿，为九卿之一。⑨廷尉：官名。掌管刑狱，为九卿之一。⑩廉倨：廉洁倨傲。⑪毋：通"无"。食客：古代寄食于豪门贵家并为之服务的门客。⑫公卿：原指三公九卿，后泛指朝廷中的高级官员。请：拜访，问候。⑬报谢：答谢。⑭孤立：特立；独自。⑮文法：法令条文。⑯覆案：审察，检查。⑰官属：主官的属吏。⑱御：驾驭，控制。⑲干没：勾结商贾，假公济私，不参加股本，而取得利润。⑳鱼翁叔：姓鱼，名翁叔。交私：秘密交往。㉑阳：通"佯"。浮：表面上。

　　是时上方乡文学①，汤决大狱，欲傅古义②，乃请博士弟子治《尚书》《春秋》③，补廷尉史，亭疑法④。奏谳疑事⑤，必豫先为上分别其原⑥，上所是⑦，受而著谳决法廷尉⑧，絜令扬主之明⑨。奏事即谴，汤应谢⑩，乡上意所便，必引正、监、掾史贤者⑪，曰："固为臣议，如上责臣，臣弗用，愚抵于此。"罪常释⑫，间即奏事⑬，上善之，曰："臣非知为此奏，乃正、监、掾史某为之。"其欲荐吏，扬人之善，蔽人之过如此。所治即上意所欲罪，予监史深祸者；即上意所欲释，与监史轻平者。所治即豪，必舞文巧诋⑭；即下户羸弱，时口言，虽文致法，上财察⑮。于是往往释汤所言。汤至于大吏，内行修也。通宾客饮食。于故人子弟为吏及贫昆弟，调护之尤厚。其造请诸公，不避寒暑。是以汤虽文深意忌不专平，然得此声誉。而刻深吏多为爪牙用者，依于文学之士。丞相弘数称其美⑯。及治淮南、衡山、江都反狱^⑰，皆穷根本。严助及伍被^⑱，上欲释之。汤争曰："伍被本画反谋^⑲，而助亲幸出入禁闼爪牙臣^⑳，乃交私诸侯如此，弗诛，后不可治。"于是上可论之。其治狱所排大臣自为功，多此类。于是汤益尊任，迁为御史大夫。

【注释】

①乡（xiàng）：通"向"。向往。文学：指儒家学说。②傅：附会。古义：古代圣贤的道理、原则。③博士：学官名。④亭疑法：遇法可疑的，就根据《尚书》《春秋》的义理来调平它。亭，平，均；调整。⑤奏谳（yàn）疑事：遇到可疑的事，作成断词向皇上奏明。谳，审判定案。⑥豫：通"预"。分别其原：分析它的原因，剖析它的理由。⑦是：认为正确。⑧决法：判决的法条。⑨絜（qì）令：刻在木板上的法令要点。絜《汉书·张汤传》作"挈"有人认为当作"栔（契）"。⑩应谢：随机应变，认错谢罪。⑪正：廷尉的主要佐理官员。监：廷尉的佐理官员，有左监、右监。掾史：汉代高级官员手下分科办事的属官的通称。⑫抵：至；到。释：原谅；赦免。被动用法。⑬间（jiàn）：或者；有时。⑭舞文巧诋：舞弄法律条文，巧发深诬。⑮财：通"裁"。判断；决定。⑯弘：指公孙弘。⑰淮南：指汉高帝的孙子淮南王刘安。衡山：指汉高帝的孙子衡山王刘赐。江都：汉景帝的孙子江都王刘建。⑱严助：即庄助。吴县（今江苏省苏州市）人。伍被：楚人。任淮南中郎。因参与刘安谋反事，被杀。⑲画：计划；策划。⑳禁闼（tà）：禁中。闼，门。

会浑邪等降^①，汉大兴兵伐匈奴，山东水旱，贫民流徙，皆仰给县官^②，县官空虚。于是丞上指^③，请造白金及五铢钱^④，笼天下盐铁^⑤，排富商大贾，出告缗令^⑥，锄豪强并兼之家，舞文巧诋以辅法^⑦。汤每朝奏事，语国家用，日晏，天子忘食。丞相取充位^⑧，天下事皆决于汤。百姓不安其生，骚动，县官所兴，未获其利，奸吏并侵渔^⑨，于是痛绳以罪^⑩。则自公卿以下，至于庶人^⑪，咸指汤^⑫。汤尝病，天子至自视病，其隆贵如此^⑬。

【注释】

①浑邪（yé）：即浑邪王。②仰给：依靠他人或他地供给。县官：指朝廷或官府。③丞：通"承"遵奉；顺从。指：意向；意图。④白金：古代指银。五铢钱：重量为五铢的钱币。铢：古代重量单位。其实际重量有三说：九十六粒黍，一百粒黍，一百四十四粒黍。⑤笼（lǒng）：通"垄"。垄断；独占。⑥告缗（mín）令：奖励人们告发别人隐瞒财产逃避税收的法令。当时用绳子把一千枚铜钱穿成一串叫作一缗，就用来作为估算财产价值的单位，因此把揭发别人财产的真实价值叫作"告缗"。⑦辅法：帮助严刑峻法的实施。⑧丞相：当时李蔡、庄青翟任丞相。充位：空占职位。⑨侵渔：盗窃或侵夺公众的财物。⑩痛：尽情，彻底。⑪庶人：泛指没有官爵的平民。⑫指：斥责。⑬隆贵：尊贵。隆，尊重。

匈奴来请和亲^①，群臣议上前。博士狄山曰："和亲便^②。"上问其便，山曰："兵者凶器，未易数动^③。高帝欲伐匈奴，大困平城^④，乃遂结和亲^⑤。孝惠、高后时，天下安乐。及孝文帝欲事匈奴^⑥，北边萧然苦兵矣^⑦。孝景时，吴、楚七国反，景帝往来两宫间^⑧，寒心者数月^⑨。吴、楚已破，竟景帝不言兵^⑩，天下富实。今自陛下举兵击匈奴，中国以空虚，边民大困贫。由此观之，不如和亲。"上问汤，汤曰："此愚儒，无知。"狄山曰："臣固愚忠^⑪，若御史大夫汤乃诈忠^⑫。若汤之治淮南、江都，以深文痛诋诸侯，别疏骨肉^⑬，使蕃臣不自安^⑭。臣固知汤之为诈忠。"于是上作色曰^⑮："吾使生居一郡，能无使虏入盗乎？"曰："不能。"曰：

"居一县？"对曰："不能。"复曰："居一障间⑯？"山自度辩穷且下吏⑰，曰："能。"于是上遣山乘鄣⑱。至月余，匈奴斩山头而去。自是以后，群臣震慴⑲。

【注释】

①和亲：指汉族封建王朝与少数民族首领，以及少数民族首领之间具有一定政治目的的联姻。②便：适宜；有利。③数（shuò）：屡次；频繁。④大困平城：公元前200年，汉高帝亲率军迎击匈奴的入侵，被围于平城东白登山。平城，县名，在今山西省大同市东北。⑤遂：竟；终。⑥事：从事；办事。⑦萧然：骚扰的样子。苦兵：苦于战争。兵，战争。⑧两宫：未央宫（亦称西宫，景帝所居）和长乐宫（亦称东宫，窦太后所居）。⑨寒心：因失望、恐惧而惊心或痛心。⑩竟：尽；终。⑪愚忠：封建社会臣子对皇帝尽忠，自称愚忠。⑫诈忠：用欺诈的手段假装对皇帝尽忠。⑬别疏：分离疏远。骨肉：比喻至亲。⑭蕃臣：古代封建诸侯作为朝廷的屏藩，所以称诸侯为藩臣。⑮作色：改变脸色，发怒的样子。⑯障：边塞上险要处作防御用的城堡。⑰且：将要。下吏：交给司法的官吏审问治罪。吏，指司法的官吏。⑱乘：登上。鄣（zhàng）：通"障"。要塞。⑲震慴（zhé）：震惊恐惧。

汤之客田甲，虽贾人，有贤操①。始汤为小吏时，与钱通②，及汤为大吏，甲所以责汤行义过失③，亦有烈士风④。

【注释】

①贤操：贤良的节操。②通：往来；交结。③责：责备。行义：品行道义。④烈士：古代泛指有志功业或重义轻生的人。

汤为御史大夫七岁，败①。

【注释】

①败：失利；失败。

河东人李文尝与汤有郤①，已而为御史中丞②，恚③，数从中文书事有可以伤汤者④，不能为地⑤。汤有所爱史鲁谒居⑥，知汤不平，使人上蜚变告文奸事⑦，事下汤⑧，汤治论杀文，而汤心知谒居为之。上问曰："言变事纵迹安起⑨？"汤详惊曰⑩："此殆文故人怨之⑪。"谒居病卧闾里主人⑫，汤自往视疾，为谒居摩足。赵国以冶铸为业⑬，王数讼铁官事，汤常排赵王⑭。赵王求汤阴事⑮。谒居尝案赵王⑯，赵王怨之，并上书告："汤，大臣也，史谒居有病，汤至为摩足，疑与为大奸。"事下廷尉。谒居病死，事连其弟，弟系导官⑰。汤亦治他囚导官，见谒居弟，欲阴为之，而详不省。谒居弟弗知，怨汤，使人上书告汤与谒居谋，共变告李文⑱。事下减宣⑲。宣尝与汤有郤，及得此事，穷竟其事⑳，未奏也。会人有盗发孝文园瘗钱㉑，丞相青翟朝㉒，与汤约俱谢，至前，汤念独丞相以四时行园㉓，当谢，汤无与也，不谢。丞相谢，上使御史案其事。汤欲致其文丞相见知，丞相患之，三长史皆害汤㉔，欲陷之。

【注释】

①郤（xì）：通"隙"。空隙，引申为嫌隙。②御史中丞：官名。汉代以御史中丞为御史大夫之佐。亦称中执法。③恚（huì）：愤怒；怨恨。④中：指禁宫中。文书：公文案卷。伤：中伤；打击。⑤为地：留余地。⑥鲁谒居：河东（今山西

省西南部）人。⑦蜚变：即飞变。⑧下：下达。⑨纵（zōng）迹：踪迹；线索。⑩详（yáng）：通"佯"。⑪殆：大概。⑫闾里：乡里。古代居民组织以二十五家为闾（近郊区）或里（远郊区）。主人：指房东。⑬赵国：地在今河北省南部，建都邯郸（今邯郸市）。⑭排：压抑；打击。赵王：汉景帝的儿子刘彭祖封赵王。⑮阴事：暗地的私事。⑯案：通"按"检举；弹劾。⑰导官：官名。⑱变告：即告变。紧急报告非常事变。⑲减宣：曾任御史中丞、左内史、右扶风，后有罪自杀。⑳穷竟：深入追查，以求水落石出。㉑孝文园：指汉文帝的墓地。瘗（yì）钱：埋钱于墓以送葬。瘗，埋。㉒青翟：庄青翟。㉓行（xíng）：巡视。㉔长（zhǎng）史：官名。

始长史朱买臣，会稽人也①。读《春秋》。庄助使人言买臣，买臣以《楚辞》与助俱幸②，侍中③，为太中大夫，用事④；而汤乃为小吏，跪伏使买臣等前⑤。已而汤为廷尉，治淮南狱，排挤庄助⑥，买臣固心望⑦。及汤为御史大夫，买臣以会稽守为主爵都尉⑧，列于九卿。数年，坐法废⑨，守长史⑩，见汤，汤坐床上，丞史遇买臣弗为礼⑪。买臣楚士，深怨，常欲死之⑫。王朝，齐人也⑬。以术至右内史⑭。边通，学长短⑮，刚暴强人也⑯，官再至济南相⑰。故皆居汤右⑱，已而失官，守长史，诎体于汤⑲。汤数行丞相事⑳，知此三长史素贵，常凌折之㉑。以故三长史合谋曰："始汤约与君谢㉒，已而卖君㉓；今欲劾君以宗庙事，此欲代君耳。吾知汤阴事。"使吏捕案汤左田信等㉔，曰汤且欲奏请，信辄先知之，居物致富㉕，与汤分之，及他奸事。事辞颇闻。上问汤曰："吾所为，贾人辄先知之，益居其物，是类有以吾谋告之者。"汤不谢。汤又详惊曰："固宜有。"减宣亦奏谒居等事。天子果以汤怀诈面欺㉖，使使八辈簿责汤㉗。汤具自道无此，不服。于是上使赵禹责汤。禹至，让汤曰㉘："君何不知分也㉙？君所治夷灭者几何人矣㉚？今人言君皆有状㉛，天子重致君狱㉜，欲令君自为计，何多以对簿为？"汤乃为书谢曰："汤无尺寸功，起刀笔吏㉝，陛下幸致为三公，无以塞责㉞。然谋陷汤罪者，三长史也。"遂自杀。

【注释】

①会稽（kuài jī）：郡名。地在今江苏省南部、浙江省大部、安徽省南部，治所在吴县（今江苏苏州市）。②楚辞：指以战时楚国人屈原等为代表的辞赋作品，后由刘向编辑成集。③侍中：被指定在宫禁中侍从皇帝，后逐渐成为加官名。④用事：当权。⑤使：差遣。⑥排挤：打击陷害。⑦固：原来。望：埋怨；怨恨。⑧主爵都尉：官名。⑨坐法：犹犯罪。坐，犯罪。废：放黜；罢免。⑩守（shǒu）：暂时代理职务。⑪丞史：丞和史；佐官和属官。⑫死：致死；死拼。为动用法。⑬齐：诸侯国名。⑭术：指儒学。⑮长短：指长短术，即战国纵横家说。⑯刚暴：刚愎凶暴。⑰济南：以前曾为王国，故有相。⑱右：古代把右边看作尊贵的方位，所以用右指较高的地位。⑲诎（qū）体：降低身份。诎，通"屈"，弯曲。⑳行：兼理，代理。㉑凌折：凌辱折服。㉒约：相约。㉓卖：出卖；损害别人以牟取私利。㉔左：通"佐"。指知情人。㉕居：积蓄；囤积。㉖怀诈面欺：心怀奸诈，当面欺骗。㉗簿责：据文书所列罪状责问审理。㉘让：责备。㉙分（fèn）：身份。㉚夷灭：诛锄；消灭。几何：多少。㉛状：情况。㉜重：为难；碍难。㉝刀笔吏：指办理文书的小吏。㉞塞责：尽责。

汤死，家产直不过五百金①，皆所得奉赐②，无他业。昆弟诸子欲厚葬汤③，汤母曰："汤为天子大臣，被污恶言而死④，何厚葬乎！"载以牛车，有棺无椁⑤。天子闻之，曰："非此母不能生此子。"乃尽案诛三长史。丞相青翟自杀。出田信⑥。上惜汤，稍迁其子安世⑦。

【注释】

①直：通"值"。价值。②奉赐：俸禄和赏赐。奉，通"俸"。③昆弟：兄和弟，包括近房的和远房的。④被：蒙；受。⑤棺：棺材；装敛死人的器具。椁（guǒ）：棺外的套棺。⑥出：释放。使动用法。⑦安世：张安世。

赵禹中废，已而为廷尉。始条侯以为禹贼深①，弗任。及禹为少府，比九卿②。禹酷急，至晚节③，事益多，吏务为严峻④，而禹治加缓⑤，而名为平⑥。王温舒等后起，治酷于禹。禹以老，徙为燕相。数岁，乱悖有罪⑦，免归。后汤十余年，以寿卒于家⑧。

【注释】

①贼深：残酷阴毒。②比：并列。③晚节：晚年。④务：尽力。⑤加缓：更加宽缓。⑥平：平和；轻平。⑦乱悖（bèi）：昏乱违理。⑧卒：古代称士大夫死或年老寿终。

义纵者，河东人也。为少年时，尝与张次公俱攻剽为群盗①。纵有姊呴②，以医幸王太后③。王太后问："有子兄弟为官者乎？"姊曰："有弟无行④，不可。"太后乃告上，拜义呴弟纵为中郎⑤，补上党郡中令⑥。治敢行，少蕴藉⑦，县无逋事⑧，举为第一。迁为长陵及长安令⑨。直法行治，不避贵戚。以捕案太后外孙修成君子仲⑩，上以为能，迁为河内都尉⑪。至则族灭其豪穰氏之属⑫，河内道不拾遗。而张次公亦为郎，以勇悍从军，敢深入，有功，为岸头侯。

【注释】

①攻剽（piāo）：抢劫。②呴（qú）：人名。③王太后：汉武帝的母亲王娡（zhì），右扶风槐里（今陕西省兴平市东南）人。④无行（xíng）：品行不好。⑤中郎：官名。秦置。为近侍之官，汉代沿置，属于郎中令。其长官称中郎将，亦通称中郎。⑥上党：郡名。令：县令。⑦蕴藉（jiè）：亦作"蕴藉""酝藉"。宽和有涵容。⑧逋（bū）事：拖延、稽迟的事情。⑨长陵：县名。在今陕西省泾阳县东南。⑩太后：指王太后。修成君：王娡和前夫所生的女儿的封号。⑪河内：郡名。地在今河南省境黄河以北，治所在怀县（今武陟县西南）。⑫穰（ráng）氏：穰姓。

宁成家居，上欲以为郡守。御史大夫弘曰①："臣居山东为小吏时，宁成为济南都尉，其治如狼牧羊。成不可使治民。"上乃拜成为关都尉②。岁余，关东吏隶郡国出入关者③，号曰："宁见乳虎，无值宁成之怒④。"义纵自河内迁为南阳太守⑤，闻宁成家居南阳，及纵至关，宁成侧行送迎⑥，然纵气盛，弗为礼。至郡，遂案宁氏，尽破碎其家。成坐有罪，及孔、暴之属皆奔亡⑦，南阳吏民重足一迹⑧。而平氏朱强、杜衍杜周为纵牙爪之吏⑨，任用，迁为廷史。军数出定襄⑩，定襄吏民乱败，于是徙纵为定襄太守。纵至，掩定襄狱中重罪轻系二百余人⑪，及宾客昆弟私入相视亦二百余人。纵一捕鞠⑫，曰"为死罪解脱⑬"。是日皆报杀四百余人。其后郡中不寒而栗⑭，猾民佐吏为治⑮。

【注释】

①弘：公孙弘。当时任御史大夫。②关都尉：官名。掌收敛货物税，稽察旅客往来，主要设在函谷关。③关东：地区名。隶（yì）：通"肆"。察看。④号：扬言。乳虎：正在哺乳期间的母虎。因猛兽在哺乳期间为了保护幼兽则凶猛异常，

故以喻。值：逢着；遭遇。⑤南阳：郡名。地在今河南省、湖北省交界地区，治所在宛（yuān）县（今河南省南阳市）。⑥侧行：身子侧转一边前行。⑦孔、暴：二姓为当地豪强大族。⑧重（chóng）足：叠足而立，形容非常恐惧的样子。一迹：叠足而立，路上只留下一个脚迹。⑨牙爪：通"爪牙"。比喻辅佐的人。平氏：县名。在今河南省唐河县东南。朱强：人名。杜衍：县名。在今河南省南阳市西南。⑩定襄：郡名。⑪掩：乘人不备而进袭或逮捕。重罪轻系：罪行严重的罪犯被从轻拘囚。⑫一：一起；全都。捕鞠：逮捕审讯。⑬为死罪解脱：诬指私入探监的人为死囚解脱刑具，以此将这些人定死罪。⑭不寒而栗：不寒冷而发抖，形容极其恐惧。⑮猾民：狡猾的百姓。

是时赵禹、张汤以深刻为九卿矣①，然其治尚宽，辅法而行，而纵以鹰击毛挚为治②。后会五铢钱白金起，民为奸，京师尤甚，乃以纵为右内史，王温舒为中尉。温舒至恶，其所为不先言纵，纵必以气凌之，败坏其功。其治，所诛杀甚多，然取为小治③，奸益不胜，直指始出矣④。吏之治以斩杀缚束为务，阎奉以恶用矣⑤。纵廉，其治放郅都⑥。上幸鼎湖⑦，病久，已而卒起幸甘泉⑧，道多不治⑨。上怒曰："纵以我为不复行此道乎？"嗛之⑩。至冬，杨可方受告缗⑪，纵以为此乱民，部吏捕其为可使者⑫。天子闻，使杜式治⑬，以为废格沮事⑭，弃纵市。后一岁，张汤亦死。

【注释】

①深刻：苛刻严峻。②鹰击毛挚：比喻严酷凶悍。③取（cù）：通"趣（cù）"。急速。④直指：官名。也称直指使者。由朝廷直接派往地方，督促地方官吏加强镇压，其权力很大。⑤阎奉：人名。⑥放（fǎng）：通"仿"。仿效。⑦幸：指皇帝驾临。又另为地名。⑧已：病愈。卒（cù）：通"猝"突然。甘泉：宫名。旧址在今陕西省淳化县西北甘泉山。⑨治：修筑；整修。⑩嗛（xián）：怀恨。⑪方：正。受：受任。⑫部：部署。⑬杜式：人名。⑭废格：对诏令搁置不行。

王温舒者，阳陵人也①。少时椎埋为奸②。已而试补县亭长③，数废。为吏，以治狱至廷史④。事张汤，迁为御史。督盗贼，杀伤甚多，稍迁至广平都尉⑤。择郡中豪敢任吏十余人，以为爪牙，皆把其阴重罪⑥，而纵使督盗贼⑦，快其意所欲得。此人虽有百罪，弗法⑧；即有避⑨，因其事夷之⑩，亦灭宗⑪。以其故齐、赵之郊盗贼不敢近广平⑫，广平声为道不拾遗⑬。上闻，迁为河内太守。

【注释】

①阳陵：县名。在今陕西省高陵县西南。②椎（chuí）埋：一说椎杀人而埋之；一说发掘坟墓，盗取葬物。椎，通"槌""捶"。③亭长：亭是秦、汉时的地方基层行政机构，大约纵横各十里算一亭，设亭长，掌治安警卫，兼管停留旅客，治理民事。试：出仕；出任。④廷史：即廷尉史。⑤广平：郡名。地在今河北省南部滏阳河流域，治所在广平（今鸡泽县东南）。⑥把：抓住。⑦纵使：驱使。督：督察追捕。⑧法：法办；惩处。动词。⑨避：躲避。⑩因：根据。⑪灭宗：灭绝宗族。⑫齐、赵：泛指战国以至汉初的齐国、赵国地域，即今山东省和河北省南部地区。⑬声：名；号称。

素居广平时，皆知河内豪奸之家，及往，九月而至。令郡具私马五十匹，为驿自河内至长安①，部吏如居广平时方略②，捕郡中豪猾，郡中豪猾相连坐千余家。上书请，大者至族，小者乃死，家尽没入偿臧③。奏行不过二三日，得可事。

论报，至流血十余里。河内皆怪其奏④，以为神速。尽十二月⑤，郡中毋声，毋敢夜行，野无犬吠之盗。其颇不得⑥，失之旁郡国⑦，黎来会春⑧，温舒顿足叹曰："嗟乎，令冬月益展一月，足吾事矣！"其好杀伐行威不爱人如此。天子闻之，以为能，迁为中尉。其治复放河内，徙诸名祸猾吏与从事⑨，河内则杨皆、麻戊、关中杨赣、成信等⑩。义纵为内史，惮未敢恣治。及纵死，张汤败后，徙为廷尉，而尹齐为中尉。

【注释】

①驿：古时供应递送公文的人或来往官员暂住、换马的处所。②方略：策划；计谋。③没（mò）：没收。④怪：诧异。以动用法。⑤尽：终；止。⑥颇不得：还有少数未抓到的漏网者。⑦失（yì）：通"逸"。逃跑。旁：近旁；附近。⑧黎来：比及；等到。黎，比，及。会春：适逢春天到来。按汉代规定，春夏两季不执行死刑。⑨徙：调动。⑩杨皆、麻戊、杨赣、成信：皆人名。关中：地区名。

尹齐者，东郡茌平人①。以刀笔稍迁至御史。事张汤，张汤数称以为廉武②，使督盗贼，所斩伐不避贵戚。迁为关内都尉，声甚于宁成。上以为能，迁为中尉，吏民益凋敝③。尹齐木强少文④，豪恶吏伏匿而善吏不能为治⑤，以故事多废⑥，抵罪。上复徙温舒为中尉，而杨仆以严酷为主爵都尉。

【注释】

①东郡：郡名。故址在今河南省、山东省交界地区，治所在濮阳（今河南省濮阳县西南）茌（chí）平：县名。故址在今山东省茌平县西。②廉武：廉洁、勇武。③凋敝：困苦，衰败。④木强（jiàng）：性格质直刚强。⑤伏匿：隐蔽藏匿。⑥废：废弛。

杨仆者，宜阳人也①。以千夫为吏②。河南守案举以为能③，迁为御史，使督盗贼关东。治放尹齐，以为敢挚行④。稍迁至主爵都尉，列九卿。天子以为能。南越反⑤，拜为楼船将军⑥，有功，封将梁侯。为荀彘所缚⑦。居久之，病死。

【注释】

①宜阳：县名。即今河南省宜阳县。②千夫：汉武帝所设武功爵位名。武功爵共十七级（一至八级可以买卖），千夫是第七级。③河南：郡名。地在今河南省黄河以南洛水、伊水下游，治所在雒阳（今洛阳市东北）。案举：考核并荐举。④敢挚行：办事凶猛而有胆量。挚，通"鸷"击。⑤南越：部族名、国名。⑥楼船将军：西汉时根据地方特点训练各兵种，江淮以南训练水军，称为"楼船士"或"楼船"。统率水军的杨仆，武帝封他为"楼船将军"。⑦为荀彘（zhì）所缚：武帝元封三年（前108年），与左将军荀彘俱击朝鲜，因争功为荀彘所缚，征朝鲜还，免为庶人。

而温舒复为中尉。为人少文，居廷惛惛不辩①，至于中尉则心开。督盗贼，素习关中俗②，知豪恶吏③，豪恶吏尽复为用，为方略。吏苛察盗贼恶少年，投缿购告言奸④，置伯格长以牧司奸盗贼⑤。温舒为人谄⑥，善事有势者⑦；即无势者，视之如奴。有势家，虽有奸如山，弗犯；无势者，贵戚必侵辱。舞文巧诋下户之猾⑧，以焄大豪⑨。其治中尉如此。奸猾穷治⑩，大抵尽靡烂狱中⑪，行论无出者⑫。其爪牙吏虎而冠⑬。于是中尉部中中猾以下皆伏⑭，有势者为游声誉⑮，称治。治数岁，其吏多以权富。

【注释】

①居廷：处在廷尉的官位上。惛（hūn）惛：心中昏昧不明。②习：熟悉。③知：了解。④铦（xiàng）：古时接受告密文件的器具，状如瓶，为小孔，可入而不可出。⑤伯格（mò luò）长：街道乡村的头头。牧司（sì）：监督，侦察。司，通"伺"。⑥谄：谄媚；巴结奉承。⑦善事：善于事奉。⑧下户：贫民。⑨焄（xūn）：同"熏"熏炙。引申为"威胁"。⑩穷治：彻底追求。⑪靡烂：即糜烂。备受酷刑，皮开肉绽。⑫行论：做出判决。⑬虎而冠：残暴如虎而戴着人的帽子。⑭部中：所辖区域中。中猾：中等豪猾奸巧之人。⑮游：游扬；宣扬。

温舒击东越还①，议有不中意者，坐小法抵罪免。是时天子方欲作通天台而未有人②，温舒请覆中尉脱卒③，得数万人作。上说④，拜为少府。徙为右内史，治如其故，奸邪少禁⑤。坐法失官。复为右辅⑥，行中尉事，如故操⑦。

【注释】

①东越：古代越人的一支。②通天台：台名。台高五十丈。建在甘泉宫，旧址在今陕西省淳化县西北。③覆：查核。脱卒：逃避服兵役的士兵。④说（yuè）：通"悦"。⑤少：稍；略微。⑥右辅：官名、政区名。汉代三辅之一右扶风的别称。因在京兆尹之右（西）得名。⑦故操：原来的作法。

岁余，会宛军发①，诏征豪吏，温舒匿其吏华成，及人有变告温舒受员骑钱②，他奸利事，罪至族，自杀。其时两弟及两婚家亦各自坐他罪而族③。光禄徐自为曰④："悲夫，夫古有三族⑤，而王温舒罪至同时而五族乎⑥！"

【注释】

①宛（yuān）军：指太初元年（前104年）出兵征伐大宛的军事行动。②员骑（jì）：正额的骑士。③婚家：姻亲家。④光禄：官名。即光禄勋。秦时有郎中令，掌宫殿门户，属官有大夫、郎、谒者等。汉武帝更名为光禄勋。⑤三族：指父族、母族、子族。⑥五族：指王温舒和两弟、两婚家。

温舒死，家直累千金①，后数岁，尹齐以淮阳都尉病死②，家直不满五十金。所诛灭淮阳甚多，及死，仇家欲烧其尸，尸亡去归葬③。

【注释】

①累：累计。千金：汉代以一斤金为一金，千金就是黄金千斤。②淮阳：郡名。治所在陈县（今淮阳县）。③尸亡去归葬：意为家属挟其尸亡去。亡，逃走。

自温舒等以恶为治，而郡守、都尉、诸侯二千石欲为治者①，其治大抵尽放温舒，而吏民益轻犯法②，盗贼滋起③。南阳有梅免、白政，楚有殷中、杜少④，齐有徐勃，燕、赵之间有坚卢、范生之属⑤。大群至数千人，擅自号，攻城邑，取库兵，释死罪，缚辱郡太守、都尉，杀二千石，为檄告县趣具食⑥；小群以百数，掠卤乡里者⑦，不可胜数也。于是天子始使御史中丞、丞相长史督之。犹弗能禁也，乃使光禄大夫范昆、诸辅都尉及故九卿张德等衣绣衣⑧，持节，虎符发兵以兴击⑨，斩首大部或至万余级，及以法诛通饮食⑩，坐连诸郡，甚者数千人。数岁，乃颇得其渠率⑪。散卒失亡，复聚党阻山川者⑫，往往而群居，无可奈何。于是作"沉命法"⑬，曰群盗起不发觉，发觉而捕弗满品者⑭，二千石以下至小吏主者皆死。

其后小吏畏诛，虽有盗不敢发，恐不能得，坐课累府^⑮，府亦使其不言。故盗贼寖多^⑯，上下相为匿，以文辞避法焉^⑰。

【注释】

①诸侯二千石：指诸侯王国的相、内史、中尉等，他们的俸禄都是二千石。②轻：轻率；轻易。③滋：增加；加多。④楚：泛指春秋战国时的楚国领地，即今长江中下游一带。⑤燕：泛指春秋战国时的燕国地域，即今河北省北部、辽宁省南部一带。⑥檄（xí）古代用以征召、晓喻或声讨的文书。趣（cù）：通"促"督促。⑦卤（lǔ）：通"掳"掠夺。⑧衣（yì）：穿；动词。绣衣：绣花的衣服。即朝服。⑨虎符：古代帝王授予臣下兵权或调发军队的信物。⑩通饮食：指给盗贼供给饮食。⑪渠率：亦作"渠帅"首领。率，通"帅"。⑫党：帮伙。阻：倚恃。⑬沉命法：汉代处分捕盗不力官吏的连坐法。沉，没。⑭满品：达到规定标准。品，比率（lǜ）。⑮课：判处罪刑。累（lèi）：连累；使受害。府：指郡府。⑯寖（qǐn）：同"浸"愈益；更加。⑰以文辞避法：诈为虚文，隐瞒盗贼，以逃避法律的惩处。

减宣者，杨人也^①。以佐史无害给事河东守府^②。卫将军青使买马河东^③，见宣无害，言上，征为大厩丞^④。官事辨^⑤，稍迁至御史及中丞。使治主父偃及治淮南反狱^⑥，所以微文深诋^⑦，杀者甚众，称为敢决疑。数废数起，为御史及中丞者几二十岁^⑧。王温舒免中尉，而宣为左内史。其治米盐^⑨，事大小皆关其手^⑩，自部署县名曹实物^⑪，官吏令丞不得擅摇^⑫，痛以重法绳之。居官数年，一切郡中为小治辨，然独宣以小致大，能因力行之，难以为经^⑬。中废。为右扶风，坐怨成信，信亡藏上林中，宣使郿令格杀信^⑭，吏卒格信时，射中上林苑门，宣下吏诋罪，以为大逆^⑮，当族，自杀。而杜周任用。

【注释】

①杨：县名。地在今山西省洪洞东南。②守府：太守衙门。③卫将军青（？—前106年）：卫青。河东平阳（今山西省临汾市西南）人。④大厩丞：管马的小官。属于太仆。⑤辨（bàn）：通"辨"治理。⑥主父偃：复姓主父。临淄（今山东省淄博市东北）人。任中大夫。⑦微文：细微的条文。深诋深刻阴毒进行诬陷。⑧几（jī）：几乎；差不多。⑨米盐：形容像许多米粒、盐粒那样琐碎。⑩关：通过。⑪曹：官吏分工办事的部门。⑫擅摇：擅自动摇。⑬经：常规；常法。⑭郿（méi）：县名。⑮大逆：在封建社会，指触犯最高统治者本身利益的行为。

杜周者，南阳杜衍人。义纵为南阳守，以为爪牙，举为廷尉史。事张汤，汤数言其无害，至御史。使案边失亡^①，所论杀甚众。奏事中上意^②，任用，与减宣相编^③，更为中丞十余岁^④。

【注释】

①案边失亡：查办边郡在遭受外敌侵犯时损失人口、牲畜、粮食、武器等的情况。②中（zhōng）：合乎。③相编：互相接替。④更：轮流更潜。

其治与宣相放，然重迟^①，外宽^②，内深次骨^③。宣为左内史，周为廷尉，其治大放张汤而善候伺^④。上所欲挤者^⑤，因而陷之^⑥；上所欲释者，久系待问而微见其冤状^⑦。客有让周曰："君为天子决平^⑧，不循三尺法^⑨，专以人主意指为狱^⑩。狱者固如是乎？"周曰："三尺安出哉？前主所是著为律^⑪，后主所是疏为令^⑫，当时为是⑬，何古之法乎！"

【注释】

①重迟：慎重考虑而决断迟缓。②外宽：表面宽松。③内深次骨：实际用法深刻至骨。次，至。④候伺：侦察；窥探。⑤挤：排除。⑥陷：陷害。⑦微见（xiàn）：暗中察访使之显露。⑧决平：公平判决（案件）。⑨三尺法：写在三尺竹简上的法律，故俗称三尺法。⑩人主：君主。⑪著：撰述。⑫疏（shù）：分条陈述。⑬当（dàng）时：适合当时的实际情况。

至周为廷尉，诏狱亦益多矣①。二千石系者新故相因②，不减百余人。郡吏大府举之廷尉③，一岁至千余章④。章大者连逮证案数百⑤，小者数十人；远者数千，近者数百里。会狱⑥，吏因责如章告劾⑦，不服，以笞掠定之⑧。于是闻有逮皆亡匿。狱久者至更数赦十有余岁而相告言⑨，大抵尽诋以不道以上⑩。廷尉及中都官诏狱逮至六七万人，吏所增加十万余人。

【注释】

①诏狱：奉皇帝诏令拘禁犯人的监狱。②相因：前后相连。③郡吏：指郡太守。大府：指三公府。举：全；都。④章：奏章。指揭发控告的奏章。⑤证案：与案件有牵连的人。⑥会狱：会审案件。⑦如：依照。⑧笞掠：用鞭杖等拷打。⑨更：经过。⑩不道：罪名如杀无辜一家三人是。

周中废，后为执金吾①，逐盗，捕治桑弘羊、卫皇后昆弟子刻深②，天子以为尽力无私，迁为御史大夫。家两子，夹河为守③。其治暴酷皆甚于王温舒等矣。杜周初征为廷史，有一马，且不全④；及身久任事，至三公列，子孙尊官，家訾累数巨万矣⑤。

【注释】

①执金吾：官名。汉武帝改中尉为执金吾。②桑弘羊：洛阳人。曾任大司农、御史大夫，汉昭帝时在上层争权夺利中被杀。③夹河为守：杜周的大儿子任河内（位于黄河以北）太守，二儿子任河南太守。④全：完好。⑤巨万：亿。訾（zī）：通"资（赀）"。钱财。

太史公曰："自郅都、杜周十人者，此皆以酷烈为声。"然郅都伉直①，引是非②，争天下大体。张汤以知阴阳③，人主与俱上下，时数辩当否，国家赖其便。赵禹时据法守正。杜周从谀④，以少言为重。自张汤死后，网密⑤，多诋严，官事寖以耗废⑥。九卿碌碌奉其官⑦，救过不赡⑧，何暇论绳墨之外乎⑨！然此十人中，其廉者足以为仪表，其污者足以为戒，方略教导，禁奸止邪，一切亦皆彬彬质有其文武焉⑩。虽惨酷，斯称其位矣。至若蜀守冯当暴挫⑪，广汉李贞擅磔人⑫，东郡弥仆锯项⑬，天水骆璧推咸⑭，河东褚广妄杀，京兆无忌、冯翊殷周蝮鸷⑮，水衡阎奉朴击卖请⑯，何足数哉！何足数哉⑰！

【注释】

①伉（kàng）直：亢直；刚直。②引：正。③阴阳：比喻两面派手法。④从（sǒng）谀：怂恿诏谀。⑤网密：法网严密，严刑峻法，陷人于罪。⑥耗（mào）废：昏乱败坏。⑦碌碌：平庸无能。⑧救过：防止过失发生。⑨暇：闲暇时间。绳墨：木匠画直线用的绳子和墨汁，比喻规矩法度。⑩彬彬：质朴文采各半，形容文雅。

文：指教化。武：指刑罚。⑪蜀：郡名。地在今四川省西部，治所在成都（今成都市）。冯当：人名。⑫广汉：郡名。地在今四川省北部和甘肃省、陕西省交界地区，治所在梓潼县（今四川省梓潼县）。李贞：人名。擅：自作主张。⑬弥仆：人名。锯项：用锯锯断人的脖子。⑭天水：郡名。地在今甘肃省东部，治所在平襄（今通渭县西北）。骆璧：人名。推成：逼供成狱。即今所谓逼供信。⑮京兆、冯翊（píng yì）：官名、政区名。即京兆尹、左冯翊的略称，治所皆在京都长安。无忌、殷周：皆人名。蝮：毒蛇名。鸷：凶猛的鸟类。⑯水衡：官名。水衡都尉的略称。掌上林苑，兼管税收。阎奉：人名。朴（pū），通"扑"，击打。卖请：用金钱赎罪。⑰何足：哪里值得。数（shǔ）：数说，叙述其事迹。

大宛列传第六十三

大宛之迹①，见自张骞。张骞，汉中人②。建元中为郎③。是时，天子问匈奴降者，皆言匈奴破月氏王④，以其头为饮器⑤，月氏遁逃而常怨仇匈奴，无与共击之⑥。汉方欲事灭胡⑦，闻此言，因欲通使。道必更匈奴中⑧，乃募能使者。骞以郎应募，使月氏⑨，与堂邑氏胡奴甘父俱出陇西⑩。经匈奴，匈奴得之，传诣单于⑪。单于留之，曰："月氏在吾北，汉何以得往使？吾欲使越⑫，汉肯听我乎？"留骞十余岁⑬，与妻⑭，有子，然骞持汉节不失⑮。

【注释】

①大宛（yuān）：古西域国名，在今中亚细亚乌兹别克斯坦。②汉中：汉代郡名，在今陕西省南部，湖北省西北部。治所在今陕西汉中市东。张骞为汉中成固（今陕西成固县）人。③建元：汉武帝刘彻年号，前140—前135年。④月氏（yuè zhī）王：月氏，也写作月氏、月支，我国古代北方西部的民族。秦汉之际，游牧在今甘肃敦煌、祁连间。汉初，月氏为匈奴冒顿单于所破，接着月氏王被匈奴老上单于所杀，一部分人西迁；一部分人进入祁连山区，同羌族杂居，叫小月氏。⑤饮器：后人有多种解释，一说是盛酒之器。一说是便溺之器。一说是饮酒之器。近人陈直《汉书新证》说："饮器，侧耳杯也，其形如人面，故匈奴以月支王头为饮器，取其形似也。"此外，也有人把饮器视为舀（yǎo）水之器物。⑥与（yǔ）：同盟者。⑦方：方才；正当。事：从事；做。胡：这里指匈奴。⑧更（gēng）：经过。⑨使：出使。⑩堂邑氏胡奴甘父：堂邑氏，姓，汉人。陇西：汉代郡名。西汉辖境相当于今甘肃东乡族自治县以东的洮河中游和西礼以北渭河上游地区。治所在今甘肃临洮南。⑪传诣（yì）：传，这里指递解。诣，前往。⑫越：西汉南方的国名。⑬留：这里是扣留。⑭与：给予。与，同"予"。⑮节：符节，古代使者手里用作凭证的东西，竿状物，上饰牦牛尾。

居匈奴中，益宽①，骞因与其属亡乡月氏②，西走数十日至大宛。大宛闻汉之饶财③，欲通不得，见骞，喜，问曰："若欲何之④？"骞曰："为汉使月氏，而为匈奴所闭道⑤。今亡，唯王使人导送我⑥。诚得至⑦，反汉⑧，汉之赂遗王财物不可胜言⑨。"大宛以为然，遣骞，为发导绎⑩，抵康居⑪。康居传至大月氏⑫。大月氏王已为胡所杀，立其太子为王⑬。既臣大夏而居⑭，地肥饶，少寇⑮，志安乐，又自以远汉⑯，殊无报胡之心⑰。骞从月氏至大夏，竟不能得月氏要领⑱。

【注释】

①益宽：放宽。②属：跟随。亡：逃跑。③饶（ráo）：富足；多。④若：你。之：往。⑤闭：阻塞。⑥唯：句首语气词，表示希望。道：通"导"，引。⑦诚：果真；果然。⑧反：同"返"字。⑨赂遗（lù wèi）：馈送。⑩发：派遣。导：向导。绎：通"译"，即翻译。⑪抵：至。康居：古西域国名。为游牧族，活动范围在今咸海与巴尔喀什湖之间（今中亚塔什干一带）王都在卑阗城。⑫传：递送。大月氏：月氏的一支。⑬立其太子为王：《汉书·张骞传》作"立其夫人为王"。⑭既：已经。臣：征服；役使。意动用法。大夏：古国名。⑮寇（kòu）：盗匪，入侵者。⑯远（yuǎn）：疏远；避开。⑰殊：很；非常。⑱要领：在这里比喻主旨。

留岁余，还，并南山①，欲从羌中归②，复为匈奴所得。留岁余，单于死，左谷蠡王攻其太子自立③，国内乱，骞与胡妻及堂邑父俱亡归汉④。汉拜骞为太中大夫⑤，堂邑父为奉使君⑥。

【注释】

①并（bàng）："傍"的古字。近；挨靠。②羌（qiāng）：汉代西部的民族。③谷蠡（lù lí）王：按匈奴官制，单于下为左、右贤王，贤王下为左右谷蠡王。④堂邑父：即上文堂邑氏胡奴甘父的省称。⑤拜：用一定的礼节授给官职。太中大夫：郎中令的属官，掌管议论政事。⑥奉使君：赐封的官名。

骞为人强力①，宽大信人②，蛮夷爱之③。堂邑父故胡人，善射，穷急射禽兽给食④。初，骞行时百余人，去十三岁⑤，唯二人得还⑥。

【注释】

①强力：坚强有毅力。②宽大：度量宽宏。信人：对人诚实。③蛮夷：古代华夏统治阶级对四方各民族的通称。④穷急：穷困急迫。给（jǐ）：供给，供应。⑤去：往；到……去。⑥唯：只；只有。

骞身所至者①：大宛、大月氏、大夏、康居；而传闻其旁大国五六，具为天子言之②。曰：

大宛在匈奴西南，在汉正西，去汉可万里③。其俗土著④，耕田，田稻麦。有蒲陶酒。多善马⑤，马汗血⑥，其先天马子也⑦。有城郭屋室。其属邑大小七十余城，众可数十万。其兵弓矛骑射。其北则康居，西则大月氏，西南则大夏，东北则乌孙⑧，东则扜罙⑨、于寞⑩。于寞之西，则水皆西流，注西海⑪；其东水东流，注盐泽⑫。盐泽潜行地下，其南则河源出焉⑬。多玉石，河注中国。而楼兰⑭、姑师邑有城郭⑮，临盐泽。盐泽去长安可五千里。匈奴右方居盐泽以东，至陇西长城，南接羌，鬲汉道焉⑯。

【注释】

①身：自身；亲自。②具：全部。③可：大约；约计。④土著（zhù）：古代游牧民族定居某地后，不再迁徙者，称为土著。⑤《外国传》云："外国称天下有三

众：中国人众，大秦宝众，月氏马众。"多善马，意为大宛盛多良马。⑥马汗血：马出汗如血。⑦天马子：《汉书音义》曰："大宛国有高山，其上有马，不可得，因取五色母马置其下，与交，生驹汗血，因号曰天马子。"⑧乌孙：原居甘肃西北的游牧民族，被匈奴所迫，西迁伊犁河东南源特克斯河畔，建立乌孙国。⑨扞罙（wū mí）：亦作拘弥，国名。⑩于寘（tián）：古西域国名。又作于阗。在今新疆和田一带。⑪西海：古湖名。一说是今青海省的青海；一说是居延海（今内蒙古西端的嘎顺诺尔与苏古诺尔湖）。⑫盐泽：一名蒲昌海，即今新疆的罗布泊。⑬河：指黄河。⑭楼兰：古西域国名，后改为鄯善。在今新疆维吾尔自治区罗布淖尔西北。都扞泥城，即今新疆米兰一带。⑮姑师：古西域国名，后改为车师。⑯鬲（gé）：通"隔"，隔离。

乌孙在大宛东北可二千里，行国①，随畜②，与匈奴同俗。控弦者数万③，敢战。故服匈奴④，及盛，取其羁属⑤，不肯往朝会焉⑥。

【注释】

①行国：人民不定居之国。②随畜：游牧。③控弦：张弓，弯弓。④故：原本。服：臣服。⑤羁属：羁，居留；束缚。⑥朝会：朝献，拜会。

康居在大宛西北可二千里，行国，与月氏大同俗。控弦者八九万人。与大宛邻国。国小，南羁事月氏①，东羁事匈奴。

【注释】

①羁事：羁，束缚。事，侍奉。

奄蔡在康居西北可二千里①，行国，与康居大同俗。控弦者十余万。临大泽②，无崖③，盖乃北海云④。

【注释】

①奄蔡：古国名，位于康居西北，在今中亚细亚西部，里海和咸海一带。②临：到；挨近。③崖：边际。④盖（gài）：副词，也许，大概。北海：指今里海。

大月氏在大宛西可二三千里，居妫水北①。其南则大夏，西则安息②，北则康居。行国也，随畜移徙，与匈奴同俗。控弦者可一二十万。故时强，轻匈奴，及冒顿立③，攻破月氏，至匈奴老上单于，杀月氏王，以其头为饮器。始月氏居敦煌、祁连间④，及为匈奴所败，乃远去⑤，过宛，西击大夏而臣之⑥，遂都妫水北，为王庭⑦。其余小众不能去者，保南山羌⑧，号小月氏。

【注释】

①妫（guǐ）水：即乌浒河。阿姆河的古称。②安息：古西域最大的国家，在今伊朗一带。③冒顿（mò dú）（？—前174年）：姓挛鞮（dī），前209年杀父头曼自立。④敦煌祁连间：指祁连山以东，敦煌以西。⑤远去：远远地离开。去，离开。⑥臣之：以之为臣。⑦王庭：指古代北方各族君长设幕立朝的地方。⑧保：保，守住；保全。南山：即祁连山。在甘肃青海两省之间，河西走廊之南。

安息在大月氏西可数千里。其俗土著，耕田，田稻麦，蒲陶酒。城邑如大宛。其属小大数百城，地方数千里，最为大国。临妫水，有市①，民商贾用车及船②，行旁国或数千里③。以银为钱，钱如其王面④，王死辄更钱⑤，效王面焉⑥。画革旁行以为书记⑦。其西则条枝⑧，北有奄蔡、黎轩⑨。

【注释】

①市：交易物品的场所；市场。②贾（gǔ）：做买卖。③行：运行。或：有的。④钱：钱币。⑤辄（zhé）：即，总是；常常。⑥效：模仿，效法。焉：语气词。⑦画革旁行以为书记：在皮革上横着做记号做为文字记载。旁行（háng），即横行。旁，旁边，侧面。行，路。书，文字。记，记载。⑧条枝：古国名，在今伊拉克境内。⑨黎（lí）在欧洲南部（今意大利）。

条枝在安息西数千里，临西海。暑湿①。耕田，田稻。有大鸟，卵如瓮②。人众甚多，往往有小君长，而安息役属之③，以为外国。国善眩④。安息长老传闻条枝有弱水⑤、西王母⑥，而未尝见。

【注释】

①暑：天气炎热。湿：潮湿。②大鸟：指鸵鸟。瓮（wèng）：一种盛水、酒的陶器。③役：服役；奴役。属，隶属，归属。④眩（huàn）：通"幻"。指吞刀、吐火、植瓜、种树、屠人、截马等魔术。⑤弱水：古水名。《山海经·大荒西经》：昆仑之丘"其下有弱水之渊"。⑥西王母：中国古代神话中的女神，又称金母、王母娘娘。后代小说、戏曲中称"瑶池金母"。

大夏在大宛西南二千余里妫水南。其俗土著，有城屋，与大宛同俗。无大君长，往往城邑置小长①。其兵弱，畏战。善贾市②。及大月氏西徙③，攻败之④，皆臣畜大夏⑤。大夏民多，可百余万。其都曰蓝市城，有市贩贾诸物。其东南有身毒国⑥。

【注释】

①置小长：置，设置。②贾市：泛指做买卖。③大月氏西徙：指大月氏为匈奴冒顿单于所破，一部分西徙。④攻败之：攻败了大夏。之，代词。⑤臣：役使；以之为臣。畜（xù）：畜养。⑥身毒（yān dú）国：也叫天毒、天竺，都是古代的译音。

骞曰："臣在大夏时①，见邛竹杖、蜀布②。问曰：'安得此？'大夏国人曰：'吾贾人往市之身毒③。身毒在大夏东南可数千里。其俗土著，大与大夏同④，而卑湿暑热云⑤。其人民乘象以战。其国临大水焉⑥。'以骞度之⑦，大夏去汉万二千里，居汉西南。今身毒国又居大夏东南数千里，有蜀物，此其去蜀不远矣⑧。今使大夏，从羌中⑨，险⑩，羌人恶之⑪；少北，则为匈奴所得⑫；从蜀，宜径⑬，又无寇。"天子既闻大宛及大夏、安息之属皆大国⑭，多奇物，土著，颇与中国同业，而兵弱，贵汉财物⑮；其北有大月氏、康居之属，兵强，可以赂遗设利朝也⑯。且诚得而以义属之⑰，则广地万里，重九译⑱，致殊俗⑲，威德遍于四海。天子欣然，以骞言为然，乃令骞因蜀犍为发间使⑳，四道并出：出驲，出冉，出徙，出邛、僰㉑，皆各行一二千里。其北方闭氐、筰㉒，南方闭巂、昆明㉓。昆明之属无君长，善寇盗，辄杀略汉使㉔，终莫得通。然闻其西可千余里，有乘象国，名曰滇越㉕，而蜀贾奸出物者或至焉㉖，于是汉以求大夏道始通滇国。初，汉欲通西南夷㉗，费多㉘，道不通，罢之。及张骞言可以通大夏，乃复事西南夷㉙。

【注释】

①臣：官吏、百姓对君主的自称。②邛（qióng）竹杖：邛，山名，即今四川

省内邛崃山，位于四川省西部，岷江与大渡河间。邛竹，是邛山出的竹。蜀布：蜀地出产的细布。蜀，郡名，治所在今四川省成都市。③贾（gǔ）人：商人。市，买。④大：多。⑤卑：地势低。⑥临：到；挨近。⑦度（duó）：揣度；推测。⑧此其：此，指代上面提到的证明"去蜀不远"的事实。其，指代"身毒"。⑨从：由；自。⑩险：地势险要。⑪恶（wù）：讨厌；不喜欢。⑫得：俘获。⑬宜：犹"殆"，大概、可能怕。径：直。⑭属：类。⑮贵：以……为贵。⑯设：设置；施。朝：朝献，意即外国遣使来朝并进贡特产。⑰以义属之：用道义使之归属。义，道义，非武力。属，隶属，归属。⑱重（chóng）：重复；重叠。九译：指远道各国，因为言语不同，需要经过多次辗转的翻译，才能彼此通话。"九"表示多数。⑲致：招来，引来。殊俗：异俗。这里指少数部族的特殊风俗。⑳因：依循。发，派遣。间使：密使，暗中派遣的使者。㉑駹：冄、筰、徙、邛、僰，都是古西南夷族名。駹（máng）：即冉駹夷。羌族的一支，分布在今四川茂汶一带。冄，通"冉"。筰（zuó），同"笮"，即笮都夷，在今四川汉源一带。徙（xǐ），《史记索隐》引李奇云："蜀郡有徙县。"邛，即邛都夷，在今四川西昌一带。僰（bó），在今四川南部和云南东北部。㉒闭氐（dī）筰：被氐、筰阻拦，不得通过。闭，关闭；阻塞。氐、筰，都是我国古西南夷族名。㉓巂（xī）：颜师古注释为古西南夷族名。也有认为不是族名，是地名的。昆明：古西南夷族名，分布在今四川西南部和云南的西部、北部。㉔辄（zhé）：总是；常常。略：掠夺，夺取。㉕滇（diān）越：也叫滇国，古西南夷国名，在今云南昆明一带。㉖奸出物者：私自贩卖物品的人。奸：私自地，秘密地，悄悄地。㉗西南夷：泛指西南各少数民族。㉘费多：花费太多。㉙事：从事；治事。

骞以校尉从大将军击匈奴①，知水草处，军得以不乏，乃封骞为博望侯②。是岁，元朔六年也③。其明年，骞为卫尉④，与李将军俱出右北平击匈奴⑤。匈奴围李将军，军失亡多⑥；而骞后期当斩⑦，赎为庶人⑧。是岁，汉遣骠骑破匈奴西域数万人⑨，至祁连山。其明年，浑邪王率其民降汉⑩，而金城、河西西并南山至盐泽⑪，空无匈奴。匈奴时有候者到⑫，而希矣⑬。其后二年⑭，汉击走单于于幕北⑮。

【注释】

①校尉：西汉时掌管屯兵的武官，位次于将军，可随其职务冠以各种名号。大将军：官名，西汉时将军的最高称号，职掌统兵征战。这里指当时任大将军的卫青。②博望侯：解释有两说：一说是因地名而得此封号。博望，地名，汉属南阳郡，今河南省南阳市东北。③元朔：汉武帝刘彻年号，前128—前123年。④其明年：据王先谦《汉书补注》，应为元狩二年，即前121年。卫尉：掌管门卫、屯兵的武官。⑤李将军：指将军李广。右北平：汉代郡名，辖今河北省东北部，辽宁省大凌河上游以南，六股河以西地区。郡治平刚。⑥失亡：伤亡。⑦后期：后于约定的时间。即迟到。⑧赎（shú）：献出财物，以抵消罪过。庶人：百姓；平民。⑨骠（piào）骑：汉代将军名号。⑩浑邪（yé）王：是匈奴单于派在河西走廊一带游牧的首领。⑪金城：汉代郡名，今甘肃西南部，至青海西宁市以东。治所允吾（今甘肃永靖县西北）。⑫候者：侦察兵。候，侦察。⑬希：同"稀"字，稀少。⑭其后二年：按王先谦《汉书补注》，应在元狩四年，即公元前119年。⑮幕北：指大沙漠以北。

是后，天子数问骞大夏之属①。骞既失侯②，因言曰："臣居匈奴中，闻乌孙王号昆莫，昆莫之父，匈奴西边小国也。匈奴攻杀其父，而昆莫生③，弃于野。

乌嗛肉蜚其上④，狼往乳之⑤。单于怪以为神，而收长之⑥。及壮，使将兵⑦，数有功，单于复以其父之民予昆莫⑧，令长守于西域⑨。昆莫收养其民，攻旁小邑，控弦数万，习攻战。单于死，昆莫乃率其众远徙，中立⑩，不肯朝会匈奴⑪。匈奴遣奇兵击⑫，不胜，以为神而远之，因羁属之⑬，不大攻⑭。今单于新困于汉⑮，而故浑邪地空无人⑯。蛮夷俗贪汉财物⑰，今诚以此时而厚币赂乌孙⑱，招以益东，居故浑邪之地，与汉结昆弟⑲，其势宜听⑳；听，则是断匈奴右臂也㉑。既连乌孙，自其西，大夏之属皆可招来而为外臣㉒。"天子以为然，拜骞为中郎将㉓，将三百人，马各二匹，牛羊以万数，赍金币帛直数千巨万㉔，多持节副使㉕，道可使㉖，使遗之他旁国㉗。

【注释】

①数（shuò）：屡次。②失侯：失去侯的封号。③生：出生。④嗛：通"衔"。叼在嘴里。蜚：通"飞"。⑤乳之：给他喂奶。⑥收长（zhǎng）之：收养使之长大。⑦将（jiàng）兵：带兵。⑧其父之民：指其父时"亡走匈奴"的乌孙人民。与：给予。⑨长：长久。⑩中立：这里指独立。⑪朝会：朝拜。⑫奇兵：出奇制胜的军队。⑬羁属之：以他为羁属。羁属，遥相牵制。⑭不大攻：不常常攻击。⑮困：窘迫。⑯故浑邪地：指河西走廊。⑰俗：习惯于。⑱厚：优厚。⑲结：结交。⑳势：趋势。听：听从；接受。㉑断匈奴右臂：意为汉控制河西走廊，就能把匈奴右边（西边）的一只臂膀斩断了。㉒招来：招引。㉓中郎将：汉代皇帝的警卫官，属郎中令，出充车骑，是仅次于将军的官号。㉔赍（jī）：携带。数千巨万：犹言数千万万，极言其多。巨万，亿。㉕持节副使：副使持节，准备分别到乌孙附近的各国去访问。㉖道可使：道路方便，没有阻拦。㉗旁国：指乌孙以外的其他国家。

骞既至乌孙，乌孙王昆莫见汉使如单于礼①，骞大惭②。知蛮夷贪，乃曰："天子致赐，王不拜则还赐③"。昆莫起拜赐，其他如故。骞谕使指曰④："乌孙能东居浑邪地，则汉遣翁主为昆莫夫人⑤。"乌孙国分⑥，王老，而远汉，未知其大小，素服属匈奴日久矣⑦，且又近之，其大臣皆畏胡⑧，不欲移徙，王不能专制⑨。骞不得其要领。昆莫有十余子，其中子曰大禄⑩，强，善将众，将众别居万余骑⑪。大禄兄为太子，太子有子曰岑娶。而太子蚤死⑫。临死谓其父昆莫曰："必以岑娶为太子，无令他人代之⑬。"昆莫哀而许之，卒以岑娶为太子⑭。大禄怒其不得代太子也，乃收其诸昆弟⑮，将其众叛⑯，谋攻岑娶及昆莫⑰。昆莫老，常恐大禄杀岑娶，予岑娶万余骑别居；而昆莫有万余骑自备。国众分为三，而其大总取羁属昆莫。昆莫亦以此不敢专约于骞。

【注释】

①如：像，依照。②惭：羞愧。③还：退回。④谕：上对下、尊对卑的告知。指：旨；意图。⑤翁主：诸侯王女。⑥国分：即下文"国众分为三"，国家民众分为三个部分。⑦素：向来；一向。⑧胡：指匈奴。⑨专制：作主。⑩中子：大小儿子中间的儿子。⑪别居：别处居住。⑫蚤（zǎo）：同"早"。⑬无：通"毋"，不；不要。⑭卒：终于。副词。⑮收：收拢；聚集；联合。⑯将：带领。⑰谋：谋划；图谋。

骞因分遣副使使大宛、康居、大月氏、大夏、安息、身毒、于窴、扞罙及诸旁国。乌孙发导译送骞还①。骞与乌孙遣使数十人，马数十匹，报谢②，因令窥汉③，知其广大。

【注释】

①导译：导，向导。译，翻译。还：回国。②报谢：报聘；答谢。③因：趁

此。令：命令。窥：窥视，探看。

骞还到，拜为大行①，列于九卿②。岁余，卒③。

【注释】

①大行：即大行令。"中郎将张骞为大行令，三年卒"。②九卿：秦汉时通常以奉常（太常）、郎中令（光禄勋）、卫尉、太仆、廷尉、典客（大鸿胪）、宗正、治粟内史（大司农）、少府为九卿，实为古代中央政府的最高官员。③卒：死。

乌孙使既见汉人众富厚，归报其国，其国乃益重汉①。其后岁余，骞所遣使通大夏之属者，皆颇与其人俱来②，于是西北国始通于汉矣③。然张骞凿空④，其后使往者皆称"博望侯"，以为质于外国⑤，外国由此信之。

【注释】

①益：更。重：重视。②颇：很。其人：那些国家的人。③通：交通；往来。④凿空：指张骞开辟了通西域的道路。⑤为质：作为保证。质，抵押品。

自博望侯骞死后，匈奴闻汉通乌孙，怒，欲击之。及汉使乌孙①，若出其南②，抵大宛、大月氏相属③，乌孙乃恐，使使献马，愿得尚汉女翁主为昆弟④。天子问群臣议计⑤，皆曰："必先纳聘⑥，然后乃遣女。"

【注释】

①及：到；至。②若：指示代词，代汉使。③相属（zhǔ）：互相接连。④尚：娶公主为妻。⑤议：商议。计：谋划。⑥聘：男女订婚时赠送的财礼。

初①，天子发书《易》②，云："神马当从西北来。"得乌孙马好，名曰"天马"。及得大宛汗血马，益壮，更名乌孙马曰"西极"，名大宛马曰"天马"云。而汉始筑令居以西③，初置酒泉郡④，以通西北国。因益发使抵安息、奄蔡、黎轩、条枝、身毒国。而天子好宛马⑤，使者相望于道⑥。诸使外国，一辈大者数百⑦，少者百余人，人所赍操⑧，大放博望侯时⑨。其后益习而衰少焉⑩。汉率一岁中使多者十余⑪，少者五六辈；远者八九岁，近者数岁而反。

【注释】

①初：开初；当初。叙事过程中表示追溯已往之词。②发书：打开卜筮之书占卜。发，打开。书，指卜筮之书。③筑令（lián）居以西：指从令居起西达酒泉，补筑长城亭障。④酒泉郡：汉武帝元狩二年（前121年）以原浑邪王故地置，位于河西走廊，郡治酒泉，在今甘肃酒泉市。⑤好（hào）：喜爱。⑥相望于道：形容前后距离很近，在路上彼此看见。⑦一辈：一批。⑧赍操：携带。⑨放（fǎng）：通"仿"，仿照。⑩益习而衰少：指使者人数逐渐减少了。衰（cuī），减少。⑪率：通常；大略。

是时汉既灭越①，而蜀、西南夷皆震②，请吏入朝③。于是置益州④、越巂⑤、牂柯⑥、沈黎⑦、汶山郡⑧，欲地接以前通大夏⑨。乃遣使柏始昌、吕越人等岁十余辈，出此初郡抵大夏⑩，皆复闭昆明⑪，为所杀，夺币财，终莫能通至大夏焉。于是汉发三辅罪人⑫，因巴蜀士数万人⑬，遣两将军郭昌、卫广等往击昆明之遮汉使者⑭，斩首虏数万人而去⑮。其后遣使，昆明复为寇⑯，竟莫能得通。而北道酒泉抵大夏⑰，使者既多，而外国益厌汉币⑱，不贵其物⑲。

【注释】

　　①既：已经。②震：震动。③请吏：请求（汉朝）派遣官吏加以管辖。④益州：郡名。⑤越巂（xī）：郡名，在今云南丽江及绥江两县间金沙江以东，以西的祥云，大姚以北和四川木里、石棉、甘洛、雷波以南地区。治所在邛都，即今四川西昌东南。⑥牂（zāng）柯：郡名。即今贵州大部，广西西北部，云南东部。⑦沈黎：郡名，治所在今四川汉源东北。⑧汶（wèn）山：郡名，在今四川黑水县、邛崃山以东，岷山以南，北川、灌县以西地区。治所在汶江，即今四川茂汶羌族自治县治所在。⑨欲地接以前通大夏：要使汉朝管辖的地方相接，以此向前通往大夏。⑩初郡：指汶山以上初置的几个郡。⑪闭昆明：为昆明所闭。闭，阻止通行。⑫三辅：汉太初元年（前104年）以左、右内史、主爵都尉改置为京兆尹、左冯翊、右扶风三个相当于郡的政区，因所辖皆京畿之地，故合称"三辅"。⑬因：依靠，凭借。⑭遮：阻拦。⑮虏：俘获。⑯寇：骚扰。⑰北道：古代中国中原地区对西域的主要通路有南、北两条。一条从楼兰傍南山（阿尔金山、昆仑山）北麓西行，经且末、精绝、扜弥、渠勒、于阗、皮山、莎车等地，越葱岭，或西南至罽宾、身毒（今印度、巴基斯坦），或西行到大月氏、安息（今伊朗），再往西可达条枝（今伊拉克）、黎轩（今地中海东岸）等国，称南道。一条自车师前王庭傍北山（天山）南麓西行，经危须、焉耆、尉犁、乌垒、龟兹、姑墨、温宿、尉头、疏勒等地，越葱岭，到大宛、康居，再往西经安息，而西达黎轩，称北道。⑱币：礼物，财物。⑲不贵：不以为贵。

　　自博望侯开外国道以尊贵①，其后从吏卒皆争上书言外国奇怪利害，求使②。天子为其绝远，非人所乐往，听其言，予节，募吏民毋问所从来③，为具备人众遣之④，以广其道。来还不能毋侵盗币物，及使失指⑤，天子为其习之⑥，辄覆按致重罪⑦，以激怒令赎⑧，复求使。使端无穷⑨，而轻犯法。其吏卒亦辄复盛推外国所有，言大者予节，言小者为副，故妄言无行之徒皆争效之。其使皆贫人子，私县官赍物⑩，欲贱市以私其利外国⑪。外国亦厌汉使人人有言轻重⑫，度汉兵远不能至⑬，而禁其食物以苦汉使⑭。汉使乏绝⑮，积怨⑯，至相攻击。而楼兰、姑师小国耳，当空道⑰，攻劫汉使王恢等尤甚⑱。而匈奴奇兵时时遮击使西国者⑲。使者争遍言外国灾害⑳，皆有城邑，兵弱易击。于是天子以故遣从骠侯破奴将属国骑及郡兵数万㉑，至匈河水，欲以击胡，胡皆去。其明年，击姑师，破奴与轻骑七百馀先至，虏楼兰王，遂破姑师。因举兵威以困乌孙、大宛之属㉒。还，封破奴为浞野侯㉓。王恢数使㉔，为楼兰所苦，言天子，天子发兵令恢佐破奴击破之，封恢为浩侯。于是酒泉列亭鄣至玉门矣㉕。

【注释】

　　①以：因而，至于。②求使：请求当使者。③毋（wù）：通"无"，不。④具备人众：准备随行人员。⑤失指：违背天子旨意。⑥习：知晓；习惯。⑦辄覆按：总是审查。辄，总是；每每。覆，审查。按，按验，调查罪证。⑧以激怒令赎：激发愤慨心，令其立功赎罪。⑨端：端倪，即苗头。⑩私县官赍物：谓窃自私用天子给西域诸国的礼物。⑪欲贱市以私其利外国：偷购外国廉价之物，以谋私利。⑫人人有言轻重：每个人的言辞，都轻重不实。⑬度（duó）：估计。⑭苦汉使：使汉使困苦。⑮乏绝：穷乏，断绝衣食用品。⑯积：积蓄，积累。⑰空道：即孔道，汉朝与西域的交通要道。⑱王恢：汉武帝元封三年（前

108 年）助赵破奴击楼兰有功，封为浩侯。同武帝元光年间的王恢同名。⑲遮击：拦击。⑳外国灾害：外国成为汉朝的灾害。㉑以故：因此缘故。从骠侯破奴：即赵破奴。从骠侯是其封号。属国：指汉武帝时边地内迁的少数民族地区。公元前121 年（元狩二年）匈奴浑邪王带领四万众归汉，汉政府把他们安置在陇西、北地、上郡、朔方、云中五郡黄河以南的故塞之外，称为五属国。㉒因：依靠，凭借。举：举起；发动。困：使之困。困，困难，困窘。㉓涅野侯：即从骠侯赵破奴。他曾因罪失去侯位，武帝元封三年（前108 年）破楼兰有功，还封涅野侯。㉔数（shuò）：屡次。㉕酒泉：汉酒泉郡治，在今甘肃酒泉市。玉门：关名，在今甘肃敦煌市西北。

乌孙以千匹马聘汉女，汉遣宗室女江都翁主往妻乌孙①，乌孙王昆莫以为右夫人。匈奴亦遣女妻昆莫，昆莫以为左夫人。昆莫曰"我老"。乃令其孙岑娶妻翁主。乌孙多马，其富人至有四五千匹马。

【注释】

①宗室：皇族。江都：指江都王刘建。妻（qì）：嫁给。

初，汉使至安息，安息王令将二万骑迎于东界。东界去王都数千里。行比至①，过数十城，人民相属甚多②。汉使还，而后发使随汉使来观汉广大，以大鸟卵及黎轩善眩人献于汉。及宛西小国骥潜③、大益④，宛东姑师、扞罙、苏薤之属⑤，皆随汉使，献见天子⑥。天子大悦⑦。

【注释】

①行比至：从动身到达到。行，远行，动身。比（bì），等到。②相属：相连接。属，连接。③骥（huān）潜：汉代西域小国，属康居。④大益：阿拉伯族游牧者。⑤苏薤：汉代西域小国，属康居。⑥献：送上礼物。⑦悦（yuè）：愉快；高兴。

而汉使穷河源①，河源出于寘，其山多玉石，采来②，天子案古图书③，名河所出山曰昆仑云。

【注释】

①穷：寻求到尽头，穷尽。②采来：采取运来。③案：考据。

是时上方数巡狩海上①，乃悉从外国客②，大都多人则过之③，散财帛以赏赐，厚具以饶给之④，以览示汉富厚焉⑤。于是大觳抵⑥，出奇戏诸怪物，多聚观者，行赏赐，酒池肉林，令外国客遍观各仓库府藏之积⑦，见汉之广大⑧，倾骇之⑨。及加其眩者之工⑩，而觳抵奇戏岁增变，甚盛益兴⑪，自此始。

【注释】

①上：指天子汉武帝。方：正当。数（shuò）：屡次。巡狩（shòu）：帝王亲自视察诸侯或地方官治理的地方。②悉：尽；都。③大都多人：人多的大城市。④厚具以饶给之：用丰厚的酒肴重重地款待他们。厚，深；重。具，指酒肴。饶，富裕，丰富。⑤览示：览，观看。示，显示，表示，给人看。⑥觳（jué）抵：是徒手搏斗的技艺，似现代的摔跤。觳，通"角"，角力。抵，用角顶，抵触。⑦徧：通"遍"，普遍。藏：贮藏财物的仓库。⑧见：通"现"，显示。⑨倾骇：倾慕，吃惊。倾，钦服。⑩加：增加。工：精巧、技艺。⑪甚：很；极。兴：兴旺。

西北外国使，更来更去①。宛以西，皆自以远，尚骄恣晏然②，未可诎以礼羁縻而使也③。自乌孙以西至安息，以近匈奴，匈奴困月氏也④，匈奴使持单于一信，则国国传送食⑤，不敢留苦⑥；及至汉使，非出币帛不得食，不市畜不得骑用。所以然者⑦，远汉，而汉多财物，故必市乃得所欲⑧，然以畏匈奴于汉使焉⑨。宛左右以蒲陶为酒，富人藏酒至万余石，久者数十岁不败⑩。俗嗜酒⑪，马嗜苜蓿⑫。汉使取其实来⑬，于是天子始种苜蓿、蒲陶肥饶地⑭。及天马多，外国使来众，则离宫别观旁尽种蒲陶、苜蓿极望⑮。自大宛以西至安息，国虽颇异言，然大同俗，相知言⑯。其人皆深眼，多须髯⑰，善市贾，争分铢⑱。俗贵女子，女子所言而丈夫乃决正⑲。其地皆无丝漆⑳，不知铸钱器㉑。及汉使亡卒降㉒，教铸作他兵器㉓。得汉黄白金㉔，辄以为器㉕，不用为币㉖。

【注释】

①更（gēng）：换。②骄恣（zì）：骄傲；放纵。晏：平静；安逸。③诎（qū）：通"屈"。屈服。羁（jī）縻：束缚。④困：被困。⑤传送：传，传递。送，运送。⑥留苦：留，换留。苦，苦恼，痛苦。⑦所以然者：所以，表示"……的原因"。⑧所欲：所，代词。欲，欲望。⑨畏：使害怕；吓唬。⑩败：败坏。⑪嗜：喜欢；特殊的爱好。⑫苜蓿：也叫"紫花苜蓿"，为主要牧草和绿肥兼用作物。原产伊朗，汉朝引入我国。⑬实：种子。⑭肥饶地：使地肥饶。肥，肥沃。饶，富饶。⑮离宫：皇帝正宫以外临时居住的宫室。别观：离宫大门外的台榭。极，尽头，极点。望，远望。⑯相知言：观察其动作，可体会到其语言的意思。相，审察，仔细看。知，知道。言，言语。⑰须髯：髯，䫇䫇。髯，长在两颊上的须。⑱分铢：分，古代货币单位，十分为一角。铢，古代重量单位，二十四铢为一两。⑲决正：一定不能偏离。决，一定。正，不偏，不斜。⑳丝漆：蚕丝和漆树。㉑钱：徐广曰："多作'钱'字，又或作'铁'字。"㉒亡：出外，不在。㉓兵器：泛指金属器具。㉔黄白金：黄金、白银。㉕器：器皿。㉖币：货币。

而汉使者往既多，其少从率多进熟于天子①，言曰："宛有善马在贰师城②，匿不肯与汉使。"天子既好宛马，闻之甘心③，使壮士车令等持千金及金马以请宛王贰师城善马④。宛国饶汉物⑤，相与谋曰："汉去我远，而盐水中数败⑥，出其北有胡寇，出其南乏水草。又且往往而绝邑⑦，乏食者多。汉使数百人为辈来，而常乏食，死者过半，是安能致大军乎？无奈我何。且贰师马，宛宝马也。"遂不肯予汉使。汉使怒，妄言⑧，椎金马而去⑨。宛贵人怒曰⑩："汉使至轻我！"遣汉使去，令其东边郁成遮攻⑪，杀汉使，取其财物。于是天子大怒。诸尝使宛姚定汉等言宛兵弱，诚以汉兵不过三千人，强弩射之，即尽虏破宛矣。天子已尝使浞野侯攻楼兰，以七百骑先至，虏其王，以定汉等言为然，而欲侯宠姬李氏⑫，拜李广利为贰师将军⑬，发属国六千骑⑭，及郡国恶少年数万人⑮，以往伐宛。期至贰师城取善马⑯，故号"贰师将军"。赵始成为军正，故浩侯王恢使导军⑰，而李哆为校尉，制军事⑱。是岁，太初元年也。而关东蝗大起，蜚西至敦煌⑲。

【注释】

①其少从率多进熟于天子：意即少年随使人员等进虚美的言词恣恿天子。②贰师城：大宛城名，约在今苏联吉尔吉斯西南部马尔哈马特。③甘心：愿意。④金马：金制的工艺品马，也可能为铜马。⑤饶：多。⑥盐水中数败：盐水，即盐泽。罗布泊周围都是盐碱沼泽地带，外面是沙漠，旅行困难，古代行人通过时

多死亡。⑦绝邑：没有城市。⑧妄言：这里指骂詈（lì），即责骂。⑨椎（chuí）金马：用椎击破金马。椎，通"捶"，敲击。⑩贵人：宫廷近臣中地位显贵的官员。⑪郁成：古国名，在贰师城东北。今苏联境内。⑫欲侯宠姬李氏：指武帝欲封宠姬李夫人的兄弟。⑬李广利：西汉中山（今河北定县）人，汉武帝李夫人之兄。⑭发：征发。⑮恶（è）少年：品行恶劣的少年。⑯期：希望，企图。取：夺取。⑰导军：为军队做向导。⑱李哆（duō）：人名，后因功为上党太守。⑲蜚（fēi）：通"飞"。

贰师将军既西过盐水①，当道小国恐②，各坚城守③，不肯给食④。攻之不能下⑤。下者得食，不下者数日则去。比至郁成⑥，士至者不过数千⑦，皆饥罢⑧。攻郁成，郁成大破之，所杀伤甚众⑨。贰师将军与哆、始成等计⑩："至郁成尚不能举⑪，况至其王都乎⑫？"引兵而还⑬。往来二岁⑭。还至敦煌，士不过什一二⑮，使使上书言⑯："道远，多乏食，且士卒不患战，患饥⑰。人少，不足以拔宛⑱。愿且罢兵⑲，益发而复往⑳。"天子闻之，大怒，使使遮玉门㉑，曰军有敢入者辄斩之！贰师恐，因留敦煌㉒。

【注释】

①既：已，尽。②当道：沿途。③坚：牢固。守：镇守。④给（jǐ）：供给；供应。食：食物。⑤下：攻克；攻下。⑥比（bì）：及，等到。郁成：古国名。⑦士：兵士。⑧饥：饿。⑨所杀伤：指杀伤的人。所，代词。⑩计：谋划；计议。⑪举：攻下；占领。⑫王都：指大宛王都贵山城（今苏联中亚卡散赛）。⑬引：导引，带领。⑭往来：往返。⑮什一二：十分之一二。⑯使使（shǐ shǐ）：派遣使者。⑰患：担忧；忧虑。⑱拔：攻取。⑲愿：希望。⑳益：增加。㉑遮：拦住。㉒因：于是，就。留：留下。敦煌：在今甘肃敦煌市西。

其夏，汉亡浞野之兵二万余于匈奴①。公卿及议者愿罢击宛军②，专力攻胡③。天子已业诛宛④，宛小国而不能下，则大夏之属轻汉⑤，而宛善马绝不来⑥，乌孙、仑头易苦汉使矣⑦，为外国笑⑧。乃案言伐宛尤不便者邓光等⑨，赦囚徒材官⑩，益发恶少年及边骑，岁余而出敦煌者六万人，负私从者不与⑪。牛十万，马三万余匹，驴骡橐它以万数⑫。多赍粮，兵弩甚设⑬，天下骚动⑭，传相奉伐宛⑮，凡五十余校尉。宛王城中无井，皆汲城外流水⑯，于是乃遣水工徙其城下水空以空其城⑰。益发戍甲卒十八万，酒泉、张掖北⑱，置居延、休屠以卫酒泉⑲，而发天下七科適⑳，及载糒给贰师㉑。转车人徒相连属至敦煌㉒。而拜习马者二人为执驱校尉㉓，备破宛择取其善马云㉔。

【注释】

①亡（wáng）：亡失，损失。浞（zhuó）野：指浞野侯赵破奴。②公卿：泛指朝廷中的高级官员。议：评议；主张。③胡：指匈奴。④已业：已经。⑤轻：轻视；看不起。⑥绝：断；断绝。⑦仑头：即轮台，西域国名。在今新疆轮台县东南。易：轻易。⑧为：被。⑨案：审问办罪。不便：不当。邓光：人名。⑩赦：赦免。材官：西汉时根据地方特点训练各个兵种，内部平原及山阻地区训练步卒，称为"材官"。⑪负：背，背驮东西。私，指私有的物品。从：跟随。与（yù）：参与，在其中。⑫橐它：即骆驼。⑬弩（nǔ）：弩弓，一种有臂用机栝发箭的弓。⑭骚动：骚扰，动乱。⑮传：传递。相：互相；交互。奉：送；呈献。⑯汲（jí）：从井里取水。这里泛指取水。⑰徙（xǐ）其城下水：将原来从城外汲入城内的水道，

改从他道。徒，迁移。空以空其城：意即断水，令城中渴乏。空其城，《汉书·张骞传》作"穴其城"。⑱戍（shù）：驻防，防守。甲（jiǎ）：古时战士的护身衣，用皮革或金属做成。⑲居延：古县名。故城在今内蒙古额济纳旗黑城东北约三十里。西汉为张掖都尉治所。休屠（chú）：在甘肃武威县北。⑳七科適（zhé）：把当时社会地位低的阶层谪发到边远地方去戍守，这是秦代和西汉中期用兵时采用的谪发办法。汉武帝在对匈奴和大宛的战争中，曾谪发这类人当兵。適，流放或贬职。㉑及：和、与。载：装载。糒（bèi）：干粮。㉒转车人徒相连属至敦煌：驱车载运的人众一直连接到敦煌。连属（zhǔ），连接。㉓拜：授给官职。习：熟悉。执驱校尉：即执马校尉和驱马校尉。㉔备：准备。

于是贰师后复行①，兵多，而所至小国莫不迎，出食给军②。至仑头，仑头不下，攻数日，屠之③。自此而西，平行至宛城④，汉兵到者三万人。宛兵迎击汉兵，汉兵射败之，宛走入葆乘其城⑤。贰师兵欲行攻郁成，恐留行而令宛益生诈⑥，乃先至宛，决其水源⑦，移之，则宛固已忧困⑧。围其城，攻之四十余日，其外城坏，虏宛贵人勇将煎靡⑨。宛大恐，走入中城。宛贵人相与谋曰⑩："汉所为攻宛⑪，以王毋寡匿善马而杀汉使⑫。今杀王毋寡而出善马，汉兵宜解⑬；即不解⑭，乃力战而死，未晚也。"宛贵人皆以为然，共杀其王毋寡，持其头遣贵人使贰师，约曰⑮："汉毋攻我。我尽出善马，恣所取⑯，而给汉军食⑰。即不听，我尽杀善马，而康居之救且至⑱。至，我居内，康居居外，与汉军战。汉军熟计之⑲，何从⑳？"是时，康居候视汉兵㉑，汉兵尚盛㉒，不敢进。贰师与赵始成、李哆等计："闻宛城中新得秦人㉓，知穿井，而其内食尚多。所为来，诛首恶者毋寡。毋寡头已至，如此而不许解兵，则坚守，而康居候汉罢而来救宛㉔，破汉军必矣"。军吏皆以为然，许宛之约。宛乃出其善马，令汉自择之，而多出食食给汉军㉕。汉军取其善马数十匹，中马以下牡牝三千余匹㉖，而立宛贵人之故待遇汉使善者名昧蔡以为宛王㉗，与盟而罢兵㉘。终不得入中城，乃罢而引归㉙。

【注释】

①复：再，又。行：行走；出发。②出食：拿出粮食。给（jǐ）军：供给军队。③屠（tú）：大规模地残杀。杨惊说："屠谓毁其城，杀其民，若屠者然也。"④平行：没有阻拦的平安行进。⑤走：逃跑。葆：通"保"，保护；保卫。乘：凭借。⑥留行：指滞留行军。令：使。益：更；更加。诈：欺骗；欺诈。⑦决其水源：参见"徙其城下水空以空其城"注。决，疏导水流。⑧固：本来。忧：担忧；发愁。⑨虏（lǔ）宛贵人勇将煎靡：俘获了大宛高级官员中的勇将名煎靡。虏，俘获；捉住。⑩相与：互相参与，共同。⑪所为：所做。表示行为的原因，即其所以这样做。⑫以：因为。王毋寡：大宛国王名毋寡。匿：隐藏。⑬宜：应当。解：消除；停止。⑭即：始果；假如。⑮约：约定。⑯恣所取：任凭你选取。⑰而：并且。⑱且：将要；将近。至：到。来。⑲熟：仔细，周详。计，计议，商量。⑳何从：从何。㉑候：侦察兵。视：窥伺。㉒盛：兴隆；强盛。㉓新得：最近得到。秦人：指汉人。古时西域称中国为"秦"。㉔候：等候，或观察。㉕食（shí）食（sì）：以食物供养。"食"（shí），粮食，食物。"食"（sì），供养。㉖牡牝（mǔ pìn）：指雄雌马匹。牡，雄性鸟兽。牝，雌性鸟兽。㉗故：旧。待遇：款待。昧蔡（mò sà）：新立的宛王名。㉘与盟：共同订立盟约。㉙乃：于是；然后。引：退却；撤军。

初，贰师起敦煌西①，以为人多②，道上国不能食③，乃分为数军，从南北道④。校尉王申生、故鸿胪壶充国等千余人⑤，别到郁成⑥。郁成城守，不肯给食其军。

王申生去大军二百里^⑦，倚而轻之^⑧，责郁成^⑨，郁成食不肯出，窥知申生军日少^⑩，晨用三千人攻，戮杀申生等，军破，数人脱亡^⑪，走贰师^⑫。贰师令搜粟都尉上官桀往攻破郁成^⑬。郁成王亡走康居，桀追至康居。康居闻汉已破宛，乃出郁成王与桀^⑭，桀令四骑士缚守诣大将军^⑮。四人相谓曰^⑯："郁成王汉国所毒^⑰，今生将去^⑱，卒失大事^⑲。"欲杀，莫敢先击。上邽骑士赵弟最少^⑳，拔剑击之，斩郁成王，赍头。弟、桀等逐及大将军^㉑。

【注释】

①起：发，起程。②为：因为，由于。③道上国：指沿途诸国。④从：由，自。⑤鸿胪：官名。⑥别：另外。⑦去：距离。大军：指贰师将军所率领的军队。⑧倚而轻之：依仗大军的威势轻视敌人。⑨责：索取。⑩窥（kuī）：从小孔或缝隙里看，这里指刺探。⑪脱亡：逃脱。脱，脱离。亡，逃亡。⑫走：跑，奔向。⑬搜（sōu）粟都尉：也叫"治粟都尉"，管农业和财政（亦统管军粮）的官，属大司农。上官桀：上官，姓；桀，名。时任搜粟都尉。⑭出：拿出。与：给予；交给。⑮缚（fù）捆绑。守：守候，看守。大将军：指贰师将军李广利。⑯相谓：相互议论。谓，说，议论。⑰毒：痛恨；憎恨。⑱生将：活的送去。⑲卒（cù）：通"猝"，突然，出其不意。失：耽误；错过。⑳上邽（guī）：古地名。在今甘肃天水市西南。骑士：西汉时根据地方特点训练各个兵种，西北产马各郡训练骑兵，称为骑士。㉑弟：指上邽骑士赵弟。桀：指搜粟都尉上官桀。

初^①，贰师后行^②，天子使使告乌孙，大发兵并力击宛。乌孙发二千骑往^③，持两端^④，不肯前^⑤。贰师将军之东^⑥，诸所过小国闻宛破，皆使其子弟从军入献^⑦，见天子^⑧，因以为质焉^⑨。贰师之伐宛也，而军正赵始成力战，功最多，及上官桀敢深入，李哆为谋计，军入玉门者万余人，军马千余匹。贰师后行，军非乏食，战死不能多，而将吏贪^⑩，多不爱士卒，侵牟之^⑪，以此物故众^⑫。天子为万里而伐宛，不录^⑬，封广利为海西侯^⑭。又封身斩郁成王者骑士赵弟为新畤侯^⑮。军正赵始成为光禄大夫^⑯，上官桀为少府^⑰，李哆为上党太守^⑱。军官吏为九卿者三人，诸侯相^⑲、郡守^⑳、二千石者百余人^㉑，千石以下千余人。奋行者官过其望^㉒，以適过行者皆绌其劳^㉓。士卒赐直四万金^㉔。伐宛再反^㉕，凡四岁而得罢焉^㉖。

【注释】

①初：当初。指李广利攻打大宛的时候。②后行：指贰师将军李广利的后一次行军。③往：去；到……去。④持两端：左右不定，犹豫不决。⑤前：上前；前进。⑥之东：往东面。回朝。之，前往；去到。⑦从：跟随。入：缴纳。献：把物品进献给皇帝。⑧见天子：进见天子。⑨质：人质。⑩贪：爱财物。⑪侵牟：贪取，侵夺。⑫物故：殁；亡故；死去。⑬录：审查并记录囚犯的罪状。过：过错。⑭李广利于太初四年（前101年）四月封为海西侯。海西：县名，故城在今江苏东海县南。⑮赵弟于太初四年（前101年）四月封为新畤（zhì）侯。⑯光禄大夫：官名。掌顾问应对，属光禄勋（官名）。⑰少府：官名。秦汉时为九卿之一。西汉掌山海池泽收入和皇室手工业制造，为皇帝的私府。⑱上党：郡名。西汉治所在长子（今山西屯留县西南）。太守：官名，原名郡守，景帝中二年（前148年）更名太守，为一郡的最高行政长官。⑲诸侯相：即为各诸侯王的

相，为二千石级，职责如郡太守。⑳郡守：官名，即郡太守。㉑二千石：秦汉官阶的高低，常按俸禄的多少计算，从二千石递减到百石为止。汉代官吏俸禄等级，内自九卿郎将，外至郡守尉都是二千石，分四等，每月分别得百八十斛（中二千石）、百五十斛（真二千石）、百二十斛（二千石）、百斛（比二千石）。㉒奋行者官过其望：自愿参加的人，所封的官位都超过他自己的愿望。奋，振作。奋行者，自告奋勇参加者。㉓以適（zhé）过行者皆绌（chù）其劳：因犯罪受惩罚去当兵的人赦免他的罪过，不计功劳。绌，废免。㉔赐直：赏赐财物的价值。赐，赏赐。金：古代计算货币的单位，汉朝以黄金一镒或一斤为一金。㉕再反：再回。㉖凡：总共。

　　汉已伐宛，立昧蔡为宛王而去。岁余，宛贵人以为昧蔡善谀①，使我国遇屠②，乃相与杀昧蔡，立毋寡昆弟曰蝉封为宛王③，而遣其子入质于汉。汉因使使赂赐以镇抚之④。

【注释】

　　①谀（yú）：奉承；讨好。②遇屠：遭遇屠杀。③立：树立。昆：兄。蝉封：人名。④赂赐：用财物赏赐。镇抚：安抚。镇，安定。抚，抚慰。

　　而汉发使十余辈至宛西诸外国，求奇物①，因风览以伐宛之威德②。而敦煌置酒泉都尉③，西至盐水，往往有亭④。而仑头有田卒数百人⑤，因置使者护田积粟⑥，以给使外国者。

【注释】

　　①求奇物：索求珍奇异物。②因风览以伐宛之威德：趁大好形势让看看汉天子征伐大宛的威风和德行。③而敦煌置酒泉都尉：在敦煌设置了酒泉郡都尉。都尉，官名。④亭：亭鄣。见前注。⑤田卒：从事屯田的士兵。田，通"佃"，耕种。⑥护田积粟：保护屯垦区，贮积粮食。

　　太史公曰：《禹本纪》言①："河出昆仑。昆仑其高二千五百余里②，日月所相避隐为光明也③。其上有醴泉、瑶池。"今自张骞使大夏之后也，穷河原，恶睹《本纪》所谓昆仑者乎④？故言九州山川⑤，《尚书》近之矣⑥。至《禹本纪》《山海经》所有怪物⑦，余不敢言之也。

【注释】

　　①《禹本纪》：最古的帝王的传记。河：指黄河。②昆仑：指昆仑山。在今新疆、西藏、青海交界处。③避：躲开。隐：隐蔽。④恶（wù）：疑问代词。何，怎么。睹（dǔ）：见，看见。谓：说。⑤九州山川：指《尚书》所说九州山川。《尚书·禹贡》称冀、兖、青、徐、扬、荆、豫、梁、雍为天下九州。山川是指天下大山大河。⑥《尚书》近之矣：《尚书》的说法接近真实了。⑦《山海经》：古代的地理著作。共十八篇。作者不详，各篇著作年代亦无定论。

游侠列传第六十四①

韩子曰②："儒以文乱法，而侠以武犯禁③。"二者皆讥④，而学士多称于世云⑤。至如以术取宰相卿大夫⑥，辅翼其世主⑦，功名俱著于春秋⑧，固无可言者。及若季次、原宪⑨，闾巷人也⑩，读书怀独行君子之德⑪，义不苟合当世⑫，当世亦笑之。故季次、原宪终身空室蓬户⑬，褐衣疏食不厌⑭。死而已四百余年，而弟子志之不倦⑮。今游侠，其行虽不轨于正义⑯，然其言必信⑰，其行必果⑱，已诺必诚⑲，不爱其躯⑳，赴士之厄困㉑，既已存亡死生矣㉒，而不矜其能㉓，羞伐其德㉔，盖亦有足多者焉㉕。

【注释】

①游侠：司马迁所说的游侠是指那些言必信，行必果，救人于危难，助人于困窘的人。②韩子：即韩非（前280？—前233年），战国末期的思想家。③这句话出自《韩非子·五蠹》。④二者：指儒、侠。讥：非难；指责。是说儒、侠二者都受到韩非的非难和指责。⑤学士：指儒生。称：称道；赞许。世：时代。⑥术：方法；手段。宰相：古代辅政大臣，天子手下的最高行政长官。卿：天子、诸侯所属的高级长官。⑦辅翼：辅佐协助。辅，车的两侧。翼，鸟的翅膀。世主：当世的君主。⑧春秋：周朝的国史。此处泛指国史。⑨及若：至如。⑩闾（lú）巷：里巷，此处指平民家。⑪怀：怀抱。独行：特殊行为或义举。⑫义：自己的威仪举止。当世：今世。⑬空室蓬户：形容家境贫穷。空，什么都没有。蓬户，蓬蒿编成的门户。⑭褐（hè）衣：粗布衣服。疏，通"蔬"。厌：饱；满足。⑮志：怀念，铭记。倦：罢休，懒，停息。⑯轨：依循。⑰信：讲信用。⑱果：坚决。⑲已诺必诚：不许或承诺必定真实。已诺，已经答应；一说为"不许或答应"。已，已经或不许可解。诺，答应。必诚，一定真实，无欺诈行为。⑳躯：身躯，身体。㉑赴：奔走。厄困：危险，患难。㉒存亡死生：保存亡者，使必死者获救得生。㉓矜（jīn）：自夸。能：能耐。㉔伐：矜夸。㉕盖：大概。多：称赞。

且缓急①，人之所时有也②。太史公曰：昔者虞舜窘于井廪③，伊尹负于鼎俎④，傅说匿于傅险⑤，吕尚困于棘津⑥，夷吾桎梏⑦，百里饭牛⑧，仲尼畏匡⑨，菜色陈、蔡⑩。此皆学士所谓有道仁人也，犹然遭此菑⑪，况以中材而涉乱世之末流乎⑫？其遇害何可胜道哉⑬！

【注释】

①且：连词。况且。②时：时常；经常。③虞舜窘于井廪：《孟子·万章》记载：虞舜遭父母的迫害。教舜修补仓廪，他们把梯子撤去，从下面纵火焚廪。又教舜穿井，他们用土填井，要掩死他。④伊尹负于鼎俎：《孟子·万章》载战

国人的传说："伊尹以割烹要汤。"即伊尹使自己作了厨子，切肉做菜，以便向汤有所干求。切肉做菜是厨师的事，所以说"负于鼎俎"。负，负养，贱者之称。鼎俎，盛肉、蒸肉的器具。⑤傅说（yuè）匿于傅险：傅说是殷高宗的贤相，曾隐居在傅险地方，充当版筑工人。傅岩在今山西平陆县。⑥吕尚困于棘津：吕尚，姜姓，吕氏，名尚，一名牙。相传原居东海滨，后至周原，曾钓于渭滨，周文王出猎相遇，说："吾太公望子久矣！"号为太公望，立为师。后辅佐武王灭商，封于齐。俗称姜太公。传说：太公望，年七十，卖食于棘津。棘津，古文名石济津，又名南津，在今河南省延津县东北，现已湮没。⑦夷吾桎梏：夷吾，即管仲，曾作齐桓公相。传说他曾被齐桓公囚禁。⑧百里饭牛：百里，即百里奚，姓百里，名奚。春秋时虞人，曾为虞大夫，晋灭虞，被虏，作为秦穆公夫人的陪嫁品被送到秦国。后来他逃到楚国，秦穆公用五张公羊皮将他赎回，任为相，协助秦穆公执政，兴霸业，使秦穆公成为五霸之一。百里奚在未遇秦穆公时，曾卖为奴，为人饲牛。饭，饲养。⑨仲尼畏匡：仲尼即孔丘。⑩菜色陈、蔡：孔丘周游列国，过陈（今河南淮阳）、蔡（今河南上蔡县西南）时，绝粮，面有菜色（饥色）。⑪犹然：即然犹，尚且。蕾（zāi）：通"灾"。祸害：灾害。⑫涉：经历。末流：末世。⑬胜（shēng）：尽。

鄙人有言曰①："何知仁义，已飨其利者为有德②。"故伯夷丑周，饿死首阳山③，而文、武不以其故贬王④，跖、蹻暴戾⑤，其徒诵义无穷⑥。由此观之，"窃钩者诛⑦，窃国者侯⑧，侯之门，仁义存"，非虚言也⑨。

【注释】

①鄙人有言曰：俗话这么说。鄙，庸俗；浅陋。②飨：通"享"，受。③伯夷认为周室兴兵讨纣，是以暴易暴，深以为耻，遂不食周粟，饿死于首阳山。丑：耻。首阳山，在今山西省永济市南。④文武：周文王和周武王。贬：减，损，退。⑤跖：盗跖。传说为尧时坏人；一说为春秋时大盗。蹻距桥：庄蹻。战国楚将，楚威王时，受命掠定巴、黔中一带。暴戾：残暴。⑥诵：称赞。⑦钩：衣带钩等物。诛：惩罚；杀死。"窃钩者诛"句出《庄子·胠箧篇》。⑧侯（hóu）：诸侯。⑨虚言：犹假话。

今拘学或抱咫尺之义①，久孤于世②，岂若卑论侪俗③，与世沉浮而取荣名哉④！而布衣之徒⑤，设取予然诺⑥，千里诵义⑦，为死不顾世⑧，此亦有所长，非苟而已也⑨。故士穷窘而得委命⑩，此岂非人之所谓贤豪间者邪⑪？诚使乡曲之侠⑫，予季次、原宪比权量力⑬，效功于当世⑭，不同日而论矣⑮。要以功见言信⑯，侠客之义又曷可少哉⑰！

【注释】

①拘：拘泥；拘束。咫尺：八寸为咫。咫尺形容少。②久孤于世：长久孤立在世俗之外。孤，孤单。③岂若：不如。卑论：降低论调。卑，贬低。侪（chái）俗：迁就世俗。侪，平；齐。④沉浮：消长；进退。荣名：功名。⑤而：若，像。布衣：平民。⑥设取予然诺：彼此在取人或予人及答应人的事情方面建立起信义。取，收受。予，给予。⑦诵：通"颂"。言，论，可引申为伸张。义：正义。⑧世：当世，现实。⑨苟：马虎；随便。⑩委命：委心任运，达观自然。⑪贤豪间者：贤豪中间的人物。间，其中。邪：通"耶"。句末语气词，表示疑问。⑫诚：真是，的确。情态副词。乡曲：民间。⑬予（yǔ）：通"与"，和。⑭效：效验；证明。

功：功名。⑮不同日而论：不能相提并论，有着很大差别。⑯要：总之。功，事情。言信：说话信得过。⑰曷：何。

　　古布衣之侠，靡得而闻已①。近世延陵、孟尝、春申、平原、信陵之徒②，皆因王者亲属③，藉于有土卿相之富厚④，招天下贤者，显名诸侯，不可谓不贤者矣。比如顺风而呼⑤，声非加疾⑥，其势激也⑦。至于闾巷之侠，修行砥名⑧，声施于天下⑨，莫不称贤⑩，是为难耳⑪。然儒、墨皆排摈不载⑫。自秦以前，匹夫之侠⑬，湮灭不见⑭，余甚恨之。以余所闻⑮，汉兴有朱家、田仲、王公、剧孟、郭解之徒⑯，虽时扞当世之文网⑰，然其私义廉絜退让⑱，有足称者⑲。名不虚立，士不虚附⑳。至于朋党宗强比周㉑，设财役贫㉒，豪暴侵凌孤弱㉓，恣欲自快㉔，游侠亦丑之㉕。余悲世俗不察其意，而猥以朱家、郭解等令与暴豪之徒同类而共笑之也㉖！

【注释】

　　①布衣：庶人，老百姓。靡：无；不。闻：知晓。②延陵：春秋时吴国的贵族季札，因封于延陵（今江苏常州市），故称延陵季子。孟尝：指战国时齐贵族田文。春申：指战国时楚贵族黄歇。平原：指战国时赵贵族赵胜。信陵：指战国时魏贵族无忌。这四人都有食客数千，有任侠之风。徒：徒党，同一类人。③王者：君主。④藉：凭借；依靠。土：领土。此处指封土。富：财富。厚：深，重。⑤呼：呼喊；呼号。⑥疾：急速，快。⑦势：此处指态势。激：激荡。⑧修：治理；整治。砥：磨炼，锻炼。⑨声：名声。施：蔓延，延续，遍及。⑩莫：没有谁。⑪耳：语气词，表示肯定。⑫排：排斥。摈：抛弃。载：记载。⑬匹夫之侠：指非王者亲属的其他侠客，如闾巷之侠和乡曲之侠。⑭湮（yān）：埋没。⑮以：介词，按照，根据。⑯朱家……郭解之徒：下详。王公即王孟。⑰扞（hàn）：触犯。文网：法网。⑱絜：通“洁”。⑲称：赞扬。⑳附：依附。㉑朋党：朋从相结合，即互相勾结成小集团。比周：互相勾结，亲附。比，勾结。周，结合。㉒设财役贫：用财役使贫人。㉓凌：欺凌，侵犯。㉔恣：放肆。快：高兴，快意。㉕丑之：以之为丑。㉖猥（wěi）：多。令：使。

　　鲁朱家者①，与高祖同时②。鲁人皆以儒教，而朱家用侠闻③。所藏活豪士以百数④，其余庸人不可胜言⑤。然终不伐其能⑥，歆其德⑦，诸所尝施⑧，唯恐见之。振人不赡⑨，先从贫贱始。家无余财，衣不完采⑩，食不重味⑪，乘不过轺牛⑫。专趋人之急⑬，甚己之私⑭。既阴脱季布将军之厄⑮，及布尊贵⑯，终身不见也。自关以东⑰，莫不延颈愿交焉⑱。

【注释】

　　①朱家：汉初鲁人，以“任侠”闻名。②高祖：指汉高祖刘邦。③用：以。闻：出名。④藏：藏匿。豪士：知名人士。以百数：以百为数，数以百计。⑤庸人：平庸的人，普通人。庸，平庸，不高明。胜（shēng）：尽。⑥伐：夸耀。⑦歆（xīn）：贪，美。⑧尝：副词，曾经。施：施舍，给予恩惠。⑨振：通“赈”，救济。赡（shàn）：富足，充足。⑩衣不完采：衣服的光彩不完备。⑪食不重（chóng）味：不同时吃两样以上的食物，言吃的东西单调。重，重复，重叠。⑫乘不过轺（qú）牛：乘坐的不过驾用小牛的车辆。轺牛，小牛。⑬专：专门，专一。趋：奔走。急：急难。⑭甚：胜过。私：私事。⑮阴脱：暗中解脱。季布：汉初楚人。⑯及：及至。尊贵：获得尊贵地位。⑰关以东：指函谷关以东地区。⑱延：延伸。颈：脖子。交：结交。

　　楚田仲以侠闻，喜剑，父事朱家①，自以为行弗及②。田仲已死，而雒阳有剧孟③。

周人以商贾为资④，而剧孟以任侠显诸侯⑤。吴、楚反时⑥，条侯为太尉⑦，乘传车⑧，将至河南⑨，得剧孟⑩，喜曰："吴、楚举大事而不求孟⑪，吾知其无能为已矣。"天下骚动⑫，宰相得之若得一敌国云⑬。剧孟行大类朱家⑭，而好博⑮，多少年之戏⑯。然剧孟母死，自远方送丧盖千乘⑰。及剧孟死，家无余十金之财⑱。

【注释】

①父事朱家：以对待父辈一样服侍朱家。事，奉事，为……服务。②行：行为。弗（fú）：副词。不及：赶上，追上。③雒（luò）阳：我国古都之一。剧孟：西汉雒阳人，以"任侠"闻名。④周人：指雒阳人，因雒阳本周地。商贾：做生意。资：才能。⑤任侠：以行侠为己任，即凭借气力打抱不平。显：显贵，显赫。⑥吴、楚反：指吴楚七国之乱。⑦条侯：西汉名将周亚夫的封爵。条，县名，在今河北省景县境。太尉：官名。⑧传车：驿舍急速传送的车子。车，《汉书》作"东"，意为传车急速东出。⑨河南：指河南郡治雒阳，故城在今河南洛阳市东北。⑩得剧孟：把剧孟招揽到了自己的门下。得，得到，招揽到。⑪举：发动。大事：指吴楚等七国的武装叛乱。求：寻求。⑫骚动：动乱，不安静。⑬宰相：指条侯周亚夫。之：指代剧孟。⑭行：行为。大类：很像。类，类似，像。⑮博，古代一种赌输赢的游戏，与棋相仿。⑯戏，游戏。⑰乘（shèng）：车辆。⑱十金：形容财富不多，不是具体数量。金，古代计算货币的单位。汉朝的黄金一镒或一斤为一金。

而符离人王孟亦以侠称江、淮之间①。

【注释】

①符离：战国楚邑，秦置县。治所在今安徽宿州市东北。王孟：符离人。

是时济南瞷氏①、陈周庸亦以豪闻②，景帝闻之③，使使尽诛此属④。其后，代诸白⑤、梁韩无辟⑥、阳翟薛兄⑦、陕韩孺纷纷复出焉⑧。

【注释】

①瞷（xián）氏：为酷吏郅都所诛。②陈周庸：陈国人姓周名庸。陈国，建都宛丘（今河南淮阳）辖河南东部和安徽一部分。③景帝：指汉景帝刘启（前188—前141年）。④使使：派遣使者。属：辈；类。⑤代诸白：代郡的那些白氏。诸，表示多数。⑥梁韩无辟：梁国人姓韩名无辟。汉梁国在今河南东部，故治睢阳，在今河南商丘市南。⑦阳翟薛兄（kuàng）：阳翟人薛兄。阳翟，今河南禹县。⑧陕韩孺：陕县人韩孺。

郭解，轵人也①，字翁伯，善相人者许负外孙也②。解父以任侠，孝文时诛死。解为人短小精悍③，不饮酒。少时阴贼④，慨不快意⑤，身所杀甚众。以躯借交报仇⑥，藏命作奸剽攻⑦，休乃铸钱掘冢⑧，固不可胜数⑨。适有天幸⑩，窘急常得脱，若遇赦⑪。及解年长，更折节为俭⑫，以德报怨⑬，厚施而薄望⑭。然其自喜为侠益甚⑮。既已振人之命，不矜其功，其阴贼著于心⑯，卒发于睚眦如故云⑰。而少年慕其行⑱，亦辄为报仇⑲，不使知也。解姊子负解之势⑳，与人饮，使之嚼㉑。非其任㉒，强必灌之。人怒，拔刀刺杀解姊子，亡去。解姊怒曰："以翁伯之义，人杀吾子，贼不得㉓。"弃其尸于道，弗葬，欲以辱解㉔。解使人微知贼处㉕。贼窘自归，具以实告解㉖。解曰："公杀之固当，吾儿不直㉗。"遂去其贼㉘，罪其姊子，乃收而葬之。诸公闻之，皆多解之义㉙，益附焉㉚。

【注释】

①轵（zhǐ）：古县名。战国魏邑。汉置县，隋初废。故城在今河南省济源市东南轵城镇。②相人：给人看相，从面相中寻找祸福吉凶的兆头。许负：会相人之术。负，同"妇"。③短小精悍（hàn）：矮小而精明强劲。悍，勇猛，强劲。④阴贼：内心狠毒。阴，暗中，此处言内心。⑤慨：感慨。不快意：不满意。⑥以躯借交报仇：以身命帮助友人，为他们报仇。⑦藏命：藏匿亡命之人。作奸：犯法。剽（piāo）攻：抢掠。剽，抢劫。⑧休：休止。铸钱：铸造钱币。掘冢：发掘坟墓。⑨固：本来。⑩适（shì）：副词，恰好。天幸：意外的幸运。⑪脱：逃脱。若：或。赦：赦免。⑫折节：改变平日的行为。⑬以德报怨：用恩惠报答自己怨恨的人。⑭厚施而薄望：施给人家的多，取自人家的少。厚，深，重。薄，微小。望，责怨。⑮益甚：更为坚定。⑯阴贼著于心：内心狠毒这一点还是扎根在心底里。著，附着。⑰卒（cù）发：猝然发作。睚（yá）眦（zì）：怒目而视，引申为很小的仇恨。⑱慕：美慕。⑲辄：常常，总是。⑳姊子：外甥。负：依仗。势：声势。㉑嚼（jiào）：通"釂"。饮尽，干杯。㉒任：胜任，能够。㉓贼不得：凶手捉不到。㉔辱：羞辱。㉕微知：暗中打听到。㉖具：全部。㉗不直：理曲。㉘去其贼：放走那凶手。㉙多：推重，赞美。动词。义：义气。㉚附：依附，归附。

解出入，人皆避之。有一人独箕倨视之①，解遣人问其名姓。客欲杀之②。解曰："居邑屋至不见敬③，是吾德不修也④，彼何罪！"乃阴属尉史曰⑤："是人，吾所急也⑥，至践更时脱之⑦。"每至践更，数过⑧，吏弗求⑨。怪之，问其故，乃解使脱之。箕倨者乃肉袒谢罪⑩。少年闻之，愈益慕解之行。

【注释】

①箕倨：坐时两脚伸直岔开，形似簸箕。②客：指郭解的门客。③邑屋：街坊；同里。④修：善，美好。⑤属：嘱咐。属，通"嘱"。尉史：县尉手下的书吏，掌更徭力役的。⑥急：急切。此意谓关照其人至为急切。⑦践更：汉代规定人民为国家服兵役，一月更换，叫作卒更。脱：免。⑧数（shuò）过：屡次经过，意谓多次轮到此人。⑨求：要求；召唤。⑩肉袒：袒衣露体。

雒阳人有相仇者，邑中贤豪居间者以十数①，终不听。客乃见郭解②。解夜见仇家，仇家曲听解③。解乃谓仇家曰："吾闻雒阳诸公在此间④，多不听者。今子幸而听解⑤，解奈何乃从他县夺人邑中贤大夫权乎⑥？"乃夜去，不使人知，曰："且无用⑦，待我去⑧，令雒阳豪居其间⑨，乃听之。"

【注释】

①居间：居于双方当事人之间，从事调解或说合。以十数：数以十计。②客：指雒阳的相仇者。③曲听解：宛转听解的话。④在此间：在这里从事调解。⑤幸：敬辞。表示对方这样做是使自己感到幸运的，如看得起。⑥他县：外地、外县。⑦无用：不使用我之言。⑧待我去：等我离开。⑨令雒阳豪居其间：让雒阳的豪士从中调解。

解执恭敬①，不敢乘车入其县廷②。之旁郡国③，为人请求事④，事可出⑤，出之；不可者，各厌其意⑥，然后乃敢尝酒食。诸公以故严重之⑦，争为用⑧。邑中少年及旁近县贤豪，夜半过门常十余车⑨，请得解客舍养之⑩。

【注释】

①执恭敬：谨守恭敬。执，谨守。②县廷：县衙门的办公处所。③之：往，去。④为人请求事：替别人办事。⑤事可出：事情可以解决的。出，脱离；解决。⑥各厌其意：各方满意。⑦以故：因此缘故。严重：敬重。严，尊敬。⑧争为用：争着供他使用。为用，为他所用。⑨过（guò）：登门拜访。⑩请得解客舍养之：请求把郭解的门客带到自己的房舍去供养。

及徙豪富茂陵也①，解家贫，不中訾②，吏恐③，不敢不徙。卫将军为言④："郭解家贫不中徙。"上曰⑤："布衣权至使将军为言⑥，此其家不贫⑦。"解家遂徙。诸公送者出千余万。轵人杨季主子为县掾⑧，举徙解⑨。解兄子断杨掾头⑩。由此杨氏与郭氏为仇。

【注释】

①茂陵：汉武帝陵，现在陕西兴平市东北。②不中（zhòng）訾（zī）：不够资财等级。中，够格。訾，通"资"，资财，钱财，此处指钱财达到三百万。③吏恐：官吏担心隐瞒不了。④卫将军为言：卫将军替郭解说话。⑤上：指皇帝，即汉武帝。⑥布衣权至使将军为言：一个老百姓的权力，以至能使将军替他说话。权，权力。⑦此其家不贫：（将军都替他说话）这说明他的家不贫。⑧县掾（yuàn）：县中的掾属。⑨举徙解：提名要迁徙郭解。举，提出。⑩解兄子：郭解的侄儿。杨掾：指掾属杨季主的儿子。

解入关，关中贤豪知与不知①，闻其声，争交欢解②。解为人短小，不饮酒，出未尝有骑③。已又杀杨季主④，杨季主家上书⑤，人又杀之阙下⑥。上闻，乃下吏捕解⑦。解亡⑧，置其母家室夏阳⑨，身至临晋⑩。临晋籍少公素不知解⑪，解冒⑫，因求出关。籍少公已出解，解转入太原⑬，所过辄告主人家⑭。吏逐之⑮，迹至籍少公⑯。少公自杀，口绝⑰。久之，乃得解⑱。穷治所犯⑲，为解所杀⑳，皆在赦前㉑。轵有儒生侍使者坐㉒，客誉郭解㉓，生曰："郭解专以奸犯公法㉔，何谓贤㉕！"解客闻，杀此生，断其舌。吏以此责解㉖，解实不知杀者㉗。杀者亦竟绝㉘，莫知为谁㉙。吏奏解无罪㉚。御史大夫公孙弘议曰㉛："解布衣为任侠行权㉜，以睚眦杀人㉝，解虽弗知，此罪甚于解杀之㉞。当大逆无道㉟。"遂族郭解翁伯㊱。

【注释】

①关中：指今陕西中部。知，知闻，熟识。②争交欢解：争着和郭解结好。③未尝：不曾。骑：代替步行的车骑。④已：随后；不久；旋即。⑤上书：向皇帝上章告发。⑥之：指代杨季主家上书的人。阙下：宫阙之下，阙，皇宫前面两边的楼台。⑦下：下令。吏：管理茂陵地方的官吏。⑧解亡：郭解出外逃跑了。亡，逃亡。⑨置：安置，安顿。夏阳：原名阳夏。本春秋少梁邑，战国秦惠文王十一年（前327年）改名夏阳，后置县。故城在今陕西韩城市南。⑩身：亲身，指郭解自己。至：到。临晋：临晋县，在今陕西大荔县。此指临晋关。汉武帝时改名为蒲津关，简称蒲关。在今陕西省朝邑县东的黄河西岸。自宋起改名大庆关。⑪素不知解：与郭解素不相识。⑫冒：假称姓名。⑬转：辗转。太原：秦置郡。治所在晋阳，即今太原市西南。辖今山西省中部一带。⑭所过：所经过的地方。⑮逐：追捕。之：指代郭解。⑯迹：追寻踪迹。⑰口绝：灭口。⑱得：抓住。⑲穷：

穷究，追究到底。治：惩处。⑳为解所杀：人们被郭放杀害等事。㉑皆在赦前：郭解杀人之事，都在大赦以前。㉒儒生：通晓儒家经义的读书人。侍：在尊长旁边陪着。使者：上级派来审问郭解的使者。㉓客：指郭解的门客。㉔以：用。奸：狡诈干坏事。犯：触犯。公法：国法。㉕贤：完美，良好。㉖吏以此责解：官吏以"杀生断舌"之事责问郭解。㉗实：实在。㉘杀者亦竟绝：杀儒生的人始终没有查出。竟，从头至尾。绝，线索断绝。㉙莫知为谁：不知道杀人的是哪个。莫，无，不。为，是。㉚吏：指审理郭解案的官吏。㉛御史大夫：秦汉时为仅次于丞相的中央最高长官，主要职务为监察、执法，兼掌重要文书图籍。公孙弘：字季，汉元朔中为丞相，深得汉武帝信任，封平津侯。惩治郭解时，他正为御史大夫。议：议论，建议。㉜行权：敢于触犯常规。权，权变，权诈。㉝以：介词，凭借。㉞此罪：指"睚眦杀人"而"弗知"杀人者是谁的所谓"罪"。㉟当大逆无道：该判大逆无道罪。㊱族：灭族。

自是之后，为侠者极众，敖而无足数者①。然关中长安樊仲子②，槐里赵王孙③，长陵高公子④，西河郭公仲⑤，太原卤公孺⑥，临淮兒长卿⑦，东阳田君孺⑧，虽为侠而逡逡有退让君子之风⑨。至若北道姚氏，西道诸杜，南道仇景，东道赵他羽公子⑩，南阳赵调之徒⑪，此盗跖居民间者耳⑫，曷足道哉！此乃乡者朱家之羞也⑬。

【注释】

①敖：同"傲"。傲慢。足：够得上，配。数（shǔ）：计算，引申为称引。②汉太初元年（前104年）以左、右内史、主爵都尉改置为京兆尹、左冯翊、右扶风三个相当于郡的行政区。③槐里：当时右扶风的属县。在今陕西省兴平市东南。④长陵：左冯翊的属县。在今陕西省咸阳市东北。⑤西河：郡名，汉元朔四年（前125年）置。治所在今内蒙古东胜县境。辖今内蒙古自治区旧额尔多斯左翼前旗一带。郭公仲：《汉书》作"郭翁仲"。⑥卤公孺：《汉书》作"鲁公孺"。⑦临淮：郡名。汉置。兒（ní）长卿：人名。兒，通"倪"。姓。⑧东阳：县名。秦置。治所在今山东武城县东北。田君孺：《汉书》作"陈君孺"。⑨逡（qūn）逡：《汉书》作"恂（xún）恂"。恭敬谨慎的样子。⑩北道、西道、南道、东道：是京师长安四出之道。仇（qiú）景：姓仇，名景。赵他羽公子：人名，姓赵，名他羽，字公子。⑪南阳：郡名。秦置。治所在宛（yuān）县，即今河南南阳市。⑫盗跖（zhí）：跖是古代大盗的名字。⑬乡：通"向"。乡者，从前。

太史公曰：吾视郭解，状貌不及中人①，言语不足采者②。然天下无贤与不肖③，知与不知，皆慕其声④，言侠者皆引以为名⑤。谚曰⑥："人貌荣名⑦，岂有既乎⑧！"於戏⑨，惜哉⑩！

【注释】

①中人：中等人才。②足采者：可以采取的。③无：不分，不论。不肖（xiào）：不贤。④慕：美慕。声：名声。⑤言侠者：自称为游侠的人。名：名义，招牌。⑥谚：民间流传的成语。⑦人貌荣名：人们美慕荣名。⑧既：穷尽。⑨於戏（wū hū）：通"呜呼"，叹词。⑩惜哉：可惜哪！叹惜郭解之死。

佞幸列传第六十五^①

谚曰："力田不如逢年^②，善仕不如遇合^③。"固无虚言。非独女以色媚^④，而士宦亦有之^⑤。

【注释】

①佞（nìng）幸：以谄媚而得宠幸。②力田：努力耕田。逢年：遇到好的年景。③遇合：此指巧合的际遇，得到君王赏识。④非独：不仅是；不只是。⑤士宦：士人、宦者。

昔以色幸者多矣！至汉兴，高祖至暴抗也^①，然籍孺以佞幸^②；孝惠时有闳孺^③。此两人非有材能，徒以婉佞贵幸^④，与上卧起^⑤，公卿皆因关说^⑥。故孝惠时，郎侍中皆冠骏鸃^⑦，贝带^⑧，傅脂粉^⑨，化闳、籍之属也^⑩。两人徙家安陵^⑪。

【注释】

①高祖（前256—前195年）：姓刘，字季，发迹后改名邦，泗水郡沛县丰邑（今江苏省丰县）人。西汉王朝的创建者，前202—前195年在位。至：最。暴抗：暴猛伉直。抗，通"伉"。②籍孺：籍，人名。孺，孺子，幼小。③孝惠（前216—前188年）：汉惠帝，刘盈，刘邦次子，吕后所生。前195—前188年在位，实权操于吕后。闳（hóng）孺：闳，人名。孺，同上解。④徒：但；只。婉：顺从。贵幸：显贵；宠幸。⑤上：皇上。这里指汉高帝、汉惠帝。⑥因：经由；通过。关说：通其词说，即通关节，说人情。关，通。⑦郎：官名。包括议郎、中郎、侍郎、郎中等，都是侍从皇帝左右的官员。侍中：在宫中侍候皇帝。后来衍变为加官名。冠（guàn）：戴冠。动词。骏鸃（jùn yí）：骏鸃冠，即用骏鸃（锦鸡）羽毛装饰的帽子。⑧贝带：用贝壳装饰的腰带。⑨傅（fū）脂粉：搽胭脂水粉。傅，通"敷"。⑩化：学习；效法。属：辈；类。⑪安陵：汉惠帝陵邑。在今陕西省咸阳市东北。

孝文时中宠臣^①，士人则邓通^②，宦者则赵同、北宫伯子^③。北宫伯子以爱人长者^④；而赵同以星气幸^⑤，常为文帝参乘^⑥；邓通无伎能^⑦。邓通，蜀郡南安人也^⑧，以濯船为黄头郎^⑨。孝文帝梦欲上天，不能，有一黄头郎从后推之上天，顾见其衣裻带后穿^⑩。觉而之渐台^⑪，以梦中阴目求推者郎^⑫，即见邓通^⑬，其衣后穿，梦中所见也。召问其姓名，姓邓氏^⑭，名通，文帝说焉^⑮，尊幸之日异^⑯。通亦愿谨^⑰，不好外交^⑱，虽赐洗沐^⑲，不欲出。于是文帝赏赐通巨万以十数^⑳，官至上大夫^㉑。文帝时时如邓通家游戏^㉒。然邓通无他能，不能有所荐士^㉓，独自谨其身以媚上而已^㉔。上使善相者相通^㉕，曰："当贫饿死。"文帝曰："能富通者在我也^㉖"，何谓贫乎？"于是赐邓通蜀严道铜山^㉗，得自铸钱，"邓氏钱"，布天下，其富如此。

【注释】

①孝文（前203—前157年）：汉文帝刘恒。前180—前157年在位。②士人：即士民。古代指习道艺或习武勇的人。③宦者：宦官。赵同：即赵谈。司马迁为避父名讳改"同"。北宫伯子：姓北宫，名伯子。④长者：性情谨厚的人。⑤星气：占星望气之术。⑥参乘（shèng）：陪乘或陪乘的人。⑦伎（jì）能：才能。伎，通"技"。⑧南安：县名。在今四川省乐山市。⑨濯（zhào）船：以棹摇船。濯，通"棹"。黄头郎：汉代掌管船舶行驶的官员。因头戴黄帽，一说船头有黄旄（用旄牛尾装饰的旗子），故名。⑩顾：回头看。裻（dū）：衣背缝。穿：孔洞。⑪觉（jiào）：睡醒。渐（jiàn）台：台名。在未央宫沧池中，四面环水。⑫阴目：默默看着。⑬即：就。⑭氏：古代贵族标志宗族系统的称号，贵者有氏，贱者有名无氏。⑮说（yuè）：通"悦"。⑯之：他，代词。⑰愿谨：老实谨慎。⑱外交：与外人交往。⑲洗沐：沐浴。指休假。⑳巨万：形容数目大，犹万万，亿。数（shǔ）：点数；计算。㉑上大夫：官名。㉒如：往。动词。㉓荐士：推荐人才。㉔以：而，连词。上：指汉文帝。㉕相（xiàng）：迷信者观察人的相貌以判定此人性格、命运。㉖富：致富。㉗严道：县名。在今四川省荥经县。境内有铜山，即邓通铸钱处。

文帝尝病痈^①，邓通常为帝唶吮之^②。文帝不乐，从容问通曰："天下谁最爱我者乎？"通曰："宜莫如太子^③。"太子入问病，文帝使唶痈，唶痈而色难之^④。已而闻邓通常为帝唶吮之^⑤，心惭，由此怨通矣。及文帝崩^⑥，景帝立^⑦，邓通免，家居。居无何^⑧，人有告邓通盗出徼外铸钱^⑨。下吏验问^⑩，颇有之，遂竟案^⑪，尽没入邓通家，尚负责数巨万^⑫。长公主赐邓通^⑬，吏辄随没入之^⑭，一簪不得著身^⑮。于是长公主乃令假衣食^⑯。竟不得名一钱^⑰，寄死人家。

【注释】

①尝：曾经。病：害病。动词。痈（yōng）：痈疽。一种毒疮。②唶（jiè）吮：吸吮。唶，吸吮时发出的声音。③宜：应当。莫：没有人。无指代词。④难：为难。以动用法。⑤已而：随即；不久。⑥崩：古代称皇帝死为崩，盖借"山陵崩"做比喻。⑦景帝（前188—前141年）：汉景帝刘启。前156—前141年在位。⑧无何：没多久。⑨徼（jiào）：边界。⑩下吏：下交司法官吏（惩办）。验问：考问；审问。⑪竟案：结案；定案。⑫责（zhài）：通"债"。⑬长（zhǎng）公主：指汉文帝长女刘嫖，为景帝姐，封馆陶公主。⑭辄：就；总是。⑮簪（zān）：古人用来插定发髻或帽子的一种长针，可以用金玉制成。著（zhuó）：穿戴。⑯假：借给；给予。⑰名：给铜钱加上"邓氏"的名义，后遂转为占有的意思。动词。

孝景帝时^①，中无宠臣，然独郎中令周文仁^②，仁宠最过庸^③，乃不甚笃^④。

【注释】

①孝景帝：即汉景帝。②郎中令：皇帝左右亲近的高级官职。周文仁：姓周，字文，名仁。③庸：常人。④笃：深厚。

今天子中宠臣^①，士人则韩王孙嫣^②，宦者则李延年。嫣者，弓高侯孽孙也^③。今上为胶东王时^④，嫣与上学书相爱^⑤。及上为天子，愈益亲嫣。嫣善骑射，善佞。上即位^⑥，欲事伐匈奴^⑦，而嫣先习胡兵^⑧，以故益尊贵，官至上大夫，赏赐拟于邓通^⑨。时嫣常与上卧起。江都王入朝^⑩，有诏得从入猎上林中^⑪。天子车驾跸道未行^⑫，而先使嫣乘副车⑬，从数十百骑⑭，骛驰视兽⑮。江都王望见，以为天子，辟从者⑯，伏谒道傍⑰。嫣驱不见。既过，江都王怒，为皇太后泣曰⑱："请得归国入宿卫⑲，比韩嫣⑳。"太后由此嗛嫣㉑。嫣侍上，出入永巷不禁㉒，以奸闻皇太后。皇太后怒，使使赐嫣死㉓。上为谢㉔，终不能得，嫣遂死。而案道侯韩说㉕，其弟也，亦佞幸。

【注释】

①今天子：指汉武帝刘彻。前140—前87年在位。②韩王孙嫣：姓韩，名嫣，字王孙。③弓高侯：韩颓当。孽（niè）孙：妾媵所生之孙。④胶东：国名。地在今山东省东部，治所在即墨（今平度市东南）。⑤书：指书法。⑥即位：帝王登位。⑦事：从事；进行。⑧胡兵：胡人的兵器。也指作战阵法。⑨拟：比；类似。⑩江都王：指汉景帝的儿子刘非，为武帝异母兄。⑪诏：皇帝颁发的命令文告。⑫跸（bì）道：帝王出行时，禁行人，清道路，叫跸道。⑬副车：帝王外出时的从车。⑭从：跟随。使动用法。骑（jì）：马兵，包括一人一马。⑮骛（wù）：急。⑯辟：排除。⑰谒：拜见。傍（páng）：通"旁"。⑱为：对；向。为，通"谓"。⑲归国：归还封国。⑳比bǐ，旧读（bì）：并列。㉑嗛（xián）：怀恨。㉒永巷：宫中长廊。这里指皇宫中妃嫔的住所。㉓使使（shǐ）：派遣使者。㉔谢：认错；谢罪。㉕说（yuè）：通"悦"。

李延年，中山人也①。父母及身兄弟及女②，皆故倡也③。延年坐法腐④，给事狗中⑤。而平阳公主言延年女弟善舞⑥，上见，心说之，及入永巷，而召贵延年⑦。延年善歌，为变新声，而上方兴天地祠⑧，欲造乐诗歌弦之⑨。延年善承意，弦次初诗⑩。其女弟亦幸，有子男⑪。延年佩二千石印⑫，号协声律⑬。与上卧起，甚贵幸，埒如韩嫣也⑭。久之，寖与中人乱⑮，出入骄恣⑯。及其女弟李夫人卒后⑰，爱弛，则禽诛延年昆弟也⑱。

【注释】

①中山：国名。地在今河北省中部，治所在卢奴（今定县）。②身：自身；自己。女：指姐妹。③倡（chāng）：古代歌舞艺人。④坐法：坐罪；因犯法而得罪。腐：腐刑，即宫刑。阉割男子生殖器，幽闭妇女生殖机能的刑罚。⑤给事：供职。狗中：即狗监。⑥平阳公主：汉景帝王皇后长女，封阳信长公主，初嫁平阳侯曹寿，时称平阳公主。⑦贵：显贵。使动用法。⑧天地祠：天地神庙。⑨乐（yuè）诗：可以合乐的诗，即歌词。歌弦：合着乐唱。⑩次："歌"的误字，《汉书·佞幸传》和《索隐》本均作"歌"。⑪子男：古代称子包括男和女，分别称儿子为子男，称女儿为子女。⑫二千石：指俸禄为二千石级的官吏，月俸为一百二十斛谷。⑬协声律：官职。《汉书·佞幸传》亦作"协律都尉"。⑭埒（liè）：等同。⑮寖（qīn）：逐渐。⑯骄恣（zì）：骄傲放纵。⑰卒：古代指士大夫死亡或年老寿终，后来作为死亡的通称。⑱禽：通"擒"。捉拿。昆弟：兄和弟。

自是之后，内宠嬖臣大底外戚之家①，然不足数也。卫青、霍去病亦以外戚贵幸②，然颇用材能自进。

【注释】

①嬖臣：受宠爱的臣子。大底：大概；大都。底，通"抵"。外戚：指帝王的母族和妻族。②卫青（？—前106年）：汉武帝卫皇后（子夫）弟。大军事家，官至大将军，封长平侯。霍去病（前140—前117年）：卫皇后甥。大军事家，

官至骠骑将军，封冠军侯。

太史公曰：甚哉爱憎之时①！弥子瑕之行②，足以观后人佞幸矣。虽百世可知也③。

【注释】

①甚哉爱憎之时：意思是说，封建专制统治者在爱憎不同的时机，对待同一个人或同一事物可以采取截然相反的态度，佞幸小人的安危祸福是万分难测的。②弥子瑕：春秋时卫灵公的幸臣。③虽：即使。

滑稽列传第六十六①

孔子曰："《六艺》于治一也②。《礼》以节人③，《乐》以发和④，《书》以道事⑤，《诗》以达意⑥，《易》以神化⑦，《春秋》以义⑧。"太史公曰：天道恢恢⑨，岂不大哉！谈言微中⑩，亦可以解纷⑪。

【注释】

①这是记叙滑稽人物的类传。，滑（gǔ 今读 huá）稽：指能言善辩，言词流利无滞竭。②《六艺》：即《六经》。指《礼》《乐》《书》《诗》《易》《春秋》。③节人：节制、规范人的言行。④发和：促进人们和睦融洽。发，诱导、促进。⑤道事：记述往古的事迹，以供人们效法、借鉴。⑥达意：传达前代圣贤的感情意旨。⑦神化：使统治者的治理方术神秘化。⑧以义：用正义来衡量是非。⑨天道恢恢：意谓世上的道理很多，解决问题的办法不只一种。恢恢，宽广的样子。⑩谈言微中（zhòng）：谈话偶尔说到点子上。⑪解纷：解开纠纷；解决问题。

淳于髡者①，齐之赘婿也②。长不满七尺，滑稽多辩，数使诸侯③，未尝屈辱。齐威王之时，喜隐④，好为淫乐长夜之饮⑤，沉湎不治⑥，委政卿大夫。百官荒乱，诸侯并侵⑦，国且危亡⑧，在于旦暮⑨。左右莫敢谏⑩。淳于髡说之以隐曰⑪："国中有大鸟，止王之庭，三年不蜚又不鸣⑫，王知此鸟何也？"王曰："此鸟不飞则已⑬，一飞冲天；不鸣则已，一鸣惊人。"于是乃朝诸县令长七十二人⑭，赏一人，诛一人⑮，奋兵而出。诸侯振惊⑯，皆还齐侵地。威行三十六年。语在《田完世家》中⑰。

【注释】

①淳于髡（kūn）：淳于，复姓。髡，名。②齐：国名。国君田姓。战国七雄之一。赘（zhuì）婿：当时的一种卖身奴隶，社会地位很低。③数（shuò）：屡次。④齐威王：田因齐。前378—前343年在位。隐：隐语，即谜语。⑤淫乐：没有节制地追求享乐。淫，过分。⑥沉湎（miǎn）：沉溺，指好酒无限制。不治：不理政事。⑦并侵：都来侵犯。⑧且：将要。⑨旦暮：早晚。指很短的时间。⑩莫：不。⑪说（shuì）：

劝说；说服。⑫蜚：通"飞"。⑬已：罢了；算了。⑭朝：臣下进见君主。使动用法。⑮赏一人，诛一人：赏即墨大夫，因此人治县有实效，由于不奉承齐王左右的人，反而蒙受恶名；诛阿（ē）大夫，此人治县的成绩极坏，但由于会拉拢齐王左右的人，所以名声一向很好。⑯振：通"震"。⑰语：指关于这些事情的记载。

威王八年①，楚大发兵加齐②。齐王使淳于髡之赵请救兵③，赍金百斤④，车马十驷⑤。淳于髡仰天大笑，冠缨索绝⑥。王曰："先生少之乎⑦？"髡曰："何敢！"王曰："笑岂有说乎？"髡曰："今者，臣从东方来，见道傍有禳田者⑧，操一豚蹄⑨，酒一盂，祝曰：'瓯窭满篝⑩，污邪满车⑪，五谷蕃熟⑫，穰穰满家⑬。'臣见其所持者狭而所欲者奢⑭，故笑之。"于是齐威王乃益赍黄金千镒⑮，白璧十双⑯，车马百驷。髡辞而行，至赵。赵王与之精兵十万⑰，革车千乘⑱。楚闻之，夜引兵而去⑲。

【注释】

①威王八年：相当于前371年。②楚：国名。战国七雄之一。加：陵驾；进攻。③之：往；到。赵：国名。战国七雄之一。地在今陕西省东北角、山西省中北部、河北省西南部，建都邯郸（今河北省邯郸市西南）。④赍：付给；携带。⑤驷（sì）：古代一车四马叫一驷。⑥冠缨：帽带。⑦少：嫌少。以动用法。⑧傍（páng）：通"旁"。禳（ráng）田者：祈祷田神求丰收的人。⑨操：持。豚（tún）蹄：猪蹄。⑩瓯窭（ōu lóu）：狭小的高地。篝（gōu）：竹笼。⑪污邪：低洼易涝的劣田。⑫蕃：茂盛。⑬穰穰（ráng）：丰盛的样子。⑭狭：少。⑮镒：重量单位，二十两或二十四两为一镒。⑯璧：玉制的礼器，也作装饰品，平圆形，正中有孔。⑰赵王：指赵成侯赵种。⑱革车：重战车。乘（shèng）：一车四马为一乘。⑲引兵：退兵。引，退却。

威王大说①，置酒后宫，召髡赐之酒，问曰："先生能饮几何而醉？"对曰："臣饮一斗亦醉，一石亦醉②。"威王曰："先生饮一斗而醉，恶能饮一石哉③！其说可得闻乎？"髡曰："赐酒大王之前，执法在傍④，御史在后⑤，髡恐惧俯伏而饮，不过一斗径醉矣⑥。若亲有严客⑦，髡卷鞲鞠膝⑧，侍酒于前，时赐余沥⑨，奉觞上寿⑩，数起，饮不过二斗径醉矣。若朋友交游，久不相见，卒然相睹⑪，欢然道故⑫，私情相语⑬，饮可五六斗径醉矣⑭。若乃州闾之会⑮，男女杂坐，行酒稽留⑯，六博投壶⑰，相引为曹⑱，握手无罚⑲，目眙不禁⑳，前有堕珥㉑，后有遗簪㉒，髡窃乐此㉓，饮可八斗而醉二参㉔。日暮酒阑㉕，合尊促坐㉖，男女同席，履舄交错㉗，杯盘狼藉㉘，堂上烛灭，主人留髡而送客，罗襦襟解㉙，微闻芗泽㉚，当此之时，髡心最欢，能饮一石。故曰酒极则乱，乐极则悲；万事尽然，言不可极，极之而衰。"以讽谏焉㉛。齐王曰："善。"乃罢长夜之饮，以髡为诸侯主客㉜。宗室置酒㉝，髡尝在侧㉞。

【注释】

①说（yuè）：通"悦"。②斗、石：都指饮器容量。石是斗的十倍。③恶（wū）：如何；怎么。④执法：指执法的官吏。⑤御史：官名。掌管文书和记事。⑥径：直；就。⑦亲：指父亲。⑧卷鞲（juàn gōu）：扎起袖子。卷，通"绻"，束扎；鞲，袖套。鞠膝（jì）：弯腰跪着。膝，同"跽"，长跪。⑨余沥：剩余的酒。⑩奉：捧；进献。觞（shāng）：盛酒器。上寿：敬酒祝福。⑪卒（cù）然：突然。卒，通"猝"。⑫道故：追述往事。⑬私情相语（yǔ）：互相倾吐衷心话。⑭可：大约；差不多。⑮若乃：至于。州闾：乡里。⑯行酒：依次饮酒。稽留：停留。⑰六博投壶：两种赌输赢的游戏。⑱曹：侪辈；伙伴。⑲握手无罚：古时礼教很严，男女授受不亲，但乡里宴会饮酒，

男女可以互相握手，不受拘束。⑳眙（chì）：瞪眼直视。㉑堕珥：坠落在地上的耳环。
㉒遗簪：失落在地上的发簪。㉓窃：私下；暗自。乐：喜欢，动词。㉔醉二参（sān）：
两三分醉意。参，通"三"。㉕阑：尽。㉖合尊：把剩余下来的酒合盛一樽。尊，
即樽，盛酒器。促坐：大家靠近坐在一起。㉗履舄（xì）交错：男人女人的鞋子错杂
地放在一起。㉘狼藉（jí）：形容乱七八糟。㉙罗襦（rú）：薄罗短衣。罗，有花纹
而轻薄的丝织物。㉚芗泽：香气。芗，通"香"。㉛讽谏：用委婉曲折的话去规劝
别人。㉜诸侯主客：主持接待各国宾客的官。㉝宗室：王族。㉞尝：通"常"。

　　其后百余年，楚有优孟①。优孟，故楚之乐人也②。长八尺，多辩，常以谈笑讽谏。
楚庄王之时③，有所爱马，衣以文绣④，置之华屋之下⑤，席以露床⑥，啖以枣脯⑦。
马病肥死，使群臣丧之⑧，欲以棺椁大夫礼葬之⑨。左右争之⑩，以为不可。王下
令曰："有敢以马谏者，罪至死。"优孟闻之，入殿内，仰天大哭。王惊而问其
故。优孟曰："马者，王之所爱也，以楚国堂堂之大，何求不得？而以大夫礼葬之，
薄⑪。请以人君礼葬之。"王曰："何如？"对曰："臣请以雕玉为棺，文梓为
椁⑫，楩、枫、豫章为题凑⑬，发甲卒为穿圹⑭，老弱负土⑮，齐、赵陪位于前⑯，韩、
魏翼卫其后⑰，庙食太牢⑱，奉以万户之邑⑲。诸侯闻之，皆知大王贱人而贵马也。"
王曰："寡人之过一至此乎⑳！为之奈何？"优孟曰："请为大王六畜葬之㉑。以
垅灶为椁㉒，铜历为棺㉓，赍以姜枣㉔，荐以木兰㉕，祭以粳稻，衣以火光㉖，葬之
于人腹肠。"于是王乃使以马属太官㉗，无令天下久闻也。

【注释】

　　①优孟：优者名孟。②乐（yuè）人：艺人。③楚庄王：熊侣：前613—前591
年在位。④衣（yì）：穿，动词。文绣：锦绣。⑤华屋：画栋雕梁的屋宇。⑥席：垫着。
动词。⑦啖：喂。脯（fǔ）：蜜渍的果干。⑧丧：治丧。为动用法。⑨棺椁（guǒ）：
古代贵族的棺木常有好多层，内层叫棺，外套叫椁。⑩争（zhèng）：谏诤；劝阻。
⑪薄：嫌礼不厚。⑫文梓：有纹理的梓木。⑬楩（pián）、枫、豫、章：都是贵重的
木名。章，通"樟"。题凑：护棺的木块。⑭甲卒：武装士兵。穿圹（kuàng）：挖
掘墓穴。⑮负土：背土筑坟。⑯陪位：列于从祭之位。⑰翼卫：护卫。⑱庙食太牢：
为死马立庙，并用太牢祭祀。太牢，牛、羊、猪各一头，是最高的祭礼。⑲奉：指
供给祭祀。⑳一：乃；竟。㉑六畜：指马、牛、羊、鸡、犬、猪。㉒垅灶：用土堆
成的灶。㉓铜历：铜锅。历，通"鬲"，三足锅。㉔赍：通"剂"调配。㉕荐：加进。
木兰：香料。㉖衣（yì）：给人穿衣。为动用法。㉗属（zhǔ）：交付；交给。

　　楚相孙叔敖知其贤人也①，善待之。病且死，属其子曰②："我死，汝必贫困③。
若往见优孟④，言我孙叔敖之子也。"居数年⑤，其子穷困负薪⑥，逢优孟，与言曰：
"我，孙叔敖子也。父且死时，属我贫困往见优孟。"优孟曰："若无远有所
之⑦。"即为孙叔敖衣冠，抵掌谈语⑧。岁余，像孙叔敖，楚王及左右不能别也。
庄王置酒，优孟前为寿⑨。庄王大惊，以为孙叔敖复生也，欲以为相。优孟曰："请
归与妇计之⑩，三日而为相。"庄王许之。三日后，优孟复来。王曰："妇言谓何？"
孟曰："妇言慎无为⑪，楚相不足为也。如孙叔敖之为楚相，尽忠为廉以治楚，
楚王得以霸。今死，其子无立锥之地⑫，贫困负薪以自饮食⑬。必如孙叔敖，不如
自杀。"因歌曰：山居耕田苦，难以得食。起而为吏⑭，身贪鄙者余财，不顾耻辱。
身死家室富，又恐受赇枉法⑮，为奸触大罪，身死而家灭。贪吏安可为也⑯！念为
廉吏，奉法守职，竟死不敢为非⑰。廉吏安可为也！楚相孙叔敖持廉至死⑱，方今

妻子穷困，负薪而食，不足为也⑲！于是庄王谢优孟⑳，乃召孙叔敖子，封之寝丘四百户㉑，以奉其祀。后十世不绝。此知可以言时矣㉒。

【注释】

①孙叔敖：楚庄王的贤相。②属（zhǔ）：通"嘱"。吩咐。③汝：你（们）。④若：你（们）。⑤居：经过（的时间）。⑥负薪：背柴出卖。⑦无：通"毋"。莫；不要。⑧抵掌：拍掌；两手交叉合掌。⑨前：上前。⑩计：计议；商量。⑪慎：警戒之词。⑫立锥（zhuī）之地：形容地方极小。锥，钻子。⑬自饮食（yìn sì）：自己给自己吃喝。⑭起：出去，出来。⑮赇（qiú）：贿赂。⑯安：怎么；哪。⑰竟：由此及彼。介词。⑱持廉：保持廉政。⑲据宋代洪适《隶释·延熹碑》所载优孟歌与此文稍异而意较显，附录于下："贪吏而不可为而为可为，廉吏而可为而不可为。贪吏而不可为者，当时有污名；而可为者，子孙以家成。廉吏而可为者，当时有清名；而不可为者，子孙困穷，披祸而卖薪。贪吏常苦富，廉吏常苦贫。唯独不见楚相孙叔敖，廉洁不受钱。"⑳谢：认错。㉑寝丘：楚邑名。在今安徽省临泉县。㉒知（zhì）：通"智"。时：及时；恰中时机。

其后二百余年，秦有优旃①。优旃者，秦倡侏儒也②。善为笑言，然合于大道。秦始皇时③，置酒而天雨，陛楯者皆沾寒④。优旃见而哀之。谓之曰："汝欲休乎？"陛楯者皆曰："幸甚。"优旃曰："我即呼汝⑤，汝疾应曰诺⑥。"居有顷⑦，殿上上寿呼万岁。优旃临槛大呼曰⑧："陛楯郎⑨！"郎曰："诺。"优旃曰："汝虽长，何益，幸雨立⑩。我虽短也，幸休居。"于是始皇使陛楯者得半相代⑪。

【注释】

①优旃（zhān）：优者名旃。②秦：朝代名。倡（chāng）：歌舞演员。侏儒：身材特别矮小的人。③秦始皇（前259—前210年）：嬴政。前246—前210年在位。④陛楯（dùn）者：在殿陛下面拿着武器警卫的武士。⑤即：如果。⑥疾：快速。⑦有顷：不久；一会儿。⑧槛：殿阶上面的栏杆。⑨郎：帝王侍从官的通称。⑩幸雨立：据清代王念孙《读书杂志》考证"幸"是衍文，"雨"下脱"中"字。⑪半相代：半数值班，半数休息，更番接替。

始皇尝议欲大苑囿①，东至函谷关②，西至雍、陈仓③。优旃曰："善。多纵禽兽于其中，寇从东方来，令麋鹿触之足矣④。"始皇以故辍止⑤。

【注释】

①大：扩大。动词。苑囿：种植林木和畜养禽兽的地方，多为帝王贵族的风景园林。址在今陕西省西安市西。②函谷关：关名。故址在今河南省灵宝市东北。③雍：县名。在今陕西省凤翔县南。④麋（mí）：麋鹿。也叫四不像。触：角触。⑤辍（chuò）：停止。

二世立①，又欲漆其城②。优旃曰："善。主上虽无言，臣固将请之③。漆城虽于百姓愁费④，然佳哉！漆城荡荡⑤，寇来不能上。即欲就之，易为漆耳，顾难为荫室⑥。"于是二世笑之，以其故止。居无何⑦，二世杀死⑧，优旃归汉⑨，数年而卒。

【注释】

①二世：指秦二世嬴胡亥。前210—前207年在位，被宦官赵高所杀。②漆：

用漆涂饰。动词。③固：本来。④愁费：愁怨耗费。⑤荡荡：宠伟壮丽的样子。
⑥顾：但是。连词。⑦无何：不久；不多时。⑧杀死：被动用法。⑨汉：朝代名。

太史公曰：淳于髡仰天大笑，齐威王横行①。优孟摇头而歌，负薪者以封。
优旃临槛疾呼，陛楯得以半更②。岂不亦伟哉！

【注释】

①横行：谓所向无敌。②更：替代；替换。

褚先生曰①：臣幸得以经术为郎②，而好读外家传语③。窃不逊让④，复作故
事滑稽之语六章，编之于左⑤。可以览观扬意⑥，以示后世好事者读之⑦，以游心
骇耳⑧，以附益上方太史公之三章。

【注释】

①褚先生：褚少孙。西汉元帝、成帝时为博士。因《史记》有残缺，曾为补作。
但究竟哪些是他补作的，哪些是另外的人伪托的，这是个有争议的问题。②经术：
儒术。③外家传（zhuàn）语：当时以《六经》为正经，其他一切史传杂说都被称为"外
家传语"。④逊让：谦逊退让。⑤编之于左：犹言"编之于下"。⑥扬意：扩大见闻。
⑦好（hào）事者：喜欢多事的人。⑧游心骇耳：愉悦心目，耸动视听。

武帝时①，有所幸倡郭舍人者②，发言陈辞虽不合大道，然令人主和说③。武帝
少时，东武侯母常养帝④，帝壮时，号之曰"大乳母"。率一月再朝⑤。朝奏入⑥，
有诏使幸臣马游卿以帛五十匹赐乳母，又奉饮糒飧养乳母⑦。乳母上书曰："某所
有公田，愿得假倩之⑧。"帝曰："乳母欲得之乎？"以赐乳母。乳母所言，未尝
不听。有诏得令乳母乘车行驰道中⑨。当此之时，公卿大臣皆敬重乳母。乳母家子
孙奴从者横暴长安中⑩，当道掣顿人车马⑪，夺人衣服。闻于中⑫，不忍致之法⑬。
有司请徙乳母家室⑭，处之于边。奏可⑮。乳母当入至前，面见辞。乳母先见郭舍人，
为下泣。舍人曰："即入见辞去，疾步数还顾⑯。"乳母如其言，谢去，疾步数还顾。
郭舍人疾言骂之曰："咄！老女子！何不疾行！陛下已壮矣，宁尚须汝乳而活邪⑰？
尚何还顾！"于是人主怜焉悲之⑱，乃下诏止无徙乳母，罚谪谮之者⑲。

【注释】

①武帝（前156—前87年）：汉武帝刘彻。前141—前87年在位。②舍人：家
臣。③人主：人君。④东武侯母：有两说：一、东武县（在今山东省诸城市）的侯
大妈；二、东武侯（郭他）的母亲。常：通"尝"。曾经。⑤率：大概；一般。再朝：
入朝两次。⑥朝奏：指上给皇帝的报告，这里指请求接见的名片之类。⑦饮：饮料。
糒（bèi）：干粮。这里疑为"备"，动词。飧（sūn）：熟食。⑧假倩：犹言"借用"，
其实是讨要。假，借；倩，请。⑨驰道：帝王车马行走的道路。⑩奴从者：随从的
奴仆。⑪掣（chè）顿：掠夺；扣押。⑫中：指宫内。⑬致之法：把他们交给司法处理。
⑭有司：官吏。设官分职，各有专司，故称官吏为"有司"。⑮奏可：奏章被批准。
⑯还顾：回头看。⑰宁：难道。须：等待。乳：哺乳。动词。邪（yé）：通"耶"。
⑱悲：怜悯。⑲谪（zhé）：谴责；惩罚。

武帝时，齐人有东方生名朔①，以好古传书，爱经术，多所博观外家之语②。
朔初入长安，至公车上书③，凡用三千奏牍④。公车令两人共持举其书⑤，仅然能胜⑥。
人主从上方读之⑦，止，辄乙其处⑧，读之二月乃尽。诏拜以为郎⑨，常在侧侍中⑩。

数召至前谈语，人主未尝不说也。时诏赐之食于前①。饭已，尽怀其余肉持去，衣尽污。数赐缣帛⑫，檐揭而去⑬。徒用所赐钱帛，取少妇于长安中好女⑭。率取妇一岁所者即弃去⑮，更取妇。所赐钱财尽索之于女子⑯。人主左右诸郎半呼之"狂人"。人主闻之，曰："令朔在事无为是行者⑰，若等安能及之哉！"朔任其子为郎，又为侍谒者⑱，常持节出使⑲。朔行殿中，郎谓之曰："人皆以先生为狂。"朔曰："如朔者，所谓避世于朝廷间者也⑳。古之人，乃避世于深山中。"时坐席中，酒酣，据地歌曰㉑："陆沉于俗，避世金马门。宫殿中可以避世全身，何必深山之中，蒿庐之下。"㉔金马门者，宦者署门也，门傍有铜马，故谓之曰"金马门"。

【注释】

①东方生：东方先生，东方朔。西汉著名的文学家，《汉书》有传。②外家之语：即"外家传语"。③公车：官署名。设公车令掌管宫殿中司马门的警卫。凡吏民上书言事和朝廷征召等事都由它管理。④奏牍：给皇帝上书所用的木片。⑤持举：扛抬。⑥仅然：恰恰；刚好。胜（shèng）：胜任。⑦上方：官署名。即尚方，掌管制造皇家所用的器物。⑧乙：这里作一个划断的记号"乙"，乙为古人改写文章增改文字的符号。⑨拜：授予官职或爵位。⑩侍中：在宫廷中听候支使。⑪时：时常。⑫缣帛：绸绢的通称。⑬檐（dàn）：通"担"。揭：扛。⑭取：通"娶"。⑮所：通"许"。约计之词。⑯尽：皆；全。索：竭；尽。⑰令：假使。⑱侍谒者：官名。⑲节：使者所持以作凭证的信物，用竹、木制成。⑳避世：逃避世事而隐居。㉑据地：趴在地上。㉒陆沉：陆地无水而下沉。㉓金马门：汉武帝得大宛马，以铜铸像，立于宦者署门，因以为名。㉔蒿庐：茅屋。

时会聚宫下博士诸先生与论议①，共难之曰②："苏秦、张仪一当万乘之主③，而都卿相之位④，泽及后世。今子大夫修先王之术⑤，慕圣人之义，讽诵《诗》《书》百家之言⑥，不可胜数。著于竹帛⑦，自以为海内无双，即可谓博闻辩智矣⑧。然悉力尽忠以事圣帝⑨，旷日持久，积数十年，官不过侍郎⑩，位不过执戟⑪，意者尚有遗行邪⑫？其故何也？"东方生曰："是固非子所能备也⑬。彼一时也，此一时也，岂可同哉！夫张仪、苏秦之时，周室大坏，诸侯不朝，力政争权⑭，相禽以兵⑮，并为十二国⑯，未有雌雄⑰，得士者强，失士者亡。故说听行通⑱，身处尊位，泽及后世，子孙长荣。今非然也⑲。圣帝在上，德流天下，诸侯宾服⑳，威振四夷，连四海之外以为席㉑，安于覆盂㉒，天下平均，合为一家，动发举事，犹如运之掌中。贤与不肖，何以异哉？方今以天下之大，士民之众，竭精驰说，并进辐凑者㉓，不可胜数。悉力慕义，困于衣食，或失门户㉔。使张仪、苏秦与仆并生于今之世，曾不能得掌故㉕，安敢望常侍侍郎乎㉖！传曰㉗：'天下无害灾，虽有圣人，无所施其才；上下和同，虽有贤者，无所立功。'故曰'时异则事异㉘'。虽然，安可以不务修身乎？《诗》曰：'鼓钟于宫，声闻于外㉙。''鹤鸣九皋，声闻于天㉚。'苟能修身，何患不荣！太公躬行仁义七十二年㉛，逢文王㉜，得行其说，封于齐㉝，七百岁而不绝。此士之所以日夜孜孜㉞，修学行道，不敢止也。今世之处士㉟，时虽不用，崛然独立㊱，块然独处㊲，上观许由㊳，下察接舆㊴，策同范蠡㊵，忠合子胥㊶，天下和平，与义相扶㊷，寡偶少徒㊸，固其常也。子何疑于余哉！"于是诸先生默然无以应也。

【注释】

①博士：学官名。②难（nàn）：驳问；辩难。③苏秦、张仪：战国时纵横家代表人物。当：遇。万乘（shèng）：万辆兵车。借指大国。④都：居。⑤子大夫：子，

对人的敬称；大夫，官位。⑥讽诵：背诵；熟习。⑦竹帛：竹简和白绢，古代书写用具。⑧即：通"则"。承接连词。⑨悉力：竭力。⑩侍郎：官名。侍从官员，属于郎中令。⑪执戟：即指郎官。⑫意者：猜测；猜想。遗行（xíng）：不检点的行为。⑬备：备悉；完全了解。⑭力政：以武力相征伐。政，通"征"。⑮禽：通"擒"。⑯并：兼并。⑰雌雄：比喻胜负。⑱说听行通：意见被采纳，事情办成了。⑲然：如此。指示代词。⑳宾服：指诸侯或藩属按时朝贡，表示服从。㉑连四海之外以为席：极言所辖地域之广，控制之严。席，坐垫。㉒覆盂：覆置的盂。㉓辐凑：车辐凑集到毂上，比喻从四面八方聚集一处。㉔或：有人；有的。虚指代词。门户：指进身做官的门路。㉕掌故：官名。掌管礼乐制度等的故事。㉖常侍侍郎：官名。即常侍侍郎。经常在宫内侍奉皇帝。㉗传：泛称古书。㉘时异则事异：语出《韩非子·五蠹》。㉙鼓钟于宫声闻于外：语出《诗·小雅·白华》。㉚鹤鸣九皋声闻于天：语出《诗·小雅·鹤鸣》。九皋：幽深遥远的沼泽。㉛太公：指齐太公吕尚。㉜文王：指周文王，姬昌。周朝的奠基者。㉝齐：国名。㉞孜孜（zī）：勤勉不倦的样子。㉟处士：隐士。即指自己。㊱崛然：特起突立的样子。㊲块然：孤独而安定的样子。㊳许由：唐尧时隐士。㊴接舆：春秋时楚国隐士。曾唱着《凤兮歌》嘲笑孔丘。㊵范蠡（lǐ）：春秋末期越国的谋臣，曾辅佐句践灭吴称霸。事见《越世家》。㊶子胥：伍子胥。㊷与义相扶：指修身自持。义，正义、原则。扶，持。㊸偶：伴侣。徒：徒众。

建章宫后阁重栎中有物出焉①，其状似麋。以闻，武帝往临视之。问左右群臣习事通经术者，莫能知②。诏东方朔视之。朔曰："臣知之，愿赐美酒粱饭大飧臣③，臣乃言。"诏曰："可。"已④，又曰："某所有公田鱼池蒲苇数顷，陛下以赐臣，臣朔乃言。"诏曰："可。"于是朔乃肯言，曰："所谓驺牙者也⑤。远方当来归义，而驺牙先见⑥。其齿前后若一，齐等无牙⑦，故谓之驺牙。"其后一岁所，匈奴混邪王果将十万众来降汉⑧。乃复赐东方生钱财甚多。

【注释】

①建章宫：汉宫名。故址在今陕西省西安市西北郊。重栎（lì）：双重栏杆。焉：于是。兼词。②莫：没有人。无指代词。③粱饭：精米饭。飧：给吃。动词。④已：终了；过后。这里指吃喝过后。⑤驺（zōu）牙：兽名。也叫驺虞、驺吾。⑥见（xiàn）：通"现"。⑦齐等无牙：谓该兽口中的牙齿完全相同，只有门牙，而无白齿。⑧混邪（yé）王：即浑邪王。

至老，朔且死时，谏曰："《诗》云①：'营营青蝇②，止于蕃③。恺悌君子④，无信谗言。谗言罔极⑤，交乱四国⑥。'愿陛下远巧佞，退谗言。"帝曰："今顾东方朔多善言⑦？"怪之。居无几何，朔果病死。传曰⑧："鸟之将死，其鸣也哀；人之将死，其言也善。"此之谓也⑨。

【注释】

①引诗出于《诗·小雅·青蝇》。②营营：往来盘旋的样子。③蕃：通"藩"。④恺悌（kǎi tì）：和易近人。⑤罔极：没有止境。⑥交乱四国：构成四方国家与华夏的战乱。交，构。⑦顾：反而。⑧引语出于《论语·泰伯》。⑨此之谓也：说的就是这个呢。

武帝时，大将军卫青者①，卫后兄也②，封为长平侯。从军击匈奴，至余吾水上而还③，斩首捕虏，有功来归，诏赐金千斤。将军出宫门，齐人东郭先生以方士待诏公车④，当道遮卫将军车⑤，拜谒曰："愿白事⑥。"将军止车，前东郭先生⑦。旁车言曰⑧："王夫人新得幸于上⑨，家贫。今将军得金千斤，诚以其半赐王夫人之亲⑩，人主闻之必喜。此所谓奇策便计也⑪。"卫将军谢之曰："先生幸告之以便计⑫，请奉教。"于是卫将军乃以五百金为王夫人之亲寿⑬。王夫人以闻武帝。帝曰："大将军不知为此。"问之安所受计策⑭，对曰："受之待诏者东郭先生。"诏召东郭先生，拜以为郡都尉⑮。东郭先生久待诏公车，贫困饥寒，衣敝⑯，履不完⑰。行雪中，履有上无下，足尽践地。道中人笑之，东郭先生应之曰："谁能履行雪中⑱，令人视之，其上履也，其履下处乃似人足者乎？"及其拜为二千石，佩青缳出宫门⑲，行谢主人⑳。故所以同官待诏者，等比祖道于都门外㉑。荣华道路，立名当世。此所谓衣褐怀宝者也㉒。当其贫困时，人莫省视㉓；至其贵也，乃争附之。谚曰："相马失之瘦㉔，相士失之贫。"其此之谓邪？

【注释】

①大将军：武官名。为将军的最高称号，掌管统兵征战，位比三公。卫青：河东平阳（今山西省临汾市西南）人。②卫后：卫子夫。③余吾水：水名。在今蒙古国北部。④东郭：复姓。方士：江湖术士，好讲神仙方术的人。待诏：犹言候命。⑤遮：拦住。⑥白：禀告；告语。⑦前：前进。使动用法。⑧旁（bàng）：通"傍"。⑨王夫人：汉武帝的宠姬，生子闳。⑩诚：如果。亲：父母。⑪奇策便计：巧妙而便捷的计策。⑫幸：幸喜；幸亏。⑬寿：祝寿；敬酒或赠送。⑭安所：何处；哪里。⑮郡都尉：官名。⑯敝：坏；破旧。⑰不完：不完整；破烂。⑱履行：穿着鞋子走路。从此以下四句，是东郭先生解嘲之辞。⑲青缳（guā）：青绶。⑳谢：告辞。主人：指房东。㉑等比：依次。祖道：为出行者祭祀路神，并设宴送行。㉒衣褐（hè）怀宝：比喻境遇贫寒而实有才干的人。褐，粗布短衣，贫贱者所穿。㉓省（xǐng）视：存问；理睬。㉔失：漏失；看错。

王夫人病甚，人主至自往问之曰："子当为王，欲安所置之①？"对曰："愿居洛阳②。"人主曰："不可。洛阳有武库、敖仓③，当关口④，天下咽喉。自先帝以来，传不为置王⑤。然关东国莫大于齐，可以为齐王。"王夫人以手击头⑥，呼"幸甚"。王夫人死，号曰"齐王太后薨"⑦。

【注释】

①置：安排。②洛阳：都邑名。③敖仓：秦汉时代国家的大粮仓，旧址在今河南省郑州市西北邙山上。④当关口：谓由长安出函谷关东行，洛阳首当其冲。⑤传：相沿；历来。⑥以手击头：因病倒在床，不能起身叩谢，故以此示意。⑦号曰齐王太后薨（hōng）：这时齐王尚未受封，葬礼就如此称呼，表明她深受宠幸。

昔者，齐王使淳于髡献鹄于楚①。出邑门②，道飞其鹄，徒揭空笼③，造诈成辞，往见楚王曰："齐王使臣来献鹄，过于水上，不忍鹄之渴，出而饮之④，去我飞亡⑤。吾欲刺腹绞颈而死，恐人之议吾王以鸟兽之故令士自伤杀也⑥。鹄，毛物⑦，多相类者，吾欲买而代之，是不信而欺吾王也⑧。欲赴佗国奔亡⑨，痛吾两主使不通。故来服过，叩头受罪大王⑩。"楚王曰："善，齐王有信士若此哉⑪！"厚赐之，财倍鹄在也。

【注释】

①鹄（hú）：鸟名。即天鹅。②邑门：都门。这里指齐国都城临淄的城门。③徒：只。④饮（yìn）：给喝。使动用法。⑤亡：逃失。⑥议：讥笑。吾：我（们）。⑦毛物：长羽毛的东西。⑧信：诚实。⑨佗（tuō）：同"他"。⑩受罪：接受惩罚。大王：前面省略了介词"于"。⑪信士：讲究忠信的人。

武帝时，征北海太守诣行在所①。有文学卒史王先生者②，自请与太守俱③："吾有益于君。"君许之。诸府掾功曹白云④："王先生嗜酒，多言少实，恐不可与俱。"太守曰："先生意欲行，不可逆。"遂与俱。行至宫下，待诏宫府门。王先生徒怀钱沽酒⑤，与卫卒仆射饮⑥，日醉，不视其太守。太守入跪拜。王先生谓户郎曰⑦："幸为我呼吾君至门内遥语⑧。"户郎为呼太守。太守来，望见王先生。王先生曰："天子即问君何以治北海，令无盗贼，君对曰何哉？"对曰："选择贤材，各任之以其能，赏异等⑨，罚不肖⑩。"王先生曰："对如是，是自誉自伐功⑪，不可也。愿君对言，非臣之力，尽陛下神灵威武所变化也。"太守曰："诺。"召入，至于殿下，有诏问之曰："何于治北海，令盗贼不起？"叩头对言："非臣之力，尽陛下神灵威武之所变化也。"武帝大笑，曰："於呼⑫！安得长者之语而称之⑬！安所受之？"对曰："受之文学卒史。"帝曰："今安在？"对曰："在宫府门外。"有诏召拜王先生为水衡丞⑭，以北海太守为水衡都尉⑮。传曰："美言可以市，尊行可以加人⑯。君子相送以言，小人相送以财⑰。"

【注释】

①征：召。北海：郡名。地在今山东省中部，治所在营陵（今潍坊市西南）。行在所：简称行在。指皇帝所在的地方，后专指皇帝临时驻在的地方。②文学卒史：掌管文书的小吏。③俱：同行；随行。④府掾（yuàn）：太守府中的属吏。掾，属吏的通称。功曹：官名。也称功曹史。⑤沽：买；卖。⑥仆射（yè）：官名。卫卒仆射是管带卫卒的长官。⑦户郎：看守宫门的郎官。⑧遥语：隔着一段距离讲话。⑨异等：特等；超越寻常的。⑩不肖：不贤。⑪伐：夸耀。⑫於（wū）呼：同"呜呼"。表示惊讶的叹词。⑬长者：厚道、有修养的人。⑭水衡丞：官名。⑮水衡都尉：官名。掌管上林苑。⑯美言可以市尊行可以加人：引语出于《老子》。说它有价值。加人，高出别人；受人尊敬。⑰君子相送以言，小人相送以财：引语本于《晏子春秋》。

魏文侯时①，西门豹为邺令②。豹往到邺，会长老③，问之民所疾苦④。长老曰："苦为河伯娶妇⑤，以故贫。"豹问其故，对曰："邺三老、廷掾常岁赋敛百姓⑥，收取其钱得数百万，用其二三十万为河伯娶妇，与祝巫共分其余钱持归⑦。当其时，巫行视小家女好者⑧，云是当为河伯妇，即娉取⑨。洗沐之，为治新缯绮縠衣⑩，闲居斋戒⑪；为治斋宫河上⑫，张缇绛帷⑬，女居其中。为具牛酒饭食⑭，十余日。共粉饰之⑮，如嫁女床席⑯，令女居其上，浮之河中。始浮，行数十里乃没。其人家有好女者，恐大巫祝为河伯取之，以故多持女远逃亡。以故城中益空无人，又困贫⑰，所从来久远矣。民人俗语曰'即不为河伯娶妇⑱，水来漂没，溺其人民'云⑲。"西门豹曰："至为河伯娶妇时，愿三老、巫祝、父老送女河上，幸来告语之⑳，吾亦往送女。"皆曰："诺。"

【注释】

①魏文侯：魏斯。战国时魏国国君。前424—前387年在位。②西门豹：

姓西门，名豹。邺（yè）：魏邑名。③长（zhǎng）老：年高有德望的人。④所疾苦：所痛苦的事。疾，痛。⑤河伯：河神。⑥三老：官名。职掌教化。廷掾：县吏。常岁：每年。⑦祝巫：以祭祀鬼神为职业的人。古代多为妇女。⑧行（xíng）视：巡视。⑨娉（pìn）取：通"聘娶"。⑩治：缝制。缯：丝织品的总称。绮（qí）：有花纹的丝织品。縠（hú）：绉纱一类的丝织品。⑪闲居：独自居住。⑫治斋宫：建造斋戒的房子。河：古代黄河的专名。⑬缇（tí）：红黄色的丝织品。绛（jiàng）：大红色。帷：帐子。⑭具：备办。⑮粉饰：装饰；打扮。⑯床席：指床帐枕席等物。⑰又：更加。⑱俗语：相传如此说。即：假使。⑲云：那么说。⑳幸：希望。

至其时，西门豹往会之河上。三老、官属、豪长者、里父老皆会①，以人民往观之者三二千人②。其巫，老女子也，已年七十。从弟子女十人所③，皆衣缯单衣④，立大巫后。西门豹曰："呼河伯妇来，视其好丑。"即将女出帷中，来至前。豹视之，顾谓三老、巫祝、父老曰："是女子不好⑤，烦大巫妪为入报河伯⑥，得更求好女，后日送之。"即使吏卒共抱大巫妪投之河中。有顷，曰："巫妪何久也？弟子趣之⑦！"复以弟子一人投河中。有顷，曰："弟子何久也？复使一人趣之！"复投一弟子河中。凡投三弟子⑧。西门豹曰："巫妪弟子是女子也，不能白事，烦三老为入白之。"复投三老河中。西门豹簪笔磬折⑨，向河立待良久。长老、吏傍观者皆惊恐。西门豹顾曰："巫妪、三老不来还，奈之何？"欲复使廷掾与豪长者一人入趣之。皆叩头，叩头且破，额血流地，色如死灰。西门豹曰："诺，且留待之须臾⑩。"须臾，豹曰："廷掾起矣。状河伯留客之久⑪，若皆罢去归矣。"邺吏民大惊恐，从是以后，不敢复言为河伯娶妇。

【注释】

①官属：指廷掾。里父老：乡里间有点名望的老人。②以：与，及。连词。③弟子女：即女弟子。十人所：十来个人。所，许。④衣（yì）：穿。动词。⑤是：此；这。⑥妪（yù）：老妇的通称。⑦趣（cù）：通"促"。催促。⑧凡：总计。⑨簪笔磬折：描述他故作恭敬的样子。磬折：弯腰鞠躬像石磬（作钝角曲尺形）那样弯折。⑩须臾：片刻；一会儿。⑪状：看情况。推测之词。

西门豹即发民凿十二渠①，引河水灌民田，田皆溉②。当其时，民治渠少烦苦③，不欲也。豹曰："民可以乐成④，不可与虑始⑤。今父老子弟虽患苦我⑥，然百岁后期令父老子孙思我言⑦。"至今皆得水利，民人以给足富⑧。十二渠经绝驰道⑨，到汉之立，而长吏以为十二渠桥绝驰道⑩，相比近⑪，不可。欲合渠水，且至驰道合三渠为一桥。邺民人父老不肯听长吏，以为西门君所为也，贤君之法式不可更也⑫。长吏终听置之⑬。故西门豹为邺令，名闻天下，泽流后世，无绝已时⑭，几可谓非贤大夫哉⑮！

【注释】

①发民：征发老百姓。②溉：得到灌溉。③少：通"稍"。略微。④以：与，介词。乐成：安享现存事物。⑤虑始：商量新事物的创造。⑥患苦：憎恨；厌恶。⑦期：必；一定。⑧给（jǐ）足：衣食丰足。⑨经绝：横断。⑩长（zhǎng）吏：指县级主要官吏（令、长、丞、尉）。⑪比近：靠近；挨近。比，邻近。⑫法式：制度；典范。⑬置：搁置。⑭绝已：断绝；完了。⑮几（qǐ）：通"岂"。难道。

传曰："子产治郑①，民不能欺；子贱治单父②，民不忍欺；西门豹治邺，民不敢欺。"三子之才能谁最贤哉？辨治者当能别之③。

【注释】

①子产：公孙侨，字子产。春秋时郑国的贤相。郑：国名。②子贱：宓（fú，又音 mì）子齐，字子贱。春秋时鲁国人，曾任单父宰（县长）。单父（shàn fǔ）：鲁邑名。在今山东省单县。③辨治者：分辨治道的人。

日者列传第六十七①

自古受命而王②，王者之兴何尝不以卜筮决于天命哉③！其于周尤甚④，及秦可见⑤。代王之入⑥，任于卜者⑦。太卜之起⑧，由汉兴而有⑨。

【注释】

①日者列传：此篇原缺，有录无书，三国曹魏时张晏说系汉元、成年间褚少孙所补。日本泷川龟太郎考证说："此篇有褚氏补传，则本传传成，必在少孙前，而非史公手笔。篇中但叙楚人司马季主事，不及齐、秦、赵诸国人，与自序所言异，亦其一证。"②受命而王：受天帝之命而为帝王。③兴（xīng）：兴起。卜筮（shì）：占卜。卜，指用龟甲占卜（根据龟甲被烧灼后的裂纹来预测吉凶）。筮，指用蓍（shī）草占卜（根据蓍草的排列情况来预测吉凶）。卜筮是古代的迷信活动和习俗。④其于周尤甚：这种习俗在周代尤为盛行。清末以来，殷墟（在今河南安阳小屯村）出土大量有卜辞的甲骨，其他商代遗址也往往出土有字甲骨，表明商代占卜习俗也非常盛行，可能超过周代。司马迁当时因这方面的考古材料不足，故有此说法。其，指示代词，相当于"那""那些"。这里指称上述有关情况（王者以卜筮取决于天命而兴）。周，古部族、朝代名。姬姓。始祖后稷，原居邰（tái 今陕西武功），公刘时迁到豳（bīn 今陕西彬县），古公亶父时定居于周（今陕西岐山县东北），周文王时迁都于丰（今陕西长安沣河以西），势力日强。公元前 11 世纪周武王灭商后建立周朝，都镐（hào 在今西安市长安区沣河以东）。⑤及：至，到。秦：古国名、朝代名。由秦部落发展而来。开国君主为襄公，因护送平王东迁有功，始列为诸侯。嬴姓。⑥代王：即汉文帝刘恒（前 202—前 157 年）。高祖刘邦子，初封为代王。吕后死后，周勃等平定诸吕之乱，他被迎立为帝。前 180—前 157 年在位。入：入朝。⑦任于卜者：听信卜者。听任于占卜者。《史记·孝文本纪》和《汉书·文帝纪》记载，吕后八年（前 180 年）七月，吕后死，诸吕谋为乱；九月，右丞相陈平、太尉周勃等大杀诸吕，使人迎代王。代王犹豫不决，使卜者卜之，兆（龟甲烧灼后形成的裂纹，用以判断吉凶）得"大横"（一种卦兆的名称），占辞说："大横庚庚，余为天王，夏启以光。"卜者告诉代王：入朝大吉，能像夏启继承禹位那样，成为天子。代王遂遣人见周勃，消除了疑惑，入京继承帝位。卜者，又称"卜

人"。专门从事占卜的人。古代占候卜筮的人，通称为"日者"。占候是根据天象的变化来预测吉凶的迷信活动，卜筮则指用甲骨、蓍草进行占卜，二者是不同的。⑧太卜：官名。职掌为帝王占卜。起：出现，产生；兴起。⑨《索隐》案：《周礼》有"太卜"之官。此云由汉兴者，谓汉自文帝卜"大横"之后，其卜官更兴盛焉。《史记会注考证》引张文虎曰："《龟策传》：'高祖时因秦太卜官。'是汉兴即有太卜，不因文帝而更兴盛也。'由汉兴而有'者，盖言汉兴以来即有之矣。"

司马季主者①，楚人也②。卜于长安东市③。

【注释】

①司马季主：复姓司马，名季主。者：代词。放在主语后，引出判断。②楚人也：是楚国人。《索隐》按：云楚人而太史公不序其系（世系），盖楚相司马子期、子反后，芈（mǐ）姓也。楚，古国名。芈姓。也：句末语气词。③卜：卜筮，卜卦，卖卜。用作动词。长安：西汉国都。高祖五年（前202年）置县，七年定都于此。惠帝时筑城，在今西安市西北。以后许多朝代都以长安为首都或陪都。东市：当时长安城内综合性的中心市场之一，与西市相对。另有专门行业的小市如酒市、牛市等，称为"九市"。

宋忠为中大夫①，贾谊为博士②，同日俱出洗沐③，相从论议④，诵易先王圣人之道术⑤，究遍人情⑥，相视而叹⑦。贾谊曰："吾闻古之圣人，不居朝廷，必在卜医之中。今吾已见三公九卿朝士大夫⑧，皆可知矣。试之卜数中以观采⑨。"二人即同舆而之市⑩，游于卜肆中⑪。天新雨⑫，道少人，司马季主闲坐，弟子三四人侍，方辩天地之道⑬、日月之运⑭、阴阳吉凶之本⑮。二大夫再拜谒⑯。司马季主视其状貌，如类有知者⑰，即礼之⑱，使弟子延之坐⑲。坐定，司马季主复理前语⑳，分别天地之终始㉑，日月星辰之纪㉒，差次仁义之际㉓，列吉凶之符㉔，语数千言㉕，莫不顺理㉖。

【注释】

①中大夫：官名。属郎中令（汉武帝时更名光禄勋），武帝太初元年（前104年）改为光禄大夫，秩比二千石。掌顾问应对，无常事，唯诏令所使。②贾谊（前200—前168年）西汉政论家、文学家。洛阳（今河南洛阳市东北）人，时称贾生。博士：官名。西汉时属奉常（景帝时改为太常），秩比六百石，掌通古今，员多至数十人。武帝建元五年（前136年），初置五经博士，为教授"博士弟子员"以儒经之官，与前职掌不同。③出：指出朝回家。洗沐：指放假休息。《正义》：汉官五日一假洗沐也。④相从：两个人在一起走。论议：讨论，研究。⑤诵易：意为交替着谈讲。诵，陈述，背诵（本指朗诵）。易，更换。⑥究遍：犹遍究。普遍探究。此处意为广泛探究。人情：犹人心、世情。成语有"世道人心"，义与此类似。⑦叹：叹息；赞叹。⑧三公：王朝中最高的官位。九卿：王朝中央各行政机关的总称。《周礼》载有天官冢宰至少保等九卿官名。秦汉通常以奉常（太常）、郎中令（光禄勋）、卫尉、太仆、廷尉、典客（后改名大鸿胪）、宗正、治粟内史（后改名大司农）、少府为九卿，分别职掌宗庙礼仪（兼掌选试博士）、守卫宫殿门户、宫门警卫、皇帝车马及马政、司法、接待少数民族、皇族事务、租税钱谷盐铁及国家财政收支、山海池泽收入及皇室手工业制造等，各卿既为官名又为该机关之名，皆有属员。朝士大夫：泛指在朝的一般官僚。士大夫，古指官僚阶层。⑨之：到某处去。卜数：犹术数，卜筮。卜筮者要用"大衍之数"（即

五十）进行推演。⑩舆：车。之：往某处去。⑪游：游逛。肆：店铺。⑫新雨：刚刚下过雨。雨，下雨。用作动词。⑬方：正在。道：规律，道理；道家之所谓"道"，是指先于物质而存在的精神性的东西，是产生天地万物的总根源。⑭运：运行。⑮阴阳：中国哲学的一对范畴，用以解释自然界两种对立和相互消长的势力。《易传》认为阴阳交替是宇宙的根本规律。本：本源，根本。⑯二大夫：指贾谊（当时非大夫）、宋忠。⑰如类：好像是。有知者：有知识的人；聪明人。知，知识；又通"智"，智慧，聪明。⑱礼：答礼，还礼。用作动词。⑲使：叫，让，指使。延：引进，迎接，引申为邀请，请。⑳前语：前面说的话。㉑分别：区别，分辨；分析，辨析。㉒纪：年岁；纪年单位年数循环一次为一纪。又，法度，准则。㉓差（cī）次：区别等次；分析。差，区别等次。次，按顺序排列，等次。仁义：儒家的两种道德范畴。仁指人相爱，又作为善政的标准（仁政）。义指利人，又指正义、按正道去实行。际：会合，际会，交际。㉔列：排列；列述，胪列。符：符应。㉕言：一个字称"一言"；一句话亦可称"一言"。㉖莫：没有，没有什么。顺理：顺理成章。合乎道理。

宋忠、贾谊瞿然而悟①，猎缨正襟危坐②，曰："吾望先生之状③，听先生之辞，小子窃观于世④，未尝见也⑤。今何居之卑⑥，何行之污⑦？"

【注释】

①瞿（jù）然：惊视貌。引申为惊动的样子。悟：醒悟；理解，明白。②猎缨：揽其冠缨。即整理帽子，使之戴正，表示恭敬对方。猎，通"擸"。用手持齐，整理。缨，古代帽子上系在领下的带子（即帽带），也泛指带子。正襟危坐：正一正衣襟，端正地坐着。形容恭敬、严肃的样子。③吾：我，我们。状：样子。④小子：晚辈。用为自谦之辞。窃观：私下观察。窃，私下，暗中。⑤尝：曾，曾经。⑥何：为什么。居：住。此处指政治上身处某种地位。⑦行：行事。此处指所从事的职业方面。污：污秽，不干净。

司马季主捧腹大笑，曰："观大夫类有道术者，今何言之陋也①，何辞之野也②！今夫子所贤者何也③？所高者谁也④？今何以卑污长者⑤？"

【注释】

①何言之陋也：为什么识见这样浅薄呢。何，为什么；多么。②辞：言辞。野：粗野。③夫子：对学者的称呼。贤：认为贤。意动用法。④所高者：（所）认为高尚的人。⑤何以：凭什么，怎么。卑污长（zhǎng）者：认为长者卑下污浊。卑污，以之为卑污，意动用法。长者，年纪和辈分都高的人；年高有德的人。此处是司马季主自称为长者。

二君曰①："尊官厚禄②，世之所高也③，贤才处之④。今年。处非其地⑤，故谓之卑。言不信⑥，行不验⑦，取不当⑧，故谓之污。夫卜筮者⑨，世俗之所贱简也⑩。世皆言曰：'夫卜者多言夸严以得人情⑪，虚高人禄命以说人志⑫，擅言祸灾以伤人心⑬，矫言鬼神以尽人财⑭，厚求拜谢以私于己⑮。'此吾之所耻⑯，故谓之卑污也。"

【注释】

①二君：指宋忠、贾谊二人。君，对对方的尊称；又，君子。参见前"二大夫"条注。②尊官：尊贵的官职。厚禄：丰厚的俸禄。③世：世人。④贤才：贤

能的人才。处之：犹居之。此处指占有它们，享占它们（尊官厚禄）。⑤此句意谓眼下您所居不是尊官厚禄之地。⑥言不信：说话不真实。⑦行不验：所行无效验。验，验证；效果。⑧取不当（dàng）：索取不适当。当，恰当，合适，适当。⑨夫（fú）：句首语气词，表示将发议论。下"夫"字同。卜筮者：卜筮这种行当。⑩贱简：贱视。瞧不起。简，怠慢，荒废，忽视。⑪夸严：《史记会注考证》引王念孙的意见认为当作"夸诞"解。得：博得，此处可解为"应合"人情：人情世故；人之常情。⑫虚高：假意抬高。虚，虚假地。高，用作动词。人：别人。指前来问卜者。禄，福，兼指福祸。命，命运。说（yuè）：通"悦"。喜欢，高兴。此处意为使人高兴。使动用法。志：心意。⑬擅言：信口雌黄。随口胡说。⑭矫言：说假话，诳言伪语。尽（jìn）：罄尽，完，没有了。此处意为骗尽（人财），使（人财）罄尽。使动用法。⑮厚求：犹贪求。索求很多东西。私于己：利于己。⑯此句意为这是我们认为耻辱的行为。

司马季主曰："公且安坐①。公见夫被发童子乎②？日月照之则行，不照则止，问之日月疵瑕吉凶③，则不能理④。由是观之⑤，能知别贤与不肖者寡矣⑥！"

【注释】

①公：对人的尊称。且：暂且，姑且。副词。安坐：坐好，好好坐着。②夫（fú）：这，那。被（pī）发童子：披散着头发的儿童。古代男子二十岁举行冠（guàn）礼，表示已经成人。③日月疵瑕（cī xiá）：指日食月食。疵瑕，犹言瑕疵，微小的缺点。④理：整理，治理。此处可理解为"讲出道理""加以解释"。⑤是：这，这个，这样，这方面。代词。⑥知别：知道区别。不肖：缺德寡才，品行不端（多用于子弟）。与贤（道德才能高）相对。

贤之行也①，直道以正谏②，三谏不听则退③；其誉人也不望其报④，恶人也不顾其怨⑤，以便国家利众为务⑥。故官非其任不处也⑦；禄非其功不受也⑧；见人不正，虽贵不敬也；见人有污，虽尊不下也⑨；得不为喜⑩，去不为恨⑪；非其罪也，虽累辱而不愧也⑫。

【注释】

①贤：贤者。贤能的人，贤明的人。②直道：犹正道，正直之道。此处意为遵循直道。以：连词，用法相当于"而"。正谏（jiàn）：正言相谏。谏，规劝君主、尊长或朋友，使之改正错误过失。③退：退位，退归。指不再进谏。④誉人：称赞人，夸奖人。报：报答，报恩。⑤恶（wù）：厌恶，不喜欢。⑥便国家：对国家有利。⑦官非其任：不是自己能胜任的官职。任，胜任，能够。处（chǔ）：居。此处指做（官）、担任。⑧禄非其功：不是自己的功劳所应得的俸禄。受：接受。⑨尊：尊贵，高贵，地位高。不下：不居其下，不对他表示谦卑。⑩得：有所得。得到官禄权势、荣华富贵。⑪去：失去；离开。不为恨：不为之感到遗憾。不引以为憾。⑫累（léi）辱：被捆绑受侮辱。指被关在监狱里遭受侮辱。累，通"缧"。捆绑，亦指捆绑人用的绳索。

"今公所谓贤者，皆可为羞矣①。卑疵而前②，孅趋而言③；相引以势④，相导以利；比周宾王⑤，以求尊誉⑥，以受公奉⑦；事私利⑧，枉主法⑨，猎农民⑩；以官为威⑪，以法为机⑫，求利逆暴⑬：譬无异于操白刃劫人者也⑭。初试官时⑮，倍力为巧诈⑯，饰虚功⑰、执空文以调主上⑱，用居上为右⑲；试官不让贤，陈功⑳，见伪增实㉑，以无为有，以少为多，以求便势尊位㉒；食饮驱驰㉓，从姬歌儿㉔，不顾于亲㉕，犯法害民，虚公家㉖：此夫为盗不操矛弧者也㉗，攻而不用弦刃者也㉘，欺父母未有罪而弑君未伐者也㉙。何以为高贤才乎㉚？

【注释】

①皆可为羞矣：都是一些应为他们感到羞愧的人呀。可，合宜，适合。②卑疵（cī）：惶惧不安的样子。低三下四的样子。与"卑陬"义近。③巇（qiān）趋：巧佞。过分谦恭。④相引以势：犹以势相引。⑤比周：语出《论语·为政》："君子周而不比，小人比而不周。"周，与人团结；比，与坏人勾结。"比周"连用，义同"比"（勾结）。指植党营私。宾正：有二解。一解为倾心以事权贵。"宾"作"服""宾服"解。⑥尊誉：尊贵荣誉。⑦公奉：官府的俸禄。奉，通"俸"。俸禄。⑧事：奉事。为……服务。⑨枉主法：歪曲君主的法律。枉，歪曲，破坏。⑩猎：猎取，转指掠夺；践踏，通"躐"。⑪以官为威：凭借官位逞威风。⑫以法为机：用法律作为干坏事的工具。机，弓弩上发射箭的机关。引申为作战设备和其他机械。⑬逆暴：逆行凶暴，不守正道。⑭譬：譬如。就好像是……。操：持，拿着。白刃：利刃。快刀。劫人：威胁人。劫，威逼，劫掠。⑮初试官时：刚当官时。试，用，任用。⑯倍力：加倍努力。此处可解为拼命、竭力。⑰饰虚功：粉饰虚而不实的所谓功劳。⑱詷（wǎng）主上：欺罔君王。詷，通"罔"。欺骗。主上，臣下对君主之称。⑲用居上为右：以便达到居人之上、受人尊重的目的。以便爬得高些。用，介词，以，以便。右，较尊贵的地位（因古代尊崇右）。引申为尊重，重视。⑳陈功：犹"伐功"。（自己）述说自己的功劳。自夸其功。陈，陈述。㉑见伪增实：碰到（见到）虚假之处便施展手段把它弄成"真实的"。见，看见；遇到。㉒便势：有利的地位，权势。便，有利。㉓食饮驱驰：大吃大喝，四出游乐。驱驰，驱车驰马，田猎游逛。㉔从姬：随侍左右的美女。从，跟从，随从。姬，古时对妇女的美称，也指美女。歌儿：唱歌的年轻男女。㉕不顾于亲：不管父母亲人死活。亲，父母；亲人，亲戚。㉖虚：虚耗。使……空虚。㉗夫（fú）：作语助，用在句中，有加强（或缓和）语气的作用。矛弧（hú）：矛和弓。矛，古代的一种兵器，用以刺杀。弧，木弓。㉘弦刃：弓箭和刀。弦，弓上发箭用的牛筋绳子。此处泛指弓箭。㉙欺父母未有罪：虐待父母而未被判罪。欺，欺凌，虐待。未有罪，指未被判罪。弑（shì）：指子杀其父，臣杀其君。未伐：未被声讨。伐，讨伐，进攻。㉚何以为高贤才乎：为什么把他们看成高明（高尚）者和贤能之才呢？何以为，为什么认为。凭什么认为。本句是针对宋忠、贾谊所说"尊官厚禄，世之所高也，贤才处之"一语而发出的反问。

盗贼发不能禁①，夷貊不服不能摄②，奸邪起不能塞③，官耗乱不能治④，四时不和不能调⑤，岁谷不孰不能适⑥。才贤不为⑦，是不忠也；才不贤而托官位⑧，利上奉⑨，妨贤者处⑩，是窃位也⑪；有人者进⑫，有财者礼⑬，是伪也⑭。子独不见鸱枭之与凤皇翔乎⑮？兰芷芎䓖弃于广野⑯，蒿萧成林⑰，使君子退而不显众⑱，公等是也⑲。

【注释】

①发：兴起，发生。禁：禁止。②夷貊（mò）：犹蛮夷。泛指少数民族。摄：通"慑"。使畏惧。③起：出现，产生。塞：遏止，禁止。④耗（hào）乱：贪赃

枉法。耗,同"耗"亏损,消耗。乱,胡作非为。治:治理;整顿;惩治。⑤四时不和:指春夏秋冬四季气候反常以及由此造成灾害。调(tiáo):调节,调和,协调。⑥岁谷不孰:年景不好,五谷不熟。孰,植物的果实、种子成熟。后来写作"熟"适:调和。此处指调剂。⑦才贤不为:才能大而不做。⑧托:寄托,依靠。托身于……之上。⑨利上奉:贪图皇上给的俸禄。利,以……为利。奉,通"俸",俸禄,薪俸。⑩妨贤者处:妨害贤能的人做官。⑪窃位:偷窃官位。窃居官位。⑫有人者进:进用朝中或衙门中有后台的人。⑬有财者礼:尊敬和礼遇有钱财的人。即有财者得到尊敬礼遇。⑭是伪也:这是虚伪。⑮此句意思是你们难道没有看见鸱枭也在跟凤凰一起飞翔吗?谓坏人混在好人群里,非常得势。子,对人的尊称,多指男子,相当于"您"或"你们"。独,表示反问,相当于"难道"。鸱(chī),指鸱鸺(xiū),俗名猫头鹰。枭(xiāo),又名鸺鹠(liú),外形与鸱鸺相似的一种飞禽。古人认为鸱枭都是不祥之鸟,此处用以比喻恶人或才劣者。之,在句中起加强语感的作用。凤皇,后世写作"凤凰",古人传说的极美、吉祥之鸟,为百鸟之王。雄称凤,雌称凰。用以比喻贤能多才者。⑯兰芷芎(xiōng,又读qióng)䓖(qióng):泛指香草。兰,兰草;芷,白芷。都是香草,常连用(或作"芷兰""芝兰")。芎䓖,即川芎,多年生草本植物,根茎可入药,有调经、活血、止痛等作用。古人常用香草比喻君子、贤士。⑰蒿萧:泛指蒿类植物。比喻"小人"、劣才。⑱退:退居下位;不得进用。不显众:不显于众。⑲公等是也:你们就是这种人;就是你们这些人造成的。

述而不作①,君子义也②。今夫卜者③,必法天地④,象四时⑤,顺于仁义,分策定卦⑥,旋式正棋⑦,然后言天地之利害、事之成败⑧。昔先王之定国家,必先龟策日月⑨,而后乃敢代⑩;正时日⑪,乃后入⑫;家产子必先占吉凶⑬,后乃有之⑭。自伏羲作八卦⑮,周文王演三百八十四爻而天下治⑯。越王句践放文王八卦以破敌国⑰,霸天下⑱。由是言之,卜筮有何负哉⑲!

【注释】

①述而不作:传述(旧有的)而不创作(新的)。语出《论语·述而》。这里是司马季主借此语说明卜筮者只述天地阴阳的道理而不妄作虚诞。作,创作,创造,改作。②义:合宜的道德、行为或道理。义前省"之"字。③今夫(fú):略与"今""现在"相当。语气词"夫"放在"今"之后表示将发议论。④必:一定,必然。法:效法。⑤象四时:用卦爻等符号象征四时变化。象,象征。⑥分:分辨,辨别。策:占卜用的蓍草。又写作"筴"。定:确定。卦:占卜用的符号,以阳爻和阴爻相配合而成。基本的卦有所谓"八卦"(乾,坤,震,巽,坎,离,艮,兑)。每卦代表同一属性的若干事物,八卦相互配合组合为六十四卦。中国古代一些思想家用八卦和六十四卦来说明万物的矛盾的对立与转化,含有朴素的辩证法思想。⑦旋式:旋转栻。式,通"栻"。占卜用具,上圆象天,下方法地。《索隐》谓"用之则转天纲加地之辰,故云'旋式'"。⑦正棋:《索隐》称棋是筮策之状,正棋"盖谓卜以作卦也"。⑧事:人事。⑨龟策日月:占卜日月。龟策,占卜用的龟壳(甲)和蓍草。此处用作动词,意为"占卜"。⑩乃:才,这才。代:代天为政治民;取代前朝统治天下。⑪正时日:选准吉利时日。正,使……正;纠正。⑫乃后入:尔后才进入(国都)。入,应是指战胜振旅而入。⑬产子:生子,生孩子。⑭后乃有之:结合上句意为家里生孩子之前必定先占卜吉凶,如果占卜的结果是"不祥之兆",可能就不收养新生儿子;若占得"吉祥之兆",

则自然会抚育所生婴儿。⑮伏羲：或作宓羲、包牺、庖栖、伏戏，又称牺皇、皇羲。
⑯周文王：商末周族领袖。姓姬，名昌。商纣时为西伯，亦称西伯昌。统治期间，
国势日盛，攻灭不少商的与国，并立丰邑（今陕西西安市长安区沣河西）为都。
在位五十年。他曾被纣囚禁于羑（yǒu）里（今河南汤阴县北），推演《周易》。演：
推演。爻（yáo）：本指构成《易》卦的基本符号，即阳爻（—）和阴爻（——）。
每三爻合成一卦，可得八卦；两卦（六爻）相重，可得六十四卦。卦的变化取决
于爻的变化，故爻表示交错和变动的意义。此处指说明《易》六十四卦中各爻要
义的文辞，即爻辞。每卦六爻，六十四卦共三百八十四爻，每爻有爻题和爻辞。
⑰越：古国名。亦称於越。姒姓。相传始祖为夏代少康的庶子无馀。建都会稽（今
浙江绍兴市）。⑱霸天下：称霸天下，称霸诸侯，即成为各国诸侯的盟主。周元
王四年（前473年），句践灭吴，继北进中原，大会诸侯于徐州（今山东滕州），
一时号称霸主。在这前后，句践曾致贡于周，周元王使人赐句践胙（祭肉，祭后
赐予参与祭祀者），命为伯（伯，同"霸"，诸侯之长）。⑲有何负哉：有什么
可羞愧的呢！有何不光彩呢！负，负疚，羞愧。

　　"且夫卜筮者①，埽除设坐②，正其冠带③，然后乃言事，此有礼也④。言而
鬼神或以飨⑤，忠臣以事其上⑥，孝子以养其亲⑦，慈父以畜其子⑧，此有德者也。
而以义置数十百钱⑨，病者或以愈⑩，且死或以生⑪，患或以免，事或以成，嫁子
娶妇或以养生⑫，此之为德⑬，岂直数十百钱哉⑭！此夫老子所谓'上德不德，是
以有德'⑮。今夫卜筮者利大而谢少⑯，老子之云岂异于是乎⑰？

【注释】

　　①且夫（fú）：且，况且，再说。夫表示将发议论。②埽（sǎo）：通"扫"。坐：
座位。后来写作"座"。③正：端正，使……正。动词。冠带：帽子和腰带。④礼：
礼仪，礼貌。⑤或：有的人，有的；或许，也许。下数"或"字同。飨（xiǎng）：通"享"。
迷信者所谓鬼神享用祭品。⑥事：奉事，为……服务。上：国君，皇上。⑦养：赡
养，供养。亲：父母双亲。⑧畜（xù）：畜养；抚养，抚育。⑨而以义置数十百钱：
而求卜者出于道义给卜人数十、上百个钱。⑩愈：病好了。后世写作"瘉""癒"。
⑪且：将要，快要，接近。⑫子：儿子或女儿。此处指女儿。养生：生养，生男养女。
⑬之：放在主语（此）和谓语之间，取消句子的独立性。⑭岂直数十百钱哉：难道
仅值数十、上百个小钱吗？⑮老子：相传为春秋时期的著名思想家，道家的创始人。
一说即老聃，姓李名耳，字伯阳，楚国苦县（今河南鹿邑东）人。⑯利大而谢少：
对人好处大而受人之谢少。⑰此句意思是卜筮者的所作所为与老子所说的"上德"
之人没什么不同。云，说。是，这，这个，这样。指示代词。

　　"庄子曰①：'君子内无饥寒之患，外无劫夺之忧，居上而敬②，居下不为害③，
君子之道也。'今夫卜筮者之为业也，积之无委聚④，藏之不用府库⑤，徙之不用
辎车⑥，负装之不重⑦，止而用之无尽索之时⑧。持不尽索之物⑨，游于无穷之世，
虽庄氏之行未能增于是也⑩。子何故而云不可卜哉？天不足西北，星辰西北移；
地不足东南，以海为池⑪；日中必移⑫，月满必亏⑬；先王之道，乍存乍亡⑭。公
责卜者言必信⑮，不亦惑乎⑯！

【注释】

　　①庄子（约前369—前286年）：战国时哲学家、文学家。名周，宋国蒙（今
河南商丘东北）人。做过漆园吏。②居上：位居人上，指地位高。③居下：位居

人下，指地位低。不为害：不为祸害；不忌妒。害，祸害；忌妒。④积之无委聚：积蓄东西没有成堆成垛。委聚，堆积，积聚成堆。⑤藏：收藏，储藏。府库：泛指储藏财物之所。府，藏文书或财物的地方。库，藏兵车的地方。二者本有区别，后来变成了同义语，均指藏财物的地方。⑥辒车：一种有帷盖的车子。辒，又指外出时所带的衣物箱笼。⑦负装：犹行装。负，背，用背驮东西，泛指携带东西。重（zhòng）：重，沉重。⑧止：停留，居住，栖息。尽索：尽，完结。索，尽。⑨不尽索之物：指卜者所带的东西，如杖、棋之类，可反复用之而不尽。⑩增于是：比这还好。⑪《淮南子·天文训》："昔者共工与颛顼争为帝，怒而触不周之山，天柱折，地维绝。天倾西北，故日月星辰移焉；地不满东南，故水潦尘埃归焉。"这种说法在秦汉及其以前大概是相当流行的，非独卜筮者如此。⑫日中必移：太阳到了中午接下来必定是向西移落。⑬月满：月亮满圆的时候。当月与日在正相反的方向之时，人们所看到的月相是"满月"（即望月），接下来便是亏。亏：指月亮可见到的光亮部分缩减的现象。⑭乍存乍亡：忽存忽亡。乍，忽然。⑮责：要求。⑯不亦惑乎：不也是令人迷惑不解吗？

"公见夫谈士辩人乎①？虑事定计②，必是人也③。然不能以一言说人主意④，故言必称先王，语必道上古。虑事定计，饰先王之成功⑤，语其败害⑥，以恐喜人主之志⑦，以求其欲⑧。多言夸严，莫大于此矣⑨。然欲强国成功，尽忠于上，非此不立。今夫卜者，导惑教愚也⑩。夫愚惑之人，岂能以一言而知之哉⑪！言不厌多⑫。

【注释】

①见夫（fú）：见，看见。夫此为语气助词。谈士辩人：能言善辩之士。②虑事：考虑事情。③是人：这个人，这种人，这些人。④说（yuè）人主意：使人主喜欢。⑤饰：粉饰，夸饰。⑥败害：败亡祸患。⑦恐喜人主之志：影响君主的意念志向。恐，威吓，吓唬，指上述语先王败害一类。⑧以求其欲：以求得君主的同意，即使君主愿意照办。⑨此二句针对前文"夫卜者多言夸严以得人情"等语而发。⑩导惑：犹解惑。⑪知（zhì）：通"智"。聪明。此处为使动用法。⑫言不厌多：说话不厌其多。意为就是要多说，反复说。此句前似脱一"故"字。

"故骐骥不能与罢驴为驷①，而凤皇不与燕雀为群②，而贤者亦不与不肖者同列③。故君子处卑隐以辟众④，自匿以辟伦⑤，微见德顺以除群害⑥，以明天性，助上养下，多其功利，不求尊誉。公之等喁喁者也⑦，何知长者之道乎⑧！"

【注释】

①骐骥：骏马，良马。②燕雀：此处泛指燕子、麻雀一类小鸟。③不肖者：品行不好的人；不贤者。④辟：通"避"。躲避。⑤伦：人伦。⑥微见：暗中察见。德顺：天理人情和万物之理。⑦喁喁（yóng yóng）：形容低声说话，喊喊喳喳。⑧长（zhǎng）者：年纪和辈分都高的人；年高有德的人。

宋忠、贾谊忽而自失①，芒乎无色②，怅然噤口不能言③。于是摄衣而起④，再拜而辞⑤。行洋洋也⑥，出门仅能自上车，伏轼低头⑦，卒不能出气⑧。

【注释】

①忽而自失：恍惚自失。忽，犹忽忽。恍惚。②芒乎：犹茫然。芒，通"茫"。无色：面无人色。③怅（chàng）然：伤感、失意的样子。噤（jìn）口：闭口，不说话。④摄衣：整理衣服。整衣。⑤再拜：拜揖两次。拜，表示恭敬的一种礼

节。⑥行：走路。洋洋：无所归。犹不辨东西南北。形容精神恍惚、昏头昏脑的样子。⑦伏：趴。轼：古时车厢前用作扶手的横木。⑧卒：始终，终于。

居三日①，宋忠见贾谊于殿门外，乃相引屏语相谓自叹曰②："道高益安，势高益危。居赫赫之势③，失身且有日矣④。夫卜而有不审⑤，不见夺糈⑥；为人主计而不审⑦，身无所处⑧。此相去远矣⑨，犹天冠地屦也⑩。此老子之所谓'无名者万物之始'也⑪。天地旷旷⑫，物之熙熙⑬，或安或危，莫知居之⑭。我与若⑮，何足预彼哉⑯！彼久而愈安，虽曾氏之义未有以异也⑰。"

【注释】

①居三日：过了三天。②相引：相招引。与"凑在一起"义近。屏（bǐng）语：避开他人谈话。屏，退避。语，共语，互相谈话。③赫赫之势：显赫的权势、地位。④失身：丧身，死亡。且有日矣：将指日可待了。⑤不审：不周全。此处指占卜不中（不灵验）。⑥见：表示被动，相当于"被"。糈（xǔ）：糈米。⑦计：出谋划策，盘算，谋划。⑧身无所处：没有安身立命的地方。指性命难保。⑨此：指上述二者。相去：相差。⑩天冠地屦（jù）：天上的帽子，地上的鞋。帽子在天上，鞋子在地上。⑪无名者万物之始：见《老子》第一章。原文作"无名，天地之始"。意为"无"是产生天地万物的根源（老子所说的"无"，实际就是他所说的"道"。现在一般认为"道"或"无"是一种超时空的绝对精神，非指物质实体）。⑫旷旷：空阔广大，无边无涯。⑬熙熙：和乐的样子。结合上下文义此处可理解为"兴盛繁多，自适其性"。⑭莫知居之：不知所居。不知身居何处为好。⑮若：你；你的。第二人称代词。⑯何足预彼哉：哪里配得上参与人家的事呢。⑰曾氏：当为"庄氏"《集解》引徐广曰："曾，一作庄。"故知曾当作"庄"。

久之①，宋忠使匈奴②，不至而还③，抵罪④；而贾谊为梁怀王傅⑤，王堕马薨⑥，谊不食，毒恨而死⑦。此务华绝根者也⑧。

【注释】

①久之：过了很长时间。犹居久之。②使：出使。匈奴：中国古代北方的游牧民族。战国时期活动在秦、赵、燕之北，至冒顿单于时势力强盛，控制大漠南北并常南下侵扰。汉武帝时大力反击，匈奴势衰，后主力西迁，留居中国境内者渐与汉及其他民族融合。③不至：没有到达（匈奴那里）。④抵罪：因犯罪而受到相应的惩罚。⑤梁怀王：即刘揖（一名胜）。汉文帝少子，好《诗》《书》，深得文帝宠爱。在王位十年。后堕马死。傅：太傅。掌辅导帝王，无常职。吕后时朝中曾置此官，后废，哀帝时复置，位在三公之上。诸侯王国亦置太傅一人以辅佐王。⑥王堕马薨（hōng）：梁怀王骑马，从马上摔了下来死去。《汉书·贾谊传》作"坠马死"。薨，古称侯王死为薨。唐以后称二品以上的官死也叫薨。⑦据《汉书·贾谊传》载："梁王胜坠马死，谊自伤为傅无状，常哭泣，后岁余，亦死。"毒恨，痛恨。此处指痛恨自己。⑧《索隐》："言宋忠、贾谊皆务华而丧其身，是绝其根本也。"务华，追求显贵；从事浮华。

太史公曰：古者卜人所以不载者①，多不见于篇②。及至司马季主，余志而著之③。

【注释】

①本传之所以不载古时候的卜人。②乃是因为他们的事迹多不见于文献。篇，

古代文著于竹简，将首尾完整的诗、文用皮条或绳子编在一起谓之"篇"泛指文章、文献。③余：我。第一人称代词。志：记述。

　　褚先生曰①：臣为郎时②，游观长安中③，见卜筮之贤大夫④，观其起居行步⑤、坐起自动⑥，誓正其衣冠而当乡人也⑦，有君子之风。见性好解妇来卜⑧，对之颜色严振⑨，未尝见齿而笑也⑩。从古以来，贤者避世⑪，有居止舞泽者⑫，有居民间闭口不言，有隐居卜筮间以全身者⑬。夫司马季主者，楚贤大夫⑭，游学长安，通《易经》⑮，术黄帝、老子⑯，博闻远见。观其对二大夫贵人之谈言，称引古明王圣人道，固非浅闻小数之能⑰。及卜筮立名声千里者，各往往而在⑱。

【注释】

　　①褚先生：即褚少孙。西汉史学家。颍川（今河南禹县）人。②臣：秦汉以前人在一般人面前表示谦卑亦可自称为臣。郎：古时皇帝侍从官的通称。西汉有议郎、中郎、侍郎、郎中等，员额不定，多至千人，均隶属于郎中令（光禄勋）。掌守门户、出充车骑等事。③长安中：长安市上。④大夫：古代官职，位卿之下、士之上。这里借用为对卜筮者的尊称。⑤起居：日常生活。平常日子。⑥自动：自己主动。这里指自然得体。⑦本句意为虽是乡野之人，卜筮者也总是端正衣冠以待之。誓，一定。他本《史记》作"整"。⑧性好解（xiè）妇：盖指性情随和风流浪漫的妇人。解，通"懈"。懈弛。⑨严振：严肃。⑩见（xiàn）齿：露出牙齿。见，通"现"。显现。⑪避世：避开现实社会。狭义指躲避官场。犹言遁世。⑫舞泽：荒芜的大野广泽。舞，通"芜"，即"芜"。⑬全身：指保全性命。⑭贤大夫：贤能的大夫。⑮《易经》：即《周易》，又简称《易》。儒家重要经典之一。相传为周人所作（一说"周"有周密、周流、周遍之义），故名。内容包括"经""传"两部分。⑯术：《史记会注考证》："术，读为述。"陈述，阐述。黄帝：传说中居住在黄河中上游的姬姓部落的始祖，号轩辕氏，为华夏族的祖先。相传衣服、舟车、弓矢等皆由他发明。战国、汉初的黄老学派（道家学派）以黄帝同老子相配，并同尊为道家的创始人。道家宣扬黄帝"清静无为""垂拱而治"。⑰固：固然，原本。小数：小术。数，技艺，方术。指占卜、下棋之类。⑱往往：处处；常常。在：有。

　　传曰①："富为上，贵次之；既贵，各各学一伎能立其身②。"黄直，大夫也；陈君夫，妇人也：以相马立名天下。齐张仲③、曲成侯以善击刺学用剑，立名天下。留长孺以相彘立名④。荥阳褚氏以相牛立名⑤。能以伎能立名者甚多，皆有高世绝人之风⑥，何可胜言。故曰："非其地，树之不生⑦；非其意，教之不成。"夫家之教子孙，当视其所以好⑧，好含苟生活之道⑨，因而成之。故曰："制宅命子⑩，足以观士⑪；子有处所⑫，可谓贤人。"

【注释】

　　①传（zhuàn）：可能指作者当时得见的古书。②各各：各自。伎：通"技"。技艺，技能。③齐：泛指齐地（今山东一带）。④留长孺：人名。⑤荥阳：县名，在今河南荥阳市东北。⑥绝人：超过常人。⑦树：种植。⑧所以好（hào）：犹何所好。好，喜爱，爱好。⑨好含苟生活之道：意思是好恶如果合于生活之道。含，南宋本、凌本作"舍"，舍为废弃之意，可引申为厌恶。⑩制宅命子：建造什么样的住宅和叫儿子干什么职业。⑪足以观士：足以看出士大夫的为人志趣。观，观察。⑫处所：处世之所，安身立命之处。可理解为"职业"。

臣为郎时，与太卜待诏为郎者同署①，言曰②："孝武帝时，聚会占家问之④：某日可取妇乎⑤？五行家曰可⑥，堪舆家曰不可⑦，建除家曰不吉⑧，丛辰家曰大凶⑨，历家曰小凶⑩，天人家曰小吉⑪，太一家曰大吉⑫。辩讼不决⑬，以状闻⑭。制曰⑮：'避诸死忌，以五行为主⑯。'"人取于五行者也⑰。

【注释】

①太卜：官名。掌朝中占卜决疑之事。待诏：待皇帝之命以言事之意。署：衙署，衙门，官吏办公之所。②言曰：说。指太卜待诏为郎者对作者说。③孝武帝：即汉武帝刘彻（前157—前87年）。西汉著名皇帝，前141—前87年在位。在位期间，打击诸侯王、大商贾，反击匈奴，通西域，兴修水利；建立察举制度；罢黜百家，独尊儒术。在各个方面都大有作为，大有贡献。④占家：会占卜的专家。⑤取：通"娶"。娶妻。⑥五行家：即阴阳家（又称阴阳生）。⑦堪舆家：以相宅地、墓地之风水为业的迷信职业者。钱大昕认为古时堪舆家应是后世的"选择家"，亦能择日、占卜。许慎释堪为天道，舆为地道，堪舆合为天地之总名。⑧建除家：术数家之一种。它以建除十二辰定日之吉凶。⑨丛辰家：《汉书·艺文志》五行类有《钟律丛辰日苑》二十三卷。以分辨十二辰（子丑寅卯辰巳午未申酉戌亥）所随属为善神或恶煞的日者，他们以岁德、福德、天喜等为吉辰，白虎、岁破、小耗等为凶神。他们为选择家之一种。⑩历家：研究天时历法与人事吉凶祸福之术数家。⑪天人家：不见于《汉书·艺文志》。《艺文志》五行类有《天一》六卷，故"天人"可能当作"天一"。与下文所说的太一家同属五行类而不同于狭义上的五行家。一说天人家为研究天人关系之术数家。⑫太一家：《艺文志》有《泰一》二十九卷。⑬辩讼：辩论争议。讼，争论，争辩。⑭以状闻：将有关情况奏闻皇帝。状，情形。闻，奏闻。报告上级，使上级听到。⑮制：皇帝的命令。⑯这两句的意思是决定是否有各种死、凶之忌可避，应以五行家的意见为主。⑰本句意思是人们是尊重和采用五行家的意见的。取，采用，选取。

龟策列传第六十八①

太史公曰：自古圣王将建国受命②，兴动事业③，何尝不宝卜筮以助善④！唐虞以上⑤，不可记已⑥。自三代之兴⑦，各据祯祥⑧：涂山之兆从而夏启世⑨，飞燕之卜顺故殷兴⑩，百谷之筮吉故周王⑪。王者决定诸疑⑫，参以卜筮⑬，断以蓍龟⑭，不易之道也⑮。

【注释】

①《索隐》云："《龟策传》有录无书，褚先生所补。"②受命：承受上天之命。③兴动：兴举。兴，建立，起来做。动，行动，举办。④宝：珍爱；以……为宝。卜筮（shì）：占卜。卜，指用龟甲占卜，即根据龟甲被烧灼后的裂纹来预测吉凶。

筮。指用蓍（shì）草占卜，即根据蓍草的排列情况来预测吉凶。⑤唐：即陶唐氏。传说中远古部落名。居于平阳（今山西临汾市西南），尧为其领袖。虞：即有虞氏。传说中远古部落名。居于蒲坂（今山西永济西蒲州镇），舜为其领袖。以上：犹以前。⑥已：语气词。意同"矣"。⑦三代：指夏、商、周三个朝代。⑧据：依靠，凭借。祯祥：吉祥。吉兆。⑨这句是说相传禹娶涂山氏之女为妻，生子启，禹外出治水，不顾家室，终成水土之功。涂山，一般认为是禹娶涂山氏及会诸侯处，有在今安徽蚌埠市西淮河南岸、今浙江绍兴西北、今四川重庆市东诸说。孔安国说涂山是国名（亦即古部落名）。兆，占卜时占者观看龟甲烧灼形成的裂纹以判断凶吉，这种裂纹就叫做兆。引申为预兆、征兆。从，顺从，顺，顺利，吉利。夏，即夏后氏。中国历史上第一个王朝。⑩相传帝喾次妃有娀氏之女简狄吞玄鸟（燕子）卵而生契（xiè），契长大后佐禹治水有功，被舜任为司徒，掌管教化，居于商，成为商的始祖。卜，此处泛指预兆、预示。顺，亦吉利、顺利之意。殷，朝代名，即商代。始祖契，子姓，居商（今河南商丘市南），十四传至汤，灭夏桀，建立商朝，为中国历史上强大的奴隶制国家。都亳（今河南商丘市南），多次迁徙，至盘庚时迁都殷（今河南安阳市小屯村），因而商也被称为殷。传至纣，为周武王所灭。共传十七代，三十一王。约当公元前16世纪至前11世纪。⑪相传帝喾元妃有邰氏之女姜原（一作嫄）在荒野踏到巨人脚迹，怀孕生弃。弃年幼即好种麻菽，成年后善种农作物，被尧任为农官，教民耕种。又被舜封于邰（今陕西武功西），号后稷，为周人始祖。周文王时迁都于丰（今陕西西安市长安区沣河西），势力日盛。公元前11世纪武王灭商，建立周朝，都镐（hào今陕西长安县沣河以东）。周公东征后，确立各种制度，不断分封诸侯。前771年，申侯联合犬戎攻杀幽王。次年，平王东迁洛邑（今河南洛阳）。⑫决定诸疑：判断各种疑问加以决定。⑬参：参考，检验。⑭断：判断，断定，决断。蓍：蓍草。又指蓍草茎，古代常用以占卜。龟：龟甲，古代常用以占卜。⑮不易：不变，不可改变。道：路。引申为途径、方法、原则、道理、法则、规律。

　　蛮夷氐羌虽无君臣之序①，亦有决疑之卜。或以金石②，或以草木③，国不同俗。然皆可以战伐攻击，推兵求胜④，各信其神，以知来事⑤。

【注释】
　　①蛮：古代对南部民族的称呼；泛指少数民族。夷：古代对东部各民族的统称；有时也指南、西南部的一些少数民族，如"南夷""西南夷"；泛指少数民族，如"四夷"。氐（dǐ）：我国古代西部的一个民族，晋时曾建立前秦、后凉、成汉等国。羌：我国古代西部的一个民族。东晋时曾建立后秦。无君臣之序：没有君臣上下的区别。序，秩序，次序。②以：用。金：泛指各种金属。③草：《集解》引徐广曰："一作'革'。"④这两句的意思是：然而都能够根据占卜的结果决定战争攻取，进军求胜。⑤来事，未来之事。

　　略闻夏殷欲卜者①，乃取蓍龟②，已则弃去之③，以为龟藏则不灵，蓍久则不神④。至周室之卜官⑤，常宝藏蓍龟⑥。又其大小先后，各有所尚，要其归等耳⑦。或以为圣王遭事无不定⑧，决疑无不见⑨，其设稽神求问之道者⑩，以为后世衰微⑪，愚不师智⑫，人各自安，化分为百室⑬，道散而无垠⑭，故推归之至微⑮，要絜于精神也⑯。或以为昆虫之所长⑰，圣人不能与争⑱。其处吉凶⑲、别然否⑳，多中于人㉑。

【注释】

①《史记会注考证》引何焯曰："卜下有'筮'字。"②乃：就，便，于是。取：取用。③已：完毕，结束，停止。④不神：不灵。⑤周室：周朝王室；周朝。⑥宝藏：珍藏。⑦这几句的意思是：另外，对龟蓍谁大谁小和卜筮孰先孰后，历朝各有不同崇尚，而概括起来说其目的却是相同的。尚，崇尚，尊重。要，大要；概括，总结。归，归结，归宿，引申为目的。宗旨。等，相同，一样。耳，句末语气词，表示肯定。⑧或：有人，有的人。以为：认为。遭事：遇事。遭逢诸事。⑨见（xiàn）：出现，显露。⑩设：设置。稽（qǐ）：稽首，古时一种礼节，跪下，拱手至地，头也至地。此处可解为礼拜。者：代词，放在主语后面，引出原因。⑪衰微：衰败，衰弱。⑫愚蠢不师智：愚蠢的人不效法聪明的人。师，效法，学习。⑬这两句意为人们各适其性、各就所习而为之，愈益分化相异，遂有许多门户之别。⑭道：指圣王之道（治理天下的方法）。垠（yín）：边际，尽头。⑮推归之至微：推演归纳到最精微的程度。推，推求，探究。归，归纳，归于。⑯要絜（xié）于精神也：总之是规范于精神。要，关键，要领；引申为概括。絜，量度物体周围长度；泛指衡量。精神，宗教或唯心主义者对人的意识的神化。也，句末表示判断的语助词。⑰昆虫：此处指龟。长（cháng）：长处，专长，特长。⑱与争："与之争"之省。⑲处：处理，安排；区分。⑳别：辨别，区别。然否：可否，是或非是。㉑中（zhòng）：符合，适合。引申为射中目标。

至高祖时①，因秦太卜官②。天下始定，兵革未息③。及孝惠享国日少④，吕后女主⑤，孝文⑥、孝景因袭掌故⑦，未遑讲试⑧，虽父子畴官⑨，世世相传，其精微深妙，多所遗失。至今上即位⑩，博开艺能之路⑪，悉延百端之学⑫，通一伎之士咸得自效⑬，绝伦超奇者为右⑭，无所阿私⑮，数年之间，太卜大集。会上欲击匈奴⑯，西攘大宛⑰，南收百越⑱，卜筮至预见表象⑲，先图其利。及猛将推锋执节⑳，获胜于彼㉑，而蓍龟时日亦有力于此㉒。上尤加意㉓，赏赐至或数千万㉔。如丘子明之属㉕，富溢贵宠㉖，倾于朝廷㉗。至以卜筮射蛊道㉘、巫蛊时或颇中㉙。素有眦睚不快㉚，因公行诛㉛，恣意所伤㉜，以破族灭门者㉝，不可胜数㉞。百僚荡恐㉟，皆曰龟策能言。后事觉奸穷㊱，亦诛三族㊲。

【注释】

①高祖：汉高祖刘邦（前256或前247—前195年）。西汉王朝的建立者，前202—前195年在位。字季，沛县（今属江苏）人。②因：因袭，沿袭。秦：秦朝。中国历史上第一个专制主义中央集权的封建王朝。前221年秦王嬴政灭尽六国，统一天下，建都咸阳，称始皇帝。太卜：官名。掌为帝王占卜。商代已有卜官。《周礼》记有"太卜"官名。《汉书·百官公卿表》载秦代奉常掌宗庙礼仪，汉景帝改名太常，太卜是其属官之一。③兵革：兵指兵器，革指革甲，引申指军队；战争。④及：及至，到，待到。孝惠：汉惠帝刘盈（前210—前188年）。刘邦嫡长子，继邦为皇帝，前195—前188年在位。享国：犹在位。日少：时日不长。⑤吕后（前241—前180年）：汉高祖皇后，名雉，字娥姁。曾助刘邦杀韩信、彭越等异姓诸侯王。惠帝时，她掌握实权。惠帝死后，她临朝称制，封诸吕为王侯。她死后，诸吕欲为乱，被粉碎。先后掌政凡十六年。详见《吕太后本纪》。⑥孝文：汉文帝刘恒（前202—前157年）。前180—前157年在位。执行与民休息政策，轻徭薄赋，发展生产。旧史家把他与景帝统治时期并举，称为"文景之治"。详见《孝文本纪》。⑦孝景：汉景帝刘启（前

188—前141年）。前157—前141年在位。继续实行与民休息政策，削弱诸侯王势力，巩固中央集权。掌故：历史上的人物、制度沿革等。此处指旧有的制度，旧制。⑧未遑（huáng）：未来得及；没闲空。遑，闲暇。⑨畴官：又称畴人。掌天文历算及卜筮之官。畴，通"筹"。⑩今上：当今皇上。指汉武帝刘彻（前156—前87年）。景帝子。前141—前87年在位。统治期间，罢黜百官，独尊儒术；打击商贾，削弱侯国，兴修水利，移民屯田；解除匈奴威胁，开辟丝绸之路，经营四面八方。⑪博开：广开。⑫悉延：全部引进。意为无不欢迎。悉，尽，全。延，引进，迎接。百端之学：各种各样的学问。武帝祖母窦太后（？—前135或前129年）好黄老之术。武帝初年，各种学说均予以容纳。⑬伎：技能。又写作"技"。咸：都，全都。效：效力，效劳。⑭绝伦超奇者：技艺才能独一无二、超群出众的人。绝伦，独一无二，没有可以相比的。为右：为上；位在人上。古人崇尚右，故以右为尊。⑮阿（ē）私：偏私。偏袒自己喜欢的人或与自己有特殊关系的人。阿，偏袒；迎合。⑯会：赶上，碰上，恰逢。上：皇上，指汉武帝。匈奴：古族名，亦称胡。战国时活动于燕、赵、秦以北地区。⑰攘（ráng）：侵夺，排斥。大宛（yuān）：古西域国名。在今俄罗斯中亚费尔干纳盆地。王治贵山城（今中亚卡散赛）。张骞通西域后，与汉往来渐多。武帝太初三年（前102年），汉击大宛，大宛降汉。其地以产汗血马（出汗似血）著名。⑱收：收取。百越：泛指越人。古族名。系古代分布在长江中下游以南广大地区的民族。⑲至：极，最。此处可理解为"精确"。表象：现象。指可能发生的各种事情。⑳推锋：挥刀向前。锋，兵锋。执节：奉命征战。执，掌握，控制。节，符节。㉑获胜于彼：战胜敌人。克敌制胜。彼，指敌军。㉒著龟时日：占卜时日。著龟，用著草和龟甲占卜。此处用作动词，意为占卜。有力于此：在这方面（克敌制胜方面）大显神通，大有效力。㉓上：皇上，指汉武帝。尤：特别。加意：留心，留意，注意。此处指看重。㉔至：至于，竟至。或：有时。有的。数千万：数千万钱。一枚铜币（如五铢钱）叫作一钱。㉕丘子明：人名。属：类。㉖富溢贵宠：极富且贵，深受皇帝恩宠。溢，满，过度。㉗倾于朝廷：压倒朝廷公卿大臣。㉘射：猜度。蛊（gǔ）道：骗术。蛊，诱惑，欺骗。汉武帝迷信方士，经常被术士所骗。㉙巫蛊：用巫术害人。时或颇中（zhòng）：有时猜得相当准。多是由于卜筮者与诬人以巫蛊之罪者串通一气所致。㉚眦睚（zì yá）不快：微小的不高兴，小小的怨隙。㉛因公行诛：借公家名义（假借国法）来杀掉对方。因，凭借。㉜恣意所伤：随心所欲地伤害别人。㉝以：因而。㉞不可胜（shēng）数：无法计算。㉟百僚：群僚。大小官僚。荡恐：惶恐不安。荡，动摇。㊱事觉（jué）奸穷：事情发觉败露，奸谋用尽。奸，邪恶。㊲指以卜筮诬害好人者在事觉奸穷后也被诛灭三族。三族，指父族、母族和妻族。古时有灭族之酷刑，一人有罪株连父母兄弟妻子乃至更大范围内的亲属亲戚。

　　夫擿策定数①，灼龟观兆②，变化无穷，是以择贤而用占焉③，可谓圣人重事者乎④！周公卜三龟⑤，而武王有瘳⑥。纣为暴虐⑦，而元龟不占⑧。晋文将定襄王之位⑨，卜得黄帝之兆⑩，卒受彤弓之命⑪。献公贪骊姬之色⑫，卜而兆有口象⑬，其祸竟流五世⑭。楚灵将背周室⑮，卜而龟逆⑯，终被乾溪之败⑰。兆应信诚于内⑱，而时人明察见之于外⑲，可不谓两合者哉⑳！君子谓夫轻卜筮㉑、无神明者，悖㉒；背人道、信祯祥者㉓，鬼神不得其正㉔。故《书》建稽疑，五谋而卜筮居其二㉖，五占从其多㉗，明有而不专之道也㉘。

【注释】

①夫（fú）：句首发语词，表示将发议论。策：占卜用的蓍草，又写作"筴"。数：指天命、命运、吉凶祸福等"气数"。②灼龟：用火灼烧龟甲。兆：龟甲经烧灼后形成的裂纹。引申为预兆、朕兆，即事情发生之前的迹象。③是以：因此。择贤：选择贤者（有德才者）。焉：语气词。④重事：慎重从事。乎：语气词。用在句末表示感叹，相当于现代汉语的"啊""呀"等。⑤据《尚书·周书·金縢》载：周武王于伐纣后的第二年患病，周公筑坛，祝告其先人大王（古公亶父）、王季（季历）和文王（昌），请以己身替代武王之死。祝告毕，"乃卜三龟"，皆得吉兆。再翻阅占兆之书，"乃并是吉"。第二天，武王病愈。周公：西周初年政治家。姓姬名旦，亦称叔旦。周武王之弟。卜三龟：用太王、季历、文王之龟占卜（据《尚书》孔颖达疏谓分别用三王不同卜法先后各卜一龟）。⑥武王：周武王。西周王朝的建立者。姓姬名发。继承其父文王遗志，联合诸族灭商，建立周王朝，都于镐（今陕西长安沣河以东）。有瘳（chōu）：为之病愈。有，为。瘳，病愈。⑦纣：一作受，亦称帝辛。商代亡国之君。⑧元龟：大龟。不占：意谓不出吉兆。⑨据《左传》僖公二十五、二十八年载：逃难在外的周襄王向诸侯求救。鲁僖公二十五年（周襄王十七年，前635年），晋文公听纳大臣狐偃之谏，发兵救周，围温，纳襄王于王城，杀王子带，平周乱。周赐晋河内、阳樊之地，晋遂有南阳，并博得了"尊王"的美名。此后与楚争霸，取得优势，于鲁僖公二十八年（周襄王二十年，前632年）大会诸侯于践土（今河南原阳西南），文公被襄王正式册封为侯阳（诸侯盟主，即霸主）。其年冬，晋文公再次盟会诸侯于温（今河南温县），霸主地位愈加巩固。晋文：晋文公（前697—前628年）。名重耳。前636—前628年在位。襄王：周襄王（？—前619年）。姓姬名郑。前651—前619年在位。他纳狄（北方的少数民族之一）女为后，又与继母惠后有矛盾。十六年（前636年），他废狄后，狄人得惠后之助攻入王城，立惠后子叔带为王，他出奔郑国。后在晋文公帮助下复位。⑩据《左传》僖公二十五年载：狐偃劝文公纳襄王，文公使人占卜，卜得吉兆——"黄帝战于阪泉之兆"。又使人用蓍草占卜，亦得吉兆。晋文公救周决心遂定。黄帝：传说中中原各族的共同祖先。姬姓，号轩辕氏、有熊氏。少典之子。相传炎帝扰乱各部族，他得到各族拥戴，与炎帝俞罔大战于阪泉（今河北涿鹿县东南），打败炎帝。后又击败蚩尤。遂被拥戴为部落联盟领袖。传说养蚕、舟车、文字、音律、医药、算数等都创始于黄帝时期。⑪卒：终于。彤（tóng）弓之命：指周天子给予的"专征伐"的权力，亦即命其为侯伯（霸主）。彤弓，朱红色的弓。古代诸侯有大功时，天子赏赐弓矢，使其"专征伐"。彤弓即其中之一。《书·文侯之命》："彤弓一，彤矢百。"⑫献公：晋献公（？—前651年）。名诡诸，春秋时期晋国君，前676—前651年在位。⑬口象：即指齿牙为祸之象。据《国语·晋语》和《史记·晋世家》载：献公五年（前672年），将伐骊戎，使人占卜，见兆端左右裂缝有似口中齿牙之状，且中有纵画，卜官史苏认为此兆是表示"齿牙为祸"，即象征谗言之为害。⑭骊姬谮杀太子申生后五年，献公死，大臣荀息遵嘱将立骊姬子奚齐为君，大臣里克杀奚齐。荀息乃立奚齐弟（骊姬妹所生子）悼子（一作卓子）为君，里克又杀悼子，荀息死难。秦穆公发兵护送公子夷吾入晋都，齐桓公亦率诸侯如晋，共立夷吾为君，是为惠公。惠公杀里克，诛申生原属之大夫，又与秦战并被俘（后放归）。惠公死，太子围立，是为怀公。公元前636年，秦穆公发兵送重耳归国，并使人策动晋国权臣杀死怀公。重耳得

立为君（文公），晋国内乱方息。所谓"其祸竟流五世"即指因骊姬之谗而祸及献公、奚齐、悼子、惠公、怀公五君。流，流传，传播，流毒。⑮楚灵：楚灵王（？—前529年）。春秋时楚国君。芈（mǐ）姓，名围（或作回）。前540—前529年在位。他杀君而代其位，却发兵声讨齐国杀君之臣庆封，时人皆笑之。曾蹂躏陈、蔡、徐等国。后公子比等举兵反叛，攻入楚都，他自缢身死。将背周室：将要背叛周朝王室（即背叛周天子）。⑯卜而龟逆：指占卜的结果不吉利。⑰终被乾（gān）溪之败：终于遭受乾溪之败。被，蒙受，遭受。乾溪，地名。在今安徽亳县东南。⑱兆应：朕兆和应验。信诚：真实不欺。⑲见：发现，看出问题。⑳两合：两相吻合。㉑君子谓夫（fú）：君子认为，君子说。夫，表示将发议论。㉒悖（bèi）：谬误，荒谬；糊涂，惑乱。㉓背人道：背弃人事或为人之道。人道，泛指人事或为人之道。㉔正：不偏；适当，恰当。㉕《书》：亦称《尚书》《书经》。儒家经典之一。中国上古历史文件和部分追述古代事迹著作的汇编。《尧典》《禹贡》《洪范》等篇是后人补入的。有今、古文两种，今通行的《十三经注疏》本《尚书》即今、古文《尚书》之合编。此书保存商周特别是西周初期的重要史料颇多。建稽疑：《尚书·洪范》："七，稽疑：择建立卜筮人，乃命卜筮。"《洪范》是记述箕子回答武王问题的篇目，箕子陈述的治国理民的大法凡九条，其中第七条即"稽疑"。稽，考证；疑，疑问。合起来的意思是关于解决疑难的方法。㉖五谋而卜筮居其二：在解决疑难问题时，应该与之商量的对象有五个，而卜、筮占了其中的两个。谋，谋划，商量。《尚书·洪范》："汝则有大疑，谋及乃心，谋及卿士，谋及庶民，谋及卜、筮。"㉗五占从其多：五人分别占卜，应当信从其中多数人的判断。㉘明有而不专之道也：这是明白虽然立有卜筮之官并使其卜筮决疑但却不可专用专信的道理。此句可能是针对汉武帝专宠丘子明之属因而造成种种祸害而发的议论。

余至江南①，观其行事②，问其长老③，云龟千岁乃游莲叶之上④，蓍百茎共一根⑤。又其所生⑥，兽无虎狼⑦，草无毒螫⑧。江傍家人常畜龟饮食之⑨，以为能导引致气⑩，有益于助衰养老⑪，岂不信哉⑫！

【注释】

①余：我。第一人称代词。江南：长江以南。②其：那里，那。代词。此处指江南地方。行事：做事，办的事。③长（zhǎng）老：年高德尊的人。④云：说，说是。⑤蓍草有的从一个根上生出一百棵茎。《集解》引徐广曰："刘向云龟千岁而灵，蓍百年而一本生百茎。"⑥其：指千岁之龟、百茎之蓍草。所生：指它们生活、生长的地方。⑦兽无虎狼：即无虎狼一类猛兽。⑧草无毒螫（shì）：没有毒草毒虫。螫，蜇（zhē）；毒害。⑨江傍（páng）：江岸，江边。傍，旁边，侧。畜（xù）：畜养。饮食之：饮其血，食其肉。⑩导引：中国古代除病强身的养生之术和中医治病方法之一，道士则用为"修仙"之术。致气：得到元气。⑪助衰：防衰，延缓衰老；帮助衰弱者使之强健。养老：滋养老年者使之延年益寿。⑫岂不信哉：难道不是很实在可信的事吗。

褚先生曰①：臣以通经术②，受业博士③，治《春秋》④，以高第为郎⑤，幸得宿卫⑥，出入宫殿中十有余年⑦。窃好《太史公传》⑧。太史公之《传》曰："三王不同龟⑨，四夷各异卜⑩，然各以决吉凶。略窥其要⑪，故作《龟策列传》。"臣往来长安中⑫，求《龟策列传》不能得，故之大卜官⑬，问掌故文学长老习事者⑭，写取龟策卜事，编于下方⑮。

【注释】

①褚先生：即褚少孙。西汉后期史学家。颖川（今河南禹县）人。②臣：秦汉以前人在一般人面前表示谦卑亦可自称为臣。以：因为。经术：儒经儒术。③受业博士：受业于博士。跟随博士先生学习。博士，官名。西汉时为奉常（太常）属官，职掌博通古今以备顾问。④治：从事研究。《春秋》：儒家经典之一。⑤高第：高等。指考试成绩优秀。郎：古时皇帝侍从官的统称。西汉有议郎、中郎、侍郎、郎中等，员额不定，多至千人，均隶属郎中令（光禄勋）。掌守门户、出充车骑等事。⑥幸：幸运；侥幸。⑦十有余年：十余年。有，用在整数与零数之间，相当于"又"。⑧窃好（hào）：私下喜爱。《太史公传》：当指《太史公书》，《史记》原名。⑨三王：指夏、商、周三代开国之王禹、汤、文王与武王。不同龟：指以龟卜卦之法不同。⑩四夷：指四方各少数民族。⑪略窥其要：观其大略，撮其要点。窥，观看，观察。要，大要，要领，关键。⑫长安中：长安城中。长安，西汉都城。⑬之：到某处去。大卜：即太卜。见前注。⑭此句意谓请教掌故于文学中年老又熟悉龟策之事的人。掌故，典故。汉代有掌故一官职，备顾问典故用。文学，官名。⑮下方：下面。

闻古五帝①、三王发动举事②，必先决蓍龟③。传曰④："下有伏灵⑤，上有兔丝⑥；上有捣蓍⑦，下有神龟。"⑧所谓伏灵者，在兔丝之下，状似飞鸟之形。新雨已⑨，天清静无风，以夜捎兔丝去之⑩，即以䔩烛此地烛之⑪，火灭，即记其处，以新布四丈环置之⑫；明即掘取之⑬，入四尺至七尺，得矣⑭，过七尺不可得。伏灵者，千岁松根也⑮，食之不死。闻蓍生满百茎者，其下必有神龟守之，其上常有青云覆之⑯。传曰："天下和平，王道得⑰，而蓍茎长丈，其丛生满百茎⑱。"方今世取蓍者，不能中古法度⑲，不能得满百茎、长丈者。取八十茎已上⑳、蓍长八尺，即难得也。人民好用卦者，取满六十茎已上、长满六尺者，即可用矣。记曰㉑："能得名龟者，财物归之，家必大富至千万。"一曰"北斗龟"㉒，二曰"南辰龟"，三曰"五星龟"，四曰"八风龟"，五曰"二十八宿龟"，六曰"日月龟"，七曰"九州龟"，八曰"玉龟"㉓：凡八名龟。龟图各有文在腹下㉔，文云云者㉕，此某之龟也㉖。略记其大指㉗，不写其图。取此龟不必满尺二寸㉘，民人得长七八寸，可宝矣㉙。今夫珠玉宝器，虽有所深藏，必见其光，必出其神明㉚，其此之谓乎㉛！故玉处于山而木润㉜、渊生珠而岸不枯者㉝，润泽之所加也㉞。明月之珠出于江海㉟，藏于蚌中，蛟龙伏之㊱。王者得之，长有天下，四夷宾服㊲。能得百茎蓍，并得其下龟以卜者，百言百当㊳，足以决吉凶。

【注释】

①五帝：指上古之世的五位领袖人物，大约属于原始社会后期。一般以黄帝、颛顼、帝喾、尧、舜为五帝，也有以伏羲、神农、黄帝、尧、舜为五帝，等等。②发动：兴起；开始行动。③决蓍龟：取决于蓍占龟卜。"决"后省"于"字。④传（zhuàn）：《索隐》谓"此传即太卜所得古占龟之说也"。⑤伏灵：即茯苓（líng）。寄生在松树根上的一种块状菌，包含松根的叫茯神，均可入药。⑥兔丝：即菟丝子。寄生的蔓草，茎细长，常缠绕在别的植物上，子实可入药。⑦捣蓍：丛蓍。成丛的蓍草，指一根多茎的蓍草。捣，据《索隐》说应读chóu，是古"稠"字，捣蓍即丛蓍。⑧《淮南子·说山训》说："千年之松，下有茯苓，上有兔丝；上有丛蓍，下有伏龟。圣人从外知内，以见知隐也。"与此处说法相合。⑨新雨：

指刚下过的春雨。⑩以夜：乘夜晚。捎（shāo）菟丝去之：把菟丝子割除。⑪鞲（gōu）烛：鞲火。古时指以竹笼罩火。鞲，通"篝"。竹笼；熏笼。烛之：照它。烛，照，照着。动词。⑫四丈：西汉一尺合今 23.1cm，四丈约合今 924cm。⑬明：天明。⑭得矣：就得到伏灵了。⑮《史记会注考证》引王念孙曰："伏灵，今茯苓，松脂所化，非松根也。根，当作脂。"⑯覆：此处作"笼罩"解。⑰王道：中国古代政治哲学中指君主以仁义治理天下的政策。得：获得。此处可理解为"实现"。⑱以上是"天人感应"一类说法。⑲中（zhòng）：适合，符合。⑳已：通"以"。㉑记：亦当是太卜所见古占卜之说或书传。㉒一曰"北斗龟"：第一种叫"北斗龟"。以下类推。㉓玉龟：《御览》《艺文类聚》作"王龟"。㉔龟图：指占卜书（"记"）里所绘八种名龟的图样。文：指说明各龟的文字，即上文所述者。㉕文云云者：文字部分所说的是。㉖此某之龟也：这是某某龟。㉗略记其大指：简略记下其大概意思。指，意思。此句及下句"不写（画）其图"是诸先生的申明。㉘尺二寸：一尺二寸。㉙可宝矣：就可以当作宝贝了。㉚出其神明：显其神灵。㉛其此之谓乎：意谓大概就是这个意思吧。㉜木：树。泛指草木。润：润泽，光润。㉝枯：干枯，干裂。㉞加：施加，施给。㉟明月之珠：像明月那样美丽的珍珠。㊱蚙：通"蛟"。无角的龙。㊲宾服：归服。㊳百言百当（dàng）：百言百中。句句应验。当，适合，得当。

神龟出于江水中，庐江郡常岁时生龟长尺二寸者二十枚输太卜官①，太卜官因以吉日剔取其腹下甲。龟千岁乃满尺二寸。王者发军行将②，必钻龟庙堂之上③，以决吉凶。今高庙中有龟室④，藏内以为神宝⑤。

【注释】

①庐江郡：楚汉之际分秦九江郡置。治所在舒（今安徽庐江县西南）。汉辖境相当今安徽巢县、舒城、霍山以南，长江以北，湖北英山、广济、黄梅和河南商城等县地。②发军行将：调兵遣将。发兵用将。③钻龟：在龟甲上钻四点，钻后的龟甲用于占卜。庙堂：太庙的明堂。④高庙：奉祀汉高祖刘邦的庙宇。⑤内（nà）：同"纳"。收容，收纳。

传曰："取前足臑骨穿佩之①，取龟置室西北隅悬之②，以入深山大林中③，不惑④。"臣为郎时，见《万毕石朱方》⑤，传曰⑥："有神龟在江南嘉林中⑦。嘉林者，兽无虎狼，鸟无鸱枭⑧，草无毒螫，野火不及⑨，斧斤不至⑩，是为嘉林。龟在其中，常巢于芳莲之上⑪。左胁书文曰⑫：'甲子重光⑬，得我者匹夫为人君⑭，有土正⑮，诸侯得我为帝王。'求之于白蛇蟠杆林中者⑯，斋戒以待⑰，谧然⑱，状如有人来告之⑲，因以醮酒佗发⑳，求之三宿而得。"由是观之，岂不伟哉㉑！故龟可不敬与㉒？

【注释】

①前足：指龟的前足。臑（nào）：人体的上肢或动物的前肢。这里指龟的前腿。②西北隅：西北角。③以入：指做了上述事情后再进入（深山大林中）。④不惑：指不迷失方向。⑤《万毕石朱方》：万毕，人名，方术之士。《索隐》按：《万毕术》中有《石朱方》。方中说嘉林中，故云传曰。⑥传曰：即《石朱方》里说。⑦嘉林：善美之林。⑧鸱（chī）：鸱鸺（xiū），俗名猫头鹰。枭（xiāo）：又名鸺鹠（liú），外形与鸱鸺相似的一种鸟。⑨野火：荒山野地燃烧的火。不及：烧不到。⑩斤：斧子一类的工具。⑪巢：筑巢。⑫胁：胁下，从腋下至肋骨尽处

的部分。⑬甲子：甲子日或甲子年。《集解》引徐广曰："子，一作'于'。"⑭匹夫：一个人，泛指普通人。⑮有土正：《集解》引徐广曰："正，长（zhǎng）也。为有土之官长。"⑯白蛇蟠杅（wū）林：《索隐》说是林名，"谓白蛇尝蟠杅此林中也"指蛇栖息状。⑰斋戒：祭祀鬼神时，穿整洁衣服，戒除嗜欲（如不饮酒、不食荤等等），以表示虔诚。⑱譺（yí）然：恭敬的样子。⑲状如有人来告之：意为那个样子好像是（等待）有什么人来告诉他关于神龟的秘密。⑳酹（lèi）酒：以酒浇地（即将酒洒在地上）祭祀鬼神。佗（tuō）发：披散着头发。㉑伟：此处可解为"了不起"。㉒可不敬与（yú）：能不表示敬重吗。

南方老人用龟支床足，行二十余岁①，老人死，移床，龟尚生不死。龟能行气导引。问者曰："龟至神若此，然太卜官得生龟，何为辄杀取其甲乎②？"近世江上人有得名龟③，畜置之，家因大富④，与人议，欲遣去⑤。人教杀之勿遣，遣之破人家⑥。龟见梦曰⑦："送我水中，无杀吾也⑧。"其家终杀之。杀之后，身死⑨，家不利⑩。人民与君王者异道⑪。人民得名龟，其状类不宜杀也⑫。以往古故事言之⑬，古明王圣主皆杀而用之。

【注释】

①行：行经，（时间）过去。②何为：为何，为什么。辄：总是。③江上：江岸。指长江边上。④因：因以，因之，因而。⑤遣去：送走，放掉。⑥破人家：毁灭你的家。⑦见梦：犹"托梦"。⑧无：通"毋"，不，不要。⑨身死：指杀名龟的那个人（即原得名龟的江上人）死去。⑩不利：不平安吉利。⑪异道：道理不同。⑫状：情形。类：好像。⑬以：用。往古：古昔。

宋元王时得龟①，亦杀而用之。谨连其事于左方②，令好事者观择其中焉③。

【注释】

①宋元王：《庄子·外物篇》作"宋元君"。应即宋元公子佐（？—前517年）。春秋时期宋国君，前531—前517年在位，宋王偃（？—前286年），战国末宋国君，前328—前286年在位。②连：连缀而述之。左方：左边。因竖写自右至左衍，故"左方"犹如今横向书写之"下方"（下边）。③好（hào）事者：对此类事感兴趣的人。观择：观赏并加以斟酌，做出抉择。焉：句末语气词。

宋元王二年，江使神龟使于河①，至于泉阳②，渔者豫且举网得而囚之③，置之笼中。夜半，龟来见梦于宋元王曰："我为江使于河，而幕网当吾路④。泉阳豫且得我，我不能去⑤。身在患中⑥，莫可告语。王有德义，故来告诉。"元王惕然而悟⑦。乃召博士卫平而问之曰⑧："今寡人梦见一丈夫⑨，延颈而长头⑩，衣玄绣之衣而乘辎车⑪，来见梦于寡人曰：'我为江使于河，而幕网当吾路。泉阳豫且得我，我不能去。身在患中，莫可告语。王有德义，故来告诉。'是何物也？"卫平乃援式而起⑫，仰天而视月之光，观斗所指⑬，定日处乡⑭。规矩为辅⑮，副以权衡⑯。四维已定⑰，八卦相望⑱。视其吉凶，介虫先见⑲。乃对元王曰："今昔壬子⑳，宿在牵牛㉑，河水大会㉒，鬼神相谋。汉正南北㉓，江河固期㉔，南风新至，江使先来。白云壅汉㉕，万物尽留㉖。斗柄指日，使者当囚㉗。玄服而乘辎车，其名为龟。王急使人问而求之。"王曰："善㉘。"

【注释】

①江：指长江之神。使神龟：派遣神龟。使于河：出使到黄河。河，黄河；

黄河之神。②泉阳：县名。③豫且（jū）：泉阳地方网得大龟的一个人。《庄子·外物篇》作"余且"（姓余名且）。举网：撒网。④幕网：渔网。当（dāng）：占着，把着；挡住。⑤去：离去。⑥患中：患难之中。⑦惕然而悟：被吓醒了。⑧卫平：宋元君之臣。⑨寡人：君主自称。⑩延颈：伸长脖子。⑪衣（yì）：穿着（衣服）。玄绣之衣：黑色绣衣。玄，黑中带红之色，泛指黑色。辎（zī）车：一种有帷盖的车子。⑫援：拿，拿过来。式：即栻，卜具。⑬观斗所指：观看北斗星斗柄所指的方向。⑭定日处乡（xiàng）：确定太阳当时在天空中所处的区域（即"日躔"）。乡通"向"。⑮规：圆规，画圆形的工具。矩：矩尺，画直角和方形的工具。⑯副：帮助。再加上。权：秤锤。衡：秤杆。衡、权单用皆可指秤。⑰四维：指东南（巽）、东北（艮）、西南（坤）、西北（乾）四隅。⑱八卦：古代占卜用的八种基本符号，即（乾）（坤）（震）（巽）（坎）（离）（艮）（兑），皆以阳爻和阴爻相配合而成。每卦代表同一属性的若干事物。八卦相互排列组合为六十四卦。⑲介虫：有甲之虫，此处指龟。先见：预知。⑳今昔：《索隐》："今昔，犹昨夜也。以今日言之，谓昨夜为今昔。"昔，通"夕"。壬子：壬子日；或指壬日子时。古人用干支纪日法，以十天干和十二地支依次组合为六十单位，称六十甲子，"壬子"是其中之一。又，有时纪日只记天干不记地支，故十天干之一的"壬"也可表示日子。纪时则用十二地支，称十二时辰，"子"是其中之一（半夜12点至凌晨1点之间）。㉑宿（xiù）在牵牛：日居于牛宿。㉒河水大会：见下文注。㉓汉：天河。㉔江河固期：江（长江）神与河（黄河）神原先相约。固，原本，本来。期，约会，相约。㉕白云壅（yōng）汉：天上的白云"堵塞"（壅蔽）了天河。壅，《御览》卷七二五作"拥"。"壅""拥"通。㉖留：留下。此处作被留不得行㉗使者当囚：江神的使者（神龟）因行不逢时，该当被囚。㉘善：好。应答之词，表示同意。

于是，王乃使人驰而往问泉阳令曰①："渔者几何家②？名谁为豫且③？豫且得龟，见梦于王，王故使我求之。"泉阳令乃使吏案籍视图④：水上渔者五十五家，上流之庐⑤，名为豫且。泉阳令曰："诺⑥。"乃与使者驰而问豫且曰："今昔汝渔何得⑦？"豫且曰："夜半时举网得龟⑧。"使者曰："今龟安在⑨？"曰："在笼中。"使者曰："王知子得龟⑩，故使我求之。"豫且曰："诺。"即系龟而出之笼中⑪，献使者。

【注释】

①令：县令，一县的行政长官。②几何：多少。③名谁为豫且：谁的名字叫豫且。④使：让；命令。案：考察；查阅。籍：户口册，户籍簿。⑤庐：简陋的房屋。泛指民居。⑥诺：答应的声音，表示同意。相当于现代汉语的"好""行"。⑦汝：你，你的。渔：捕鱼。何得：得何。捕得何物。⑧《史记会注考证》引《庄子·外物篇》："得白龟焉，其圜五尺。"⑨安在：在哪里。⑩子：对人的美称、尊称，一般多用于称呼男子，相当于现代汉语的"您"。⑪系：拴，绑。

使者载行①，出于泉阳之门②。正昼无见③，风雨晦冥④。云盖其上，五采青黄⑤；雷雨并起，风将而行⑥。入于端门⑦，见于东箱⑧。身如流水，润泽有光。望见元王，延颈而前，三步而止，缩颈而却⑨，复其故处⑩。元王见而怪之⑪，问卫平曰："龟见寡人，延颈而前，以何望也⑫？缩颈而复，是何当也⑬？"卫平对曰⑭："龟在患中，而终昔囚⑮，王有德义，使人活之⑯。今延颈而前，以当谢也；缩颈而却，欲亟去也⑰。"元王曰："善哉！神至如此乎⑱？不可久留。趣驾送龟⑲，勿令失期⑳。"

【注释】

①载行：载龟而行。②门：指城门。③正昼：大白天。无见：什么也看不见。④晦冥：昏暗。⑤五采：原来指赤、白、青、黄、黑五种颜色，后来泛指颜色多。⑥将：送，伴送。此指吹送。⑦端门：宫殿的正门。⑧见于东箱：（使者持龟）在东厢房进见（元王）。箱，通"厢"。厢房。此处指偏殿。⑨却：退却，后退。⑩复其故处：又回到原来的地方。⑪怪之：以之为怪。⑫以何望也：为什么朝上望呢。⑬是何当（dàng）也：表示什么意思呢。当，作为，算是……东西（或意思）。⑭对：回答。⑮终昔囚：整夜被囚。终昔，犹终夜。⑯活之：使之活。⑰亟（jí）去：赶快离去。⑱神至如此乎：龟的神明达到如此之高吗。⑲趣（cù）驾送龟：赶快用车把龟载送回去。⑳勿令失期：不要让它耽误了约定（预定）的期限（指龟奉江神之命出使于河的期限）。

卫平对曰："龟者是天下之宝也，先得此龟者为天子，且十言十当①，十战十胜。生于深渊，长于黄土，知天之道，明于上古。游三千岁，不出其域②。安平静正，动不用力。寿蔽天地③，莫知其极④。与物变化，四时变色。居而自匿，伏而不食。春仓夏黄⑤，秋白冬黑。明于阴阳⑥，审于刑德⑦。先知利害，察于祸福。以言而当，以战而胜⑧，王能宝之，诸侯尽服。王勿遣也，以安社稷⑨。"

【注释】

①十言十当：参见前文"百言百当"条注。②域：指龟的居地。③蔽：盖，遮盖。④极：限度，极点，尽头。⑤仓：通"苍"。青色。⑥阴阳：中国哲学的一对范畴，用以解释自然界两种对立和相互消长的物质势力。⑦审：审察；明白。⑧这两句意思是用它（神龟）来占卜，言则必中，战则必胜。"以"后省去"之"或"其"字。⑨社稷：社，土地神；稷，谷神。

元王曰："龟甚神灵，降于上天①，陷于深渊。在患难中，以我为贤②，德厚而忠信，故来告寡人。寡人若不遣也，是渔者也。渔者利其肉③，寡人贪其力④，下为不仁，上为无德。君臣无礼，何从有福⑤？寡人不忍，奈何勿遣⑥！"

【注释】

①降（jiàng）于上天：自天而降。②以我为贤：以为我贤明。③利其肉：以其肉为利。④贪其力：贪得其神力。⑤何从有福：怎么能有福。⑥奈何勿遣：怎能不放掉它。

卫平对曰："不然①。臣闻盛德不报②，重寄不归③；天与不受，天夺之宝④。今龟周流天下⑤，还复其所，上至苍天，下薄泥涂⑥，还遍九州⑦，未尝愧辱⑧，无所稽留⑨。今至泉阳，渔者辱而囚之⑩。王虽遣之，江河必怒，务求报仇⑪。自以为侵⑫，因神与谋⑬。淫雨不霁⑭，水不可治；若为枯旱，风而扬埃⑮，蝗虫暴生⑯，百姓失时⑰。王行仁义，其罚必来。此无佗故⑱，其祟在龟⑲。后虽悔之，岂有及哉⑳！王勿遣也。"

【注释】

①不然：不是这样。不对。②臣闻：臣听说。古人凡说"我闻""吾闻之""臣闻"时，其后所述往往是古人的话或经传上的话。盛德，本指美盛的品德，此处指深恩大德。③重（zhòng）寄不归：别人寄存于你的贵重物品，你不要归还他。以上两句话的意思，从另一个角度理解就是深恩大德施之于人，不得其报；贵重

之物寄存于人，不得归还。④这两句的意思是上天给予的东西你不接受；那就等于天夺去了你的宝物。⑤周流：周游。流，漂泊，流浪。⑥薄：迫近。泥涂：泥路；泥地；草野。⑦还（huán）遍九州：走遍九州。还，通"环"，环绕。⑧愧辱：此处指受辱，被羞辱。⑨稽留：停留。此处指被挡住不得行。⑩辱而囚之：侮辱并且囚禁了它。⑪务求报仇：一定谋求报仇雪恨。务，务必，一定。⑫自以为侵：自己来侵袭攻伐。⑬因神与谋：（还要）凭借神灵一起谋划。⑭淫雨：连绵不断地下雨。霁（jì）：雪、雨停止，云雾散，天放晴。⑮扬埃：刮起尘埃。⑯暴生：突然产生。迅猛产生。⑰失时：指错过农时，耽误农时。⑱佗：通"他"。别的。⑲祟（suì）：鬼怪，妖祟；鬼怪害人，鬼神作怪。⑳岂有及哉：哪里来得及呢。

元王慨然而叹曰："夫逆人之使①，绝人之谋②，是不暴乎？取人之有，以自为宝③，是不强乎④？寡人闻之，暴得者必暴亡⑤，强取者必后无功。桀纣暴强⑥，身死国亡。今我听子，是无仁义之名，而有暴强之道。江河为汤武⑦，我为桀纣。未见其利，恐离其咎⑧。寡人狐疑⑨，安事此宝⑩，趣驾送龟，勿令久留。"

【注释】

①逆人之使：阻逆别人的使者。②绝：断绝；使……绝。此处作"破坏"解。③以自为宝：以之为自己的财宝。④强：强横，强暴。⑤暴亡：突然失去。⑥桀：夏代亡国之君。名履癸。残暴无道，后被商汤所败，被流放南方而死。纣：商纣王，见前注。⑦江河：长江（江水）、黄河（河水）之神。汤：商汤王。又称武汤、成汤等。商朝的建立者。⑧离：通"罹"。遭遇。咎：灾祸。⑨狐疑：疑惑。因狐性多疑，故以"狐疑"形容疑惑。⑩安事此宝：怎么奉事这个宝物（指神龟）。

卫平对曰："不然，王其无患①。天地之间，累石为山②，高而不坏③，地得为安。故云物或危而顾安④，或轻而不可迁；人或忠信而不如诞谩⑤，或丑恶而宜大官⑥，或美好佳丽而为众人患⑦。非神圣人⑧，莫能尽言。春秋冬夏，或暑或寒。寒暑不和，贼气相奸⑨。同岁异节⑩，其时使然。故令春生夏长，秋收冬藏。或为仁义，或为暴强。暴强有乡⑪，仁义有时。万物尽然，不可胜治⑫。大王听臣，臣请悉言之⑬。天出五色⑭，以辨白黑；地生五谷，以知善恶。人民莫知辨也，与禽兽相若⑮。谷居而穴处⑯，不知田作⑰。天下祸乱，阴阳相错⑱。匆匆疾疾⑲，通而不相择⑳。妖孽数见㉑，传为单薄㉒。圣人别其生㉓，使无相获㉔：禽兽有牝牡㉕，置之山原；鸟有雌雄，布之林泽㉖；有介之虫㉗，置之谿谷㉘。故牧人民㉙，为之城郭㉚，内经闾术㉛，外为阡陌㉜。夫妻男女，赋之田宅㉝，列其室屋㉞。为之图籍㉟，别其名族㊱。立官置吏，劝以爵禄㊲。衣以桑麻㊳，养以五谷。耕之耰之㊴，钼之耨之㊵。口得所嗜㊶，目得所美㊷，身受其利。以是观之，非强不至㊸。故曰田者不强㊹，困仓不盈㊺；商贾不强，不得其赢㊻；妇女不强，布帛不精㊼；官御不强㊽，其势不成㊾；大将不强，卒不使令㊿；侯王不强，没世无名[51]。故云强者，事之始也，分之理也[52]，物之纪也[53]。所求于强，无不有也[54]。王以为不然，王独不闻玉椟只雉[55]，出于昆山[56]；明月之珠，出于四海[57]；镌石拌蚌[58]，传卖于市[59]。圣人得之，以为大宝。大宝所在，乃为天子。今王自以为暴，不如拌蚌于海也；自以为强，不过镌石于昆山也。取者无咎，宝者无患[60]。今龟使来抵网[61]，而遭渔者得之[62]，见梦自言，是国之宝也，王何忧焉！"

【注释】

①王其无患：请大王不要忧虑。其，句中语气词，表示揣测、反问、期望或命令。

②累（lěi）石：积石，堆积石头。累，堆叠，积累。③坏：倒塌。④顾安：反而安全。顾，副词，反而，却。⑤诞谩：欺诈，荒诞；放纵。⑥宜大官：宜做大官。宜，适宜，合适。⑦患：祸害。⑧神圣人：智慧特别高超的人。⑨这两句的意思是寒暑失时，有害之气互相干扰。奸（gān）：干扰，干涉。⑩同岁异节：一年当中，季节不同。节，季节，时节。⑪乡：处所，地方。⑫胜治：尽治；完全研究清楚。胜，尽。治，研究，探讨。⑬臣请悉言之：请允许臣详细讲一讲这方面的事情。⑭五色：五彩。⑮相若：相像，相似。⑯谷：山谷。穴：土穴，洞穴。⑰田作：田间作业，耕种土地。⑱阴阳相错：阴阳颠倒。⑲匆匆疾疾：急急忙忙。匆忙纷乱。疾，快，急速；急切地从事。⑳通：男女交媾。一般指不正当的男女关系，此处泛指婚媾。不相择：相互之间不加区别选择，指乱婚状态。㉑妖孽（niè）：犹妖怪。草木之怪谓之妖，禽兽虫蝗之怪谓之孽。孽，通"孼"。数（shuò）：屡次。见（xiàn）：通"现"。出现。㉒传为单薄：传宗接代能力微弱。㉓别：分别，区别。生：生命。㉔使无相获：使他们不相互攻夺、妨害。获，猎取。㉕牝（pìn）：雌性鸟兽。牡：雄性鸟兽。牝牡连用，俗言"公母"。㉖布之林泽：把它们安置在山林广泽之中。布，铺开，分布。㉗有介之虫：指甲壳一类的动物。㉘谿谷：河谷。谿，同"溪"。㉙牧：统治。古代统治者蔑视人民，故称统治人民为"牧"民。㉚为之城郭：为他们修筑城郭。城郭，城指内城，郭指外城，连用则泛指城市。㉛经：划分，度量；治理。闾术：都是古代的居民组织单位。《史记会注考证》引冈白驹曰："百家为里，里十为术。"㉜阡陌（mò）：田间的小路。东西向曰阡，南北向曰陌。此处泛指田野。㉝赋：授予，给予。㉞列：分；排列。㉟为之图籍：将他们登记造册。图、籍，见前注。㊱别：区别。名族：姓名家族。㊲劝以爵禄：以爵位俸禄来鼓励。劝，鼓励，奖励。㊳衣以桑麻：指植桑养蚕缫丝织绢和种麻织布以为衣服。衣，用作动词，穿（衣）。㊴耰（yōu）：播种后用耰（碎土整地的一种农具）翻土、盖土。㊵鉏（chú）：同"锄"，锄地。耨（nòu）：除草。㊶口得所嗜：嘴里得到喜欢吃的东西。㊷美：美色，好看的东西。㊸非强不至：不以强力去做就达不到目的（得不到好结果）。以上驳元王所说"强取者必后无功"的论点。㊹田者：种田的人，农夫。㊺囷（qūn）仓：泛指谷仓。囷，古代的一种圆形谷仓。盈：充满。㊻赢：余利。㊼布：麻布。㊽官御：官僚，官吏。御，驾车的人，此处转指控制权力的人。㊾势：权势。㊿卒不使令：士兵不听从命令。51没（mò）世无名：到死也没有名气。52分（fèn）之理也：合乎名分的道理。即合情合理。分，名分，职分。53物之纪也：事物的规律。纪，准则，法度。54这两句的意思是人们需要强，无处不有。55独不闻：难道没听说过。椟（dú）：匣子。只（zhī）：鸟只。雉，亦称野鸡，其羽毛可以为饰。56昆山：古山名。即今昆仑山。57四海：指中国四周的海或"海疆"。《禹贡》中的"四海"，系泛称之辞，九州之外即为四海。《礼记》提到的东、西、南、北四海亦仅为对举而言，没有确指海域。故"四海"可理解为"四方之海"。58镌（juān）石：开凿山石以得其玉。镌，凿，掘。拌（pàn）蚌：剖开海蚌以取其珠。拌，义同"判"，分，剖，割。59传卖：贩卖。传，传递，传送。60宝者：珍藏者。藏者：珍藏者。61龟使：作为使者的神龟。62遭：遇，碰上。

　　元王曰："不然。寡人闻之：谏者福也①，谀者贼也②。人主听谀，是愚惑也。虽然③，祸不妄至④，福不徒来⑤。天地合气，以生百财。阴阳有分⑥，不离四时，十有二月⑦，日至为期⑧。圣人彻焉⑨，身乃无灾。明王用之，人莫敢欺。故云福之至也，人自生之；祸之至也，人自成之。祸与福同，刑与德双⑩。圣人察之，以知吉凶。桀纣之时，与天争功，拥遏鬼神⑪，使不得通。是固已无道矣，谀臣有众⑫。桀有谀臣，名曰赵梁，教为无道，劝以贪狼⑬，系汤夏台⑭，杀关龙逢⑮。左右恐死，偷谀于傍⑯。国危于累卵⑰，皆曰无伤。称乐万岁，或曰未央⑱。蔽其耳目，与之诈狂。汤卒伐桀⑲，身死国亡。听其谀臣，身独受殃。《春秋》著之，至今不忘。纣有谀臣，名为左强。夸而目巧⑳，教为象郎㉑。将至于天㉒，又有玉床。犀玉之器㉓，象箸而羹㉔。圣人剖其心㉕，壮士斩其胻㉖。箕子恐死㉗，被发佯狂㉘。杀周太子历㉙，囚文王昌㉚，投之石室，将以昔至明㉛。阴兢活之㉜，与之俱亡㉝。入于周地，得太公望㉞。兴卒聚兵，与纣相攻。文王病死，载尸以行㉟。太子发代将㊱，号为武王。战于牧野㊲，破之华山之阳㊳。纣不胜，败而还走㊴，围之象郎。自杀宣室㊵，身死不葬。头悬车轸㊶，四马曳行㊷。寡人念其如此，肠如涫汤㊸。是人皆富有天下而贵至天子㊹，然而大傲㊺，欲无餍时㊻，举事而喜高，贪很而骄㊼。不用忠信，听其谀臣，而为天下笑。今寡人之邦，居诸侯之间，曾不如秋毫㊽。举事不当，又安亡逃㊾！"

【注释】

①谏（jiàn）者：谏诤这种事。谏，规劝君主、尊长或朋友，使之改正错误过失。②谀者：阿谀奉承，谄谀（这种事）。贼：害，祸害。③虽然：但是。④妄至：随便降临。妄，胡乱。⑤徒来：白白地来临（来到）。徒，空；白白地。⑥分：区别。⑦有：用在整数与零数之间，相当于"又"。⑧日至为期（jī）：满了日子便为一个周期。⑨彻：通达，贯通；透彻了解。⑩双：成对。在一起。⑪拥遏：阻遏。拥，通"雍"。阻塞，拥挤。⑫有众：又很多。有，通"又"。⑬贪狼：贪婪凶狠。狼，狼戾，凶狠。⑭系汤：囚系商汤王。夏台：古台名。一名钧台。在今河南禹县南。相传夏桀囚汤于此。⑮关龙逢（péng）：夏代末年大臣。⑯偷：得过且过，不负责任。苟且。⑰危于累卵：危险超过垒起来的蛋那种情况，极易倒塌破碎。比喻情况极其危险。⑱未央：未尽，未已。⑲卒：终于。又释作卒（cù），通"猝"。突然。⑳夸而目巧：夸夸其谈，眼神灵活。㉑象郎：即象廊。郎，通"廊"。㉒将至于天：指宫室高大宏丽，直薄云天。将，接近。㉓犀玉之器：指用犀牛角和玉石雕制的精美器物。㉔象箸（zhù）：象牙筷子。羹：用肉或菜调和五味做成的带汤的食物。此处用作动词，意为食羹。㉕圣人剖其心：指纣剖圣人比干之心。详见《殷本纪》。㉖壮士斩其胻（héng）：砍掉一个壮士的脚胫（小腿）。相传纣王与妲己见壮士朝涉于寒水中而无畏寒之色，乃使人砍断其胫以验其髓是否充盈。㉗箕子：商代贵族，纣王诸父，官任太师。封于箕（今山西太谷东北）。㉘被（pī）发佯狂：披头散发，假装疯癫。被，披散；穿。佯，假装。㉙《索隐》按："'杀周太子历'，文在'囚文王昌'之上，则近是季历（文王昌之父）。季历不被纣诛，则其言近妄，无容周更别有太子名历也。"《史记会注考证》引陈仁锡曰："'历'字衍文。太子，谓伯邑考也。"其事不详。㉚史载纣以西伯昌（周文王）、九侯（一作鬼侯）、鄂侯为三公，先后杀九侯、鄂侯，西伯昌闻而窃叹。崇侯虎谮西伯昌，纣乃囚昌于羑（yǒu）里（在今河南汤阴县南）。㉛以昔至明：意思是从夜晚到白天。昔，通"夕"。㉜阴兢：人名。《集解》引徐广曰："兢，一作竟。"活之：救活了他。救他。活，使之活。使动用法。㉝俱亡：一起逃跑。㉞太公望：周初大臣和齐国始祖。姜姓，吕氏，名望。㉟以：用法相当于"而"，连词。㊱代将（jiàng）：代替文王统率军队。将，统率，指挥军队。㊲牧野：古地名。一作"坶野"。在今河南淇县西南。此地距殷末都城朝歌（也在今淇县境）不远，武王与

反殷诸侯会师，大败殷军于此。㊳华（huà）山之阳：华山南面地方。㊴败而还（huán）走：兵败逃回。还，返回。走，跑。㊵宣室：天子居室。㊶车轸（zhěn）：车子轸，车箱底部后面的横木，又指车子。㊷曳（yè）：拉，牵引。㊸涫（guàn）汤：沸腾的水。涫，滚沸。汤，开水，热水。㊹是人：这些人（指桀纣）。㊺大（tài）傲：太傲慢。大，通"太"。㊻欲无泆（yàn）时：欲望没有满足之时。贪得无厌。㊼贪很：贪婪狠毒。很，同"狠"。㊽曾：副词。用来加强语气，可译为"连……都……"。秋毫：动物秋后所换的绒毛。比喻十分纤细微小的东西。㊾又安亡逃：又怎能逃得掉。亡逃，逃，逃走，逃脱。

卫平对曰："不然。河虽神贤，不如昆仑之山①；江之源理②，不如四海。而人尚夺取其宝③，诸侯争之，兵革为起④。小国见亡，大国危殆，杀人父兄，虏人妻子，残国灭庙⑤，以争此宝。战攻分争⑥，是暴强也。故云取之以暴强而治以文理⑦，无逆四时，必亲贤士⑧；与阴阳化⑨，鬼神为使⑩；通于天地，与之为友。诸侯宾服⑪，民众殷喜⑫。邦家安宁，与世更始⑬。汤武行之，乃取天子⑭。《春秋》著之，以为经纪⑮。王不自称汤武，而自比桀纣。桀纣为暴强也，固以为常⑯。桀为瓦室⑰，纣为象郎。征丝灼之⑱，务以费泯⑲。赋敛无度，杀戮无方⑳。杀人六畜㉑，以韦为囊㉒。囊盛其血，与人县而射之㉓，与天帝争强㉔。逆乱四时，先百鬼尝㉕。谏者辄死，谀者在傍。圣人伏匿，百姓莫行㉖。天数枯旱，国多妖祥㉗。螟虫岁生㉘，五谷不成。民不安其处㉙，鬼神不享㉚。飘风日起㉛，正昼晦冥。日月并蚀，灭息无光㉜。列星奔乱，皆绝纪纲㉝。以是观之，安得久长！虽无汤武，时固当亡。故汤伐桀，武王克纣，其时使然。乃为天子，子孙续世；终身无咎，后世称之，至今不已。是皆当时而行㉞，见事而强㉟，乃能成其帝王。今龟，大宝也，为圣人使㊱，传之贤王㊲。不用手足，雷电将之㊳，风雨送之，流水行之。侯王有德，乃得当之㊴。今王有德而当此宝，恐不敢受；王若遣之，宋必有咎㊵。后虽悔之，亦无及已㊶。"

【注释】

①昆仑之山：昆仑山。在中国西部新疆西藏交界线上。②源理：水源通畅。理，条理；治理。③尚：尚且。宝：指珠玉。④兵革：兵器与铠甲，代指战争。为起：因之而起。为，因。⑤庙：宗庙。⑥分争：争夺。⑦文理：指政令教化一类手段，与"暴强"对言。⑧亲：亲近。⑨与阴阳化：与阴阳一起变化。⑩鬼神为使：鬼神为其所役使。⑪宾服：归服。⑫殷喜：富足欢乐。殷，富裕。⑬更始：除旧布新。⑭乃取天子：便夺取天子之位。⑮经纪：秩序，规范，准则。⑯常：经常；平常。⑰瓦室：瓦顶的宫室。瓦房。⑱征丝灼（zhuó）之：从百姓那里征敛蚕丝当柴烧。灼，焚烧。⑲泯：泛指老百姓。原文作"民"，从王念孙说改，以与前后句押韵。⑳无方：无理。无正道。㉑杀人六畜：宰杀人和六畜。㉒以韦为囊：用熟皮做成囊。韦，熟皮。㉓县（xuán）：通"悬"。悬挂。㉔革囊盛血而射之，名曰"射天"。事见《史记·殷本纪》和《宋世家》，是讲纣的曾祖父帝武乙及宋王偃无道之行，这里又说纣亦有此事。㉕先百鬼尝：在祭祀各种鬼神之前就尝用四时鲜味。百鬼，泛指众鬼神，列祖列宗。㉖莫行（háng）：无路可走。行，路。㉗妖祥：犹妖孽，妖异之兆。祥，凶吉的预兆。㉘螟虫：吃稻茎髓部的一种害虫。岁生：年年生长。㉙不安其处：不安其居。㉚享：鬼神享用祭品。㉛飘风：大风，烈风。日起：天天猛刮。㉜灭息：熄灭。㉝纪纲：秩序，法度。㉞当时：适应其时。当，适应。㉟见事：遇到行事的机会。㊱为圣人使：指被圣人所驱使。㊲贤王：指宋元王。王，原作"士"，

与韵不合，依标点本改。㊳将之：送之。㊴乃得当之：才得以承受之。当，承当。㊵宋：古国名。子姓。开国君主是纣王庶兄微子启。㊶已：语气词，用法同"矣"。

元王大悦而喜①。于是，元王向日而谢②，再拜而受③。择日斋戒，甲乙最良④。乃刑白雉⑤，及与骊羊⑥；以血灌龟⑦，于坛中央。以刀剥之，身全不伤。脯酒礼之⑧，横其腹肠⑨。荆支卜之⑩，必制其创⑪。理达于理⑫，文相错迎⑬。使工占之⑭，所言尽当。邦福重宝⑮，闻于傍乡⑯。杀牛取革，被郑之桐⑰。草木毕分⑱，化为甲兵⑲。战胜攻取，莫如元王。元王之时，卫平相宋⑳，宋国最强，龟之力也。

【注释】

①《史记会注考证》引张文虎曰："喜，当作'起'。"按："喜，读为嘻。"嘻，欢笑貌。②向日而谢：向着太阳拜谢上天。③再拜：礼拜两次，表示恭敬。④甲乙最良：甲、乙日最好。古人一般用干支记日，但也有单用天干的。⑤刑：杀。⑥骊羊：黑羊，纯黑毛色的羊。骊，纯黑色。⑦灌：浇；注入。⑧脯（fǔ）酒礼之：用干肉和美酒招待它。即用酒肉给龟吃。脯，干肉。礼，礼遇，用作动词。⑨横其腹肠：指龟肠肚被剖开（即被杀死）。横，横陈。⑩荆支：荆木枝。支，通"枝"。卜之：灼龟占卜。⑪创：伤口，伤。指龟壳。⑫理达于理：龟的兆纹呈达于外。⑬文：线条交错的图形，花纹。后来写作"纹"。此处指龟甲经烧灼后呈现的"兆纹"。错迎：交错。⑭工：官吏，臣工。此处指卜官。⑮福：《集解》引徐广曰："福，音副，藏也。"⑯闻于傍（páng）乡：名声传到外邦。名闻邻邦。傍乡，附近的地方，周围地区。⑰这两句的意思是杀牛取其皮革，加之于郑国产的桐木之上，制成战鼓。革，去了毛的兽皮。被，加……之上。郑，古国名，姬姓。开国君主是周宣王弟郑桓公（名友）。⑱毕：全都。分：离散。⑲甲兵：甲胄和兵器。泛指武器。⑳相宋：做宋国的相。相，百官之长。

故云神至能见梦于元王，而不能自出于渔者之笼。身能十言尽当①，不能通使于河，还报于江。贤能令人战胜攻取，不能自解于刀锋②，免剥刺之患。圣能先知远见③，而不能令卫平无言。言事百全④，至身而挛⑤；当时不利，又焉事贤⑥？贤者有恒常⑦，士有适然⑧。是故明有所不见，听有所不闻；人虽贤，不能左画方，右画圆；日月之明，而时蔽于浮云⑨。羿名善射⑩，不如雄渠、蠭门⑪；禹名为辩智⑫，而不能胜鬼神。地柱折⑬，天故毋椽⑭，又奈何责人于全？孔子闻之曰⑮："神龟知吉凶，而骨直空枯⑯。日为德而君于天下⑰，辱于三足之乌⑱。月为刑而相佐⑲，见食于虾蟆⑳。猬辱于鹊㉑，腾蛇之神而殆于即且㉒。竹外有节理，中直空虚；松柏为百木长，而守门闾㉓。日辰不全，故有孤虚㉔。黄金有疵㉕，白玉有瑕。事有所疾㉖，亦有所徐㉗。物有所拘㉘，亦有所据㉙。罔有所数㉚，亦有所疏㉛。人有所贵，亦有所不如。何可而适乎㉜？物安可全乎？天尚不全，故世为屋㉝，不成三瓦而陈之㉞，以应之天。天下有阶㉟，物不全乃生也㊱。"

【注释】

①身：自身，自己。②自解：自我解脱。解，解脱，解难。③巫见：敏锐地预见。④百全：百中，万无一失。⑤挛（luán）：手脚蜷曲不能伸开。拘系。⑥焉：疑问代词。怎么，哪里。⑦恒常：固定的，永久的。此处可理解为"操守"。《史记会注考证》引张文虎曰："恒、常，当衍一字。盖汉世讳恒（汉文帝名恒）为常，后人两存之。"⑧适然：适宜于己的志行。合于道理之事。偶然。⑨时：有时。⑩羿（yì）：后羿。又称夷羿。传说中夏代东夷族首领。⑪雄渠、蠭门：又

称雄渠子、蠭门子。都是古时以善射闻名的传说人物。传说雄渠为楚人，夜行见石，以为虎而射之，应弦没羽于石；蠭门射箭巧技为射者所重，刘歆《七略》有《蠭门射法》。蠭，同"蜂"，《淮南子》作"逢门"。⑫禹：传说中古代部落联盟领袖。姒姓，亦称大禹、夏禹、戎禹。一说名文命。辩智：口才好，智慧多。⑬地柱折：或作"天柱折"。古人以为"天"是由"柱"撑起来的。《淮南子·天文训》："昔者共工与颛顼争为帝，怒而触不周之山，天柱折，地维绝。天倾西北，故日月星辰移焉；地不满东南，故水潦尘埃归焉。"⑭故：通"固"。本来。榱（chuán）：榱子，放在檩上架着屋顶的木条。⑮孔子（前551—前479年）：春秋末期思想家、政治家、教育家，儒家的创始人。名丘，字仲尼，鲁国陬邑（今山东曲阜东南）人。曾任鲁中都宰、司寇。⑯骨直空枯：龟骨中空而干瘪。《正义》："凡龟，其骨空中而枯也。直，语发声也，今河东亦然。"⑰君于天下：君临天下。为天下之君。⑱三足乌：三条腿的乌鸦。神话传说太阳中有三足乌。⑲刑：刑罚。古人以月为阴，阴主刑。相佐：指月亮以阴刑辅佐太阳之阳德。⑳见食于虾蟆：被虾蟆所吃。神话传说月亮里有蟾蜍（chán chú），即虾蟆，俗叫"癞蛤蟆""疥蛤蟆"。《淮南子》等古书中有关于三足乌、蟾蜍的记述。见，表示被动，相当于"被"。㉑猬辱于鹊：刺猬被喜鹊所侮辱。据说刺猬碰到喜鹊便腹部朝天，仰卧于地。㉒腾蛇之神而殆于即且（jū）：腾蛇有会飞的神通，却遭难于即且（jū）。即且即蝍蛆，蜈蚣的别名。㉓这两句的意思是松柏为百木之长，却被植于大门之侧，守护大门。闾，里巷的大门。㉔《集解》："甲乙谓之日，子丑谓之辰。《六甲孤虚法》：甲子旬中无戌亥，戌亥即为孤，辰巳即为虚。……刘歆《七略》有《风后孤虚》二十卷。"古人用干支纪日。天干即甲乙丙丁戊己庚辛壬癸，地支即子丑寅卯辰巳午未申酉戌亥。十干与十二支依次组合为甲子、乙丑……直到癸亥六十个单位，每个单位代表一天。每十天为一旬，共六旬。甲子旬起"甲子"迄"癸酉"，十二支中余下戌、亥，排到甲戌旬故称为孤；而辰、巳二支则被称为虚。其表解形式则为：甲子、乙丑、丙寅、丁卯、戊辰、己巳、庚午、辛未、壬申、癸酉、甲戌。乙亥。这是以十二支算，是十二天，但每旬只有十天，甲戌、乙亥应入下一旬，故此旬戌、亥为孤，而戊辰、己巳两天在此旬中缺少相对的日子，故辰、巳为虚。甲戌旬（甲戌至癸未）、甲申旬（甲申至癸巳）、甲午旬（甲午至癸卯）、甲辰旬（甲辰至癸丑）、甲寅旬（甲寅至癸亥），依此类推。岁月日时皆有上述孤虚之法。㉕疵：小毛病。㉖疾：急速，急切，快。㉗徐：缓慢，徐缓。㉘拘：收敛，约束，拘束。㉙据：凭依，依靠。㉚罔：渔网。后来写作"網"，今简化为"网"。数（cù）：密，与"疏"相对。㉛疏：稀，指网眼大。㉜何可而适乎：怎么能正好呢。适，恰好。㉝世：人世，世人。为屋：建造房屋。㉞不成三瓦而陈之：《集解》引徐广曰："一云为屋成，欠三瓦而栋之也。"栋，居。《史记会注考证》引张文虎曰："古者后室之霤（liù）正当栋下，故云不成三瓦而栋之"霤，屋檐。㉟阶：台阶。㊱物不全乃生也：万物都是不得其完全才生于天地之间。

褚先生曰：渔者举网而得神龟，龟自见梦宋元王，元王召博士卫平告以梦龟状①，平运式，定日月②，分衡度，视吉凶，占龟与物色同③，平谏王留神龟以为国重宝，美矣④。古者筮必称龟者⑤，以其令名⑥，所从来久矣⑦。余述而为传⑧。

【注释】

①此处说卫平是博士，而博士最早源于战国，宋元王若为春秋人，其时应无此官职。②定日月：推定日月当时之位。③占龟与物色同：占卜的结果是龟与元

王所梦之物颜色（黑色）等相同，遂知其物为神龟。④美矣：多么好啊。赞赏之辞。⑤筮：此处泛指占卜。⑥令名：美名，好名声。令，善，美，好。⑦所从来久矣：是由来已久了。⑧传（zhuàn）：文字记载，引申为传记。

> 三月 二月 正月①
> 十二月 十一月 中关内高外下②
> 四月 首仰③ 足开
> 胎开④ 首俛大⑤ 五月横吉
> 首俛大 六月 七月
> 八月 九月 十月

【注释】

①《正义》："言正月、二月、三月右转周环终十二月者，日月之龟，腹下十二黑点为十二月，若二十八宿龟也。"大概的意思是用"日月之龟"占卜时，以龟腹甲下十二个黑点为十二月份，从左向右（如同今之"顺时针"）依次数点，自三月、二月、正月直到十二月，满一周。根据某一点附近兆纹之状，推断当时（某月）某事之凶吉。②《正义》："此等下至'首俛大'者，皆卜兆之状也。"中关，指兆的中关（中肋）。内高外下，其状内高外低。③首仰：《正义》："谓兆首仰起。"④胎：指兆足收敛之状。⑤首俛（fǔ或miǎn）大：指兆首俯而大之状。俛，通"俯"。

卜禁曰①：子、亥、戌不可以卜及杀龟②；日中如食③，已卜暮昏④，龟之徼也⑤，不可以卜。庚、辛可以杀⑥，及以钻⑦。常以月旦被龟⑧，先以清水澡之⑨，以卵被之⑩，乃持龟而遂之⑪，若常以为祖⑫。人若已卜不中⑬，皆被之以卵，东向立⑭，灼以荆若刚木⑮，土卵指之者三⑯，持龟以卵周环之，祝曰⑰："今日吉，谨以梁卵焙黄被去玉灵之不祥⑱。"玉灵必信以诚⑲，知万事之情⑳，辩兆皆可占㉑。不信不诚，则烧玉灵，扬其灰，以征后龟㉒。其卜必北向，龟甲必尺二寸。

【注释】

①卜禁：关于占卜的禁忌。禁，法令或习俗所不允许的事项、禁忌。②子、亥、戌：子时（夜间十一点钟至凌晨一点钟）、亥时（夜间九点钟至十一点钟）、戌时（晚上七点钟到九点钟）。③日中如食：白天如果碰到日食之时。④已卜暮昏：已经天黑之时。"卜"字衍，当删。暮昏，天刚黑时，黄昏。⑤龟之徼（jiào）也：龟（在上述情况下或时间里）徼绕不明。⑥庚、辛：指庚日、辛日。杀：指杀龟。⑦钻之：在龟甲上钻孔。⑧月旦：犹月朔，每月初一。被（fú）龟：被除龟之不祥（其做法详后）。⑨澡：洗。⑩以卵被之：用鸡蛋摩龟而祝之。⑪遂之：卜之。此句可能有脱文。⑫若常以为祖：以此为常法。祖，法，方法。⑬中（zhòng）：指灵验，应验。⑭东向立：面向东而立。⑮灼以荆若刚木：取生荆枝或生坚木烧之，斩断以灼龟。若，连词，相当于现代汉语的"或""或者"。刚木，坚硬之木。⑯土卵指之者三：《正义》说是当卜而不中时，用土捏成卵形，指三次，绕三周，以镇压妖邪不祥。⑰祝：向鬼神祝祷。⑱梁：梁米，精米。焙（dì）：灼龟之木。黄：黄绢（裹梁米鸡卵用物）。⑲以：用法同"而"。⑳情：情状。㉑辩兆：辨认兆纹。辩，通"辨"，辨别。㉒征：通"惩"。此处可解为"警告"。后龟：后来用于占卜的龟。

卜，先以造灼钻①，钻中已②，又灼龟首，各三③；又复灼所钻中曰"正身"，灼首曰"正足"④，各三。即以造三周龟⑤，祝曰："假之玉灵夫子⑥。夫子玉灵，荆灼而心⑦，令而先知。而上行于天，下行于渊，诸灵数莿⑧，莫如汝信。今日良日⑨，行一良贞⑩。某欲卜某⑪，即得而喜⑫，不得而悔。即得，发乡我身长大⑬，首足收入皆上偶⑭。不得，发乡我身挫折⑮，中外不相应，首足灭去。"

【注释】

①造：《索隐》："造音灶，造谓烧荆之处。"②钻中已：在中间钻毕。③各三：三钻，三灼。④正足：《集解》引徐广曰："一作'止'。"《史记会注考证》引张文虎曰："'灼首'下疑脱'曰正首，灼足'五字。"⑤即以造三周龟：即持龟绕造三周。⑥假之玉灵夫子：借助您玉灵夫子的神力。⑦而：尔，你，您。下两"而"同。⑧诸灵数莿（cè）：各种（所有）神灵筮策。⑨良日：吉日。美好的日子。⑩行一良贞：做一次好的占卜。良贞，美卜。贞，卜问。⑪某欲卜某：某某人（占卜者名）想求卜某某事。⑫即得：假如占卜的结果称心如意。如果卜得吉兆。即，连词。假若，如果。得，指卜得吉兆。⑬发乡（xiàng）我身长（cháng）大：大概意思是卜兆应向我显现出兆身长而且大之状。⑭首足：《史记会注考证》引张文虎曰："首，当作手。下'首足灭去'同。"此说可存。入：原作"人"，从他本改。皆上偶：都成对向上舒展。⑮挫折：曲屈拘挛。

灵龟卜祝曰①："假之灵龟。五巫五灵不如神龟之灵②，知人死，知人生。某身良贞③，某欲求某物。即得也，头见足发④，内外相应；即不得也，头仰足胗⑤，内外自垂。"可得占。

【注释】

①灵龟卜：用灵龟占卜。②巫：一作"筮"。③某身良贞：某某人（占卜者名）亲行好卜。④头见（xiàn）足发：指兆头、兆足均显露出来。⑤胗（qín），敛。敛收的裂纹。

卜占病者①，祝曰："今某病困。死②，首上开③，内外交骇④，身节折⑤；不死，首仰足胗。"
卜病者祟⑥，曰⑦："今病有祟⑧，无呈⑨；无祟，有呈⑩。兆有中祟⑪，有内⑫；外祟⑬，有外⑭。"

【注释】

①《史记会注考证》引张文虎曰："占字疑衍。"②死：如果会病死的话。③首上开：可能应是"首仰足开"。④内外交骇：可能是"内外交驳"之误。⑤身节折：兆身"骨节"折屈。⑥祟（suì）：鬼神作怪，邪祟。⑦曰：祝曰，祝祷说。⑧今病有祟：现在病人如果是因为有妖祟造成的话。⑨无呈：其兆不见。⑩有呈：其兆呈现出来。⑪有中（zhòng）祟：有家中邪祟的话。⑫有内：（则）有兆内。⑬外祟：如果是有外面邪祟的话。⑭有外：（则）有兆外。

卜系者出不出①：不出，横吉安；若出，足开首仰有外。
卜求财物，其所当得②：得，首仰足开，内外相应；即不得，呈兆首仰足胗。
卜有卖若买臣妾马牛③：得之，首仰足开，内外相应；不得，首仰足胗，呈兆若横吉安。
卜击盗聚若干人在某所，今某将卒若干人往击之④：当胜，首仰足开身正，内自桥外下⑤；不胜，足胗首仰，身首内下外高⑥。

卜求当行不行⑦：行，首足开⑧；不行，足胻首仰，若横吉安，安不行⑨。

卜往击盗，当见不见⑩：见，首仰足胻有外；不见，足开首仰。

卜往候盗⑪，见不见：见，首仰足胻，胻胜有外⑫；不见，足开首仰。

卜闻盗来不来⑬：来，外高内下，足胻首仰；不来，足开首仰；若横吉安，期之自次⑭。

卜迁徙、去官不去⑮：去，足开有胻外首仰⑯；不去，自去⑰，即足胻，呈兆若横吉安。

卜居官尚吉不⑱：吉，呈兆身正，若横吉安；不吉，身节折，首仰足开。

卜居室家吉不吉：吉，呈兆身正，若横吉安；不吉，身节折，首仰足开。

卜岁中禾稼孰不孰⑲：孰，首仰足开，内外自桥外自垂⑳；不孰，足胻首仰有外。

卜岁中民疫不疫㉑：疫，首仰足胻，身节有强外㉒；不疫，身正首仰足开。

卜岁中有兵无兵㉓：无兵，呈兆若横吉安；有兵，首仰足开，身作外强情㉔。

卜见贵人吉不吉：吉，足开首仰，身正，内自桥；不吉，首仰，身节折，足胻有外，若无渔㉕。

卜请谒于人得不得㉖：得，首仰足开，内自桥；不得，首仰足胻有外。

卜追亡人当得不得㉗：得，首仰足胻，内外相应；不得，首仰足开，若横吉安。

卜渔猎得不得：得，首仰足开，内外相应；不得，足胻首仰，若横吉安。

卜行遇盗不遇：遇，首仰足开，身节折，外高内下；不遇，呈兆㉘。

卜天雨不雨㉙：雨，首仰有外，外高内下；不雨，首仰足开，若横吉安。

卜天雨霁不霁㉚：霁，呈兆足开首仰；不霁，横吉。

【注释】

①系者：被拘押囚禁的犯人。出不出：是否能被释放出来。②其所当得：他是否可得（财物）。③若：或，或者。臣妾：泛指男女奴婢。臣，男性奴隶。④将（jiàng）卒：率领兵士。⑤桥（gāo）：高劲貌。⑥首：《集解》徐广曰："一作'简'。"⑦行：外出；行路。⑧首足开：《史记会注考证》引张文虎曰："'首'下脱'仰'字。"⑨安不行：兆呈安则不行。⑩当见不见：能否碰到（盗贼）。⑪往候盗：到某处侦察盗贼。候，侦察，窥伺。⑫胻胜有外："胻胜"二字疑衍。⑬闻盗来不来：风闻强盗要来，究竟来或不来。⑭期之自次：意思是在预期的时间以后（盗贼才来）。⑮去官：离开官位，丢官。⑯《史记会注考证》引张文虎曰："'胻'字疑衍。"⑰自去：其义不明。也可能是"自己辞官"的意思。《史记会注考证》引张文虎曰："'自去'二字疑衍。"⑱尚吉不：是否仍然顺利。郭嵩焘《史记札记》认为当作"吉不吉"。⑲岁中：当年，今年里。⑳内外自桥：此处"外"字当衍。㉑民疫不疫：老百姓是否遭受瘟疫。㉒身节有强外：似应作"身节强有外"。㉓兵：军事，战争。㉔《史记会注考证》引张文虎曰：此句"疑有误脱"。㉕郭嵩焘《史记札记》认为渔者撒网而得鱼，用不正当手段侵夺他人之物都称为"渔"。㉖请谒（yè）于人得不得：求见他人是否能见到（或有无所得）。㉗亡人：逃跑者，逃亡的人。㉘呈兆：《史记会注考证》引张文虎曰："'兆'下疑有脱文。"㉙雨：下雨。㉚霁（jì）：天放晴。

命曰横吉安①。以占：病，病甚者一日不死；不甚者卜日瘳②，不死。系者重罪不出，轻罪环出③；过一日不出，久毋伤也④。求财物、买臣妾马牛，一日环得；过一日不得。行者不行⑤。来者环至；过食时不至，不来。击盗不行，行不遇⑥。

闻盗不来。徙官不徙⑦。居官、家室皆吉。岁稼不孰。民疾疫无疾。岁中无兵。见人行，不行不喜。请谒人不行不得。追亡人、渔猎不得。行不遇盗。雨不雨。霁不霁⑧。

【注释】

①命曰横吉安：命兆名为横吉安。兆名叫横吉安。②卜日瘳（chōu）：在占卜的当天病愈。瘳，病愈。③环（huán）出：完好地被释放出来；旋即被释放出来。④久毋伤也：即使被拘囚时间很长也无关系。毋，通"无"。伤，伤害，伤损。⑤行者：指卜问当行不行。⑥行不遇：如果前往（击盗）则不会遇到（盗贼）。⑦徙官：调任官职。⑧以上讲的是在兆名横吉安的情况下，凭此而占，则有所述种种结果，如卜病（能不能好）、卜系者（能不能出）、卜求财物或买臣妾马牛（能不能得）等等，都各有不同的判断。

命曰呈兆。病者不死。系者出。行者行①。来者来。市买得②。追亡人得，过一日不得。问行者不到。

命曰柱彻。卜：病不死。系者出。行者行。来者来。市买不得。忧者毋忧。追亡人不得。

【注释】

①行者行：卜求当行不当行，判为当行（即可行）。②市买：买。

命曰首仰足肣有内无外。占：病，病甚不死。系者解①。求财物、买臣妾马牛不得。行者闻言不行。来者不来。闻盗不来。闻言不至。徙官闻言不徙。居官有忧。居家多灾。岁稼中孰②。民疾疫多病。岁中有兵，闻言不开③。见贵人吉。请谒不行，行不得善言。追亡人不得。渔猎不得。行不遇盗。雨不雨甚④。霁不霁。故其莫字皆为首备⑤。问之，曰："备者仰也⑥。"故定以为仰。此私记也⑦。

【注释】

①解：解脱，被释放。②岁稼中孰：当年庄稼中等收成。中等年景。③《史记会注考证》引张文虎曰："开，疑当作'来'。"④不雨甚：下雨不大。⑤郭嵩焘《史记札记》案："莫"同"幕"。⑥《史记会注考证》引张文虎曰："案备无仰义，疑'伓'之误。《说文》：'伓，昂头也。'"⑦此私记也：这是我个人（私自）记下来的。

命曰首仰足肣有内无外①。占：病，病甚不死。系者不出。求财、买臣妾不得。行者不行。来者不来。击盗不见。闻盗来，内自惊，不来。徙官不徙。居官家室吉。岁稼不孰。民疾疫有病甚。岁中无兵。见贵人吉。请谒、追亡人不得。亡财物，财物不出，得②。渔猎不得。行不遇盗。雨不雨。霁不霁。凶。

【注释】

①本条"命曰"全同上条，疑有错误。②财物不出，得：意思是财物没有被贼人运走，可以追得。

命曰呈兆首仰足肣。以占：病不死。系者未出。求财物、买臣妾马牛不得。行不行。来不来。击盗不相见。闻盗来，不来。徙官不徙。居官，久多忧。居家室不吉。岁稼不孰。民病疫。岁中毋兵。见贵人不吉。请谒不得。渔猎得少。行不遇盗。雨不雨。霁不霁。不吉。

命曰呈兆首仰足开。以占：病，病笃死①。系囚出。求财物、买臣妾马牛不得。行者行。来者来。击盗不见盗。闻盗来，不来。徙官徙。居官不久。居家室不吉。岁稼不孰。民疾疫有而少。岁中毋兵。见贵人，不见吉。请谒、追亡人、渔猎不得。行遇盗。雨不雨。霁②。小吉。

命曰首仰足肳。以占：病不死。系者久毋伤也。求财物、买臣妾马牛不得。行者不行。击盗不行。来者来。闻盗，来。徙官，闻言，不徙。居家室不吉。岁稼不孰。民疾疫少。岁中毋兵。见贵人得见。请谒、追亡人、渔猎不得。行遇盗。雨不雨。霁不霁。吉。

命曰首仰足开有内。以占：病者死。系者出。求财物、买臣妾马牛不得。行者行。来者来。击盗行不见盗。闻盗来，不来。徙官徙。居官不久。居家室不吉。岁孰。民疾疫有而少。岁中毋兵。见贵人不吉。请谒、追亡人、渔猎不得。行不遇盗。雨霁。霁，小吉。不霁，吉③。

【注释】

①病笃：病得很厉害。病重。②《史记会注考证》引张文虎曰："'霁'下疑有脱文。"③自"雨霁"以下可能有脱、衍、颠倒字。

命曰横吉内外自桥。以占：病卜日毋瘳死①。系者毋罪出。求财物、买臣妾马牛得。行者行。来者来。击盗合交等②。闻盗来来③。徙官徙。居家室吉。岁孰。民疫无疾④。岁中无兵。见贵人、请谒、追亡人、渔猎得。行遇盗。雨霁，雨霁大吉⑤。

命曰横吉内外自吉。以占：病，病者死⑥。系不出。求财物、买臣妾马牛、追亡人、渔猎不得。行者不来⑦。击盗不相见。闻盗，不来。徙官徙。居官有忧。居家室、见贵人、请谒不吉。岁稼不孰。民疾疫。岁中无兵。行不遇盗。雨不雨。霁不霁。不吉。

命曰渔人。以占：病者，病者甚⑧，不死。系者出。求财物、买臣妾马牛、击盗、请谒、追亡人、渔猎得。行者行。来⑨。闻盗来，不来。徙官不徙。居家室吉。岁稼不孰。民疾疫。岁中毋兵。见贵人吉。行不遇盗。雨不雨。霁不霁。吉。

命曰首仰足肳内高外下。以占：病，病者甚，不死。系者不出。求财物、买臣妾马牛、追亡人、渔猎得。行不行。来者来。击盗胜。徙官不徙。居官有忧，无伤也。居家室多忧病。岁大孰⑩。民疾疫。岁中有兵不至⑪。见贵人、请谒不吉。行遇盗。雨不雨。霁不霁。吉。

【注释】

①卜日：此二字可能是"者"的坏字。②击盗合交等：卜击盗结果将如何，推测为会与盗交锋；双方不分胜负。③闻盗来来：似衍一"来"字。④《史记会注考证》引张文虎曰："疫字衍，或在无下。"⑤《史记会注考证》引张文虎曰："'雨霁'，'雨霁'，疑当作'雨雨'，'霁霁'。"⑥此处疑衍一"病"字。⑦此句疑有错漏字。⑧此句疑衍一"病者"或下"者"字。⑨《史记会注考证》云"来"下疑脱"者来"二字。⑩大孰：大丰收。⑪不至：指虽有兵祸，不到本处。

命曰横吉上有仰下有柱。病久不死。系者不出。求财物、买臣妾马牛、追亡人、渔猎不得。行不行。来不来。击盗不行，行不见。闻盗来，不来。徙官不徙。居家室、见贵人吉。岁大孰。民疾疫。岁中毋兵。行不遇盗。雨不雨。霁不霁。大吉。

命曰横吉榆仰。以占：病不死。系者不出。求财物、买臣妾马牛至不得①。

行不行。来不来。击盗不行，行不见。闻盗来不来。徙官不徙。居官、家室、见贵人吉。岁孰。岁中有疾疫，毋兵。请谒、追亡人不得。渔猎至不得。行不得②。行不遇盗。雨霁不霁③。小吉。

命曰横吉下有柱。以占：病，病甚不环有瘳①，无死。系者出。求财物、买臣妾马牛、请谒、追亡人、渔猎不得。行来不来⑤。击盗不合。闻盗来来。徙官、居官吉，不久。居家室不吉。岁不孰。民毋疾疫。岁中毋兵。见贵人吉。行不遇盗。雨不雨。霁。小吉。

命曰载所。以占：病环有瘳，无死。系者出。求财物、买臣妾马牛、请谒、追亡人、渔猎得。行者行。来者来。击盗相见不相合。闻盗来来。徙官徙。居家室忧。见贵人吉。岁孰。民毋疾疫。岁中毋兵。行不遇盗。雨不雨。霁霁，吉。

命曰根格。以占：病者不死。系久毋伤。求财物、买臣妾马牛、请谒、追亡人、渔猎不得。行不行。来不来。击盗，盗行不合⑥。闻盗不来。徙官不徙。居家室吉。岁稼中⑦。民疾疫无死。见贵人不得见。行不遇盗。雨不雨。大吉。

命曰首仰足肹外高内下。卜：有忧，无伤也。行者不来⑧。病久死。求财物不得。见贵人者吉。

命曰外高内下。卜：病不死，有祟。市买不得⑨。居官、家室不吉。行者不行。来者不来。系者久毋伤。吉。

命曰头见足发有内外相应⑩。以占：病者起⑪。系者出。行者行。来者来。求财物得。吉。

命曰呈兆首仰足开。以占：病，病甚死。系者出，有忧。求财物、买臣妾马牛、请谒、追亡人、渔猎不得。行不行⑫。来不来。击盗不合。闻盗来来。徙官、居官、家室不吉。岁恶⑬。民疾疫无死。岁中毋兵。见贵人不吉。行不遇盗。雨不雨。霁。不吉。

命曰呈兆首仰足开外高内下。以占：病不死，有外祟。系者出，有忧。求财物、买臣妾马牛，相见不会⑭。行行。来闻言不来。击盗胜。闻盗来不来。徙官、居官、家室、见贵人不吉。岁中⑮。民疾疫。有兵。请谒、追亡人、渔猎不得。闻盗遇盗⑯。雨不雨。霁。凶。

命曰首仰足肹身折内外相应。以占：病，病甚不死。系者久不出。求财物、买臣妾马牛、渔猎不得。行不行。来不来。击盗有用胜⑰。闻盗来来。徙官不徙。居官、家室不吉。岁不孰。民疾疫。岁中，有兵，不至。见贵人喜。请谒、追亡人不得。遇盗。凶。

【注释】

①至不得：盖谓虽至亦无所得。《史记札记》："疑衍一'至'字。下'渔猎至不得'，亦同。"②行不得：前已有"行不行"。③雨霁不霁：《史记会注考证》引张文虎曰："'雨'下有脱字。"④病甚不环（huán）有瘳：盖谓病甚不能很快痊愈。环，通"旋"，疾急。⑤行来不来："行"下疑有脱字。⑥盗行不合：大意是盗贼走了，不能交锋。⑦岁稼中："岁稼中孰"之省。中等年景。⑧行者不来：似应作"来者不来"或"行者不行"。⑨"市"前原衍"而"字，删。⑩"有"字疑衍。⑪起：犹病愈。⑫行不行：原作"行行不行"，衍一"行"字，删。⑬岁恶：年景不好。⑭相见不会：盖谓见到而不得遂其愿；当面错过。⑮岁中："岁稼中孰"之省。⑯闻盗遇盗：此四字可能有脱误或为衍文。⑰有用胜：有以胜之。有办法战胜（盗）。

命曰内格外垂。行者不行。来者不来。病者死。系者不出。求财物不得。见人不见。大吉。

命曰横吉内外相应自桥榆仰上柱足胗①。以占：病，病甚不死。系久，不抵罪②。求财物、买臣妾马牛、请谒、追亡人、渔猎不得。行不行。来不来。居官、家室、见贵人吉。徙官不徙。岁不大孰。民疾疫。有兵，有兵不会③。行遇盗。闻言不见。雨不雨。雾雾。大吉。

命曰头仰足胗内外自垂。卜：忧病者甚，不死。居官不得居。行者行。来者不来。求财物不得。求人不得。吉。

命曰横吉下有柱④。卜：来者来。卜日即不至，未来⑤。卜病者过一日毋瘳死。行者不行。求财物不得。系者出。

命曰横吉内外自举。以占：病者久不死。系者久不出。求财物得而少。行者不行。来者不来。见贵人见。吉。

命曰内高外下疾轻足发。求财物不得。行者行。病者有瘳。系者不出。来者来。见贵人不见。吉。

命曰外格。求财物不得。行者不行。来者不来。系者不出。不吉。病者死。求财物不得。见贵人见。吉。

命曰内自举外来正足发。行者行⑥。来者来。求财物得。病者久不死。系者不出。见贵人见。吉。

【注释】

①"柱"下原衍"上柱足"三字，删。②抵罪：因犯罪而受到相应的惩罚。③疑衍"有兵"二字。不会：不相会。④此条"命曰"前已出，疑有脱误。⑤此句意思是如果占卜的当天不到，那就表明对方尚无来意。⑥"者"前"行"字原脱，据标点本补。

此横吉上柱外内自举足胗①。以卜：有求得。病不死。系者毋伤，未出。行不行。来不来。见人不见。百事尽吉。

此横吉上柱外内自举柱足以作②。以卜：有求得。病死环起。系留毋伤，环出。行不行。来不来。见人不见。百事吉。可以举兵。

此挺诈有外。以卜：有求不得。病不死，数起③。系祸罪。闻言毋伤。行不行。来不来。

此挺诈有内。以卜：有求不得。病不死，数起。系留祸罪，无伤，出。行不行。来者不来。见人不见。

此挺诈内外自举。以卜：有求得。病不死。系毋罪。行行。来来。田贾市④、渔猎尽喜。

此狐狢。以卜：有求不得。病死难起。系留毋罪难出。可居宅。可娶妇嫁女。行不行。来不来。见人不见。有忧不忧。

此狐彻。以卜：有求不得。病者死。系留有抵罪。行不行。来不来。见人不见。言语定⑤。百事尽不吉。

此首俯足胗身节折。以卜：有求不得。病者死。系留有罪。望行者不来。行行。来不来。见人不见。

此挺内外自垂。以卜：有求不晦⑥。病不死，难起。系留毋罪，难出。行不行。来不来。见人不见。不吉。

此横吉榆仰首俯。以卜：有求难得。病难起，不死。系难出，毋伤也。可居家室。以娶妇嫁女。

此横吉上柱载正身节折内外自举。以卜：病者卜日不死，其一日乃死。

此横吉上柱足胕内自举外自垂。以卜：病者卜日不死，其一日乃死。

首俯足诈有外无内⑦。病者占龟未已⑧，急死；卜轻失大⑨，一日不死。

首仰足胕。以卜：有求不得。以系有罪。人言语恐之毋伤。行不行。见人不见。

【注释】

①《史记会注考证》引张文虎说，自本条以下各条之前当有龟兆之图形，传写失之；又疑上文"命曰"各条上亦有之。②"作"疑为"诈"之误写。③数（shuò）起：屡起。④田贾（gǔ）市：种田和做买卖。⑤言语定：所闻之言将被证实。⑥《史记会注考证》引张文虎曰："'晦'字疑误。"⑦本条及下条疑脱"此"字。⑧占龟未已：用龟占卜尚未完毕。⑨卜轻失大：此四字意思难明。

大论曰①：外者，人也②；内者，自我也。外者，女也；内者，男也。首俛者，忧③。大者，身也；小者，枝也④。大法⑤：病者，足胕者生，足开者死。行者⑥，足开至，足胕者不至。行者，足胕不行，足开行。有求，足开得，足胕者不得。系者，足胕不出，开出。其卜病也⑦，足开而死者，内高而外下也。

【注释】

①自此以下系大要式总结性文字，分类加以归纳。②人：他人。③《史记会注考证》引张文虎曰："此下当有'首仰'云云，传写脱。"④这两句的意思是所谓"大"者是指兆身，所谓'小'者是指兆枝（兆纹细枝部分）。⑤大法：判断下述各种情况的大致方法。⑥行者：《史记会注考证》引张文虎曰："行，疑作来"。此说是。⑦也：句中语气词，表示语气的停顿，以引起下文。

货殖列传第六十九

老子曰①："至治之极②，邻国相望，鸡狗之声相闻③，民各甘其食④，美其服⑤，安其俗，乐其业，至老死不相往来⑥。"必用此为务⑦，挽近世涂民耳目⑧，则几无行矣⑨。

【注释】

①老子：相传为春秋时期思想家，道家的创始人。一说即老聃（dān），姓李名耳，字伯阳，楚国苦县（今河南鹿邑东）厉乡曲仁里人，做过周朝的"守藏室之史"（管理藏书的史官）。相传孔子曾向他问礼，后退隐，著有名著《老子》。一说老子为太史儋，或老莱子。《老子》一书是否为老子所作，历来有争论。②至治：太平盛世。治，治世，与"乱世"相对。③相闻：彼此可以听得见。④甘其食：以其食为甘美。⑤美其服：以其服饰为美，认为自家的服装漂亮。美，以之为美。

意动用法。⑥以上引语见《老子》八十章。今所见《老子》王弼注本作"小国寡民，使民有什伯之器而不用，使民重死而不远徙。……使民复结绳而用之。甘其食，美其服，安其居，乐其俗；邻国相望，鸡犬之声相闻，民至老死不相往来"。与此处引文在字句上有所不同。⑦必：倘若，假如。用：以。介词。⑧挽：挽救。涂：涂塞。堵塞。⑨则几无行矣：那就几乎不可行了。几，差一点儿，几乎。无行，无法实行。

太史公曰：夫神农以前①，吾不知已②。至若《诗》③《书》所述虞夏以来④，耳目欲极声色之好⑤，口欲穷刍豢之味⑥，身安逸乐⑦，而心夸矜势能之荣⑧，使俗之渐民久矣⑨。虽户说以眇论⑩，终不能化⑪。故善者因之⑫，其次利道之⑬，其次教诲之，其次整齐之⑭，最下者与之争⑮。

【注释】

①夫（fú）：句首语气词，表示将发议论。神农：即神农氏。反映出中国原始时代由采集渔猎进步到农业的情况。又传他曾尝百草，发现药材，教人治病。一说他即炎帝，与黄帝作战的炎帝榆罔即他的后裔；或谓神农氏，系指农业文明发生时期的先民群体。②已：语气词。用法同"矣"。③至若：至于像……。《诗》：因儒家列为经典之一，故又称《诗经》。中国最早的诗歌总集。编成于春秋时代，共三百零五篇，分为"风""雅""颂"三大类，大抵是周初至春秋中叶的作品，在中国文学史上占有极其重要的位置，影响深广，而且保存了大量珍贵的史料。《史记》等书记载认为系孔子删定，近人多疑其说。④《书》：亦称《尚书》《书经》。儒家经典之一。中国上古历史文件和部分追述古代事迹著作的汇编。虞（yú）：即有虞氏。传说中远古部落名。居于蒲阪（今山西永济市西蒲州镇）。舜为其著名领袖。夏：即夏后氏。我国历史上第一个王朝。相传是夏后氏部落领袖禹之子启所建立的奴隶制国家。建都阳城（今河南登封市东南），安邑（今山西夏县西北）等地。传至桀，被商汤所灭。共传十三代，十六王。约当公元前二十一世纪到前十六世纪左右。⑤极：尽头，极点。此处可理解为"极力享受"。⑥穷：穷尽。此处用为动词，意思是"尝尽"。刍豢（chú huàn）之味：泛指各种肉食品及其它他味。刍，用草料饲养牛羊。豢，用粮食饲养猪狗。此处刍豢连用，代指牛羊猪狗等肉食品。⑦安：安心。安于……。逸：放荡，放纵，随心所欲。⑧夸矜（jīn）：自夸自喜。矜，骄傲。夸耀。势能之荣：威势和才能所带来的荣华。⑨这句意思是：统治者使这种恶劣流俗传染给老百姓已经很久了。俗，流俗，风气。渐（jiān），染，浸染，传染。⑩户说：挨家挨户地劝说开导。说，劝说，开导。以：用。眇（miǎo）论：微不足道的理论。指老子那一套"小国寡民"的理论。又，眇（miǎo）通"妙"，意为美好。如是此义，则"眇论"即为"美妙的理论"或"微妙的理论"。⑪化：使之变化。使之感化。⑫故：所以。善者因之：最好的办法是从其自然。⑬利道（dǎo）之：以利引导它。道，同"导"。⑭整齐：使整齐。整顿。⑮与之争：与民争利。前人认为司马迁将与民争利列为最下者，是讥刺汉武帝的一些做法（如姚鼐、曾国藩等皆持此说）。

夫山西饶材①、竹②、穀②、纑③、旄④、玉石；山东多鱼⑤、盐、漆、丝、声色；江南出楠⑥、梓⑦、姜、桂⑧、金、锡、连⑨、丹沙⑩、犀⑪、玳瑁⑫、珠玑⑬、齿革⑭；龙门⑮、碣石北多马⑯、牛、羊、旃裘⑰、筋角⑱；铜、铁则千里往往山出棋置⑲。此其大较也⑳。皆中国人民所喜好，谣俗被服㉑、饮食、奉生㉒、送死之具也㉓。故待农而食之㉔，虞而出之㉕，工而成之㉖，商而通之㉗。此宁有政教发征期会哉㉘？人各任其能㉙，竭其力，以得所欲。故物贱之征贵㉚，贵之征贱㉛，各劝其业㉜，乐其事，若水之趋下㉝，日夜无休时，不召而自来，不求而民出之。岂非道之所符㉞，而自然之验邪㉟？

【注释】

①山西：古地区名。战国、秦汉时代通称崤山或华山以西的广大地区，与当时所谓关中含义相同。饶：富有。②穀（gǔ）：指楮树，其皮可用于造纸。③纑（lú）：古指苎麻一类野生植物，如野苎，可以用于织造麻布。④旄（máo）：旄牛，其尾部长毛可用于舞蹈及旌旗装饰等。⑤山东：古地区名。战国、秦汉时代通称崤山或华山以东的广大地区，与当时所谓关东含义相同。一般指黄河流域，有时也泛指战国时秦国以外的六国领土。⑥江南：古地区名。战国、秦汉时代一般指今湖北的江南部分和湖南、江西一带。楠：楠木。常绿大乔木，木材是贵重的建筑和造船材料。⑦梓：梓树。落叶乔木，木材可制作器具。⑧桂：桂花，即木犀。⑨连：通"链"，铅矿。⑩丹沙：一般作"丹砂"。即朱砂。炼汞的主要矿物，红色或棕红色，可用为药物或颜料。⑪犀：犀牛。其角坚硬，可做器物，又可入药。⑫玳瑁（dài mào）：爬行动物，似龟，甲壳黄褐色，有黑斑，光滑，可做装饰品。⑬珠玑：泛指珠子。珠，珠子，珍珠。⑭齿革：指某些兽类的牙齿和皮革，如象牙、豹皮。⑮龙门：地名，即禹门口。在山西今河津市西北和今陕西韩城市东北。黄河至此，两岸峭壁对峙，形如阙门，故名。⑯碣石：山名。在河北昌黎北。一说碣石在山海关（渝关）东南，北魏时已沉入海。⑰旃（zhān）：通"毡"。裘：皮衣。⑱筋角：指兽畜之筋与角。筋，泛指肌肉。⑲山出棋置：形容很多山都出产铜、铁，好像棋子满布，密密麻麻。⑳大较：大略，大概。㉑谣俗：习俗。流行、风行的习惯。㉒奉生：养生。奉，供养，供给。㉓具：用物，用品。也：句末语气词，表示判断或肯定。㉔待：等待，等候。引申为依靠。㉕虞：官名。春秋、战国时或称虞人。掌管山林水泽的出产。此处应包括渔夫猎人。出之：指把山林泽中的物产弄出来。㉖工：手工业者。工匠。成之：制造出来。㉗通之：贸易货物。使货物流通天下。㉘宁（nìng）：难道，岂。副词。政教：政令、教化。发征：征发。向民间征集人力物力或财力。期会：约会。㉙任其能：尽其所能。发挥其特长和能力。㉚贱之征贵：物贱极必贵，所以贱便是贵的先兆。征，迷信者所说的"应验"，引申为迹象、预兆。下"征"字同。一说"征"作"求"解，某物贱时求之于贵处售出，贵时求之于贱处买进。㉛贵之征贱：贵极必转贱，故贵便是贱的先兆。以上两句亦可解为：所以对各种东西来说，贱的先兆是贵，贵的先兆是贱。㉜劝：劝勉，勉励。此处可理解为"努力从事"。㉝好像水向低处流似的。若，像。趋，奔向，趋向。下，指低处。㉞道：指客观规律。符：符合。㉟而：连词。此处表示前后词句的并列和相承关系。自然：指自然法则。验：证明。邪（yé）：表示疑问的语气词，相当于现代汉语的"呢""吗"。

《周书》曰①："农不出则乏其食②，工不出则乏其事③，商不出则三宝绝④，虞不出则财匮少⑤，财匮少而山泽不辟矣⑥。"此四者⑦，民所衣食之原也⑧。原大则饶⑨，原小则鲜⑩，上则富国，下则富家。贫富之道，莫之夺予⑪，而巧者有余，拙者不足⑫。故太公望封于营丘⑬，地潟卤⑭，人民寡⑮，于是太公劝其女功⑯，极技巧⑰，通鱼盐⑱，则人物归之⑲，繦至而辐凑⑳。故齐冠带衣履天下㉑，海㉒、岱之间敛袂而往朝焉㉓。其后，齐中衰，管子修之㉔，设轻重九府㉕，则桓公以霸㉖，九合诸侯，一匡天下㉗；而管氏亦有三归㉘，位在陪臣，富于列国之君。

史

记

货殖列传第六十九

是以齐富强至于威㉙、宣也㉚。

【注释】

①《周书》：儒家经典《尚书》中《泰誓》至《秦誓》谓之《周书》。《逸周书》原名《周书》。连序共七十一篇，今存四十五篇。先秦古籍，多数出于战国时人拟周代诰誓辞命之作。其中一些篇章记周初事迹当有所根据。《史记会注考证》引馆本考证云："《周书》语，汲冢书无之，疑在所缺八篇之中。"②出：出产，生产。此处指种田。③出：这里指做工。事：指各种用物。④出：指做买卖，贸易。⑤财匮（kuì）少：财物缺少，匮乏。⑥而：则。辟（pì）：同"辟"。打开，开；开辟。⑦此四者：这四个方面。指农民种田、工匠做工、商贾贸易、虞人掌管和开发山泽之利。⑧所：指事之词，放在动词的前面，组成名词性词组。衣食：指吃（饭）穿（衣）。此二字在这里不应看作是名词，因其前有"所"字。⑨饶（ráo）：东西多。富足。⑩鲜（xiǎn）：东西少。贫困。⑪莫之夺予（yǔ）：没有谁能够夺取它或给予它。莫，没有谁。之，代词，此处用为前置宾语。⑫《管子·形势篇》："巧者有余，而拙者不足。"⑬太公望：周初大臣和齐国的始祖。姜姓，吕氏，名望，一说字牙。西周初年官太师（武官名），也称师尚父。辅佐武王灭商有功，封于齐。有太公之称。俗称姜太公或姜子牙。营丘：古邑名。在今山东淄博市东北。以营丘山得名。武王封吕望于齐，建都此地。后改名临淄。⑭潟（xì）卤：盐碱地。⑮寡：少（shǎo）。⑯女功：先秦时亦作"女工"，两汉后多写做"女红（gōng）"。指妇女纺织刺绣等工作。⑰极技巧：尽其技巧。使其技巧达到极精妙的水平。⑱通：通流。指贩运交易。⑲人物：指人和物。⑳绳（qiǎng）至：形容人、物纷至沓来，前后连续不断，像绳索似的。绳，绳索。辐凑：形容人、物聚集如同车辐集中于车毂（gǔ。车轮中心部分，可插轴）。也作辐辏。辐，车轮中间直木，内集于毂，外入于牙。凑，聚。㉑齐：周朝诸侯国名，在今山东北部和河北东南部。姜姓，开国君主是吕尚，都营丘。冠带衣履天下：以冠带衣履供应天下之人。谓天下之冠带衣履多齐所制造。㉒海："东海"。指今黄海及东海北部。㉓岱：泰山别称。敛袂（mèi）：犹敛衽。整一整衣袖。多用于朝拜时表示恭敬的场合。袂，衣袖。朝（cháo）：朝见，朝拜。焉：语气助词。㉔管子：即管仲（？—前645年）。管敬仲。字仲，名夷吾，颍上（颍水之滨）人。春秋时期政治家。任齐桓公的卿，辅之称霸。详见《管晏列传》。修之：指重新修治太公"通商工之业，便鱼盐之利"的国策。㉕轻重：指钱币。九府：周代掌管钱币的九个官府，即大府、玉府、内府、外府、泉府、天府、职内、职金、职币。㉖桓公：齐桓公（？—前643年）。姜姓，名小白。春秋时齐国君，前685—前643年在位。以霸：以此而霸。霸，春秋战国时期诸侯的盟主；此指做诸侯的盟主，称霸。㉗九合诸侯，一匡天下：九次召集诸侯，统一天下诸侯的意志和行动，来尊崇周王朝的正统。九合，多次会合。桓公会合诸侯实际不是九次，所谓"九"，是古时表示多数的用法。匡，正，使……正，纠正。㉘三归：一般认为指管仲自筑的台名。㉙威：齐威王田因齐（？—前320年）。战国时齐国君，前356—前320年在位，赏罚分明，信用贤臣，使齐强大。㉚宣：齐宣王田辟疆（？—前301年）。威王子。前319—前301年在位。

故曰："仓廪实而知礼节，衣食足而知荣辱①。"礼生于有而废于无②。故君子富，好行其德；小人富，以适其力③。渊深而鱼生之，山深而兽往之，人富而仁义附焉④。

富者得势益彰，失势则客无所之⑤，以而不乐⑥。夷狄益甚⑦。谚曰："千金之子⑧，不死于市⑨。"此非空言也。故曰："天下熙熙⑩，皆为利来；天下壤壤⑪，皆为利往。"夫千乘之王⑫，万家之侯⑬，百室之君⑭，尚犹患贫⑮，而况匹夫编户之民乎⑯！

【注释】

①引语见《管子·牧民》。两"而"字皆表示前后两个词组之间的相承关系。连词。②礼：古时的等级制度及与之相应的整套礼节仪式等等。③以适其力得以施用其力。适，畅快。④附：附着；增益。⑤客：门客；商客。无所之：无处去。无所附。⑥以而：因而。⑦夷狄：泛指少数民族。狄，古称北方少数民族。益甚：更严重，更厉害；更明显。⑧千金之子：家资千金的子弟。指富家子弟。⑨不死于市：不犯杀身之罪。并暴尸街头，称为弃市。⑩熙熙：和乐的样子。⑪壤壤：纷乱的样子。也作"攘攘"。熙熙壤壤，形容人来人往，拥挤热闹。⑫千乘（shèng）之王：拥有千辆马车（一般指兵车）的国王。《论语·公冶长》："千乘之国，可使治其赋也。"乘，古代称一车四马为一乘。⑬万家之侯：享有食邑万户的侯。⑭百室之君：享有食邑数百户的侯，或指乡邑之长。⑮尚犹：尚且。患：怕，忧虑。⑯匹夫编户之民：指普通百姓。匹夫，一个人，泛指平常人。乎：句末表示疑问或反问的语气词，相当于"吗""呢"。

昔者越王句践困于会稽之上①，乃用范蠡②、计然③。计然曰："知斗则修备④，时用则知物⑤，二者形则万货之情可得而观已⑥。故岁在金，穰；水，毁；木，饥；火，旱⑦。旱则资舟⑧，水则资车⑨，物之理也。六岁穰，六岁旱，十二岁一大饥。夫粜⑩，二十病农⑪，九十病末⑫，末病则财不出⑬，农病则草不辟矣⑭。上不过八十，下不减三十⑮，则农末俱利。平粜齐物⑯，关市不乏⑰，治国之道也。积著之理⑱，务完物⑲，无息币⑳。以物相贸易，腐败而食之货勿留㉑，无敢居贵㉒。论其有余不足㉓，则知贵贱。贵上极则反贱㉔，贱下极则反贵。贵出如粪土，贱取如珠玉㉕。财币欲其行如流水㉖。"修之十年㉗，国富，厚赂战士㉘，士赴矢石㉙，如渴得饮，遂报强吴㉚，观兵中国㉛，称号'五霸。'㉜

【注释】

①昔者：从前。者，代词，用在时间词后表示"……的时候"。越：古国名。亦称於越。姒姓。相传始祖为夏朝少康庶子无余。句（gōu）践（？—前465年）：春秋末年越国君。又称菼执。前497—前465年在位。会（kuài）稽：指会稽山。在浙江省中部绍兴、嵊（shèng）县、诸暨、东阳间。②范蠡（lǐ）：春秋末政治家。字少伯，楚国宛（yuān 今河南南阳）人。为越王句践大夫，与文种助越王灭吴。③计然：相传为范蠡之师。④斗：打仗。修备：做好准备。修，治，办，做。⑤了解货物（商品）何时为人需求购用，那才算懂得商品。时，时间，季节。用，用途；使用。物，商品。⑥掌握了"时"与"用"二者的规律，则各种货物的情况就可以看清楚了。二者，指时与用。形，表露，显著；对照。⑦此处以阴阳五行说来谈论年岁收成好坏。岁在金，则丰收；在水，则歉收；在木，则饥馑（据考"饥"应为"康"，指小丰年）；在火，则干旱。参见后文"太阴"条注。穰（ráng），丰收。⑧天旱时则积蓄船（因旱极必多雨水）以待之。下句仿此。资，积蓄。下"资"字同。⑨上二句见《国语·越语》。⑩粜（tiào）：出卖粮食。⑪卖价每斗二十（钱），则农民遭受损害。病，使之病，损害。下"病"字同。⑫米谷卖价每斗九十（钱），则商贾遭受损害。末，指工商等业，与本（农）相对称。⑬病：

受损害，（受）困窘。⑭草不辟矣：不能垦种土地了。开垦土地谓之"辟（pì）草莱"。⑮不减三十：不低于三十（钱）。⑯平粜齐物：平价出售，调整物价。⑰关市不乏：关卡税收和市场供应均不缺乏。⑱积著：积贮。指囤积货物。著，同贮。⑲务：务求。尽力去做。完物：完好牢固的货品。⑳无息币：不要有积滞不流的货币资金。息，停息，滞留。㉑腐败而食之货：腐败易蚀之货。食，同蚀。㉒无敢居贵：不敢积居以待涨价。㉓论：讨论，研究。㉔此句是说物贵到极点则返归于贱。㉕二句意为当物极贵之时，须乘时卖出，视同粪土，不必珍惜（因怕贵转为贱）；当物极贱之时，须乘时买取，视同珠玉，珍惜收藏（因怕贱极返贵）。㉖欲：要使它……想要它……。㉗修：治（国）。整治，治理。㉘此句意为用丰厚的钱财去买兵士们的死力。㉙兵士们冲锋陷阵，不避箭射石击。赴，趋奔。㉚终于灭掉强大的吴国，报仇雪耻。遂，终于。报，报复，报仇。越灭吴事在公元前473年。㉛观兵：检阅军队以显示军威。中国：指中原地区。㉜指句践比于五霸或指句践被列为五霸之一。五霸，一作"五伯"。春秋时先后称霸的五个诸侯。

范蠡既雪会稽之耻①，乃喟然而叹曰②："计然之策七，越用其五而得意③。既已施于国，吾欲用之家。"乃乘扁舟浮于江湖④，变名易姓，适齐为鸱夷子皮⑤，之陶为朱公⑥。朱公以为陶天下之中⑦，诸侯四通，货物所交易也⑧。乃治产积居⑨，与时逐而不责于人⑩。故善治生者⑪，能择人而任时⑫，十九年之中三致千金⑬，再分散与贫交疏昆弟⑭。此所谓富好行其德者也。后年衰老而听子孙⑮，子孙脩业而息之⑯，遂至巨万⑰。故言富者皆称陶朱公⑱。

【注释】

①既：已经。②喟（kuì）然：叹气的样子。③得意：满足了愿望；实现了愿望。④扁（piān）舟：小船。浮：漂行。航行。⑤适：到……去。鸱（chī）夷：生牛皮所制的革囊，盛酒用，容量很大。⑥之：到……去。陶：古邑名，在今山东定陶县西北。周为曹国都，春秋属宋，战国属齐。地当经济、交通中心，为春秋战国时代著名商业城市。⑦中：中心。⑧交：交流。⑨积居：囤积居奇。⑩与时逐：随时逐利，投机取巧。不责于人：指随时观变，运用智巧发财，而不另靠人力经营。一说指择人放债，人不负之，故不必求责于人。⑪治生：经营生产和贸易。指生财致富。⑫择人而任时：《史记会注考证》认为"即与时逐而不责于人。择，当作释"。⑬致：招致，弄到，获取。⑭再：两次。与：给。贫交：贫贱之交。疏昆弟：远房的本家诸兄弟。⑮听：听任。⑯脩：治理，治。⑰巨万：万万。形容数量极多。⑱称：称颂，称誉。

子赣既学于仲尼①，退而仕于卫②，废著鬻财于曹鲁之间③。七十子之徒④，赐最为饶益⑤。原宪不厌糟糠⑥，匿于穷巷⑦。子贡结驷连骑⑧，束帛之币以聘享诸侯⑨，所至⑩，国君无不分庭与之抗礼⑪。夫使孔子名布扬于天下者，子贡先后之也⑫。此所谓得势而益彰者乎？

【注释】

①子赣（前520—？）：即"子贡"。姓端木，名赐，春秋战国时期卫国人。孔子学生。善言辞。曾出游说各国，"存鲁、乱齐、破吴、强晋而霸越"。又善贸易生财。常相鲁、卫。赣，同"贡"。仲尼：孔子（前551—前479年）。中国古代伟大的思想家、政治家、教育家。名丘，字仲尼。春秋时鲁国陬邑（今山东曲阜东南）人。②卫：古国名。始封之君为周武王弟康叔。西周时为大国，有

今河南大部地区，都朝歌（今河南淇县）。春秋中叶迁都楚丘（今河南滑县东），成为小国。后又迁都帝丘（今河南濮阳县西南）。前254年亡于魏，成为魏的附庸；后又成为秦的附庸，前209年为秦所灭。③废著：出卖货物和囤积货物，指做买卖。废，指物贵时出卖货物。著，同贮。鬻（yù）财：经商。曹：古国名。始封之君为周武王弟叔振铎。都陶丘（今山东定陶西南）。有今山东西部。前487年亡于宋。鲁：古国名。始封之君为周公旦之子伯禽。④七十余个孔门高徒。泛指孔子的学生们。⑤饶益：富有。⑥原宪（约前515—？）：鲁国人，一说宋国人。字子思，亦称原思、仲宪。孔门弟子。孔子死后，隐居于卫。不厌糟糠：连糟（酒糟）糠（谷糠）都吃不饱。厌，通"餍"，饱，餍足。⑦匿：指隐居。⑧结驷连骑：车马连结不断。驷，四马驾一车。⑨束帛之币：古时帛（丝织品）长四丈为一匹，五匹为一束（合二十丈），每匹从两端卷起，其为十端，一般称之为束帛。用为聘问时的赠礼。帛亦称为币，故曰"束帛之币"。聘：访问。享：供奉。给……享用。⑩所至：所到之处。⑪分庭与之抗礼：同子贡分庭抗礼。古时宾客和主人各立于庭中两侧，相对行礼，以平等地位相待。庭，堂阶前。抗（伉），对等，相当。⑫先后之：指在人前人后帮助他。

白圭，周人也①。当魏文侯时②，李克务尽地力③，而白圭乐观时变，故人弃我取，人取我与④。夫岁孰取谷⑤，予之丝漆；茧出取帛絮，予之食⑥。太阴在卯，穰⑦；明岁衰恶⑧。至午⑨，旱；明岁美。至酉，穰；明岁衰恶。至子，大旱；明岁美，有水。至卯⑩，积著率岁倍⑪。欲长钱，取下谷；长石斗，取上种⑫。能薄饮食⑬，忍嗜欲，节衣服，与用事僮仆同苦乐，趋时若猛兽挚鸟之发⑭。故曰："吾治生产⑮，犹伊尹、吕尚之谋⑯，孙、吴用兵⑰，商鞅行法是也⑱。是故其智不足与权变⑲，勇不足以决断，仁不能以取予，强不能有所守，虽欲学吾术，终不告之矣。"盖天下言治生祖白圭⑳。白圭其有所试矣㉑，能试有所长㉒，非苟而已也㉓。

【注释】

①周：战国初周考王分封的小诸侯国，称"西周"。开国君主是考王弟揭。都河南（今河南洛阳市西）。后又分裂出一"东周"小国，都巩（今河南巩县西南）。战国后期皆亡于秦。②魏文侯（？—前396）：战国时魏国的建立者。姓魏名斯。前445—前396年在位。③李克：战国初年政治家。子夏弟子。任中山相。教魏文侯为政之道。一说李克即李悝，因"克""悝"音近通用。李悝（前455—前395），战国时法家。务：致力于，尽力。尽地力：精耕细作，最大限度地发挥土地的生产潜力。④与（yǔ）：通"予"。给予。此指卖给，出售。下同。⑤岁孰：指谷物登场之时。⑥食：粮食。⑦此句意谓太阴在卯宫（方位）时，便是大丰年。太阴，指木星，它在天空中的相对位置每十二年为一周期。其运行的方位，以十二地支来表述，习惯上称"太岁在卯"等等，用以纪年。因地支有方位，故太岁亦有方位。⑧衰恶：年景不好。⑨至午：太岁在午宫。后文"至酉"等仿此。⑩因岁阴十二年一循环，故又复至卯宫。⑪囤积货物（包括粮食）要比一般年份大概多一倍。因太岁在卯时年景特别好，百货多而价廉，来年则"衰恶"，物价必贵，所以要及时抢购囤积，以便多赢利。率（shuài），大概，大致。⑫想让钱价增长，便专买价钱低的下等谷物，促使价高的上等谷物降价出售，这样钱价便在实际上增长了（货币升值）；反之，想让谷物的成色和分量提高，便专买成色好、虚耗少的上等谷物，这样每石每斗的谷物便会足色足秤。⑬薄饮食：不讲究吃喝。薄，与"厚"相对；轻视。⑭趋时：争取时机，抓住机会。若：好

像。挚鸟：凶猛的鸟，如鹰、雕等猛禽。挚，通"鸷"。凶猛。发：指猛兽猛禽搏取食物时那种迅捷的动作。⑮生产：指经商生财致富之事。⑯犹：犹如，就像。伊尹：商初大臣。名伊，尹是官名。一说名挚。传说出身奴隶，商汤王用为小臣，后任以国政。吕尚：见前"太公望"条注。⑰孙：孙武。春秋末期兵家。字长卿。齐国人。曾任吴王阖闾之将，统军破楚。主张改革图强，著有《孙子兵法》，为中国最早最杰出的兵书。其后代孙膑，为战国时兵家。吴：吴起（？—前381年）。战国时兵家。卫国左氏（今山东曹县北）人。先后任鲁、卫将，又被魏文侯任为西河守。后至楚，官至令尹（执掌军政大权的最高官长），佐悼王变法，使楚国富兵强。悼王死，他被旧贵族杀害。《汉书·艺文志》录有《吴起》四十八篇，已佚。现今流传的《吴子》系后人伪托之作。⑱商鞅（约前390—前338年）：战国时政治家。卫国人。公孙氏，名鞅，亦称卫鞅。⑲是故：以是之故。因此。不足与权变：够不上（同我）在一起通权达变。不足与，犹"不够与"，"够不上与"。权变，随机应变。⑳盖：连词。连接上一段（或上句），表示原因。此处即可解为"因而""所以"。祖：效法。㉑试：试用；尝试。㉒长（cháng）：长处，专长。㉓并不是马虎随便就行的。苟，苟且，马虎，不认真严肃。

猗顿用鹽盐起①，而邯郸郭纵以铁冶成业②，与王者埒富③。

【注释】

①猗顿：战国时大商人。以经营河东盐池致巨富。又曾经营珠宝，以能识别宝玉著称。用鹽（gǔ）盐起：以经营池盐起家。用，以。鹽，盐池。起，起家，发家。②邯郸：古都邑名。公元前386年赵徙都于此。故址即今河北邯郸市。秦置县。战国、秦汉时为黄河北岸最大商业中心。郭纵：战国时大商人。赵国邯郸人。以冶铁成为巨富。业：家业，产业；功业。③埒（liè）：等同。

乌氏倮畜牧①，及众②，斥卖③，求奇、缯物④，间献遗戎王⑤。戎王什倍其偿⑥，与之畜⑦，畜至用谷量马牛⑧。秦始皇帝令倮比封君⑨，以时与列臣朝请⑩。而巴寡妇清⑪，其先得丹穴⑫，而擅其利数世⑬，家亦不訾⑭。清，寡妇也，能守其业，用财自卫，不见侵犯⑮。秦皇帝以为贞妇而客之⑯，为筑女怀清台⑰。夫倮鄙人牧长⑱，清穷乡寡妇，礼抗万乘⑲，名显天下⑳，岂非以富邪㉑？

【注释】

①乌氏（zhī）：县名。又作阏氏、焉氏。本乌氏戎地，战国秦惠王置县。治今甘肃平凉县西北。倮（luǒ）：人名。秦乌氏县民，大畜牧主。②及众：待到牲畜繁殖众多之时。③斥卖：尽卖。④此句是谓用卖牲畜得来的钱购求奇异之物和丝织品。⑤间（jiàn）：秘密地，悄悄地，暗中。戎：我国古代对西部民族的称呼。⑥什倍其偿：还给他十倍于所赠物品买价的东西（牛马）。什，十倍。偿，还，偿还。⑦与之畜：给他牲畜。⑧至：至于，达到（某种程度），甚至。用谷量马牛：以山谷为计算单位来计算马牛的数量。意思是给他若干条山谷的马或牛，而不是给他多少"匹"马或多少"头"牛。表示给的太多，无法以"匹""头"计算。量，计量，计算。⑨秦始皇帝：秦始皇嬴政（前259—前210年），战国时秦国君，为秦王朝建立者。公元前246—前210年在位。于前221年灭六国，统一天下，称"始皇帝"，是中国史历上第一个封建专制皇帝。详见《秦始皇本纪》。比封君：与封君并列，地位差不多。比，并列；比照。封君，接受帝王所给封号或土地的臣

子。⑩以时：按规定时间。朝（cháo）请：朝见。请，谒见，拜见。《周礼》诸侯谒见皇帝，春曰"朝"，秋曰"觐"。汉改为春朝秋请。⑪巴：郡名。战国时秦于古巴国地置。治江州（今重庆市北嘉陵江北岸），辖今四川旺苍、西充、永川、綦江以东地区。"巴"下原有"蜀"字，系衍文，删。清：人名。⑫先：先人，祖上。丹穴：丹砂矿。⑬擅（shàn）：独揽，独得。⑭家：家产。不訾（zī）：不计其数。形容太多。訾，通"赀"。计算，估量。⑮见：被。表示被动。⑯以为贞妇：以之为贞妇。把她作为贞妇来对待。客之：客待之。待之以宾客之礼。⑰为：给，给她，为她。女怀清台：在今重庆市长寿区南。⑱鄙人：边鄙之人，边民。鄙，边疆，边远之地。⑲与皇帝分庭抗礼。万乘（shèng），拥有万辆马车（兵车）的统治者，指皇帝。⑳显：显扬，传扬。㉑此句意为难道不是因为他们有钱吗？岂，难道。

汉兴①，海内为一，开关梁②，弛山泽之禁③，是以富商大贾周流天下④，交易之物莫不通，得其所欲。而徙豪杰、诸侯、强族于京师⑤。

【注释】

①汉兴：汉朝兴起。汉朝建立。汉，朝代名。中国历史上强大的封建王朝。②关梁：水陆交通要道。也指设于这类地点的关卡。关，往来必由之要处。梁，桥梁。③弛：松解，开放。山泽之禁：山泽中的出产作为国家专利，禁止百姓采取。④贾（gǔ）：商人。古时称运货贩卖者为商，囤积营利者为贾，故曰"行商坐贾"。周流：通行，走遍。⑤汉高祖九年（前198年），徙齐楚大族及豪杰于关中，凡十余万口。其目的是防止他们在地方上闹分裂，让他们在京师附近便于监视，同时也增强京师一带的富有，以利巩固统一，加强中央集权。京师，国都。此指西汉国都长安。汉高祖七年（前200年），始迁都长安。

关中自汧、雍以东至河、华①，膏壤沃野千里。自虞夏之贡以为上田②，而公刘适邠③，大王、王季在岐④，文王作丰⑤，武王治镐⑥，故其民犹有先王之遗风，好稼穑⑦，殖五谷⑧，地重⑨，重为邪⑩。及秦文、德、缪居雍⑪，隙陇蜀之货物而多贾⑫。献公徙栎邑⑬，栎邑北却戎翟⑭，东通三晋⑮，亦多大贾。孝、昭治咸阳⑯，因以汉都⑰，长安诸陵⑱，四方辐凑并至而会⑲，地小人众，故其民益玩巧而事末也⑳。南则巴蜀㉑。巴蜀亦沃野，地饶卮、姜、丹沙、石、铜、铁、竹、木之器㉒。南御滇僰㉓，僰僮㉔。西近邛笮㉕，笮马、旄牛㉖。然四塞㉗，栈道千里㉘，无所不通，唯褒斜绾毂其口㉙，以所多易所鲜㉚。天水、陇西、北地、上郡与关中同俗㉛，然西有羌中之利㉜，北有戎翟之畜，畜牧为天下饶。然地亦穷险㉝，唯京师要其道㉞。故关中之地，于天下三分之一㉟，而人众不过什三㊱；然量其富，什居其六㊲。

【注释】

①关中：古地区名。大范围指函谷关以西，包括秦岭以南的汉中、巴蜀在内，是泛指战国末秦的故地；中范围指自关以西、秦岭以北地区，时或包括陇西、陕北；小范围专指今陕西关中盆地，本句即此汧（qiān）：县名。本作汧。古汧邑，西周末秦襄公所都。秦置县。治所在今陕西陇县南。北魏改名汧阴。雍：县名。本春秋雍邑，秦德公都于此。后置县，治所在今陕西凤翔南。唐更名凤翔。河：黄河。指风陵渡附近以北至韩城东南一段南北流向的黄河。华（huà）：华山。在陕西华阴市南。②虞：即有虞氏。传说中远古部落名。居于蒲坂（今山西永济西蒲州镇），其地近关中。舜乃其领袖。此指虞舜时期。夏：即夏后氏。中国历史上第

一个王朝。贡：赋税。缴赋税。上田：上等田。③公刘：周族领袖。传为后稷曾孙。夏末率族人迁豳（bīn。今陕西彬县东北），相地垦辟，安定居处。适：到……去。此指迁徙。邠（bīn）：同豳。④大（tài）王：周太王。大，同"太"，即古公亶父。周族领袖。王季：即公季、季历。周族领袖。太王子，文王父。被商王文丁杀死。岐：古邑名。在今陕西岐山县东北。⑤文王：周文王。商末周族领袖。姬姓，名昌。商纣王时为西伯，亦称伯昌。曾被纣囚禁。在位五十年，国势强盛。作丰：建立丰邑，做为国都。丰，丰京。"丰"亦作"酆"。⑥武王：周武王姬发，西周王朝的建立者。继承其父文王遗志，联合诸族攻灭商纣王，建立周朝，都于镐。镐（hào）：镐京。西周国都。在今陕西西安市长安市沣河东。⑦好（hào）稼穑（sè）：喜好农业生产。稼，种谷；穑，收谷。稼穑连用作为农事的总称。⑧殖：种植。⑨地重：以地为重。重视田地。⑩重为邪：把做邪恶之事看得很重。⑪及：待到。秦：古国名。由秦部落发展而来。文：秦文公，襄公之子。前765—前716年在位。击退犬戎，使秦占有岐山以西地。德：秦德公，宣公、成公与穆公之父。前677—前676年在位。原文作"孝"，而穆公以前无孝公。《史记·秦本纪》载德公居雍，故从改。缪（mù）：通"穆"。秦穆公任好，前659—前621年在位。重用贤臣蹇叔、百里奚等，国力渐强，曾攻灭十二国，称霸西戎。又曾与晋战，由败而胜，并曾安定周室。或将其列为春秋五霸之一。雍：见前注。⑫陈陇蜀之货物：居陇蜀货物交流的要道。陈，孔道，要道。这里有垄断之义。陇：指陇西郡一带。战国秦昭襄王置陇西郡，因在陇山之西而得名。治狄道（今甘肃临洮南），辖今甘肃东南部地区。蜀：指蜀郡地区。战国秦在古蜀国旧地置蜀郡。治成都（今属四川），辖今四川中部地区。⑬献公：秦献公师隰，孝公之父。前384—前362年在位。废除秦国此前残存的人殉制度。曾大败晋国。栎（yuè）邑：即栎阳。秦所置县。治今西安市临潼区东北渭水北岸。前383年，献公徙都于此。⑭却：退。使之却步。翟：同"狄"。⑮三晋：地区名。战国时韩、赵、魏三家分晋，各自立国，故称三晋。⑯孝：秦孝公（前381—前338年）。名渠梁。前361—前338年在位。用商鞅实行变法。前350年自雍迁都于咸阳，进一步实行变法，秦自此日益富强。原文作"武"，从梁玉绳等人说改。昭：秦昭王（前324—前251年）。即秦昭襄王。名稷（一作侧）。前306—前251年在位。屡次击败三晋、齐、楚等国，夺取大片土地，为其后秦的统一奠定了基础。咸阳：古都邑名。在今陕西咸阳市东北。孝公迁都于此。后置县。秦朝作为国都，并加以扩建。汉元年（前206年）改县名新城。⑰因以汉都：汉朝藉此而为都城。秦都咸阳与汉都长安相邻，且汉都即在秦阿房宫（在今西安三桥镇南）附近，又利用秦离宫之基础改建成长乐、未央宫。故曰"因（之）以（建）汉都"。因，凭藉；沿袭。⑱长安诸陵：长安附近诸陵县。西汉元帝以前，每筑一皇帝陵墓，即在陵侧置一县，令县民供奉园陵，称为陵县。司马迁见及的陵县有：高帝长陵（县治今咸阳市东北）、惠帝安陵（县治同前）、文帝霸陵（县治今西安市东北）、景帝阳陵（县治今陕西高陵县西南、西安市北）、武帝茂陵（筑于前139年，并置县，治今陕西兴平东南、咸阳市西南）。⑲会：会合，聚合。⑳益：更，更加；渐渐地。末：不重要的事。此指"末业"，即工商之类。㉑南：指关中平原以南，秦岭以南。㉒厄（zhī）：栀子树，果实称栀子，可入药或作黄色染料。㉓御：抵，抵御。滇：古族、国名。在今云南东部滇池附近。汉武帝元封二年（前109年）于此置益州郡。僰（bó）：古族名、国名。㉔僰僮：僰地多出僮仆。汉代僰人多被掠卖为奴，称为僰僮。㉕邛（qióng）：

古族名、国名，即邛都夷。分布在今四川西昌地区。汉武帝元鼎六年（前111年）于其地置越嶲郡。筰（zuó）：古族名、国名。在今四川汉源南部地区。㉖筰地多有马、旄牛。㉗然四塞（sài）：然而巴蜀地区四周闭塞。㉘栈（zhàn）道：山谷间用木材支架修成的道路。㉙褒斜（yé）：今陕西终南山南谷口曰"褒"，北谷口曰"斜"，地处眉县西南，其间长四百七十里，为秦蜀交通要道。绾（wǎn）毂其口：绾结集中四方道路到这个出入口。㉚此句是说用其多余之物交换其所短缺之物。鲜（xiǎn），少。㉛天水：郡名。汉置。治所在平襄（今甘肃通渭西北）。辖境相当今甘肃通渭、静宁、秦安、定西、清水、庄浪、甘谷、张家川等县及天水市西北部和陇西、榆中部分地区。北地：郡名，战国秦始置。治所在义渠（今甘肃宁县西北），西汉移治马岭（今甘肃庆阳西北）。辖今宁夏贺兰山、青铜峡、山水河以东及甘肃环江、马莲河流域。上郡：郡名。战国初魏始置。秦代治肤施（今陕西榆林东南），汉辖境相当今陕北及内尔蒙古乌审旗等地。㉜羌中之利：指羌族人聚居地区所具有的种种利益。羌，古族名，最先见于甲骨卜辞。居于今甘、青、川等地。从事畜牧，亦渐兼营农业。㉝穷险：贫瘠险恶。㉞京师：指长安。要（yāo）其道：像腰束制两胯、两胁那样束制其通道。要，通"腰"。㉟此句是说，关中之地占天下三分之一。㊱人众：人口。什三：十分之三。㊲什居其六：十份中占六份。占十分之六。

昔唐人都河东①，殷人都河内②，周人都河南③。夫三河在天下之中④，若鼎足⑤，王者所更居也⑥，建国各数百千岁⑦，土地小狭，民人众，都国诸侯所聚会⑧，故其俗纤俭习事⑨。杨、平阳陈西贾秦、翟⑩，北贾种、代⑪。种、代，石北也⑫，地边胡⑬，数被寇⑭。人民矜懻忮⑮，好气⑯，任侠为奸，不事农商。然迫近北夷，师旅亟往⑰，中国委输时有奇羡⑱。其民羯羠不均⑲，自全晋之时固已患其僄悍⑳，而武灵王益厉之㉑，其谣俗犹有赵之风也㉒。故杨、平阳陈掾其间㉓，得所欲。温、轵西贾上党㉔，北贾赵、中山㉕。中山地薄人众，犹有沙丘纣淫地余民㉖，民俗懁急㉗，仰机利而食㉘。丈夫相聚游戏，悲歌忼慨㉙，起则相随椎剽㉚，休则掘冢作巧奸冶㉛，多美物㉜，为倡优㉝。女子则鼓鸣瑟㉞，跕屣㉟，游媚贵富㊱，入后宫㊲，遍诸侯。

【注释】
①唐：即陶唐氏。相传远古部落名。居于平阳（今山西临汾市西南），尧乃其领袖。河东：古地区名。战国、秦汉时指今山西西南部。②殷：朝代名。商王盘庚从奄（今山东曲阜）迁都殷（今河南安阳小屯村），故商亦被称为殷。自盘庚至纣二百七十三年间，共传八世，十二王。河内：古地区名。东周时以黄河以北为河内，河南者为河外。又专以今河南省黄河以北地区为河内。③周：朝代名。公元前11世纪武王灭商后建立，都镐；河南：古地区名。指黄河以南。此指今河南省一带。④三河：指上文所说的河东、河内、河南。⑤若鼎足：好像鼎的三个足。⑥更（gēng）：更迭，迭次，交替。居：指建都居住。⑦数百千岁：数百年乃至上千年。⑧都：国都。国：诸侯国；都城，京城。⑨纤（xiān）俭：小气俭省。纤，吝啬。习事：熟悉世故。⑩杨：古姬姓国，在今山西洪洞东南。春秋时灭于晋，成为羊舌氏采邑。平阳：古邑、县名。传说尧都于此。春秋时为晋羊舌氏邑，战国时属韩，秦置县。治所在今山西临汾市西南。陈：据考证属衍字。贾（gǔ）：指做买卖。⑪种：古地名。在今河北蔚（yù）县一带。代：古国名（在今河北蔚县），郡名。战国赵武灵王置代郡，秦及西汉治所在代县（今蔚县东北）。

西汉辖境当今河北怀安、蔚县以西和山西阳高、浑源以东的内外长城间地。⑫石：石县邑。在今河北石家庄市西南。⑬边：毗邻。⑭数（shuò）：屡次，经常。被：蒙受，遭受。寇：寇掠。⑮矜（jīn）：骄傲；夸耀。懻（jì）忮（zhì）：强直凶狠。⑯好（hào）气：好使性子；好斗气。⑰师旅：军队。⑱中国：指中原，又指朝廷所在地区。委输：运输，运送。奇羡：剩余。⑲羯羠（yí）不均：指居民混杂，种类不一。羯，去势（阉割）的黑公羊（一说为母羊）。羠，去势的公羊；母野羊之称。本句意为北方游牧民族羼入边地，与汉人杂居，种类不一。⑳全晋之时：指晋国尚未被韩、赵、魏三分之时。固：原本，原已。患：担忧，忧虑。以……为患（祸患）。僄（piào）悍：敏捷而勇猛。同"剽（慄）悍"。㉑武灵王：赵武灵王（？—前295年）。战国时赵国君。名雍。前325—前299年在位。于前302年进行军事改革，改穿胡服，学习骑射，攻灭中山等国，国势大盛。后传位于子，自称主父。因内讧，被围，饿死。益厉之：使僄悍风习更加厉害。㉒谣俗：民俗，流俗。㉓陈掾（yuàn）其间：因缘经营于其间。陈，因。掾，义同缘。㉔温：古国名。原称苏，建都于温，亦称温。故城在今河南温县西南。轵（zhǐ）：古县名。战国魏轵邑，汉置县。治所在今河南济源南。上党：郡名。㉕赵：公元前403年被周威烈王承认为诸侯的古国，开国君主为烈侯，都晋阳（今山西太原市西南），后迁都邯郸（今河北邯郸市西南）。为战国七雄之一。疆域最大时有今山西中、北部，河套地区，河北西部和陕西东北角。前222年亡于秦。中山：春秋时白狄别种所建国，又称鲜虞。在今河北正定东北。战国初都于顾（今河北定县）。一度亡于魏，后复国，迁都灵寿（今河北平山东北）。前296年亡于赵。㉖沙丘：古地名。在今河北广宗西北大平台。相传殷纣于此筑台，畜养禽兽。赵武灵王、秦始皇均死此处。淫地：荒淫（指纣在那里筑台淫戏）之地。余民：指殷人后代。㉗懁（xuān）急：同"狷急"。急躁。㉘靠投机取巧、钻营谋利过日子。仰，依靠。机利，投机取巧。㉙悲歌忼慨：慷慨悲歌。意气激昂而悲愤地唱歌。忼慨，同"慷慨。"㉚此句谓行动时纠合在一起杀人越货。起，起身走动。椎（chuí），把人打死。剽（piāo），劫人财物，抢掠。㉛休：止息，停下来。掘冢（zhǒng）：盗墓。冢，坟墓。奸冶：淫邪秽乱之事。冶，一作"蛊"，妖媚。㉜美物：或作"弄物"（《集解》徐广语）指长得美好的男子。㉝倡（chāng）优：以乐舞戏谑为业的艺人。㉞鼓：弹奏、敲奏乐器。动词。鸣：发响。㉟跕屣（tiē xǐ）：趿（tā）拉着鞋子。㊱游媚贵富：到处走动，向有钱有势的人献媚。㊲后宫：皇后或王后居住的宫殿。

然邯郸亦漳、河之间一都会也①。北通燕、涿②，南有郑、卫③。郑、卫俗与赵相类，然近梁、鲁④，微重而矜节⑤。濮上之邑徙野王⑥，野王好气任侠，卫之风也。

【注释】

①漳：《正义》云："洺水本名漳水。邯郸在其地。"洺水，即今洺河，在今河北省南部邯郸市北。河：黄河。都会：都市。②燕（yān）：周初公封的姬姓诸侯国。开国君主是召公奭。涿：汉所置郡。治涿县（今河北涿州市）。辖境约当今北京市房山以南，河北易县、清苑以东，安平、河间以北，任丘、霸县以西地区。③郑：西周宣王所封同姓诸侯国。开国君主是郑桓公。春秋时都新郑（今河南新郑市）。前375年亡于韩。卫：古国名。见前注。④梁：即魏。⑤微重而矜节：稍微庄重和注意节操一些。重，庄重，厚道。矜，注重。节，节操；节制。⑥公元前242年，秦攻魏，取魏之东地，初置东郡，同时将卫元君自帝丘（今河南濮阳西南）徙往野王（今河南沁阳）。濮上之邑，指帝丘。

夫燕亦勃、碣之间一都会也①。南通齐、赵、东北边胡。上谷至辽东②，地踔远③，人民希④，数被寇，大与赵、代俗相类，而民雕捍少虑⑤，有鱼盐枣栗之饶。北邻乌桓、夫馀⑥，东绾秽貉、朝鲜、真番之利⑦。

【注释】

①勃：勃海。碣：碣石山。在今河北昌黎县北。②上谷：郡名。战国燕置。秦代治所在沮阳（今河北怀来县东南）。辖今河北张家口、小五台山以东，赤城、北京市延庆县以西，及内长城和北京昌平区以北地。辽东：郡名。战国燕置。③踔（chuō）远：辽远。④希：少，通"稀"。⑤雕捍：像大雕那样敏捷强悍。少虑：缺乏考虑。指不爱动脑子思考。⑥乌桓：也作乌丸。东胡族的一支。秦末东胡被匈奴击破，部分迁乌桓山，因名。武帝时附汉，迁至上谷至辽东等五塞外。夫馀：古族名。亦作扶馀或凫臾。西汉时亦称其所建政权为夫馀。在今松花江中游平原上，以今吉林农安为中心，南迄今辽宁北部，北至黑龙江。西汉时属玄菟郡。⑦绾：绾结，囊括。秽貉（huì mò）：又作涉貊。公元前后居住在今朝鲜东海岸咸镜南道和江源道一带的民族。朝鲜：指"古朝鲜"。中国史传周初殷之王族箕子率国人至朝鲜君其地，传四十世至箕否。当战国末，否子准立。前194年，燕人卫满率族人入据朝鲜为王，箕准奔马韩。真番：郡名，汉武帝元封三年（前108年）置。治所在霅县（今朝鲜礼成江、汉江间）。辖境相当今朝鲜黄海北道大部分、黄海南道及京畿道北部。始元五年（前82年）废，部分辖境并入乐浪郡。

洛阳东贾齐、鲁①，南贾梁、楚②。故泰山之阳则鲁，其阴则齐③。

【注释】

①洛阳：我国古都之一。西周成周城（雒邑）所在地，东周国都，在今洛阳西部王城公园一带。②楚：芈（mǐ）姓古国。始祖鬻熊。西周时都丹阳（今湖北秭归东南），常与周战，被称为荆蛮。后都郢（今湖北江陵西北纪南城）。春秋末楚昭王迁都鄀（即鄢郢）。春秋时楚庄王称霸。战国时为七雄之一。③阴：指山的北面（或水的南面）。

齐带山海①，膏壤千里，宜桑麻，人民多文彩布帛鱼盐②。临菑亦海岱之间一都会也③。其俗宽缓阔达，而足智，好议论，地重，难动摇④，怯于众斗，勇于持刺⑤，故多劫人者，大国之风也。其中具五民⑥。

【注释】

①带山海：被山海环绕。带，腰带。比喻围绕着。②文彩：彩色的丝绸。布帛：麻布和丝织品。亦指钱币。③临菑：古邑名。亦作临淄、临甾。④难动摇：指民心稳定，不易浮动或流亡他方。⑤持刺：即行刺。暗中伤人，暗杀。⑥具：具备，具有；完备。五民：提土、农、工、商、贾。

夫自鸿沟以东①，芒、砀以北②，属巨野③，此梁、宋也①。陶、睢阳亦一都会也⑤。昔尧作于成阳⑥，舜渔于雷泽⑦，汤止于亳⑧。其俗犹有先王遗风，重厚多君子，好稼穑，虽无山川之饶，能恶衣食⑨，致其蓄藏⑩。

【注释】

①鸿沟：古运河名。古道自今河南荥阳北引黄河水，东流经今中牟、开封北，折而南流至淮阳东南入颍水。②芒：山名。在河南水城县东北。砀：砀山，在芒

山南八里处。③属（zhǔ）：连接。巨野：古泽薮名，（在今山东巨野县东北）。④宋：周初所封诸侯国。子姓。开国君主是微子，都商丘（今河南商丘南）。有今豫东及鲁、苏、皖间地。前286年亡于齐。⑤陶：见前注。睢阳：秦朝所置县。治今河南商丘市南。⑥尧：传说中氏族社会末期部落联盟领袖。于：原文作"游"，"於"之讹。从标点本改。成阳：古县名。在今山东鄄城市东南。⑦舜：继尧而起的部落联盟领袖。姚姓，有虞氏，名重华，史称虞舜。尧时摄政，后继立。用禹治水，后禅位于禹。雷泽：古泽名，即雷夏。在今山东菏泽市东北。⑧汤：又称武汤、成汤等。止：止息。指居住。亳（bó）：古都邑名。商汤都城。有北亳（今河南商丘市北）、南亳（今商丘市南）、西亳（今河南偃师县西）等处，史传汤灭夏后还都北亳。又考古学家或认为郑州二里冈商城遗迹可能是汤的亳都。⑨这句是说能穿不好的衣服，吃不好的饭菜。⑩致：达到；取得，得到。蓄藏：积蓄（财、物）。

而邹、鲁滨洙、泗①，犹有周公遗风②，俗好儒③，备于礼④，故其民龊龊⑤。颇有桑麻之业，无林泽之饶。地小人众，俭啬，畏罪远邪。及其衰，好贾趋利，甚于周人⑥。

【注释】

①邹：曹姓古国。本作邾，亦称邾娄。滨：临，靠近，滨临。洙：古水名。今自山东兖州以下，府河与济宁、鲁桥间之运河大致即其故道。泗：泗水。在山东省中部。古时全长一千数百里，是淮河下游第一大支流。②周公：西周初年政治家。姓姬名旦，亦称叔旦。武王之弟。曾助武王灭商。武王死，成王年幼，由他摄政。率师东征，平定武庚和管叔等反叛。又大封诸侯，营建洛邑以为东都。相传他还曾制礼作乐。其子伯禽封于鲁，故本文有"周公遗风"云云。③儒：指儒术。孔子创立的儒家学派，其术强调传统的伦常关系，主张礼治，而以仁为核心。④备于礼：讲究礼（包括礼节仪式等等）。⑤龊龊：小心谨慎的样子。⑥周人：指周地之人。

越、楚则有三俗①。夫自淮北沛、陈、汝南、南郡②，此西楚也③。其俗剽轻④，易发怒，地薄，寡于积聚。江陵故郢都⑤，西通巫、巴⑥，东有云梦之饶⑦。陈在楚夏之交⑧，通鱼盐之货，其民多贾。徐、僮、取虑则清刻⑨，矜己诺⑩。

【注释】

①越、楚：《正义》："越灭吴则有江淮以北，楚灭越兼有吴越之地，故言'越、楚'也。"②沛：郡名。汉高祖置。治相县（今安徽濉溪县西北）。辖今安徽淮北、西淝河以东，河南夏邑、永城及江苏沛、丰等县地。陈：郡名，国名。原为妫姓古国，周初所封，开国君主为胡公，都宛丘（今河南淮阳县），有今安徽的一部分和豫东地区。前478年亡于楚。秦置郡，西汉改为淮阳国。治陈县（今淮阳），辖今河南淮阳、太康、西华、鹿邑、柘城等县地。汝南：郡名。汉初置。治上蔡（今河南上蔡西南）。辖今河南颍河、淮河之间、京广铁路西侧一线以东，安徽茨河、西淝河以西、淮河以北地区。南郡：郡名。战国秦置。治郢（今湖北江陵西北）。后迁江陵（今县）。汉辖境当今湖北粉青河及襄樊市以南，荆门、洪湖以西，长江、青江流域以北，西至四川巫山。其后渐小。③意为自沛郡西至南郡都属原楚国西部地区，故曰"西楚"。下"东楚""南楚"依此类推。④剽轻：剽悍轻捷。⑤江陵：县名，今属湖北。⑥巫：县名。秦置，因巫山为名。治

所在今四川巫山县北。⑦云梦：古泽薮名。据《汉书·地理志》等汉魏古书记载，云梦在南郡华容县（今湖北监利县）南，范围不大。其后众说纷纭，其范围亦被越说越大，一般都将洞庭湖包括在内，与汉以前记载不符。又据今人考证，云梦（或单称云、梦）是泛指春秋时楚王的游猎区。⑧楚在陈南，夏在陈北（夏都阳城、斟鄩均在今河南登封附近，安邑则在山西夏县西北，都在陈之北），故曰"陈在楚夏之交"⑨徐：县名。汉置，治所在今江苏泗洪南，僮：县名。在今安徽泗县东北。取（qiū）虑：县名，在今安徽灵璧县东北。清刻：清白严刻。刻，苛刻，刻刻与"清"相连，有褒义，意为要求自己十分严格。⑩矜己诺：重视然诺、守信用。即应允他人之事必定办到之意。矜（jīn），慎重。

彭城以东①，东海、吴、广陵②，此东楚也。其俗类徐、僮。胊、缯以北③，俗则齐④。浙江南则越⑤。夫吴自阖庐、春申、王濞三人招致天下之喜游子弟⑥，东有海盐之饶，章山之铜⑦，三江、五湖之利⑧，亦江东一都会也⑨。

【注释】

①彭城：古县名。相传尧封彭祖于此，为大彭氏国。秦置县，治今江苏徐州市。②东海：郡名。秦置。吴：古国名，郡名。吴国始祖是周太王子太伯、仲雍，都吴（今江苏苏州），有今江苏、上海市大部和皖、浙之一部分。公元前473年亡于越。吴郡，汉初会稽郡之别称。治所在吴县（今江苏苏州市）。辖境相当今江苏省长江以南，茅山以东，浙江省大部及福建全省。广陵：郡、国名。汉武帝时改江都国置广陵国。治所在广陵（今扬州市西北）。辖境相当今江苏省长江以北、射阳湖西南、仪征以东地区。东汉改为郡。③胊（qú）：县名。秦置。治所在今江苏连云港市西南锦屏山侧。缯（zēng，又读céng）：县名，在今山东南部苍山西北。公元前567年亡于莒。《正义》说是县名。④俗则齐：风俗同于齐地。⑤浙江：即钱塘江，上游指新安江。源于安徽，东流经浙江省入海。⑥阖庐：一作阖闾（？—前496年），春秋末年吴国君。名光。前514—前496年在位。春申：春申君黄歇（？—前238年）。战国四公子之一。楚国贵族，曾任左徒、令尹，考烈王时改封于吴，号春申君。门下有食客三千。曾派兵攻秦救赵，后灭鲁。死于内讧。王濞（bì）：吴王刘濞（前215—前154年）。西汉诸侯王。沛县（今属江苏）人。刘邦侄，封吴王。⑦章山：盖即今江西省南城之南的章山。一说在今浙江安吉县西北。⑧三江：有多种说法。一说以今吴淞江和芜湖、宜兴间由长江通太湖一水，并长江下游为南、中、北三江，说本《汉书·地理志》。五湖：亦有多种说法。据《国语·越语》与《史记·河渠书》推测当系泛指太湖流域一带所有的湖泊。⑨江东：长江在芜湖、南京间作西南南、东北北流向，隋、唐以前是南北往来主要渡口的所在，习惯上称自此以下的长江南岸地区为江东。其对面为江西。

衡山、九江、江南、豫章、长沙①，是南楚也。其俗大类西楚。郢之后徙寿春②，亦一都会也。而合肥受南北潮③，皮革、鲍、木输会也④。与闽中、干越杂俗⑤，故南楚好辞⑥，巧说少信。江南卑湿⑦，丈夫早夭⑧。多竹木。豫章出黄金⑨，长沙出连、锡。然堇堇物之所有⑩，取之不足以更费⑪。九疑、苍梧以南至儋耳者⑫，与江南大同俗⑬，而杨越多焉⑭。番禺亦其一都会也⑮，珠玑、犀、玳瑁、果、布之凑⑯

【注释】

①衡山：郡、国名。楚汉之际置国；一说秦置郡，楚汉之际改为国。以郡境

包衡山（今安徽霍山）周围得名。治所在邾（今湖北黄冈西北）。辖今河南信阳市、湖北红安、黄冈以东，安徽霍山、怀宁以西，南至长江，北至淮河地区。汉初为郡，文帝时为国，辖境渐小。武帝时改为六安国。九江：郡名。秦置。治所在寿春（今安徽寿县）。江南：地区名。泛指长江以南。春秋至汉一般指今湖北的江南部分和湘、赣一带。豫章：郡名。楚汉之际置。治南昌（今市）。西汉元狩二年（前121年）后辖今江西省地。长沙：郡、国名。战国秦置郡，治临湘（今长沙市），辖今湖南东部、南部和广西全州、广东连州市、阳山等地。西汉改为国。②公元前278年，楚失郢都，迁都陈。前241年，又迁都寿春（今安徽寿县）。③合肥：县名，汉置。今安徽合肥市。南北潮：指南有长江，北有淮河。④鲍：鲍鱼。鳆（fù）鱼的俗名，即"石决明"，海生软体有壳动物，肉可食，壳可入药。输会：汇聚。⑤闽中：郡名。秦置。治冶县（今福州市）。辖今福建省和浙江宁海及其以南的灵江、瓯江、飞云江流域。秦末废。干越：越：指吴国和越国。干，吴国的别名。⑥辞：言辞。⑦卑湿：地势低，气候潮湿。⑧丈夫早夭：指男子寿命短。⑨《正义》引《括地志》云："江州浔阳县有黄金山，山出金。"唐浔阳县治今九江市。⑩堇（jǐn）堇：仅仅，很少。⑪指开采费用大而金锡出产少，得不偿失。更，抵偿。⑫九疑："疑"一作"嶷"。又名苍梧山。在湖南宁远县南。苍梧：郡名。汉武帝时置。治广信（今广西梧州市）。辖今广西都。儋（dān）耳：郡名。汉武帝时置。治今广东儋州市西北。辖今海南岛西部地区。后并入珠崖郡。⑬大同：大体相同。⑭杨越多焉：指多杂有南越的风俗。杨越，即南越。古族、国名。古代南方越人的一支，也作南粤。主要分布在岭南地区。秦于其地置桂林、南海和象郡。秦末赵佗并三郡，建南越国。汉武帝元鼎六年（前111年）灭之，设九郡。⑮番（pān）禺：秦所置县，治所在今广东省广州市。⑯果：指龙眼、荔枝一类水果。

颍川、南阳①，夏人之居也②。夏人政尚忠朴，犹有先王之遗风。颍川敦愿③。秦末世，迁不轨之民于南阳④。南阳西通武关、郧关⑤，东南受汉、江、淮⑥。宛亦一都会也⑦。俗杂好事，业多贾。其任侠⑧，交通颍川。故至今谓之"夏人"。

【注释】

①颍川：郡名。战国末秦置。治阳翟（今禹县），辖今河南登封、宝丰以东，尉氏、郾城以西，密县以南，叶县、舞阳以北县地。其后治所屡迁，辖境渐小。南阳：郡名。战国秦置。治宛县（今河南南阳市）。汉辖境相当今河南熊耳山以南叶县，内乡间和湖北大洪山以北应山、郧县间地。②夏都多在上述二郡范围内，故云。③敦愿：厚道恭谨。④不轨之民：不法之民。⑤武关：关隘名。在今陕西丹凤东南。战国秦置。一说关址曾有迁移，故址在今关南丹江上，唐后迁今址。郧（yún）关：关隘名。在今湖北郧县。⑥受：承受。此指面临。⑦宛（yuān）：战国楚邑，秦昭襄王置县，治今南阳市。秦以后历为南阳郡治。⑧"其"后省"民"或"俗"字。

夫天下物所鲜所多，人民谣俗：山东食海盐，山西食盐卤①，领南、沙北固往往出盐②，大体如此矣③。

【注释】

①盐卤：熬盐时余下的黑色液体，可使豆浆凝成豆腐。②领南：即岭南。地区名，即岭表、岭外。沙北：沙漠以北。指蒙古高原及其以北广大地区。往往：处处。③以上专说盐，意思未完，下段仍是总结性文字。

总之：楚越之地，地广人希，饭稻羹鱼①，或火耕而水耨②，果隋蠃蛤③，不待贾而足，地埶饶食④，无饥馑之患，以故呰窳偷生⑤，无积聚而多贫⑥。是故江、淮以南，无冻饿之人，亦无千金之家。沂、泗水以北⑦，宜五谷桑麻六畜，地小人众，数被水旱之害，民好畜藏⑧，故秦、夏、梁、鲁好农而重民。三河、宛、陈亦然，加以商贾。齐、赵设智巧，仰机利，燕、代田畜而事蚕⑨。

【注释】

①此句是说以稻米为饭，以鱼类为菜羹，用肉或菜加五味做成带糊状的食物。与今之所谓"菜汤"不同。②火耕：刀耕火种。水耨（nòu）：把草踩进水田泥土里，或以水淹灭杂草。耨，锄草的农具：锄草。火耕、水耨，都是原始的农业生产方法。③果隋（duò）：一说是包裹的意思，把螺蛤包起来煮食。蠃：同螺。水螺、田螺。蛤（gé）：蛤蜊。④埶：通势（势）；通艺，指种植。也可能是"热"（熱）之误。⑤呰窳（zǐ yǔ）：苟且懒惰。⑥意为楚越之地食物不难得到，百姓朝夕取食混日子，不为积聚，因而多贫。⑦沂（yí）：河名。在今鲁南苏北。⑧畜（xù）藏：积蓄储藏。⑨田畜而事蚕：种田、畜牧和养蚕。

由此观之，贤人深谋于廊庙①，论议朝廷，守信死节、隐居岩穴之士设为名高者安归乎②？归于富厚也。是以廉吏久③，久更富；廉贾归富④。富者，人之情性，所不学而俱欲者也。故壮士在军，攻城先登，陷阵却敌，斩将搴旗⑤，前蒙矢石⑥，不避汤火之难者⑦，为重赏使也⑧。其在闾巷少年⑨，攻剽椎埋⑩，劫人作奸⑪，掘冢铸币，任侠并兼，借交报仇，篡逐幽隐⑫，不避法禁，走死地如骛者⑬，其实皆为财用耳⑭。今夫赵女郑姬⑮，设形容⑯，揳鸣琴⑰，揄长袂⑱，蹑利屣⑲，目挑心招⑳，出不远千里，不择老少者，奔富厚也。游闲公子，饰冠剑，连车骑，亦为富贵容也㉑。弋射渔猎㉒，犯晨夜㉓，冒霜雪，驰阬谷㉔，不避猛兽之害，为得味也㉕。博戏驰逐㉖，斗鸡走狗，作色相矜㉗，必争胜者，重失负也㉘。医方诸食技术之人㉙，焦神极能㉚，为重糈也㉛。吏士舞文弄法，刻章伪书㉜，不避刀锯之诛者，没于赂遗也㉝。农、工、商贾 畜长㉞，固求富益货也。此有知尽能索耳㉟，终不余力而让财矣㊱。

【注释】

①廊庙：指朝廷。②设为名高者：设法抬高名望的人（或事情）。设，筹划。③廉吏久：清廉的官吏任职时间长久。④意为买卖公道、讲信用的商人声誉好，因而能多赚钱而致富。⑤搴（qiān）旗：拔旗。⑥蒙：冒着。⑦汤：滚烫的水。开水。⑧使：驱使。使之然。⑨闾巷：里巷。闾，古时的一种居民组织单位。⑩椎埋：椎杀而埋之。⑪劫人作奸：胁迫别人干坏事。劫，威胁。⑫在幽隐无人之处夺取人的财物，逐杀人命。篡，夺取。⑬走：跑，奔往。死地：死路。无法生存的险境。骛（wù）：马快跑；追求。⑭耳：语气词，相当于"而已""罢了"。⑮夫（fú）：这，那，这些，那些。姬：古时对女子的美称。⑯设：讲求。修饰打扮。⑰揳（jiá）：打击。揳鸣琴，弹琴。⑱揄（yú）长袂：舞动长袖。揄，提起，牵动。⑲蹑（niè）利屣：轻快移动舞步。蹑，放轻脚步；踩。利屣，轻便尖头的舞鞋。⑳目挑（tiǎo）：用眼神挑逗。㉑容：仪容，模样。㉒弋（yì）：用带着绳子的箭来射鸟。㉓犯晨夜：起早贪黑。不管早上夜里。㉔驰阬谷：在坑谷里奔跑。阬同坑。㉕味：野味。㉖博戏：古代一种赌胜负的游戏（与下棋相仿）。驰逐：指赛马一类游戏。㉗作色：装模作样；变了脸色，面红耳赤。相矜：争相夸耀。㉘重：看重，重视。㉙医：

医生。方：方士。指从事求仙、炼丹之类的人。诸食技术之人：各种靠技艺吃饭的人。㉚焦神：过度劳神。焦思苦虑，耗尽精神。极能：极尽其能。㉛糈（xǔ）：粮食。此处指经济上的收入。㉜刻章：私刻公章官印。伪书：假造文牍材料。书，书写。㉝没（mò）：沉溺。陷入。赂遗（wèi）：别人的贿赂赠予。㉞畜长（xù zhǎng）：储积增加各种财物。牧人；牧主。㉟知：知识。又读zhì通“智”。智慧。索：求取；尽，完结。㊱终：终究。不余力：不遗余力。让：通“攘”。取，盗，窃，夺。

谚曰：“百里不贩樵①，千里不贩籴②。”居之一岁③，种之以谷；十岁，树之以木④；百岁，来之以德⑤。德者，人物之谓也⑥。今有无秩禄之奉⑦、爵邑之入⑧，而乐与之比者⑨，命曰“素封”⑩。封者食租税⑪，岁率户二百⑫。千户之君则二十万⑬，朝觐聘享出其中⑭。庶民农工商贾，率亦岁万息二千⑮，百万之家则二十万⑯，而更徭租赋出其中⑰。衣食之欲，恣所好美矣⑱。故曰陆地牧马二百蹄⑲，牛蹄角千⑳，千足羊㉑，泽中千足彘㉒，水居千石鱼陂㉓，山居千章之材㉔。安邑千树枣㉕；燕、秦千树栗；蜀、汉、江陵千树桔；淮北、常山已南㉖，河济之间千树萩㉗；陈、夏千亩漆㉘；齐、鲁千亩桑麻；渭川千亩竹㉙；及名国万家之城，带郭千亩亩钟之田㉚，若千亩卮、茜㉛，千畦姜、韭㉜：此其人皆与千户侯等㉝。然是富给之资也㉞，不窥市井㉟，不行异邑㊱，坐而待收，身有处士之义而取给焉㊲。若至家贫亲老，妻子软弱㊳，岁时无以祭祀进醵㊴，饮食被服不足以自通㊵，如此不惭耻，则无所比矣㊶。是以无财作力㊷，少有斗智㊸，既饶争时㊹，此其大经也㊺。今治生不待危身取给㊻，则贤人勉焉㊼。是故本富为上㊽，末富次之㊾，奸富最下㊿。无岩处奇士之行(51)，而长贫贱，好语仁义，亦足羞也(52)。

【注释】

①此句意谓不到百里之外去贩卖樵薪。②此句意谓不到千里之外去贩运粮食。籴（dí），买粮食。以上二句意为不干运费太大的买卖。③此句意谓在一个地方住上一年。④树：种植。⑤来：招来。⑥所谓德，是指有道德的人。人物，人才。以上数句，可参阅《管子·权修篇》：“一年之计，莫如树谷；十年之计，莫如树木；终身之计，莫如树人。”⑦秩禄：官吏按品级高低享受的不同俸禄。秩，官吏的俸禄；官吏的品级等次。奉：供给，供养；薪俸，俸禄。⑧爵邑之入：爵位封地的租税收入。⑨此句意为那些没有官职俸禄供养或爵位封地收入而日子过得很好、能与有官位者相比的人。乐，欢乐。指日子过得好，生活幸福欢乐。⑩命曰素封：称作“素封”。叫做“素封”。素封，没有封地（以及官爵等）的“封君”。与后世所说的“土财主”义近。⑪封者：有封地的人。⑫此句谓纳税的标准是每户每年二百钱。率（lǜ）：标准，规格。户：一户。指封邑内的人家。⑬此句谓享有一千户的封君每年租税收入可达二十万钱。⑭此句谓朝觐聘享的费用都从这二十万钱中支出。朝觐，诸侯去拜见（春朝见、秋觐见）天子。聘，诸侯派遣大夫去访问其他诸侯。享，祭祀天地鬼神祖宗等的供献。⑮此句谓按照利率，一万钱每年也可得利息二千钱。⑯此句谓拥有一百万钱的人家，每年即可得利息二十万钱。⑰更（gēng）：汉代一种服兵役制度。有三种，凡二十三岁至五十六岁男丁均须服役：为郡县（地方）服兵役一月；为中央服兵役一年；为戍边（守卫边疆）服役三日。因轮流服役，故名“更”。⑱此句谓随心所欲地穿好的、吃好的。恣，任凭。好美，指美衣美味。⑲二百蹄：一马四蹄，二百蹄为五十匹马。⑳牛蹄角千：一牛四蹄二角，蹄角千为一百六十六或一百六十七头牛的约数。

㉑一羊四足，千足羊即二百五十只羊。㉒此句指草泽中有猪二百五十头。泽，聚水的洼地，草泽。彘（zhì），猪。一猪四足，千足彘即二百五十头猪。㉓此句指水中拥有年产鱼一千石的鱼塘。水居：在水中占有。居，占；积蓄。石（shí）：重量单位，一百二十斤为一石。西汉一斤合今222.73克，千石约合今26727.6公斤。陂（bēi）：池塘。㉔此句谓在山里拥有成材大树一千棵。章，通"橦（tóng）"，大木材。㉕安邑：县名。秦置，治所在今山西夏县西北。㉖巳南：以南。巳，通"以"，在此表示方位的界线。㉗河：黄河。济：济水。古时有黄河南北两部分，后来只有黄河以北的济水，在今河北省南部。萩：即楸（qīu）。楸树是一种高大的、多用途的落叶乔木。㉘秦汉时亩比今市亩略小。㉙渭川：渭河平原。渭河是黄河最大支流。横贯今陕西省中部。㉚带郭：城的附郭。千亩亩钟之田：每亩可收六石四斗的田地一千亩。亩钟、每亩产量一钟。钟，量器，也是容量单位，一钟为六斛（西汉时期斛、石容量等同，皆为十斗）四斗，合今219.2公升。此处专门提出名都大邑附近的良田，而不涉及其他地方的田地，是因为城郊田地出产物便于贩卖赚钱。㉛若：以及。卮：见前注。茜（qiàn）：茜草。根红色，可做染料。俗称红蓝花。㉜畦（qí）：田园中分成的小区。韭：韭菜。㉝此其人：拥有这样一些（指上述任何一种）财产的人。等：相等，相同。㉞富给（jǐ）：富厚，富有。给，丰足。资：资本，资财；凭借。㉟不窥市井：不光顾市场。意为不用到市上去察看。窥，观察，察看。㊱意为不去外地奔波。异邑，别的城邑。㊲处士：古称有才德而不做官的人。义：名义；道义。取给（jǐ）：收入丰厚。㊳妻子：妻和子女。㊴进：同赆。赠送路费。醵（jù）：大家凑钱；聚餐。㊵自通：自适，自我满足。通，畅通，比喻得意。㊶意为就没有什么值得一说了。比，比较，相比；比拟。㊷无财作力：没有钱财，要靠卖力气干活吃饭。㊸少（shǎo）有：稍有钱财。㊹既饶：已经富裕。争时：逐时争利。㊺经：常规；常理。㊻危身取给（jǐ）：危及身家性命去发财。即冒着危险赚钱。㊼勉：尽力，努力；鼓励。㊽本富：指靠种田致富。㊾末富：指经商做工致富。当时以农为本，以商贾为末。㊿奸富：指靠作奸犯科弄巧斗智致富。(51)岩处奇士：深居山野不肯做官的奇士。(52)亦足羞也：也够上可耻的了。足，够得上，值得，配。

凡编户之民，富相什则卑下之①，伯则畏惮子②，千则役③，万则仆④，物之理也。夫用贫求富⑤，农不如工，工不如商，刺绣文不如倚市门⑥，此言末业，贫者之资也。通邑大都⑦，酤一岁千酿⑧，醯酱千瓨⑨，浆千儋⑩，屠牛羊彘千皮⑪，贩谷粜千钟，薪稿千车⑫，船长千丈⑬，木千章⑭，竹竿万个，其轺车百乘⑮，牛车千两⑯，木器髤者千枚⑰，铜器千钧⑱，素木铁器若卮茜千石⑲，马蹄躈千⑳，牛千足㉑，羊、彘千双㉒，僮手指千㉓，筋角丹沙千斤㉔，其帛絮、细布千钧㉕，文采千匹㉖，榻布、皮革千石㉗，漆千斗㉘，蘖麹盐豉千荅㉙，鲐鮆千斤㉚，鲰千石㉛，鲍千钧㉜，枣栗千石者三之㉝，狐貂裘千皮㉞，羔羊裘千石㉟，旃席千具㊱，佗果菜千钟㊲，子贷金钱千贯㊳，节驵会㊴，贪贾三之㊵，廉贾五之：此亦比千乘之家㊶，其大率也㊷。佗杂业不中什二㊸，则非吾财也㊹。

【注释】

①此句谓财富比人家相差十倍，就会卑下地屈服于他。②伯（bǎi）：通"佰"。此指百倍。畏惮（dàn）：惧怕。③此句谓财富比人差千倍，就被人所役使。④此句谓财富比人差万倍，就会做人奴仆。⑤用：以。介词。⑥刺绣文：指从事手工

生产，刺绣文采。倚市门：指当街做买卖。⑦通邑：交通发达的城市。⑧酒家一年酿酒千瓮出卖。酤，卖酒。"一岁"二字总贯下列各项。⑨醯（xī）：醋。酱：豆、麦发酵后加盐做成的调味品。瓨：同缸。⑩浆：泛指饮料，如酒浆之类。儋（dān）：坛子一类的瓦器。⑪此句指杀牛羊猪剥得的皮一千张。⑫薪稿：柴草。稿，稻、麦之类的秆子。⑬此句是指所拥有的所有船只的总长度（或面积），不是指一条船长千丈。⑭木千章：大木材一千根。⑮"其"字疑衍，《汉书》无。轺（yáo）车：一马拉动的轻便车。小马车。一说指马车。百乘：此指百辆。⑯两（liàng）：同"辆"。计算车时用的量词。⑰髹（xiū）者：上过漆的。此指用漆漆物。千枚：千只（个）。⑱钧：古时重量单位，三十斤（古斤）为一钧。⑲素木：未上漆的木器。若：及，以及。⑳䠞（qiào）：马的肛门。沈钦韩《汉书补注》说："䠞即尻窍。"㉑此指牛二百五十头。㉒羊、猪二千只。㉓僮（tóng）：奴隶。手指千：指一百人。一人十指，千指则百人。㉔筋角丹沙：并见前注。㉕其：疑衍。帛絮：棉絮。细布：细麻布。㉖文采：有花纹彩色的丝织品。匹：计算布和绸缎之类的长度单位。一匹长四丈（汉丈），合今三丈三尺余㉗榻布：粗布。别本或作"荅布"。㉘斗：据顾炎武等考证，汉时已另有大斗，用于量粗货。㉙糱（niè）：同"糵"。此指用以酿酒的酵母。麹（qū）：同曲。酒曲。亦酿酒酵母。豉（chǐ）：豆豉，一种豆制品。荅：据王引之考证，是"苔"之误写，而苔与"台"字古时同音。台即瓵（tái），一种瓦器，容一斗六升（古制）。㉚鲐（音yí或tái）：鲐鱼，今俗名"鲐巴鱼"。鮆（jī）：古称。即鲚鱼。一种狭薄而头长的淡水鱼。或以为是刀鱼。㉛鲰（zōu）：鲰鱼。杂小鱼。㉜鲍：醃咸鱼。㉝此句意为枣栗三千石才与上列诸物（皆以千计）价值相等。千石者三之：一千石的三倍，即三千石。㉞貂（diāo）：同貂。貂鼠。裘：皮衣，毛皮衣服。千皮：此指千件。㉟石：重量单位（见前注）：非容积单位。㊱旃（zhān）席：毡毯。具：此处作量词用，类似今之"张""条"。㊲佗（tuō）：同他。其他。《汉书》无此字。钟：《索隐》本《史记》及《汉书》作"种"。㊳子贷金：利息。㊴节：节制，掌握，管理。驵会（zǎng kuài）：一作驵侩。牙商的古称。说合牲畜交易的人。㊵此句意为贪婪的商人所得利润为十分之三。贪贾盲目囤积居奇、抬高物价，财货反而壅滞，资金周转不灵，所以获利不多。下文说的是不很贪心的商人（廉贾）情形与此不同，薄利多销，财货流通无滞，因而可得利润十分之五。㊶千乘之家：见前"千乘之王"条注。㊷大率（shuài）：大概。大概的情况。㊸佗杂业：其他杂七杂八的行业。不中（zhòng）什二：达不到十分之二的利润。中，符合。㊹此句意为不是理想的收入数额。

请略道当世千里之中①，贤人所以富者②，令后世得以观择焉③。

【注释】

①请：请让我……。略道：略述。简略地说一说。②所以：之所以。③令：让。使得。观择：考察和选择。

蜀卓氏之先，赵人也，用铁冶富①。秦破赵②，迁卓氏。卓氏见虏略③，独夫妻推辇④，行诣迁处⑤。诸迁虏少有余财⑥，争与吏⑦，求近处，处葭萌⑧。唯卓氏曰："此地狭薄⑨。吾闻汶山之下⑩，沃野，下有蹲鸱⑪，至死不饥⑫。民工于市⑬，易贾⑭。"乃求远迁。致之临邛⑮，大喜，即铁山鼓铸⑯，运筹策⑰，倾滇蜀之民⑱，富至僮千人⑲，田池射猎之乐，拟于人君⑳。

【注释】

①用铁冶富：以冶铁致富。②秦破赵：发生在前222年，秦攻灭赵国。③见：被。虏略：通"掳掠"。④辇（niǎn）：用人拉挽的车子（秦汉以后专指皇帝御用车子）。⑤诣（yì）：到某处去。⑥诸迁虏：指那些被迁徙的人。少有余财：稍微有些余财。少，不多。⑦争与吏：争相送给管事的官吏。与，给予。⑧处葭萌：被迁居于葭（jiā）萌。处（chǔ），居住。葭萌，秦所置县，治所在今四川广元市西南。⑨此地：指葭萌市地区。⑩汶（mín）山：古山名。即岷山。一作汶阜山。后来汉武帝曾于元鼎六年（前111年）置汶山郡。汶，通"岷"。⑪蹲鸱（dūn chī）：指大芋。⑫此句谓因有蹲鸱可以充粮，灾年也不至于挨饿，所以说"至死不饥"。⑬工于市：善于交易。工，善于，擅长。⑭易贾（gǔ）：容易经商。做买卖方便。⑮致之临邛：指卓氏被迁到临邛。致，送达，到。临邛，秦所置县，治所在今四川邛崃。⑯即：就在（某地或某时），就于（某物）。铁山：有铁矿的山。鼓铸：冶铸。冶铁时需鼓风入炉，故曰"鼓"。⑰运筹策：计算筹划。运，运用；进行。⑱倾：压倒。⑲此句谓巨富乃至于拥有奴隶上千人。⑳意为卓氏之富有逸乐比得上国君。拟，比，比拟。《史记会注考证》引周寿昌曰："此（卓氏）即卓王孙（卓文君之父）之祖或父也。至孝武（汉武帝）时尚有僮客八百人。"

程郑，山东迁虏也，亦冶铸，贾椎髻之民①，富埒卓氏，俱居临邛。

宛孔氏之先，梁人也，用铁冶为业。秦伐魏，迁孔氏南阳，大鼓铸，规陂池②，连车骑，游诸侯，因通商贾之利③，有游闲公子之赐与名④。然其赢得过当⑤，愈于纤啬⑥，家致富数千金，故南阳行贾尽法孔氏之雍容⑦。

【注释】

①贾椎髻之民：指把铁器之类卖与西南地区的少数民族。②规：规划，谋划。陂（bēi）池：池塘。又指山坡（或水岸）与池塘。③因：趁着，趁机。④赐与名：指乐善好赐的名声。⑤此句意为由于孔氏广交诸侯，舍得花钱，赚到了好名声，因而赢利很多，超过了他花出去的"本钱"。⑥愈于纤啬（xiān sè）：胜于斤斤计较之辈。纤啬，小气吝啬。⑦法：效法。雍容：温和大方，从容不迫的样子。此处的主要意思是从容、大方（不啬不俗）。

鲁人俗俭啬，而曹邴氏尤甚①，以铁冶起②，富至巨万。然家自父兄子孙约③：俛有拾④，仰有取⑤，贳贷行贾遍郡国⑥。邹、鲁以其故多去文学而趋利者⑦，以曹邴氏也⑧。

【注释】

①曹：古国名，在今鲁西。详见前注。邴（bǐng）：姓。②以冶铁起家。《集解》徐广曰："鲁县出铁。"鲁县，秦置，治所在今山东曲阜县。③此句意为尽管邴氏巨富，但其家从老到少一致约定……。约，约定，保证。此指家规家约。④俛（fǔ）：同俯。⑤以上六字意为低头抬头眼睛都要盯着钱，一举一动唯利是图。⑥贳（shì）：出贳，出借。郡国：汉代实行郡国并行制，故指地方时郡、国往往并提。⑦邹、鲁本有"周公遗风"和"孔孟遗教"，好儒备礼，但也经不起邴氏贳贷行贾、争利求富的影响，民俗为之一变，可见其势力之大。故特意提出。去，离弃。⑧这是由于曹地邴氏影响所致。

齐俗贱奴虏①，而刀间独爱贵之②。桀黠奴③，人之所患也④，唯刀间收取，使之逐渔盐商贾之利，或连车骑交守相⑤，然愈益任之。终得其力，起富数千万⑥。故曰"宁爵毋刀"⑦，言其能使豪奴自饶而尽其力⑧。

【注释】

①贱：贱视；以……为贱。奴虏：奴仆。②刀（dāo）间：姓刀名间。爱贵之：喜欢和重视他们。③桀黠（xiá）：凶恶狡猾。或作桀猾。④患：害怕；祸害。⑤守（shòu）：郡守。汉景帝时改称太守。一郡的最高行政长官。相：诸侯国的相国。汉高祖时，规定王国的相由中央委派，称丞相，掌"统众官"，有时也称相国，后改称为相。景帝平定七国之乱后规定诸侯只能坐食其国租税，不得过问政务，相成为诸侯国的最高治民行政之官。王国的相相当于郡太守，侯国的相相当于县令，武帝以后大体如此。⑥起富：致富。⑦宁爵毋刀：宁肯努力谋生、自求官爵，也不要给刀间卖命、替他挣财富。⑧自饶：自富。

周人既纤①，而师史尤甚②，转毂以百数③，贾郡国，无所不至。洛阳街居在齐、秦、楚、赵之中④，贫人学事富家⑤，相矜以久贾⑥，数过邑不入门⑦。设任此等⑧，故师史能致七千万⑨。

【注释】

①此句意谓周地的人本来已经很吝啬了。②师史：姓师名史。③转毂：指以车载物做买卖赚钱。转，转动。毂，代指车轮、车。以百数（shǔ）：以百计。④指洛阳路当齐（东）、秦（西）、楚（南）、赵（北）之中。街居，道处，路当。街，道，路。⑤学事：学习，仿效，事奉。⑥此句意谓互相夸耀自己在各地经商时间长。⑦数（shuò）：屡次。⑧设任此等：使用这样的一些人；如果任用此辈。⑨七千万：七千万钱。

宣曲任氏之先①，为督道仓吏②。秦之败也③，豪杰皆争取金玉④，而任氏独窖仓粟⑤。楚汉相距荥阳也⑥，民不得耕种，米石至万⑦，而豪杰金玉尽归任氏，任氏以此起富。富人争奢侈，而任氏折节为俭⑧，力田畜⑨。田畜，人争取贱贾⑩，任氏独取贵善⑪。富者数世⑫。然任公家约⑬，非田畜所出弗衣食⑭，公事不毕则身不得饮酒食肉⑮。以此为闾里率⑯，故富而主上重之⑰。

【注释】

①宣曲：地名。在昆明池故址（在今陕西西安市西南斗门镇东南洼地）之西。②督道：《考证》引刘奉世曰："督道者，仓所在地名耳，犹称细柳仓也。"或以为秦时边县名；或以为非地名，而是谷仓之嘉名。③秦之败也：此指秦末衰败之时。④争取：争相夺取，争夺。⑤窖：窖藏。作动词用。⑥此指楚汉两军相持于荥阳之际。事在前205年。⑦每石米价达一万钱。⑧折节：这里指放下有钱人的身份和架子。⑨力田畜：经营农业和畜牧业。⑩取贱贾（jià）：要价钱便宜的。贾，通"价"，价格。⑪此指任氏买田地牲畜专要价钱贵而质量好的，不要贱恶的。⑫富者数世：家中富有，延续好几代。⑬任公：《汉书·货殖传》颜师古注曰："任公，任氏之父也。"⑭弗：不。⑮公事：公家的事，指官府所规定或临时加给的各种差徭粮税之事。⑯率（shuài）：表率。⑰主上：指皇上。

塞之斥也①，唯桥姚已致马千匹②，牛倍之③，羊万头，粟以万钟计。

【注释】

①此指国家开拓边塞地区之际。塞，边塞。斥，开拓，扩张。②桥姚：姓桥名姚。

《汉书·货殖传》作"桥桃"。已：以。得以。③牛是马的二倍之数，即二千头。

吴楚七国兵起时①，长安中列侯封君行从军旅②，赍贷子钱③，子钱家以为侯邑国在关东④，关东成败未决⑤，莫肯与⑥。唯无盐氏出捐千金贷⑦，其息什之⑧。三月⑨，吴楚平。一岁之中，则无盐氏之息什倍，用此富埒关中⑩。

【注释】

①吴楚七国兵起：汉景帝前三年（前154年），吴王刘濞（见前注）勾结楚、赵、胶东、胶西、济南、淄川等国诸侯王以诛晁错（力主削弱诸侯王国势力的大臣）为名，发动叛乱。朝廷派周亚夫为太尉，在三个月内击败吴楚，其余各国也先后被平定，诸王皆自杀或被杀。史称吴楚七国之乱。自此以后，王国势力日益削弱。吴，汉初同姓诸侯王国之一。汉六年（前201年）高祖封刘贾为荆王，有故东阳、鄣、吴三郡五十三县地，都广陵（今江苏扬州市西北）。十二年（前195年）刘贾被英布杀死，刘濞得立为吴王，统治原荆王之地，辖境约当今江苏及皖、浙部分地区。楚，汉诸侯王国之一。初封韩信，后立刘交。治彭城（今徐州市），辖今山东微山县、江苏徐州市、铜山县、沛县东南部、邳州市西北部及安徽濉溪县东部。后一度改为彭城郡。②列侯封君：指有高级爵位的那些人。③赍（jī）贷：借贷。赍，送物给人。子钱：贷与他人取息之钱。后亦称利息为子钱。④子钱家：放债者。高利贷者。⑤指汉朝中央镇压七国叛乱的战事成败未定。⑥莫：没有谁。与：贷给，贷与。⑦无盐：复姓。《汉书·货殖传》作"毋盐"。贷：借与。⑧其利息为十倍。⑨三月：指三个月。⑩富埒（lèi）关中：谓可同关中大富豪相比。关中之富，无盐氏一人可以敌之。埒，等同，相匹敌。

关中富商大贾，大抵尽诸田①，田啬、田兰②。韦家栗氏③，安陵、杜杜氏④，亦巨万。

【注释】

①诸田：姓田的那些人家。汉高祖九年（前198年），汉迁齐楚的豪族田氏、昭氏等十余万口至关中，给他们良田美宅。②意谓如田啬（《汉书》作"田墙"）、田兰就是富商大贾。③韦家：疑为地名，在今西安市长安区一带。④安陵：县名。西汉五陵县之一。本西周程邑，汉惠帝在此筑陵，并置安陵县，治所在今陕西咸阳市东北。杜：县名。本西周杜伯国，春秋秦置县，治所在今西安市东南。

此其章章尤异者也①。皆非有爵邑奉禄、弄法犯奸而富②，尽椎埋去就③，与时俯仰④，获其赢利，以末致财，用本守之⑤，以武一切，用文持之⑥，变化有概⑦，故足术也⑧。若至力农畜工虞商贾⑨，为权利以成富⑩，大者倾郡，中者倾县，下者倾乡里者，不可胜数⑪。

【注释】

①章章：明显，显著。②此句是说都不是由于有爵位封邑俸禄或者通过作奸犯科的途径发财致富的。③椎埋去就：推测事情的发展趋势，加以判断，决定去就。椎埋，疑误。④与时俯仰：与时推移，随机应变。⑤此句谓以末业（如经商）取得财富，用本业（置买田产等）守之。⑥用强力方法（武）拼命去挣得一切，用文的方式保持下来。⑦有概：有所节制；不失大体。概，节制，节操；大体。⑧故足术也：所以值得一说。术，通"述。"记述。⑨至于像尽力于农业、畜牧、手工、经营山泽及渔猎、行商坐贾之类。⑩权利：权势和货利。⑪不可胜数（shēng shǔ）：数不胜数。胜，尽。

　　夫纤啬筋力①，治生之正道也，而富者必用奇胜。田农，掘业②，而秦扬以盖一州③。掘冢，奸事也，而田叔以起④。博戏，恶业也，而桓发用富⑤。行贾，丈夫贱行也⑥，而雍乐成以饶⑦。贩脂⑧，辱处也⑨，而雍伯千金⑩。卖浆，小业也，而张氏千万。洒削⑪，薄技也⑫，而郅氏鼎食⑬。胃脯⑭，简微耳⑮，浊氏连骑⑯。马医⑰，浅方⑱，张里击钟⑲。此皆诚壹之所致⑳。

【注释】

　　①纤啬筋力：犹勤劳节俭。筋力，卖力气干活。②掘业：《集解》引徐广曰："古'拙'字亦作'掘'也。"③秦扬：姓秦名扬。《汉书》作"秦杨"。以：下省"之"或"此"字，后文仿此。盖：犹"倾"，甲，冠，压倒。州：地方区划名。④田叔：人姓名。⑤桓发：姓桓名发。《汉书》作"稽发"。用富："用"字后原有"之"字，王念孙考"之"为后人所加，从标点本删。⑥郇氏、刀间、师史等皆有"行贾"之名，但他们都不是亲自行贾（事见前），故前文不提"贱行"云云。此处特别提出，是说雍乐成亲自行贾。⑦雍乐成：姓雍名乐成。⑧脂：盖指脂粉，即胭脂香粉之类。⑨辱处：下贱、不光彩的勾当。⑩雍伯：人名。《汉书》作"翁伯"。⑪洒削：磨刀。削，一种长刃有柄的小刀，也称书刀。⑫薄技：浅薄的技术。⑬郅氏：姓郅的某人。《汉书》作"质氏"。鼎食：列鼎而食。⑭胃脯（fǔ）：据《索隐》引晋灼说是指经加工处理后晒干的羊胃，即熟干羊肚（dǔ）儿。⑮简微：简单而又微不足道。耳：表示肯定的语气词。⑯浊：姓。⑰马医：医治马病；医治马病的人。⑱浅方：浅术；不值钱的药方。⑲张里：姓张名里。指吃饭时奏乐。这是贵族的排场。⑳诚壹：诚心专一。

　　由是观之，富无经业①，则货无常主；能者辐凑，不肖者瓦解②。千金之家比一都之君，巨万者乃与王者同乐③。岂所谓"素封"者邪？非也④？

【注释】

　　①经业：常业。②不肖者：品行不好的人（多用于子弟）。瓦解：此处比喻财货丢散。③同乐：一样快乐（指享乐）。④也：句末语气词，表示疑问。

太史公自序第七十①

　　昔在颛顼②，命南正重以司天③，北正黎以司地④。唐虞之际⑤，绍重、黎之后⑥，使复典之⑦，至于夏商⑧，故重黎氏世序天地⑨。其在周⑩，程伯休甫其后也⑪。当周宣王时⑫，失其守而为司马氏⑬。司马氏世典周史⑭。惠襄之间⑮，司马氏去周适晋⑯。晋中军随会奔秦⑰，而司马氏入少梁⑱。

【注释】

①根据《自序》体例，"序"下当有"传"字。②颛顼（zhuān xū）：传说中古部族首领。号高阳氏。相传生于若水，居于帝丘（今河南濮阳市西南）。中国古书一般都将他列为五帝之一。其时代在黄帝之后。③南正：传说中官名。掌天文。重：人名。司：主管，掌管。天：指天文。④北正：或作火正。传说中官名。掌地理。黎：人名。地：指地理。⑤唐：即陶唐氏。传说中远古部落名。居于平阳（今山西临汾市西南）。尧乃其领袖。虞：即有虞氏。传说中远古部落名。居于蒲坂（今山西永济西蒲州镇）。舜乃其领袖。⑥绍：继续，接续。⑦复：再，又，继续。典：主管。⑧夏：即夏后氏。中国历史上第一个朝代。相传是夏后氏部落领袖禹子启所建立的奴隶制国家。建都阳城、斟鄩（皆在今河南登封附近）、安邑（今山西夏县西北）等地。至桀为商汤所灭。共传十三代，十六王。约当公元前二十一世纪至前十六世纪左右。商：公元前十六世纪汤灭夏后建立的奴隶制国家，中国历史上第二个朝代。建都亳（今山东曹县南。另有其他说法），曾多次迁徙。后盘庚迁都殷（今河南安阳小屯村），故商亦称殷。为当时世界上文明大国。至纣被周武王所灭。共传十七代，三十一王。约当公元前16世纪至前11世纪。⑨世序天地：世代职掌天文地理。序，依次序排列。⑩周：朝代名。公元前11世纪武王灭商后建立。建都镐（hào 今陕西长安沣河以东）。前771年，申侯联合犬戎杀幽王。次年平王迁都洛邑（今河南洛阳）。史称平王东迁以前为西周，以后为东周。东周又可分为春秋、战国两个时期。前256年亡于秦。共历三十四王，八百多年。详见《周本纪》。⑪程伯休甫：《集解》引应劭曰："封为程伯国。休甫，字也。"⑫周宣王（？—前782年）：姬姓，名靖（一作静）。前828—前782年在位。在位时有所作为，多次对夷狄用兵，号称"中兴"，但损失人力物力很多。⑬守（shòu）：官守。官吏的职责。司马：武官名。掌军事、军需等。商、周时始设；后世沿用而地位职权有所差异。⑭《索隐》按："司马，夏官卿，不掌国史，自是先代兼为史。"《周礼》有"夏官司马"，为武装部队指挥官，不掌国史，而司马氏世代兼为史官。⑮惠：周惠王姬阆（？—前652年）。东周国王，前676—前652年在位。即位第二年，大臣奉禧（xǐ）王（惠王之父）弟王子颓作乱，他出奔在外，于前673年由郑伯等护送，归于王城。襄：周襄王姬郑（？—前619年）。惠王子。前651—前619年在位。⑯这句是说因惠襄之际周王室发生上述种种变乱，故司马氏离周到晋。去，离开。适，到某处去。晋，周初分封的姬姓诸侯国。开国君主为成王弟叔虞，都唐（今山西翼城西），有今山西西南部。献公迁都绛（翼城东南）。文公称霸。景公迁都新田（今山西曲沃西北），亦称新绛，扩展疆域，有今山西大部、河北西南部、河南北部和陕西一角。公元前4世纪中叶为韩、赵、魏三家瓜分。⑰事在周襄王三十二年（前620年）。中军，中军将军，中军元帅（随会奔秦时尚未任中军元帅，这里是用他后来的官职冠之）。统帅中军（整个武装部队的一部分）的武官。随会，即士会，又称随武子、范武子、范会、士季、随季。春秋时晋国大夫。字季。前621年，晋襄公死，他与先蔑使秦，迎立公子雍，为赵盾所拒。次年，晋秦战于令狐（在今山西临猗西），秦败，他遂奔秦。后归晋，任上军之将。景公时，以战功升任中军元帅，兼太傅，修订法制，执掌国政。奔，逃奔，出奔。秦，周平王所封的嬴姓诸侯国。⑱少梁：古邑名。在今陕西韩城市南。

自司马氏去周适晋，分散，或在卫①，或在赵②，或在秦。其在卫者，相中山③。在赵者④，以传剑论显⑤，蒯聩其后也⑥。在秦者名错，与张仪争论⑦，于是惠王使错将伐蜀⑧，遂拔⑨，因而守之⑩。错孙靳⑪，事武安君白起⑫。而少梁更名曰夏阳⑬。靳与武安君阬赵长平军⑭，还而与之俱赐死杜邮⑮，葬于华池⑯。靳孙昌，昌为秦主铁官⑰，当始皇之时⑱。蒯聩玄孙卬⑲，为武信君将而徇朝歌⑳。诸侯之相王㉑，王卬于殷㉒。汉之伐楚㉓，卬归汉㉔，以其地为河内郡㉕。昌生无泽㉖，无泽为汉市长㉗。无泽生喜，喜为五大夫㉘，卒皆葬高门㉙。喜生谈㉚，谈为太史公㉛。

【注释】

①或：有的，有的人。卫：周初分封的诸侯国。②赵：公元前403年得到周王承认的诸侯国。③做中山国的相。传为司马喜（熹）。相，辅佐国君的最高行政长官。中山，春秋时白狄别种所建立的国家。又称鲜虞。在今河北正定东北。战国初都顾（今河北定县）。公元前406年亡于魏。后复国，迁都灵寿（今河北平山东北）。前296年亡于赵。④传为司马凯。⑤以传授有关剑术的理论而显扬名声。剑论，剑术之论。显，显扬，传扬；显贵。⑥蒯聩（kuǎi kuì）：《正义》引如淳云："《刺客传》之蒯聩也。"今本《史记·刺客列传》无蒯聩其人，而载有荆轲尝游榆次与盖聂论剑事。《考证》引张文虎的意见认为盖聂可能就是"蒯聩"的误写，"榆次本赵地，盖传写错乱，如淳魏时人，或尚见《史记》旧文"。⑦据《张仪列传》载，秦惠王在伐蜀伐韩孰先孰后问题上犹豫不决，司马错主张伐蜀。而张仪主张伐韩，二人争论于惠王之前，惠王采纳了司马错的意见。张仪（？—前310年），战国魏贵族后代，任秦相，封武信君。⑧惠王：秦惠王嬴驷（？—前311年），即惠文王。孝公子。前337—前311年在位。即位后杀商鞅。四年称王。攻略各国之地，扩展疆土。使：让；派遣。将（jiàng）：率领军队。指挥部队。蜀：古族名、国名。分布在今四川中部偏西。西周中期以后的首领蚕丛始称蜀王，后禅位开明氏。从郫县迁都今成都，传十二世。周慎靓王五年（前316年）并于秦。秦于其地置蜀郡。⑨遂：终，竟，终于。拔：攻取。司马错攻取蜀国在公元前316年。⑩因而：此处可理解为"随后就……"或"接着便……"。因，趁着。守之：镇守那里。一说做那里（蜀郡）之守。⑪《集解》引徐广曰："靳，一作蕲。"《汉书·司马迁传》作"错孙蕲"。⑫事：奉事。白起（？—前257）：一称公孙起。战国时秦名将。郿（今陕西眉县）人。⑬据王先谦考证，少梁更名夏阳是在秦惠文王后九年（前316年）司马错灭蜀之前，即在惠文王前十一年（前327年）。此处文字系补述。⑭事在秦昭王四十七年（前260年）。开始，秦赵战于长平（故城址在今山西高平市西北），赵将廉颇坚守三年之久。后赵改以空谈兵法的赵括为将，括盲目进击，陷入秦军包围圈，困守四十六日，赵括被射死，赵军四十余万也被俘坑死。阬，同坑。坑杀，即活埋。⑮秦相国范雎忌恨白起，而白起又不肯听昭王令任围攻邯郸的秦军统帅，故昭王逼他自杀。还（huán），返回。赐死，帝王逼令臣下自杀。杜邮，古地名，战国属秦，又名杜邮亭。在今陕西咸阳市东。后又名孝里亭。⑯华池：古地名。在今陕西韩城市。⑰秦：秦朝。见下"始皇"条注。主铁官：主管冶铸铁器的官员。⑱始皇：秦始皇嬴政（前259—前210年）。战国时秦国君、秦王朝建立者。前246—前210年在位。⑲《索隐》引司马无忌《司马氏系本》云：蒯聩生昭豫，昭豫生宪，宪生卬（áng）。据此则司马卬为蒯聩曾孙。⑳武信君：指秦末农民起义军将领武臣（？—前208年）。陈县（今河南淮阳）人，被陈胜任为将军，率军攻取赵地，自号武信君，又自立为赵王，并违抗陈胜命令，拒援周文。后被部将所杀。徇（xùn）：带兵巡行占领地方。朝（zhāo）歌：古都邑、县名。在

今河南淇县。曾为商帝乙、纣别都。周武王封康叔为卫侯，项羽封司马卬为殷王，皆都此。西汉置县。㉑汉王刘邦元年（前206年）二月，项羽自立为西楚霸王，并分封刘邦等人为各方之王。㉒在殷地称王。王（wàng），称王。当时项羽封司马卬为殷王。㉓汉王刘邦攻打楚霸王项羽之际。汉、楚，指秦末起义军领袖刘邦、项羽两个军事集团。前206—前202年，楚汉双方展开了争夺封建统治权的战争，结果汉胜楚败，刘邦称帝，建立汉朝。㉔汉王刘邦二年（前205年）三月，刘邦俘殷王司马卬。㉕河内郡：治所在怀县（今河南武陟西南），辖今河南黄河以北，京汉铁路（包括汲县）以西地区。㉖无泽：《汉书》作"毋择"。㉗汉：中国历史上强大的封建王朝。市长：官名。职掌管理市场。汉代在长安设四市长及四市丞，属左内史（左冯翊）。汉代在长安、洛阳各设有市。㉘五大夫：秦汉二十等爵的第九级。㉙卒：死亡。高门：古地名。即高门原。在今陕西韩城市西南。㉚谈：司马谈（？—前110年）。西汉史学家、思想家。夏阳（今陕西韩城南）人。官至太史令。其《论六家之要指》是总结先秦各派学说的重要文献（详见后文）。㉛商末、西周始置官署曰太史寮，长官称太史。西周、春秋时太史掌管起草文书，策命诸侯卿大夫，记载史事，编写史书，兼管国家典籍、天文历法、祭祀等，为朝廷大臣。秦汉设太史令，地位渐低。汉太史令秩六百石（或说二千石）。关于"太史公"，众说纷纭：一说为当时官府对太史令的通称；一说古时太史为上公，自周至汉其职转卑，但朝会坐位仍居公上，其官属沿习旧名尊而称之。等等。

太史公学天官于唐都①，受《易》于杨何②，习道论于黄子③。太史公仕于建元、元封之间④。愍学者之不达其意而师悖⑤，乃论六家之要指曰⑥：

【注释】

①天官：指天文，天文学。《史记·天官书》司马贞《索隐》案："天文有五官。官者，星官也。星座有尊卑，若人之官曹列位，故曰天官。"②《易》：即《易经》，又称《周易》。儒家重要经典之一。内容包括《经》和《传》两部分。相传伏羲画卦，周文王作辞，孔子作《传》。杨何：西汉淄川（治今山东寿光东南）人。字叔元。曾受《易》于田何。武帝时任中大夫。著有《易传杨氏》二篇，已佚。③道论：道家的理论，即道家学说。详见后文"道家"及所注。④仕：做官。建元：汉武帝的第一个年号（前140—前135年）。中国封建王朝之有年号自此始。元封：汉武帝的第六个年号（前110—前105年）。⑤愍（mǐn）：忧虑；怜悯。达：通；通晓。其意：指各家学说的要义。师悖（bèi）：以悖为师，即所学谬误惑乱，互相冲突。师，学习的内容。悖，谬误；惑乱；相背。⑥六家：指阴阳、儒、墨、名、法、道德（即道）六个学派的学说。

《易·大传》①："天下一致而百虑②，同归而殊涂③。"夫阴阳、儒、墨、名、法、道德④，此务为治者也⑤，直所从言之异路⑥，有省不省耳⑦。

【注释】

①《易·大传》：指《周易》的《传》中的《系辞传》。《传》包含解释卦辞、爻辞的七种文字共十篇，统称《十翼》，传为孔子作。盖出自战国或秦汉间诸儒之手。《系辞传》二篇为其中代表作，既有承认事物矛盾运动和发展变化的朴素辩证法思想，也有关于社会等级制度永恒性的论证。下引文在《系辞传》下篇中作"天下同归而殊涂（途），一致而百虑"。②一致：趋向相同。百：泛指多数。虑：谋划；考虑。③殊：不同。途径，方法。归：归宿，目的地。转指结

果。以上二句意为天下人趋向相同，而谋虑却多种多样；各从不同的道路，终达同一之目的地（即采取不同途径而取得同样结果）。④夫（fú 扶）：句首发语词。阴阳：阴阳家。战国时以邹衍等人为代表的提倡阴阳五行说的学派。阴阳、五行本为具有朴素唯物主义因素的流行思想，而邹衍等人又认为社会发展也受木火土金水五种力量的支配，提出"五德终始"和"五德转移"诸说，为新兴的封建统一政权提供理论依据。儒：儒家。崇奉孔子学说的重要学派。崇尚礼乐仁义，提倡忠恕中庸，主张德治仁政，重视伦理道德。战国时分为八派，孟子、荀子是重要的两派。自汉武帝独尊儒术后，儒学统治中国学术思想界二千余年。墨：墨家。战国时墨子创立的重要学派。主张兼爱、非攻、尚同、尚贤、节用、非命和天志、鬼神等，并与儒家斗争。后期墨者对认识论、逻辑学和自然科学有所研究和贡献。墨者团体组织严密，领袖称"巨（钜）子"。名：名家。又称辩者、形名家。战国时以惠施、公孙龙等人为代表的研究"名"（概念）"实"（事实）关系的学派。见解各异，但对古代逻辑的发展均有贡献。法：法家。战国时重要学派。代表人物有李悝、商鞅（重法）、申不害（重术）、慎到（重势），战国末韩非集其大成。主张因时定法，厉行严刑酷法，建立专制国家；并为此进行过激烈斗争。道德：道德家，即道家。以先秦老子、庄子为代表的学派。其学说以自然天道观为主，主张"无为而治""绝仁弃义"，与儒墨对立。⑤此句是说它们都是探讨治国理论、致天下于太平之道的。务，从事，致力于。治，治理；治世（太平之世）。⑥直：仅仅，只是。言：指学说，理论。⑦省（xǐng）：省察。考虑。耳：句末语气词。

尝窃观阴阳之术①，大祥而众忌讳②，使人拘而多所畏③；然其序四时之大顺④，不可失也。儒者博而寡要⑤，劳而少功，是以其事难尽从⑥；然其序君臣父子之礼，列夫妇长幼之别⑦，不可易也⑧。墨者俭而难遵⑨，是以其事不可遍循⑩；然其强本节用⑪，不可废也。法家严而少恩；然其正君臣上下之分⑫，不可改矣。名家使人俭而善失真⑬；然其正名实⑭，不可不察也⑮。道家使人精神专一，动合无形⑯，赡足万物⑰。其为术也⑱，因阴阳之大顺⑲，采儒墨之善，撮名法之要⑳，与时迁移，应物变化㉑，立俗施事，无所不宜，指约而易操㉒，事少而功多。儒者则不然：以为人主天下之仪表也㉓，主倡而臣和㉔，主先而臣随。如此，则主劳而臣逸；至于大道之要㉕，去健羡㉖，绌聪明㉗，释此而任术㉘。夫神大用则竭㉙，形大劳则敝㉚。形神骚动㉛，欲与天地长久，非所闻也㉜。

【注释】

①窃：暗中；私下里。古人著文时常用此字引出自己的意见（如"窃以为"），微有自谦之意。②大祥：注重于吉凶的预兆。大，以之为大。重视。祥，吉凶的预兆；特指吉兆。众忌讳：讲究的忌讳很多。③拘：拘束；束缚。④四时之大顺：一年四时运行的顺序。⑤寡要：指缺乏治国方面的切要主张等。⑥其事：该学派所提倡、主张的事情。下文同。从：听从，采纳。⑦列：区分。⑧易：变易，改变。⑨俭：俭省，节省。⑩遍循：全都照办。⑪强本：加强本业的发展。墨子之所谓"本"，一般指"农与工肆之人"从事的生产劳动，其中包括农业、手工业和商业。⑫分（fèn）：名分，职分。⑬俭而善失真：受约束而容易丧失对客观事物的正确认识。⑭正名实：辨正名（概念）与实（事实）之间的关系。⑮察：考察；仔细看；看清楚。此处可解为"认真考虑"。⑯动合无形：指行动（行为）合乎道。无形，即老子所说的"道"。道不是物质实体，而是"无"，道是"万物之宗"，而"有生于无"，故其所谓"无"亦即其所谓"道"。⑰赡（shàn）足万物：使万物丰足。

赡足，使……富足。使动用法。⑱其为术：道家的学术，是……。也，句中表示停顿的语气词。⑲因：依照，根据；因袭。⑳撮（cuō）：提取。㉑应（yìng）：适应。㉒指约：意旨简明。㉓人主：天子，国君。仪表：法式；表率，楷模。㉔倡：通"唱"；倡导。㉕大道：指道家所说的有关"道"的理论的主要精神。下"去健美，绌聪明"即是。㉖此句是说舍弃刚强与贪欲。㉗绌（chù）：通"黜"，废弃，贬退。道家主张绝圣弃智，使民愚昧。㉘本句是说儒家不究明道家的要旨，而用智术治理天下。下文续此指出由此造成的恶果。释，放弃，丢下。任，用；听凭。㉙神：精神，精力。大用：过度使用。㉚形：身体，体力。大劳：过度劳累。敝：疲惫。㉛骚动：指受到扰乱，不得安宁。㉜非所闻也：没听说过。没有的事。闻，听到的事或道理。

夫阴阳四时、八位、十二度、二十四节各有教令①，顺之者昌，逆之者不死则亡。未必然也②。故曰"使人拘而多畏"。夫春生、夏长、秋收、冬藏，此天道之大经也③，弗顺则无以为天下纲纪④，故曰"四时之大顺，不可失也"。

【注释】

①这以下至"则亡"是引述阴阳家的学说内容。四时，春、夏、秋、冬四季。八位，指八卦乾、坤、震、巽、坎、离、艮、兑的方位。十二度：即十二次。我国古代为量度日、月、行星的位置和运动，把黄道带分成十二个部分，称"十二次"。每次有若干星官作为标志。先秦著作已见。主要用于记木星位置。汉以后定型，名称为星纪、玄枵、娵訾、降娄、大梁、实沈、鹑首、鹑火、鹑尾、寿星、大火、析木；按赤道经度等分，并与二十四节气相联系。二十四节：二十四节气。根据太阳在黄道上的位置（黄经），将全年划分为二十四个段落，包括雨水、春分等十二个"中"气和立春、惊蛰等十二个"节"气，统称二十四节气。它对我国（特别是黄河流域）的农事活动有很大意义。教令：指关于"宜""忌"的种种规定。②未必然也：不一定是对的。③此句是说这是自然运行的规律。④弗：不。顺：遵从。纲纪：法制。社会的秩序和国家的法纪。

夫儒者以《六艺》为法①。《六艺》经传以千万数②，累世不能通其学③，当年不能究其礼④，故曰"博而寡要，劳而少功"。若夫列君臣父子之礼⑤，序夫妇长幼之别，虽百家弗能易也⑥。

【注释】

①六艺：即"六经"。包括《礼》《乐》《书》《诗》《易》《春秋》等六种儒家经典。②经：指六经的本文。传（zhuàn）：注释或讲解经义的文字。如《诗经毛传》《春秋公羊传》等。以千万数（shǔ）：以千万计。千万，千万种，形容种类极多；或指千万字，形容经传字数太多。数，计算。③累（lěi）世：数世；接连几代。④当年：有生之年。一辈子。究：弄明白，研究透彻。礼：等级身份制度及与之相应的整套礼节仪式等。⑤若夫：句首语气词。⑥百家：指儒家以外的所有学派。

墨者亦尚尧舜道①，言其德行曰："堂高三尺②，土阶三等③，茅茨不翦④，采椽不刮⑤，食土簋⑥，啜土刑⑦，粝粱之食⑧，藜藿之羹⑨。夏日葛衣⑩，冬日鹿裘⑪。"其送死⑫，桐棺三寸⑬，举音不尽其哀⑭。教丧礼，必以此为万民之率⑮。使天下法若此⑯，则尊卑无别也。夫世异时移，事业不必同⑰，故曰"俭而难遵"。要曰强本节用，则人给家足之道也⑱。此墨子之所长⑲，虽百家弗能废也。

【注释】

①尚：崇尚，尊重。尧舜：皆为传说中父系氏族社会末期部落联盟领袖。尧号陶唐氏，名放勋，史称唐尧。传曾设官掌时令，定历法。又曾考察舜三年，命舜摄政，死后即由舜继位。选拔治水有功的禹为继承人。②堂：殿堂。③土阶：夯土筑成的台阶。等：台阶的层级。④茅茨：用茅草、芦苇盖的屋顶。翦：通"剪"。剪断；修剪，修整。⑤采椽（chuán）：一说为栎（lì）木做椽子；一说栎木伐树为椽。《汉书》作"辇椽"，颜师古注"辇"为柞木。不刮：不经刮削修理。⑥用土簋（guǐ）吃饭。泛指用陶器饮食。⑦啜（chuò）土刑：用陶铏喝汤。啜，喝。刑，通"铏"，盛羹器皿。⑧粝（lì）梁：糙米。⑨藜：一年生草本植物，其嫩叶可食。藿：古时指用肉或菜调和五味做成的带汤食物。⑩葛衣：葛布缝制的衣服。⑪鹿裘：鹿皮缝制的衣服。⑫其送死：指墨家关于丧葬方面的主张。⑬桐木为棺，厚仅三寸。⑭举音：放声痛哭，恸哭。⑮率（lǜ）：标准，规格。⑯使：假使。⑰不必同：不一定相同。⑱给（jǐ）：足，丰足。⑲墨子（约前468—前376年）：春秋战国之际思想家、政治家，墨家的创始人。

法家不别亲疏，不殊贵贱①，一断于法②，则亲亲尊尊之恩绝矣③。可以行一时之计，而不可长用也，故曰"严而少恩"。若尊主卑臣④，明分职不得相逾越⑤，虽百家弗能改也。

【注释】

①不殊：不区分。不使有别。②一律断之于法。③亲亲尊尊：爱自己的亲属，尊奉长辈或位高者。④尊：使之尊贵。卑：使之卑下。⑤明分（fēn）职：使职分明确。

名家苛察缴绕①，使人不得反其意②，专决于名而失人情③，故曰"使人俭而善失真"。若夫控名责实④，参伍不失⑤，此不可不察也。

【注释】

①苛察：苛刻烦琐，显示精明。②反：违反；翻转。③人情：人之常情。人情物理，一般常理。④控名责实：规定概念，考察实际。⑤参（sān）伍：交互错杂；错综比验。亦作"参五"。

道家无为，又曰无不为①，其实易行②，其辞难知③。其术以虚无为本，以因循为用④。无成势⑤，无常形，故能究万物之情⑥。不为物先，不为物后⑦，故能为万物主⑧。有法无法，因时为业⑨；有度无度，因物与合⑩。故曰"圣人不朽，时变是守⑪。虚者道之常也，因者君之纲也"⑫。群臣并至，使各自明也。其实中其声者谓之端，实不中其声者谓之窾⑬。窾言不听，奸乃不生⑭，贤不肖自分，白黑乃形⑮。在所欲用耳，何事不成。乃合大道，混混冥冥⑯。光耀天下⑰，复反无名⑱。凡人所生者神也⑲，所托者形也⑳。神大用则竭，形大劳则敝，形神离则死。死者不可复生，离者不可复反㉑，故圣人重之。由是观之，神者生之本也，形者生之具也㉒。不先定其神形㉓，而曰"我有以治天下"㉔，何由哉㉕？

【注释】

①这两句参见《老子》，《正义》："无为者，守清净也。无不为者，生育万物也。"道家的"无为"思想，即顺应自然的变化之意。②实：指道家的实际主张，主张本身。③其辞难知：由于道家表述其思想的词语幽深微妙，所以使人

难以明白。辞，文辞。④因循：指顺乎自然。⑤成势：固定不变的形势。既成之势。⑥情：情状，真实的情况。⑦这两句的意思是不为物所牵制，而要因物为制。⑧主：主宰。⑨此二句意为道家之术亦有其法，而不任法以为法，要顺应时势以成其业。⑩二句意为道家亦自有其度（标准，法度），而不恃度以为度。⑪二句意为圣人的思想和业绩之所以不可磨灭，就在于其能顺时变化。⑫此二句意为"虚无"是道的永恒规律，"因循"是国君治国理民的纲领。常，规律，准则。因，因循，顺应自然，此指顺应百姓之心。⑬此二句意为其实际情况符合其言论名声者（即名实相符者）叫作端，其实际情况不符合其言论名声者（即名实不符者）叫作窾（kuǎn）。中（zhòng），符合。端，正，真实。窾，空。⑭不听信空言，就不会出现奸邪之臣。⑮假如分清了贤与不肖，就会黑白分明。贤，贤能者，泛指好的（人）。不肖，缺德寡才者，品行不好（多指子弟），泛指坏的人。⑯此指无知无欲的混沌状态。⑰燿（yào）：同"耀"。⑱复反无名：重又返归于无名。老子认为在天地未形成时没有"名"（名称、概念），"名"是有了天地万物之后才由人制定的。"道"也是"无名"的。⑲此句是说大凡人（能够）活着是因为有精神。凡，大凡，凡是。⑳所寄托的是形体。形，形体，身体。㉑形神分离则不能重新结合起来。㉒具：器具。㉓原文无"形"字，从标点本《史记》《汉书》补。㉔此句意为却说"我有办法治理天下"。㉕此句是说从何入手呢？通过什么途径呢？由，经由。从。

太史公既掌天官，不治民。有子曰迁①。

迁生龙门②，耕牧河山之阳③。年十岁则诵古文④。二十而南游江、淮⑤，上会稽⑥，探禹穴⑦，窥九疑⑧，浮于沅、湘⑨；北涉汶、泗⑩，讲业齐、鲁之都⑪，观孔子之遗风⑫，乡射邹、峄⑬；厄困鄱、薛、彭城⑭；过梁、楚以归⑮。于是迁仕为郎中⑯，奉使西征巴、蜀以南⑰，南略邛、笮、昆明⑱，还报命⑲。

【注释】

①迁：司马迁（约前145或前135—？）。中国古代伟大的史学家、文学家和思想家。字子长，夏阳（今陕西韩城市南）人。早年到处游历考察，采集传说。元封三年（前108年）继父谈任为太史令。②龙门：即禹门口。在山西河津市西北和陕西韩城市东北。黄河至此，两岸峭壁对峙，形如阙门，故名。③河山之阳：黄河之西、龙门山（在河津县城北）之南。阳，山之南或东，河之北或西。④诵：学习。古文；用先秦古文字书写的古书（与西汉当时以隶书书写的"今文"书籍对言）。⑤江、淮：长江、淮河。⑥会稽（kuài jī）：山名。在浙江省中部绍兴、嵊县、诸暨、东阳间。相传禹至苗山（或作茅山、防山）大会诸侯，计功封爵，始名会稽，即会计之意。⑦禹穴：《集解》引张晏曰："禹巡狩至会稽而崩（帝王死曰崩），因葬焉。上有孔穴，民间云禹入此穴。"⑧窥：观察，侦探。此指探察。⑨浮：行船，航行。湘：湘江。源于广西，流入湖南。⑩涉：渡过。汶、泗：二水名。皆在山东省。古今河道及所指有差异。⑪讲业：讨论学术。讲授学问，讲学。齐、鲁之都：指原周朝诸侯国齐（在今山东北部与河北东南部）的国都临淄（原称营丘，今山东淄博东北）和鲁（在今山东西南部）的国都曲阜（今属山东）。⑫孔子（前551—前479年）：中国古代伟大的思想家、政治家、教育家，儒家的创始者。名丘，字仲尼，春秋末鲁国陬邑（今曲阜东南）人。曾任鲁中都宰、司寇等职。后周游列国。相传先后有弟子三千人，著名者七十余人。曾整理《诗》、《书》等古代文献，删修《春秋》。其学说以"仁"为核心，提倡德治与教化。

其学说自汉以后成为两千余年封建文化的正统，影响极大。他一直被封建统治者尊为圣人。⑬乡射：古代的射礼。邹：传为颛顼后裔挟所建曹姓古国。本作邾，一作鼄同"蛛"，亦称邾娄。有今山东费、邹、滕、济宁、金乡等县地。都邾（今曲阜东南陬村），春秋时迁都绎（今邹县东南纪王城）。战国时亡于楚。又邹县，秦所置。峄：山名。又名邹山。在山东邹县东南。秦始皇曾登此山刻石颂秦德。⑭厄困：困厄。指处境艰难窘迫。鄱（pó）：据《括地志》诸书说是汉代的蕃（fān）县。即今滕州市（在山东省南部）。薛：古地名、邑名（在今滕州市南）。先秦有任姓古国名薛，在今山东东南部，居于薛，春秋后期迁于下邳（今江苏邳州市西南），薛成为齐邑。⑮梁：指战国时梁国（即魏国）故地。战国初，魏文侯与韩、赵三分晋国，后被周天子承认为诸侯。都安邑（今山西夏县西北），有今豫北、冀南、晋西南和陕西东部等地。魏惠王迁都大梁（今河南开封市），故魏亦称梁。楚：指先秦楚国故地。楚始祖鬻熊，芈（mǐ）姓。以：用法同"而"。⑯郎中：官名。始于战国。汉沿置，属郎中令（光禄勋），管理车、骑、门户，并内充皇帝侍卫，外从作战。⑰巴：郡名。战国秦于古巴国地置。治江州（今重庆市北嘉陵江北岸），辖今四川旺苍、西充、永川、綦江以东地区。蜀：郡名。战国秦于古蜀国地置。治成都（今属四川）。西汉辖今四川松潘以南，北川、彭县、洪雅以西，峨边、石棉以北，邛崃山、大渡河以东，以及大渡河与雅砻江之间康定以南、冕宁以北地。其后渐小。⑱略：略地。攻夺土地。邛（qióng）：古族名、国名。汉武帝元鼎六年（前111年）于其地置越巂郡，并置邛都县（治今西昌东南）。筰（zuó）：古族名、国名。在今四川汉源南部地区。⑲还（huán）：返回。指归朝。报命：事情办完妥以后回来复命。元鼎六年，汉平西南夷，于其地设牂柯郡（治所在今贵阳附近）、越巂郡（治今四川西昌东南）、沈黎郡（治今四川雅安南）、汶山郡（治今四川茂汶县北）、武都郡（治今甘肃成县）；元封二年（前109年），降滇王，以其地置益州郡（治今云南晋宁县东）。司马迁所记即元鼎六年平西南夷事。

是岁天子始建汉家之封①，而太史公留滞周南②，不得与从事③，故发愤且卒④。而子迁适使反⑤，见父于河洛之间⑥。太史公执迁手而泣曰⑦："余先周室之太史也⑧。自上世尝显功名于虞夏，典天官事。后世中衰，绝于予乎⑨？汝复为太史⑩，则续吾祖矣。今天子接千岁之统⑪，封泰山⑫，而余不得从行，是命也夫⑬，命也夫！余死，汝必为太史；为太史，无忘吾所欲论著矣⑭。且夫孝始于事亲⑮，中于事君，终于立身⑯。扬名于后世，以显父母，此孝之大者。夫天下称诵周公⑰，言其能论歌文武之德⑱，宣周邵之风⑲，达太王、王季之思虑⑳，爰及公刘㉑，以尊后稷也㉒。幽厉之后㉓，王道缺，礼乐衰，孔子脩旧起废㉔，论《诗》《书》㉕，作《春秋》㉖，则学者至今则之㉗。自获麟以来四百有余岁㉘，而诸侯相兼㉙，史记放绝㉚。今汉兴㉛，海内一统，明主贤君忠臣死义之士，余为太史而弗论载，废天下之史文，余甚惧焉，汝其念哉㉜！"迁俯首流涕曰㉝："小子不敏㉞，请悉论先人所次旧闻㉟，弗敢阙㊱。"

【注释】

①是岁：这年。指汉武帝元封元年（前110年）。天子：指汉武帝刘彻（前156—前87年）。前141—前87年在位。始建汉家之封：古代帝王在泰山上筑坛祭天的一种迷信活动，叫作"封"；又在泰山南梁父山上辟基祭地曰"禅"（shàn）。《史记·封禅书》列述其事。元封元年正月，武帝东巡，后封禅于泰山、梁父，

改元元封。②太史公：此指司马谈。周南：古地名。③汉武帝当初与诸儒议封禅事，命草其仪，及将举行封典，又尽罢诸儒不用。故司马谈留滞周南，不得参与其事。与(yù)，参加，从事，参加做某种事情。④发愤：发泄愤懑。此处可理解为"愤懑""气愤不平"。且卒：将要死去。且，将要。⑤适：适逢，恰巧。使反：出使返回。⑥河：黄河。洛：洛河。发源于陕西洛南县，流入河南。古时或作"雒水"。⑦执：握。泣：小声哭。⑧余：第一人称代词，我，我的。先：先人，祖上。周室：周朝王室，周朝。⑨断绝在我这辈子吗？将要在我这里中断吗？予，第一人称代词，我，我的。乎，句末语气词。表示反问或疑问，相当于"吗""呢"等。⑩汝：第二人称代词，你，你的。⑪接千岁之统：指汉朝继承大业。接，承续，继承。千岁，极言其立国时间将会很长。⑫指在泰山举行封典。泰山，在山东省泰安市北，为我国名山之一，古称东岳。⑬这句说这是命运不好啊！这是命中注定的啊！命，命运，命中注定。⑭无：通"毋"，不，不要。⑮且夫：况且，再说。事：奉事，为……服务。侍奉。亲：此处指父母。⑯立身：指做人。即使自己成为德才皆优和有成就的人。⑰称诵：颂扬称述。颂扬其德，称述其言其功。诵，称述，述说。周公：中国古代著名政治家。周武王之弟，姬姓，名旦，亦称叔旦。曾助武王灭商，建立西周。武王死后，成王年幼，他任摄政。出师东征，讨平武庚和管叔等叛乱，大封诸侯，营建洛邑（今洛阳）以为东都。传曾制礼作乐，创立典章制度。⑱论歌：阐扬。论述歌颂。文武：周文王、武王。文王，商末周族领袖，姬姓，名昌，商纣时为西伯，亦称伯昌。⑲宣：宣扬，发扬，宣达。周邵：周指周原（在今陕西岐山县北岐山下），周代祖先古公亶（dǎn胆）父迁此。《史记·周本纪·正义》："因太王所居周原，因号曰周。"后周公之采邑在周（周原）。邵即召（shào）邑（在今陕西岐山县西南），召公（邵公、召康公）姬奭采邑。召公（又称召伯）曾佐武王灭商，被封于燕，成王时任太保，与周公分陕而治。因周、邵二地（即岐山一带）是周族发祥之地，故一直受到重视；周先王艰苦创业的作风和后继者继往开来的精神也一直受到颂扬。风：作风；风尚。⑳达：通晓，明白；思想上的相通。太王：周太王即古公亶父，周族领袖，传为后稷十二代孙，文王祖父。㉑爰(yuán)及：乃至于。以及。爰，于是；句首语气词。公刘：周族领袖，传为后稷曾孙。夏末率族人迁豳，相地垦辟，安定居处。㉒后稷：周族始祖。传为有邰氏女姜嫄踏巨人足迹怀孕所生，一度被弃，因名弃。善种各种谷物，曾在尧舜时做农官，教民耕种。周族认为他是始种稷和麦的人。㉓幽：周幽王姬宫湦（shēng）。前781—前771年在位。厉：周厉王姬胡（？—前828年）。任用荣夷公执政，实行"专利"。又用巫"止谤"，滥杀无辜。㉔脩旧：研究和整理旧有的典籍。脩，修治，整理；研究。起废：振兴被废弃破坏了的礼乐。㉕《诗》：后称《诗经》。儒家经典之一。中国最早的诗歌总集。编成于春秋时代。共三百零五篇。分为"风""雅""颂"三大类。大抵为西周至春秋中期的作品。《书》：后称《书经》或《尚书》。儒家经典之一中国上古历史文献和部分追述古代事迹著作的汇编。相传由孔子编选而成。今《十三经注疏》本《尚书》为《今文尚书》与伪《古文尚书》的合编。㉖《春秋》：编年体春秋史。儒家经典之一相传孔子据鲁国史官所编《春秋》整订而成。起于鲁隐公元年（前722年），终于鲁哀公十四年（前481年）。是后代编年体史书的滥觞。其文简短，相传寓有褒贬之义。解释《春秋》的有《公羊》《穀梁》和《左氏》三传。㉗学者：学习者，学问家。则之：以之为准则。㉘获麟：《春秋·哀公十四年》："春，西狩获麟。"据杜预注说，麟（麒麟）是"仁兽"，是圣王的"嘉瑞"。但当时并无明王，麟却出现并被猎获（鲁国人在鲁都西郊打猎，捕获了一只麟）；孔子伤感于周道之不兴和"嘉瑞"之无应，所以《春秋》绝笔于"获麟"一句。鲁哀公十四年（前481年）至司马谈说及此事的武帝元封元年（前110年）凡三百七十一年，而此处作"四百有余年"，计算不精。有，用在整数与零数之间，相当于"又"。㉙相兼：互相兼并。㉚史记：史书。史书记载。放：驱逐。此指丢散，被毁坏。绝：中断，断绝。㉛兴：兴起；建立。㉜汝其念哉：你要记在心里啊。其，句中语气词。表示期望、命令、揣测等。念，想，惦念。哉，句末语气词。㉝涕（tì）：眼泪。古代一般用"涕"表示眼泪，用"泗"表示鼻涕。㉞小子：年幼者；晚辈，后生小子。不敏：不聪明。旧时常用来表示自谦。㉟悉：详尽；全，都。先人所次旧闻：先辈所编列的史实掌故。先人，此指司马谈及其前人（司马氏世为史官）。次，按次序排列、编列。旧闻，指社会上以前发生的事情，特指掌故、逸事、琐事等。㊱阙：遗漏。

卒三岁而迁为太史令①，绌史记石室金匮之书②。五年而当太初元年③，十一月甲子朔旦冬至④，天历始改⑤，建于明堂⑥，诸神受纪⑦。

【注释】

①司马谈死后三年，当汉武帝元封三年（前108年），司马迁被任为太史令。②绌（chōu）：缀集。石室金匮：国家收藏图书档案的处所。③太初：汉武帝的第七个年号（前104—前101年）。太初元年，公元前104年。④甲子：甲子日。⑤在此之前，秦以夏历的十月为岁首，汉沿袭秦制。太初元年，武帝改用太初历，以正月（即建寅之月）为岁首，即用夏正。⑥明堂：古代天子宣明政教的地方，凡朝会及祭祀、庆赏、选士、养老、教学等大典，均在此举行。⑦诸神受纪：《索隐》引虞喜《志林》："改历于明堂，班（颁）之诸侯。诸侯，群神之主，故曰'诸神受纪'。"或曰："告于百神，与天下更始，著纪于是。"《汉书》纪作"记"。

太史公曰①："先人有言②：'自周公卒五百岁而有孔子。孔子卒后至于今五百岁③，有能绍明世④，正《易传》⑤，继《春秋》，本《诗》《书》《礼》《乐》之际⑥？'意在斯乎⑦！意在斯乎！小子何敢让焉⑧。"

【注释】

①此"太史公"是司马迁自称。②先人：指司马谈。③孔子卒于公元前479年，至司马谈在世时仅三百余年。司马谈采用孟子"五百年必有王者兴"的说法。孟子称尧舜至汤五百余岁，汤至文王五百余岁，文王至孔子五百余岁。④绍明世：继承清明之世。⑤正：订正。作正确解释。使动用法。⑥本：以……为本；以为依据。本之于。《礼》《仪礼》的简称，亦称《礼经》或《士礼》。春秋、战国时代一部分礼制的汇编，凡十七篇。一说为周公作，孔子订定。近人多认为成书在战国前期至中叶间。又有《周礼》（《周官》《周官经》），搜集两周王室及诸国制度，添附儒家政治理想，增减排比而成汇编。近人定为战国时人作品。又有《礼记》，是秦汉以前各种礼仪论著的选集。《礼》与《周礼》《礼记》同为儒家经典，合称"三礼"，东汉郑玄曾兼注之。《乐》：儒家关于音乐方面的经典，据说秦始皇焚书时被毁。⑦意在斯乎：意为其用意就在于此吧！指司马谈欲继承或希望有人（如其子）继承孔子之业。斯，此，这一点，这里。⑧此句谓小子我怎敢推辞呢。《索隐》引晋灼云："言己当述先人之业，何敢自嫌值五百岁而让也。"让，辞让，推辞。

上大夫壶遂曰①："昔孔子何为而作《春秋》哉？"

太史公曰："余闻董生曰②：'周道衰废，孔子为鲁司寇③，诸侯害之④，大夫雍之⑤。孔子知言之不用，道之不行也，是非二百四十二年之中⑥，以为天下仪表⑦，贬天子，退诸侯⑧，讨大夫，以达王事而已矣。'子曰⑨：'我欲载之空言⑩，不如见之于行事之深切著明也⑪。'夫《春秋》，上明三王之道⑫，下辨人事之纪⑬，别嫌疑，明是非，定犹豫⑭，善善恶恶⑮，贤贤贱不肖⑯，存亡国⑰，继绝世，补敝起废，王道之大者也。《易》著天地、阴阳、四时、五行⑱，故长于变；《礼》经纪人伦⑲，故长于行⑳；《书》记先王之事，故长于政；《诗》记山川谿谷、禽兽草木、牝牡雌雄㉑，故长于风㉒；《乐》乐所以立㉓，故长于和㉔；《春秋》辩是非，故长于治人。是故《礼》以节人，《乐》以发和，《书》以道事㉕，《诗》以达意，《易》以道化㉖，《春秋》以道义。拨乱世反之正㉗，莫近于《春秋》㉘。《春秋》文成数万㉙，其指数千㉚；万物之散聚皆在《春秋》㉛。《春秋》之中，弑君三十六㉜，亡国五十二㉝，诸侯奔走不得保其社稷者不可胜数㉞。察其所以㉟，皆失其本已㊱。故《易》曰：'失之豪厘，差以千里。㊲'故曰：'臣弑君，子弑父，非一旦一夕之故也㊳，其渐久矣。㊴'故有国者不可以不知《春秋》，前有谗而弗见，后有贼而不知㊵。为人臣者不可以不知《春秋》，守经事而不知其宜㊶，遭变事而不知其权㊷。为人君父而不通于《春秋》之义者，必蒙首恶之名。为人臣子而不通于《春秋》之义者，必陷篡弑之诛㊸，死罪之名。其实皆以为善，为之不知其义㊹，被之空言而不敢辞㊺。夫不通礼义之旨，至于君不君㊻，臣不臣，父不父，子不子。夫君不君则犯㊼，臣不臣则诛，父不父则无道，子不子则不孝。此四行者，天下之大过也。以天下之大过予之㊽，则受而弗敢辞，故《春秋》者，礼义之大宗也㊾。夫礼禁未然之前㊿，法施已然之后；法之所为用者易见，而礼之所为禁者难知。"

【注释】

①上大夫：汉代中央备顾问的官职，是高级顾问官。壶遂：西汉梁国（治睢阳，今河南商丘南）人。以名士被韩安国举荐于朝，官至詹事（职掌皇后、太子家事），曾与司马迁定律历。②董生：董仲舒（前179—前104年）。西汉经学家、哲学家。广川（今河北枣强县东）人。专治《春秋公羊传》。曾任博士、江都相和胶西王相。③司寇：西周始置之官，掌刑狱、纠察。④据《孔子世家》载，孔子为鲁司寇，鲁大治；齐统治者认为孔子若当政于鲁则鲁"必霸"，霸则必先并齐，于是以计破坏孔子与鲁君的关系。孔子遂离开鲁国。害，伤害；嫉妒。⑤大夫：古代统治阶级，国君之下有卿、大夫、士三级。此处指鲁国的卿大夫以及其他诸侯国的卿大夫们，如鲁季孙氏、楚令尹子西、陈蔡大夫等都曾阻挠孔子用事。雍，壅遏，阻塞，阻挠。⑥是非：是是非非，褒贬执政者之得失。二百四十二年：指《春秋》所记的历史时间（前722—前481年）。⑦仪表：准则。⑧退：斥责，贬斥。⑨子：孔子。⑩空言：指空洞的说教。⑪引语意为"我与其另立空洞的说教，不如就执政者所做之事进行褒贬而使道理更加深刻透辟"。⑫三王：指夏禹、商汤、周文王。一说指夏、商、周三代创业开国之王禹、汤和周文王、武王。⑬人事：人情事理；人世间的事情。⑭定：使之定。使动用法。⑮善善恶（wù）恶（è）：区别善恶，爱憎分明。第一个"善""恶"皆为动词。⑯贤贤：尊重贤能者。以贤者为贤。贱不肖：贱视不肖者。以不肖者为贱。⑰指在《春秋》中留存已亡之国的史迹。⑱阴阳：中国哲学的一对范畴。古人用此解释自然界两种势力的对立和互相消长。《易传》提出"一阴一阳之谓道"，把阴阳交替看作宇宙的根本规律。参见前"阴阳（家）"条注。五行：指木、火、土、金、水五种物质。⑲经纪：安排，料理；使有秩序。人伦：封建礼教规定的人与人之间的关系，特指尊卑长幼之间的关系。

⑳行：做，办，行事。㉑牝（pìn）：雌性的鸟兽，与"牡"相对。㉒风：风土人情。㉓《乐》是论述音乐价值意义等问题的经典。所以，与动词组成名词性词组。用来……的东西。㉔和：和谐，协调。㉕道：通"导"。开导，启发。下两"道"字同。㉖化：事物的发展变化。㉗拨乱世反之正：平定乱世，使之回复于正道。㉘此句是说没有什么著作能赶得上《春秋》的。㉙文成数万：按今本《春秋》字仅一万六千五百余字。文，字。㉚其指数千：意为其中有数千条旨意（具体观点）。数千，形容很多。㉛万物：指各种社会事变以及自然灾异等。㉜弑（shì）：古代统治者称子杀父、臣杀君。㉝亡国五十二：梁玉绳《史记志疑》谓《春秋》经传载弑君者三十七，亡国仅四十一。㉞社稷：社，土地神；稷，谷神。㉟所以：所以然；原因。㊱本：根本。此指"正道"。已：用法同"矣"。㊲引语今本《易》无，见之于《易纬》。豪，通"毫"。㊳故：原因，缘故。㊴引语见《易·坤卦·文言》。原文作"臣弑其君，子弑其父，非一朝一夕之故，其所由来者渐矣"。渐（jiān），浸染。㊵贼：贼臣，奸贼。㊶经事："常事"，指职事。宜：适宜，合适。此指正道、正确的办法。㊷遭：遇。权：权变，变通。㊸篡弑之诛：因篡位夺权杀父杀君而受到谴责。诛，谴责。㊹其实都自以为是好事而去干了，却不知其道义所在。㊺此句意谓蒙受史家口诛笔伐之文辞而不敢推卸罪名。《左传》载，晋灵公无道，大臣赵盾的族人赵穿杀灵公。史官以赵盾在事变时出奔未离境，归又不讨"贼"（赵穿），故记其事为"赵盾弑其君"。赵盾不敢推卸这个罪名。被，加于其上；蒙受，遭受。㊻君不君：做国君的不像个国君。㊼犯：指被臣下所干犯。㊽给他加上"天下之大过"的罪名。过，罪过。㊾大宗：犹言"大本"。根本之所在。㊿礼禁未然之前：礼（的作用是）禁绝坏事于发生之前。

　　壶遂曰："孔子之时，上无明君，下不得任用，故作《春秋》，垂空文以断礼义①，当一王之法②。今夫子上遇明天子③，下得守职④，万事既具⑤，咸各序其宜⑥，夫子所论，欲以何明？"

【注释】

　　①垂：流传；掛下。②当：当作。③夫子：古代对男子的尊称。④守职：犹"当官"。⑤既具：已经具备。⑥咸：全，都。各序其宜：各得其所，井井有条。

　　太史公曰："唯唯，否否，不然①。余闻之先人曰：'伏羲至纯厚②，作《易》八卦③。尧舜之盛，《尚书》载之，礼乐作焉④。汤武之隆⑤，诗人歌之。《春秋》采善贬恶，推三代之德⑥，褒周室，非独刺讥而已也。'汉兴以来，至明天子，获符瑞⑦，封禅，改正朔⑧，易服色⑨，受命于穆清⑩，泽流罔极⑪，海外殊俗⑫，重译款塞⑬，请来献见者⑭，不可胜道⑮。臣下百官力诵圣德⑯，犹不能宣尽其意⑰。且士贤能而不用，有国者之耻；主上明圣而德不布闻⑱，有司之过也⑲。且余尝掌其官，废明圣盛德不载，灭功臣世家贤大夫之业不述⑳，堕先人所言㉑，罪莫大焉㉒。余所谓述故事㉓，整齐其世传㉔，非所谓作也，而君比之于《春秋》㉕，谬矣。"

【注释】

　　①以上六字相当于现代汉语的"是是，不不，不对"。唯唯（二字皆音wěi），自谦的应答声。否否，表示不同意对方的意见。②伏羲：伏羲氏。或作宓羲、包牺、庖牺、伏戏，亦称皇羲、牺皇。中国神话中人类的始祖。至纯厚：极为纯厚。③八卦：古代占卜所用八种基本的符号，以阳爻（—）、阴爻（——）相配合而成。每卦代表同一属性的若干事物。卦名参见前"八位"条注。八卦相互排列组合为

六十四卦。《易》中有各卦象及名称等。④此句意谓礼乐被制作出来了。⑤汤：商汤王。又称武汤、成汤、大乙等。商王朝的建立者。用伊尹执政，十一征而使商成为强国。公元前16世纪一举灭夏，建立商朝。武：周武王。见前注。隆：隆盛。⑥三代：夏、商、周。⑦符瑞："天人感应"论者所说的表明天子"受命于天"的"祥瑞"征兆。⑧改正朔：修改历法。指改用太初历之事。正（zhēng），一年之始；朔，一月之始。"正朔"即一年第一天开始之时。汉武帝改用太初历，以夏历正月为正，初一日平旦（天明）为朔。⑨根据"五德终始"和"五德转移"说，每代帝王所受之"德"不同，其所崇尚的衣服颜色亦应不同，以与之相应。⑩受命：接受"上天"之命。这是奴隶社会和封建社会最高统治者神化其统治权的谬说。穆清：《考证》引刘攽说指天。⑪泽流：恩泽流布。罔极：无极，无边。⑫殊俗：指风俗与汉朝不同的地区或国家。⑬重（chóng）译：辗转翻译。旧指不同民族或国家的语言经辗转翻译才能通晓。款塞（sài）：叩塞门，谓外族前来求通中国。塞，边塞。⑭献见：贡献礼物，谒见皇帝。⑮胜道：尽说，说完。⑯力诵：起劲地颂扬。⑰宣：宣达，表达。⑱布闻：流布传闻。⑲有司：指官吏。⑳世家：门第高、世代做大官的人家；诸侯。《史记》专为各诸侯按世代编写传记，谓之"世家"。孔子、陈涉虽非诸侯，也作了世家。㉑隳（huī）：毁坏。㉒罪莫大焉：罪过极大。莫大，极大，没有什么比这还大。㉓故事：旧事。㉔整齐：整理，使之有序。世传（zhuàn）：家世、世代传记。㉕君：对对方的尊称。

于是论次其文①。七年而太史公遭李陵之祸②，幽于缧绁③。乃喟然而叹曰④："是余之罪也夫！是余之罪也夫！身毁不用矣！"退而深惟曰⑤："夫《诗》《书》隐约者⑥，欲遂其志之思也⑦。昔西伯拘羑里，演《周易》⑧；孔子厄陈蔡⑨，作《春秋》；屈原放逐，著《离骚》⑩；左丘失明，厥有《国语》⑪；孙子膑脚⑫，而论兵法；不韦迁蜀，世传《吕览》⑬；韩非囚秦，《说难》《孤愤》⑭；《诗》三百篇，大抵贤圣发愤之所为作也⑮。此人皆意有所郁结⑯，不得通其道也⑰，故述往事，思来者⑱。"于是卒述陶唐以来⑲，至于麟止⑳，自黄帝始㉑。

【注释】

①论次：按次序论述。②汉武帝天汉二年（前99年）九月，骑都尉李陵击匈奴，至浚稽山（约在今蒙古人民共和国境内杭爱山脉南）被围，苦战力竭而降。七年：《集解》《索隐》等谓自太初元年（前104年）至天汉三年（前98年）首尾七年。其实司马迁被处腐刑是在天汉二年，注家所谓"天汉三年"者，盖欲使"七年"易解，或以天汉三年司马迁仍在狱为据。李陵（？—前74年），陇西成纪（今甘肃秦安）人。字少卿。名将李广孙。善骑射。③幽：幽囚，拘囚，监禁。缧绁（léi xiè）：捆绑犯人的绳索。转指监狱。④喟（kuì）然：叹气的样子。⑤惟：思，考虑。⑥隐约：⑦遂：通，达；实现。⑧周文王曾被商纣王拘囚于羑（yǒu）里，因推演《周易》。西伯，指周文王。羑里，古地名，在今河南汤阴县北。演，推演，根据某种事理推广、发挥。《周易》，即《易》《易经》。⑨周敬王三十一年（前189年），吴伐陈，楚救陈。楚闻孔子在陈蔡之间，派人聘之，孔子将往。陈蔡大夫因惧孔子会被楚重用，乃共发徒役围孔子于野。孔子及其弟子绝粮。后孔子学生子贡至楚，楚昭王兴师前往迎孔子，围乃解。厄，困厄，受困。陈，周初分封的妫姓国。开国君主胡公（名满），传为舜的后代。都宛丘（今河南淮阳县），有今河南东部和安徽部分地区。公元前479年亡于楚。蔡，周初分封的姬姓诸侯国。开国君主是武王弟叔度。都上蔡（今河南上蔡西南），春秋时为楚所

逼迫，屡迁。有今河南东南和安徽西北部。公元前447年亡于楚。⑩屈原（约前340—约前278年）：中国最早的大诗人。名平，字原；又自云名正则，字灵均。战国时楚人。初辅怀王，任左徒、三闾大夫。主张明法举贤，改革政治，联齐抗秦。后遭谗去职，被顷襄王流放沅、湘流域。始终关心国家命运和民间疾苦。后投汨罗江而死。所著《离骚》《九章》《天问》等皆为名篇。《离骚》：《楚辞》篇名。⑪左丘：左丘明。春秋时史学家。鲁国人。双目失明，曾任鲁太史。与孔子同时，或云在其前。相传著《左传》，又传《国语》亦出其手。《国语》：二十一卷。以记西周末年和春秋时期周鲁等国贵族言论为主，可与《左传》相参证，故有《春秋外传》之称。⑫孙子：孙膑。战国时兵家。齐国阿（今山东阳谷东北）人。军事家孙武的后代。约生活在战国中期。曾与庞涓同学兵法，后涓为魏惠王将军，忌其才，诳其至魏，处以膑刑（去膝盖骨），故称孙膑。后任齐威王军师，协助田忌大败魏军于桂陵和马陵。著有《孙膑兵法》。⑬不韦：吕不韦（？—前235年）。《战国策》说为战国末年卫国濮阳（今河南濮阳市西南）人。《吕览》：即《吕氏春秋》。二十六卷。杂家代表作。以儒道为主，兼及其他各家，汇合各派学说，为秦统一天下、治理国家提供思想武器。保存了许多天文历算、农学资料和古史旧闻。⑭韩非（约前280—前233年）：战国末法家主要代表人物。出身韩国贵族。荀子学生。著《孤愤》《说难》《五蠹》等十余万言，受到秦王政重视。前234年入秦，不久遭李斯等陷害，自杀于狱中。著有《韩非子》。参见前"法（家）"条注。《说难》《孤愤》：皆《韩非子》篇名。⑮发愤：抒发悲愤；发牢骚。⑯此人：这些人。⑰不得通其道也：不能畅其通路。不得实现自己的理想愿望或主张。⑱为将来着想；向往未来。⑲卒：终于。陶唐：见前"唐"字条注。⑳武帝元狩元年（前122年）冬十月，巡幸雍地，获兽，一角而足有五蹄，有司奏云此兽可能为麟，遂改元。太始二年（前95年），更黄金为麟趾（麟足形）、马蹄（马蹄形）。《集解》引张晏曰："武帝获麟，（司马）迁以为述事之端，上纪黄帝，下止麟止，犹《春秋》止于'获麟'也。"㉑黄帝：传说中中原各族的共同祖先。姬姓，号轩辕氏、有熊氏。传曾率各部落击败炎帝，杀蚩尤，被拥戴为部落联盟领袖。传说许多发明创造都始于黄帝时期。

维昔黄帝①，法天则地②，四圣遵序③，各成法度；唐尧逊位④，虞舜不台⑤。厥美帝功⑥，万世载之。作《五帝本纪》第一⑦。

【注释】

①维：句首语气词。②法天则地：效法天地。法、则，皆"效法"之意。③四圣：指颛顼、帝喾、尧、舜四位上古帝王。④指唐尧禅位于虞舜。⑤此句谓尧要将帝位让给舜，舜觉得自己德行不堪其任，所以心中并不喜欢。参见《史记·五帝本纪》"舜让于德不怿"等记载及《集解》《索隐》。台（yí），通"怡"，义同"怿"。快乐，喜欢，愉快。⑥此句谓这些帝王善美的功德。⑦五帝：指上述黄帝至虞舜五位帝王。本纪：中国历代帝王的传记，在纪传体史书中，因其备见一代史事概要，为全书纲领。以司马迁所见《禹本纪》为最古。《世本》（战国时史官所撰）记述"帝系"，也或称为"本纪"。《史记》即以"本纪"记述帝王，按年月排比大事，作为纪传体史书主要内容之一。

维禹之功①，九州攸同②，光唐虞际③，德流苗裔④；夏桀淫骄⑤，乃放鸣条⑥。作《夏本纪》第二。

【注释】

①禹：传说中古代部落联盟领袖。姒姓，亦称大禹、夏禹、戎禹。一说名文命。鲧之子。②九州：传说中中国中原上古行政区划。起于东周，说法不一。西汉以前，都认为系禹治水后所划分，州名未有定说。《书·禹贡》作冀、兖、青、徐、扬、荆、豫、梁、雍，《吕氏春秋》《周礼》《尔雅》等与此有出入。各家所说州境亦不尽相同。"九州"又泛指全中国。攸（yōu）：放在主语与动词或形容词之间，相当于现代汉语的"就"；放在动词前，组成名词性词组，相当于"所"。③此句意谓唐尧之时，洪水滔天，鲧治水不成。舜摄政，杀鲧而举禹，使禹继续治水，终于成功；后舜又以禹为继承人。光，光荣；光耀。④流：流传。⑤夏桀：夏代亡国之君。名履癸。残暴荒淫。曾会合诸侯，攻灭有缗氏。后被汤所败，出奔南方而死。⑥放：流放，放逐。桀被汤所败，出奔不得归，而汤又未追杀他，形同流放，故史有"汤放桀"之说。鸣条：古地名。又名高侯原。在安邑（今山西夏县西北）西北；一说在今河南封丘东。

维契作商①，爰及成汤②；太甲居桐③，德盛阿衡④；武丁得说⑤，乃称高宗；帝辛湛湎⑥，诸侯不享⑦。作《殷本纪》第三。

【注释】

①契（xiè）：亦作偰、高。传为商的始祖。帝喾之子，母为简狄。助禹治水有功，被舜任为司徒，掌管教化。居商（今河南商丘南），一说居蕃（今山东滕州市）。神话传说契为简狄吞玄鸟（燕）卵所生。作商：意为建立商国。②爰及：传到。爰，句首语气词。成汤：即汤。见前注。③太甲：商朝国王。汤的嫡长孙。桐：古地名。在今山西万荣县西；一说在今安徽桐城市北；一说在今河南偃师县南。④指伊尹放太甲、太甲能改过图强事。阿衡《殷本纪》说是伊尹名；《诗·商颂》郑笺说是伊尹官名；俞樾《群经平议》谓阿、保系伊尹所任官名，衡乃伊尹字；崔述《商考信录》说保衡乃太甲复位后的辅佐，非即伊尹。伊尹，商初大臣，传为奴隶出身。⑤武丁：商代国王。后被称为高宗。相传少时在民间，即位后重用傅说、甘盘，巩固统治。曾对四方"蛮夷"用兵，规模甚大。在位五十九年，约生活在公元前13世纪中叶以后至前12世纪初。说：傅说。武丁大臣。相传原为傅岩地方的版筑奴隶，后被武丁任为大臣，治理国政。⑥帝辛：即纣王。商代亡国之君。⑦享：用食物供奉"鬼神"；引申为献。此指诸侯朝见纳贡。

维弃作稷①，德盛西伯；武王牧野②，实抚天下③；幽厉昏乱，既丧酆、镐④；陵迟至赧⑤，洛邑不祀⑥。作《周本纪》第四。

【注释】

①弃：即后稷。见前注。作稷：发明种稷。稷，谷类。②此指公元前十一世纪周武王联合诸侯东攻，与商纣王军在牧野（今河南淇县西南）接战，胜而灭商。③抚：抚慰，安抚。④指周厉王被逐、幽王被杀，丧失了对西周的酆（即丰）、镐二京的控制。⑤陵迟：陵夷。衰落。赧（nǎn）：周赧王姬延（？—前256年）。东周国王。前314—前256年在位。⑥洛邑：即雒邑。周成王时周公营建雒邑，有二城：在今河南洛阳市洛水北岸、瀍水西者名王城，东周平王至敬王时，及赧王时均都此；在瀍水东者名成周，东周敬王为避乱迁都于此。不祀：此指周室宗庙绝祀，即"断绝香火"，喻亡国。祀，祭祀。

维秦之先①，伯翳佐禹②；穆公思义③，悼豪之旅④；以人为殉⑤，诗歌《黄鸟》⑥；昭襄业帝⑦。作《秦本纪》第五。

【注释】

①先：祖先。②伯翳（yì）：即伯益。亦称大费。古代嬴姓各族的祖先。相传善于畜牧狩猎，被舜任为虞。又为禹重用，助治水有功，被选为继承人。禹死，启继位，他与启争夺王位，被启杀死。③穆公：秦穆公嬴任好（？—前621年）。春秋时秦国君。前659—前621年在位。④悼豪之旅：周襄王二十五年（前627年），晋军败秦袭郑之军于殽（今河南三门峡东南），俘秦帅孟明视等三将，秦军无一人逃脱。二十八年（前624年），秦穆公又派孟明视等伐晋，渡黄河，取王官及郊地，晋师不敢出。悼，哀悼，指穆公封尸哭祭事。豪，"殽"的异音。旅，师旅，军队。⑤以人为殉：以活人为殉葬品。穆公死，杀一百七十人殉葬。其中有子车氏三子奄息、仲行、铖虎，皆贤大夫，号称"三良"。⑥《黄鸟》：《诗·秦风》篇名。⑦此句之下疑有脱文，且义亦难解。昭襄，秦昭襄王嬴稷（或作侧），即秦昭王（前324—前251年）。前306—前251年在位。

始皇既立，并兼六国；销锋铸镰①，维偃干革②，尊号称帝③，矜武任力④；二世受运⑤，子婴降虏⑥。作《始皇本纪》第六⑦。

【注释】

①秦始皇统一中国后，收民间兵器，聚之咸阳销毁，铸成钟镰以及铜人（金人）。锋，指兵器。镰（jù），悬挂钟的架子两旁的柱子。②维偃干革：想让战争停息。维，通"惟"。思考，思虑。偃，停息。干戈，泛指兵器，多用以比喻战争。③尊号称帝：上尊号称皇帝。④矜（jīn）武任力：耀武扬威，专靠暴力。矜，夸耀。⑤二世：秦二世胡亥（前230—前207年）。秦始皇子。前210年—前207年在位。⑥子婴降虏：指子婴成为俘虏。子婴（？—前206年），秦始皇孙，二世兄子。赵高逼杀二世后，立他为秦王。他杀赵高，并灭其三族。为王四十六日，即降于刘邦，旋为项羽所杀。⑦今本《史记》作《秦始皇本纪》第六。

秦失其道，豪桀并扰①；项梁业之②，子羽接之③；杀庆救赵④，诸侯立之⑤；诛婴背怀⑥，天下非之。作《项羽本纪》第七。

【注释】

①豪桀并扰：指秦末农民大起义和六国贵族反秦势力一起进行推翻秦朝统治的斗争。②项梁（？—前208年）：秦末农民起义军首领。下相（今江苏宿迁西南）人。楚国名将项燕的后代。秦末响应陈胜起义，起兵于吴（今江苏苏州市）。后任张楚政权的上柱国，率部渡江西进。立楚怀王孙心为王，自称武信君。曾击败秦将章邯。后战死。③子羽：指项羽（前232—前202年）。秦末农民起义军领袖。名籍，字羽，一说字子羽。下相人。楚国贵族出身。④庆：指卿子冠军宋义（？—前207年）。初从项梁，谏梁勿骄，并预知其必败。楚怀王任他为上将军，号卿子冠军，与项羽共救赵，为羽所杀。见上注。救赵：秦二世元年，陈胜派武臣攻赵，进占邯郸，武臣自立为赵王。二年，武臣被杀，张耳等立赵歇为赵王。不久，章邯攻赵，怀王遣宋义、项羽等救之。三年（前207年）十一月，羽杀义，自为假上将军，引兵渡河，破釜沉舟，大破秦军于钜鹿（今河北平乡西南）。后章邯率众二十余万投降。⑤诸侯立之：钜鹿大捷，项羽召见诸侯将，众皆慑于其威。⑥诛婴背怀：此指汉王刘邦元年（前206年）十二月，项羽率诸侯军入咸阳，杀

子婴，焚宫室，取宝货妇女东还。正月，项羽尊楚怀王为义帝，徙之江南。二月，羽自立为西楚霸王，并大封诸侯王，二年（前205年）十月，羽派人杀义帝于江。背，背弃，背叛。怀，楚怀王熊心（？—前205年）。战国时楚怀王之孙。

子羽暴虐，汉行功德①；愤发蜀汉②，还定三秦③；诛籍业帝④，天下惟宁⑤，改制易俗。作《高祖本纪》第八。

【注释】

①汉：汉王刘邦，即汉高祖（前256或前247—前195年）。字季，沛县（今属江苏）人。秦末响应陈胜起义，起兵，称沛公，初属项梁，后与项羽军同为反秦主力。前206年，入咸阳，推翻秦朝，约法三章，废秦苛法，得到秦人拥护。后被项羽封为汉王。不久即与羽展开长达五年的楚汉战争。前202年，灭羽，即帝位，建立汉朝。在位期间（前202—前195年）采取了许多有利于恢复生产和巩固统一的措施。②蜀汉：汉王初封，辖巴、蜀、汉中，都南郑（今陕西汉中东）。③还定三秦：汉王元年八月，刘邦自汉中北还，偷袭并平定雍地，又派兵出武关；二年初，刘邦东略地，塞、翟、河南王尽降。还，返归，因刘邦此前已先入关占咸阳，后被项羽封汉王，出据汉中，今复攻入关中，故云。④诛籍：诛灭项籍（羽）。⑤惟宁：安宁。惟，句中语气词，帮助判断。

惠之早夐①，诸吕不台②；崇强禄、产③，诸侯谋之④；杀隐幽友⑤，大臣洞疑⑥，遂及宗祸⑦。作《吕太后本纪》第九⑧。

【注释】

①惠：汉惠帝刘盈（前210—前188年）。西汉第二代皇帝，公元前195—前188年在位。刘邦太子。在位期间，其母吕氏弄权。之：放在主、谓语间，取消句子的独立性（本句此种作用稍弱）。早夐（yǔn）：早死。②诸吕：指吕氏集团，即吕后的母家成员，如吕禄、吕产等。不台：见前注。③崇强：抬高其地位并使之势力强大。崇，高；抬高，尊崇。禄、产：吕禄、吕产。吕后兄子，被吕后封为王，掌南、北军，吕产在吕后病危时又被任为相国。前180年，吕后死，禄、产等欲发动叛乱，被太尉周勃等平定，诸吕皆被杀。④诸侯谋之：《史记会注考证》引王念孙说，本作"诸侯之谋"之，意为"是"。"诸侯之（是）谋"意为谋危刘氏；"吕后称制之时，诸侯未敢谋之也"。事实上，对吕后"崇强禄、产"等行为，曲逆侯陈平、绛侯周勃、朱虚侯刘章等异、同姓大臣早已心怀不满，"谋之"久矣，只是没有机会发难而已。⑤隐：赵隐王刘如意。汉高祖妃戚夫人所生，封赵王。友：赵幽王刘友（？—前181年）。刘邦子。初封淮阳王。惠帝元年（前194年），徙为赵王。吕后以诸吕女为其后，他被诸吕女谮害。吕后将他幽囚致死。⑥洞疑：疑惧。《史记会注考证》引中井积德曰："洞、恫通。"恫，恐惧。⑦遂及宗祸：指吕后死，周勃等诛灭吕氏集团。⑧吕太后（前241—前180年）：汉高祖皇后吕雉。字娥姁。

汉既初兴，继嗣不明①，迎王践祚②，天下归心；蠲除肉刑③，开通关梁④，广恩博施，厥称太宗⑤。作《孝文本纪》第十⑥。

【注释】

①继嗣不明：惠帝死，吕后称制，先以后宫美人之子刘恭为帝（少帝），四

年杀之；继立恒山王刘义（更名弘）为帝（少帝）。高后（吕后）八年（前180年）七月，吕后死。九月，右丞相陈平、太尉周勃等大杀诸吕。众大臣认为少帝、梁王、淮阳王、常山王都是吕后以计诈杀其母，取之名为惠帝子，养于后宫，立为太子或诸王，以强化吕氏集团。此即所谓"继嗣（特指帝位继承）不明"。②迎王践祚：诸大臣认为少帝等无资格为帝，而高祖之子齐悼惠王、淮南王的母家又恶，立之恐"复为吕氏"，乃迎立代王，并杀少帝等。王，代王，即汉文帝刘恒（前202—前157年）。刘邦子。前180—前157年在位。初封代王，入为帝。执行"与民休息"政策，减轻租役刑狱，发展生产。旧史家把他与景帝统治时期并举，称为"文景之治"。③蠲（juān）除肉刑：汉文帝十三年（前167年）五月，废除肉刑，并将一些刑罚减轻。蠲，免除。④开通关梁：指除肉刑前一年废出入函谷关用传（符证）制度等事。关梁，水陆交通要道；也指设于这种地点的关卡。⑤厥：乃。太宗：汉文帝的庙号（皇帝死后在太庙立室奉祀时特起的名号）。⑥汉代统治者提倡孝道，故自惠帝以后各代皇帝谥号前均加"孝"字。

诸侯骄恣，吴首为乱[1]，京师行诛[2]，七国伏辜[3]，天下翕然[4]，大安殷富[5]。作《孝景本纪》第十一[6]。

【注释】

①汉景帝前三年（前154年），吴王刘濞和楚、赵、胶东、胶西、济南、淄川等七国以诛建议削减诸侯王国封地的晁错为名，发动叛乱。汉朝中央派周亚夫为太尉，仅用三月即击平吴、楚，其余五国也先后平定，诸王皆自杀或被杀。史称"吴楚七国之乱"。②京师：指朝廷。因朝廷在京师（京城），故常以京师代指。行诛：进行讨伐。诛，讨伐。③伏辜：伏罪。辜，罪。④翕（xī）然：安定的样子；一致的样子。⑤大安：太平。殷富：富裕。⑥孝景：汉景帝刘启（前188—前141年）。文帝子。前157—前141年在位。本篇为褚少孙补。

汉兴五世[1]，隆在建元[2]，外攘夷狄[3]，内脩法度，封禅，改正朔，易服色。作《今上本纪》第十二[4]。

【注释】

①五世：指汉高祖、惠帝、文帝、景帝、武帝五代皇帝。②隆：隆盛，鼎盛，兴盛。③攘（ráng）：排斥，排除。④今本《史记》有《孝武本纪》，系取《封禅书》一部分充之。司马迁所作《今上本纪》已佚。今上，当今皇上，指汉武帝刘彻（前156—前87年）。景帝子。前141—前87年在位。

维三代尚矣[1]，年纪不可考[2]，盖取之谱牒旧闻[3]，本于兹[4]，于是略推[5]，作《三代世表》第一[6]。

【注释】

①三代：指夏、商、周三代。尚矣：太久远了。尚，通"上"，久远。②年纪：指比较具体的年代犹"纪年"。③盖：大概地，粗略。谱牒：狭义指家谱。④本于兹：以此为依据。本，根据。兹，此。⑤略推：进而略加推断。⑥《史记·三代世表》起自黄帝，止于"共和"（前841年）前夕。

幽厉之后，周室衰微，诸侯专政，《春秋》有所不纪[1]；而谱牒经略[2]，五霸更盛衰[3]，欲睹周世相先后之意[4]，作《十二诸侯年表》第二[5]。

【注释】

①纪：通"记"。记载。②经略：指谱牒上所记载的简略。③五霸：春秋时先后称霸的五个诸侯，又作"五伯"。指齐桓公、晋文公、楚庄王、吴王阖闾、越王勾践。一说指齐桓公、晋文公、宋襄公、秦穆公、楚庄王。更（gēng）：交替。④睹：察看，观察。⑤十二诸侯：指春秋时期的鲁、齐、晋、秦、楚、宋、卫、陈、蔡、曹、郑、燕十二国。《十二诸侯年表》并列有周、吴，因周为天子，而吴到春秋后期才有详细纪年，故未计入而称为"十二诸侯"。

春秋之后①，陪臣秉政②，强国相王③，以至于秦，卒并诸夏④，灭封地，擅其号⑤。作《六国年表》第三⑥。

【注释】

①春秋：时代名。前722—前481年。因鲁国编年史《春秋》包括这一时期而得名。现在一般把前770年至前476年划为春秋时代。②陪臣：诸侯的大夫对天子自称陪臣；也指大夫的家臣。③强国相王：强之君互尊为王。周代只有天子称王才是"名正言顺"的，但楚国自公元前740年，其君熊通已开始称王（武王），周室未予承认。公元前369年，魏君䓨（yīng）自尊为王（惠王）；前356年，齐君田因齐自尊为王（威王）；前334年，魏惠王和齐威王在徐州（今山东滕州市南）相会，互尊为王，承认二国的对等地位。自此以后，各国君主纷纷称王（秦在此前三年已开始称王）。④卒并：终于吞并。诸夏：周王室分封的诸国。⑤独揽其尊号。⑥六国：指战国时期魏、韩、赵、楚、燕、齐等六国。《六国年表》并列有周、秦，因周为天子，而秦为灭六国及周统一天下者，故不计。

秦既暴虐，楚人发难①，项氏遂乱②，汉乃扶义征伐③。八年之间④，天下三嬗⑤，事繁变众，故详著《秦楚之际月表》第四⑥。

【注释】

①指陈胜、吴广领导农民首先举行起义。陈胜起义于大泽乡（今安徽宿县西南刘村集），以"大楚兴，陈胜王"相号召，建立楚政权于陈（今河南淮阳，战国时曾为楚都），响应起义的项梁、项羽都是楚国贵族出身，故云"楚人发难"。②此指项梁、项羽乱秦天下及其后项羽入关焚掠、杀怀王等事。③此指汉高祖（汉王）刘邦征伐项羽及其他诸侯王。④此指秦二世元年至汉高帝刘邦五年（前209—前202年）前后八年间。⑤指陈胜、项羽、刘邦先后号令天下诸侯。⑥本表自秦二世元年七月陈胜起义始，至汉高祖刘邦五年后九月（闰九月）燕王卢绾始立止，详记秦（秦朝）及楚（楚隐王陈涉及其后继者景驹、怀王、西楚霸王项羽）、项（项梁及称霸王前之项羽）、赵（自武臣始）、齐（自田儋始）、汉（自刘邦称沛公始）、燕（自韩广始）、魏（自魏王咎始）、韩（自韩王成始）等称王者的纪月和大事（包括后来项羽所封十八诸侯王的情况）。

汉兴已来①，至于太初百年②，诸侯废立分削③，谱纪不明，有司靡踵④，强弱之原云以世⑤。作《汉兴已来诸侯年表》第五⑥。

【注释】

①已：通"以"。②太初：汉武帝年号，见前注。③分削：国被分割，地被削减。④有司：此指史官。靡踵：无法踵继其事。靡，不；没有。踵，继承，沿

袭；跟随。⑤强弱之原云以世：以上四句意为有关诸侯废立分削的情况，谱牒记载不明，史官也难继其事，但根据诸侯国存在的世代长短，则可推知其强弱之原（大抵强者先亡，弱者尚可苟幸图存）。云，有。以世，以其世代长短。⑥今本《史记》作《汉兴以来诸侯王年表》。

维高祖元功①，辅臣股肱②，剖符而爵③，泽流苗裔④，忘其昭穆⑤，或杀身陨国⑥。作《高祖功臣侯者年表》第六⑦。

【注释】

①元功：犹元勋。首功，大功。也指对开创国家有极大功勋者。②股肱（gōng）：大腿和手臂。比喻左右辅助得力的人。③剖符：帝王分封诸侯或功臣，将符节剖分为二，双方各执其半，作为信物，叫作剖符。④泽：恩泽，恩惠。⑤昭穆：古代宗法制度规定宗庙次序是始祖庙居中，以下父子递为昭穆，左为昭，右为穆。坟地葬位的左右次序亦有昭穆。亦用以泛指宗族辈分。⑥或：有的，有的人。陨（yǔn）国：亡国。⑦本表记有高祖功臣封侯者一百三十七人，兼外戚及王子，凡一百四十三人。

惠景之间，维申功臣宗属爵邑①。作《惠景间侯者年表》第七②。

【注释】

①申：舒展。后来写作"伸"。②本表记有惠帝、吕后、文帝至景帝前后五十余年间功臣、宗属（包括诸吕）封侯者凡九十三人。其事则延记至武帝时。

北讨强胡①，南诛劲越②，征伐夷蛮③，武功爰列④。作《建元以来侯者年表》第八⑤。

【注释】

①此指汉武帝时反击匈奴。②武帝元鼎五年（前112年），汉军出击南越，次年灭之。元封元年（前110年），在汉军强大攻势下，越繇王等杀东越王余善降汉，汉尽徙东越民于江淮之间（东瓯则先于建元三年徙处江淮间）。劲（jìng），强劲，坚强有力。越，古族名。秦汉以前已广布于长江中下游以南，部落众多，有百越（粤）之称。其中主要的有南越（在今两广及越南北部等地）、东越（即闽越，在今福建福州市及其周围地区）、东瓯（在今浙江温州市及其周围地区）三支。秦于南越地置桂林、南海和象郡，于东越、东瓯地置闽中郡。秦末，龙川令赵佗兼并桂林等三郡，建立南越国，自尊为帝，势力强大。元鼎五年，南越相吕嘉起事，反汉。汉灭南越后设九郡。汉初封东越郡长无诸、东瓯君长摇为王。建元三年（前138年），东越攻东瓯，东瓯求救，汉发兵未至而东越退，东瓯遂举国请徙于江淮间。元鼎六年，东越王余善反汉。汉于乱平后亦徙其民处江淮间。在长期发展中，百越之民多与汉人融合，部分与今之壮、黎、傣等族有密切的渊源关系。③夷蛮：泛指少数民族。武帝所征伐的"夷蛮"，除胡、越外，尚有朝鲜、西南夷（乃至大宛）等等。④爰列：乃列。于是乎轰轰烈烈。爰，乃，于是。列，通"烈"。⑤本表记有武帝建元以后所封七十三侯国。今本《史记》有褚少孙另表补列四十余侯国，其中武帝时所封者七国，余为昭、宣、元帝时所封，且多与"武功"无涉。

诸侯既强，七国为从①；子弟众多，无爵封邑，推恩行义②，其势销弱③，德归京师④。作《王子侯者年表》第九⑤。

【注释】

①指吴楚七国叛乱事件。从（zòng），南北方向。②推恩：犹言推爱，谓将己之所爱推及他人。③销弱：削弱。消减削弱。销，通"消"。④恩德、德义归于朝廷。即受封的诸侯王子弟对朝廷感恩戴德，归德于朝廷。京师，指朝廷、天子。⑤今本《史记》作《建元已来王子侯者年表》。表前有武帝推恩诏及太史公评语。

国有贤相良将，民之师表也。维见《汉兴以来将相名臣年表》①，贤者记其治②，不贤者彰其事③。作《汉兴以来将相名臣年表》第十④。

【注释】

①此《年表》当是国家原有之档案文书而为司马迁作《年表》的蓝本。②治：治绩，功绩。③彰：使明显。披露。事：此处指坏事。④今本《史记》本表记有汉王刘邦元年（前206年）至成帝鸿嘉元年（前20年）前后一百八十七年间相、将（太尉、将军、大将军、大司马等）、御史大夫的担当者二百余人次。据考证司马迁所著原表已亡佚，今表系后人所补。

维三代之礼，所损益各殊务①，然要以近性情、通王道②，故礼因人质为之节文③，略协古今之变④。作《礼书》第一⑤。

【注释】

①损益：增减。损，减少。益，增加。殊务：做法不同。情况不同。②要：关键，要领。引申为概括、总结。王道：指君主以仁义治天下之道（政策等）。③此句谓所以礼制会因人的朴实而为之减少繁文缛节。质：朴实无华。文：有文采，华美，与"质"相对。④协：和洽。⑤据考证司马迁所著之《礼书》已亡佚，今所传者系褚少孙取荀子《礼论》兼为之。

乐者①，所以移风易俗也②。自《雅》《颂》声兴③，则已好郑、卫之音④，郑、卫之音所从来久矣⑤。人情之所感，远俗则怀⑥。比《乐书》以述来古⑦，作《乐书》第二⑧。

【注释】

①乐（yuè）：音乐。②所以：表示"用来……的东西""是用以……的"。③《雅》《颂》：各为《诗经》中的一类诗篇。《颂》包括《周颂》《鲁颂》《商颂》共四十篇。系贵族统治者的作品，多为祭祀所用之乐歌，一部分为舞曲。④好（hào）：喜爱。⑤所从来久矣：由来已久了。⑥远俗则怀：《集解》引徐广曰："乐者所以感和人情。人情既感，则远方殊俗莫不怀柔向化也。"远俗，远方异俗之地。⑦比：比照。《乐书》：指《礼记·乐记》。一说为孔子再传弟子公孙尼子作；一说为汉成帝时刘向校书辑得二十三篇，以十一篇编入《礼记》。主要阐述音乐的本原、美感、社会作用及乐与礼关系等问题。来古：自古以来。⑧据考证司马迁所作《乐书》已亡佚，今《史记》之《乐书》系后人取《礼记·乐记》所补。

非兵不强①，非德不昌，黄帝、汤、武以兴②，桀、纣、二世以崩③，可不慎欤④？《司马法》所从来尚矣⑤，太公、孙、吴、王子能绍而明之⑥，切近世⑦，极人变⑧。作《律书》第三。

【注释】

①没有军队就不强大。非，无。兵，军队，军事。《索隐》案："此《律书》之赞而云'非兵不强'者，则此《律书》即《兵书》也。古者师出以律，则凡出军皆听律声，故云'闻声效胜负，望敌知吉凶'也。"律，音律，乐律。②以兴：以此而兴。指以举义兵、行善德而勃兴。③以崩：以此而亡。指以举不义之兵、行恶德而灭亡。崩，倒塌；崩溃，灭亡。④对此能不慎重吗。钦（yú），句末表示疑问或感叹的语气词。⑤《正义》："古者师出以律，凡军出皆吹律听声。《律书》云'六律为万事根本，其于兵械尤所重。望敌知吉凶，闻声效胜负'。故云'《司马兵法》所从来尚矣'乎？"《司马法》，古代兵书。战国时齐威王命大夫整理古司马兵书，而将司马穰苴（田穰苴，春秋时齐国大夫，官司马）的兵法附在里面，定名《司马穰苴兵法》。所从来尚矣：由来已久了。⑥太公：周代齐国始祖。姜姓，吕氏，名望。一说字子牙，西周初年官太师（武官名），也称师尚父。佐武王灭商有功，封于齐。有太公之称，俗称姜太公。孙：指孙武。春秋时兵家，字长卿，齐国人。曾任吴王阖闾将军，攻破楚国。著有《孙子兵法》，为中国最早最杰出的兵书。其后代孙膑（见前注），为战国时兵家。吴：吴起（？—前381年）。战国时兵家。卫国左氏（今山东曹县北）人。初任鲁将，继任魏将，屡建战功，被魏文侯任为西河守。后至楚，官至令尹（相），佐悼王变法，促进了楚的富强。悼王死，他被旧贵族杀害。王子：王子成甫（父），又作王子城父。春秋时齐国大夫。惠公时，曾攻杀入侵之长翟。绍而明之：继承并有所发明。⑦切：切近，切合。⑧极尽人事之变。极，极尽，指透彻了解。

律居阴而治阳①，历居阳而治阴②，律历更相治③，间不容翲忽④。五家之文怫异⑤，维太初之元论⑥。作《历书》第四。

【注释】

①古人认为乐律之中蕴含着"天地微妙之神"，而能感动神、人，驯化鸟兽，预知吉凶胜负，所以说"律居阴而治阳"。阴，隐蔽微妙之"神"。阳，明显可见之"象"。②古人认为历法是用象、数之显，来推算日月星辰之行和四时五气的变化，所以说"历居阳而治阴"。③更：交替，更迭。④间不容翲忽：其间不容许丝毫差错。翲（piāo），即秒。忽与秒都是古代的长度单位，新蚕吐丝为忽（即一根新蚕所吐丝的直径），秒（翲）忽连用表示极小之数，比"毫厘"之数还小。⑤五家：《正义》说是指《黄帝历》《颛顼历》《夏历》《殷历》和《周历》等五家历书。怫（bèi）异：违异，反背，相互矛盾。怫，通"悖"。⑥维太初之元论：唯有太初元年所论定的历法为是，故《历书》要从太初之元论述之。

星气之书①，多杂机祥②，不经③；推其文④，考其应⑤，不殊⑥。比集论其行事⑦，验于轨度以次⑧，作《天官书》第五。

【注释】

①星气之书：谈论星象、气数的书。②机（jī）祥：祈福禳灾之事。又指吉凶的先兆。③不经：荒诞不经。④推其文：推究其文辞。⑤考其应：考察其应验与否。⑥不殊：并不灵异。没有什么特殊可言。⑦比：待到，及。集论：指汉武帝召集唐都、落下闳、司马迁等讨论天文历法之事。⑧验于轨度以次：依次用轨度加以验证。轨度，犹言法度，此处指天文科学的理论、法则等。

受命而王①，封禅之符罕用②，用则万灵罔不禋祀③。追本诸神名山大川礼④，作《封禅书》第六。

【注释】

①受命而王：意谓承受天命而为帝王。②符：符命。儒家、方士所说表明帝王"受命于天"的一种"祥瑞"征兆。③万灵：万千神灵，一切神灵。禋（yīn）祀：泛指祭祀。禋，古代祭天的祭名。④追本：追根溯源。

维禹浚川，①九州攸宁②；爰及宣防③，决渎通沟④。作《河渠书》第七。

【注释】

①浚（jùn）川：疏通河川。②攸宁：长久安宁。攸，通"悠"，长。③这句是说及至建宣房宫之时。武帝元光三年（公元前132年），黄河决入瓠子河（古水名，自今河南濮阳南分黄河水东出经山东数县注入济水），梁、楚一带连岁被灾。武帝自临，作《瓠子之歌》二首，并命群臣从官自将军以下皆负薪填塞决口（司马迁亦在其中）。工成，建宣房宫于堰上。宣防，即宣房宫。④决渎（dú）：挖掘河道。

维币之行①，以通农商；其极则玩巧②，并兼兹殖③，争于机利④，去本趋末⑤。作《平准书》以观事变⑥，第八。

【注释】

①维币之行：钱币的流通、流布。维，句首语气词。②玩巧：玩弄智巧。③兹：通"滋"。益；更加。殖：增殖，增多。④机利：投机牟利。⑤去：离弃。本：指农业。末：指商、工等所谓"末业"。⑥平准：武帝统治中后期，采取"均输平准"政策，以控制运销，取得收入。所设均输官收纳各地贡物的折价和运费，再由平准官和均输官在低价区买货转运京师或在高价区出售。如此则富商大贾难以牟取暴利，而物价得以平衡，故名曰"平准"。但《平准书》的内容却不限于此，而是广涉货币经济诸方面的问题。

太伯避历①，江蛮是适②；文武攸兴③，古公王迹④。阖闾弑僚⑤，宾服荆楚⑥；夫差克齐⑦，子胥鸱夷⑧；信嚭亲越⑨，吴国既灭⑩。嘉伯之让，作《吴世家》第一⑪。

【注释】

①太伯：一作"泰伯"。周代吴国的始祖。历：季历。见前"王季"条注。②此句谓到江南蛮族之地安身。是，作语助，用以确指行为的对象等（在"是"前）。适，到某处去。③文武：周文王、武王。见前注。攸兴：就兴起。④古公：古公亶父。见前"太王"条注。王迹：先王之迹。⑤阖闾（？—前496年）：一作阖庐。春秋末年吴国君。名光。前514—前496年在位。他用专诸刺杀吴王僚自立。⑥宾服荆楚：使楚国降服。宾服，降服，使降服。使动用法。荆楚，即楚国。⑦夫差（？—前473年）：春秋末年吴国君。阖闾之子。前495—前473年在位。曾攻破越都，迫使越屈服。继凿邗沟，图北上。前484年，与鲁会师，大败齐军于艾陵（今山东莱芜东北）。前482年，在黄池（今河南封丘西南）和诸侯会盟，与晋争霸，越乘虚攻入吴都。后越再兴兵灭吴，他自杀。齐：周初诸侯国。姜姓。在今山东北部。始祖吕尚，都营丘（后称临淄，今山东淄博东北）。春秋时，桓公称霸。后疆域不断扩大。春秋末年政权渐为大臣田氏（即陈氏）所夺，前386

年周安王承认田氏为诸侯。威王时，国力强盛。前221年亡于秦。⑧子胥：伍子胥（？—前484年）。名员，字子胥。楚大夫伍奢次子。⑨嚭（pǐ）：伯氏，名嚭，一作帛喜、白喜。春秋时楚大夫伯州犁之孙，出亡奔吴，以功任为太宰，故又称太宰嚭。因善逢迎，深得夫差信任。受越贿赂，许越媾和，并谮杀伍子胥。吴亡后，降越为臣。一说被勾践杀死。越：古国名。亦称于越。姒姓。相传始祖为夏代少康庶子无余，都会稽（今浙江绍兴）。春秋末年常与吴战，勾践灭吴称霸。有今江苏北部运河以东及苏南、皖南、赣东、浙北。战国时渐衰，约在前306年亡于楚。⑩吴国：亦称句吴、攻吴。姬姓。⑪世家：为《史记》传记的一种体裁，主要叙述世袭诸侯的事迹。今本史记《吴世家》作《吴太伯世家》。

申、吕肖矣①，尚父侧微②，卒归西伯③，文、武是师④；功冠群公⑤，缪权于幽⑥；番番黄发⑦，爰飨营丘⑧。不背柯盟⑨，桓公以昌⑩，九合诸侯⑪，霸功显彰⑫。田、阚争宠⑬，姜姓解亡⑭。嘉父之谋⑮，作《齐太公世家》第二。

【注释】

①申：姜姓古国，传为伯夷之后。居今陕西、山西间。周宣王时，一部分被东迁，分封于谢（今河南南阳市东北），建立申国，春秋初期亡于楚。留居原地者称西申，或称申戎、姜氏之戎。西周末年曾联合犬戎攻周，并拥护周平王。后亡于秦。吕：一作甫，也称有吕。姜姓古国，传为四岳之后。在今河南南阳西。春秋初年亡于楚。肖：《集解》《索隐》《正义》皆训为衰微。②尚父：吕尚。见前"太公"条注。侧微：微贱。③卒：最终，终于。④周文王、武王以之为太师。⑤功劳为群臣之首。群公，泛指众大臣。⑥此谓暗中周密谋划。缪（móu），绸缪。紧密缠缚；绵密貌。此处可理解为周密，使……周密。权，权变，权谋术数，随机应变的谋略。⑦番番（pó pó）：通"皤皤"。形容头发白。⑧爰飨营丘：指受封于齐，建都营丘。飨（xiǎng），享受。营丘，后称临淄，在今山东淄博市东北。⑨不背柯盟：周禧（xī）王元年（公元前681年）冬，齐桓公与鲁君会于柯（齐阿邑，今山东东阿县西南），鲁大夫曹刿（《史记·齐太公世家》作曹沫）以匕首威逼桓公归还齐所侵占的鲁国土地，桓公许之，后又悔之，并欲杀曹刿。经管仲说明利害，桓公遂将所侵地如数归鲁。诸侯由此信齐而欲附之。⑩桓公：齐桓公小白（？—前643年）。春秋时齐君。前685—前643年在位。任管仲为相，力行改革，国富兵强。以"尊王攘夷"相号召，助燕胜北戎，救邢、卫，制止戎狄进攻中原；又联合诸侯进攻蔡、楚并与楚会盟；安定周室内乱；多次大会诸侯，订立盟约，成为春秋第一霸主。⑪九合诸侯：桓公会合诸侯不止九次。谓"九"，是泛指多数。⑫显彰：犹显赫。⑬指田恒与阚止争宠而杀齐简公事。田恒（一作常），即田成子（陈成子）。春秋末年齐大臣。他继续采取陈氏争取民众的办法，以大斗借贷，小斗收进。齐简公四年（前481年），杀简公，立平公，任相国，尽杀公族中之强者，扩大封邑，从此齐国由田氏（即陈氏）专权。阚止，即监止，字子我。简公与其父悼公出奔在鲁时，他追随左右，得到宠爱。后为政。田常与他争宠，发动政变，将他杀死（事在前481年）。⑭姜姓解亡：指齐国姜姓国君被田氏取代而亡。⑮父：师尚父，即齐太公吕尚。见前注。

依之违之①，周公绥之②；愤发文德③，天下和之④；辅翼成王⑤，诸侯宗周⑥。隐、桓之际⑦，是独何哉⑧？三桓争强⑨，鲁乃不昌⑩。嘉旦《金縢》⑪，作《周公世家》第三⑫。

【注释】

①指诸侯和部属对周或赞成拥护，或反对叛逆。②绥之：安抚之，安定之。③愤发文德：努力宣扬文德。愤发，指发愤努力。④和之：跟着做。⑤辅翼：辅佐保护。成王：周成王姬诵。武王子。武王死时，他年幼，由叔父周公摄政，后周公归政于他。⑥诸侯宗周：诸侯以周天子为天下宗主而尊崇之。⑦隐：鲁隐公息（一作息姑）。惠公庶子。前722—前712年摄君位。桓：鲁桓公姬允（一作子允）。惠公子，隐公异母弟。他听信公子挥谗言，纵容公子挥杀隐公而立己为君。前711—前694年在位。后与夫人去齐国，其夫人与襄公私通，他被襄公派人暗杀于车上。⑧是独何哉：那却是为什么呢？意思是周公宣扬文德，以礼乐兴邦，而其后代隐、桓之际却发生了上述非礼悖德之事，实在令人憾恨。⑨三桓：春秋后期掌握鲁国政权的三家贵族，即孟孙氏（一作仲孙氏）、叔孙氏、季孙氏。⑩据《鲁周公世家》载，至悼公（前466—前429年在位）之时，三桓胜，鲁君仅如小侯，卑于三桓之家。⑪旦：周公姬旦。《金縢》：武王克殷二年，有疾不愈，周公向先王祷祝，愿以己身代武王死，并问卜，让史官读其所书策文。占卜结果得吉兆，周公将策文收藏在金縢匮中。⑫今本《史记》作《鲁周公世家》。

武王克纣①，天下未协而崩②。成王既幼，管、蔡疑之③，淮夷叛之④，于是召公率德⑤，安集王室，以宁东土⑥。燕哙之禅⑦，乃成祸乱。嘉《甘棠》之诗⑧，作《燕世家》第四⑨。

【注释】

①纣：商纣王，即帝辛。见前注。②协：和洽。这里指和睦安宁。崩：旧称帝王死。③管：管叔。一作关叔。周初三监之一。名鲜，武王弟。被封于管（今河南郑州）。他和蔡叔等对周公摄政不服，怀疑周公要篡位，散布流言蜚语，后与纣子武庚等一起叛乱，被周公平定，他被杀死。一说自杀。④淮夷：古族名。夏至周分布于今淮河下游一带。管、蔡、武庚叛乱时，曾积极参与。后与徐戎数次联合抗周。春秋以后，附于楚。秦时，皆散为民户。⑤召（shào）公：即邵公。率（shuài）德：率之以德。以其高德重望率先帅范，使大家支持周公。⑥此谓周公东征平叛，召公留京安集王室，保证了东征的胜利，使东方得以安宁。东土，东方地区。因周都丰、镐在关西（关中），故称关东之地为东土（主要指原殷朝统治的中心地带，即今河南地区）。⑦指燕王哙（kuài）禅位事。燕王哙（？—前314年），战国时燕国君。名哙，一作佮。前320—前318年在位。燕王哙三年（前318年），让君位于相国子之。后太子平和将军市被等叛乱，齐宣王乘机攻占燕国，他和子之皆被杀。⑧《甘棠》：召公治陕以西，甚得民心。他巡行乡邑，以布文王之德，有时息于甘棠（棠梨）树下《诗》中有《甘棠》篇，称颂召公。⑨燕世家：今本《史记》作《燕召公世家》。

管蔡相武庚①，将宁旧商②；及旦摄政③，二叔不飨④；杀鲜放度⑤，周公为盟⑥；大任十子⑦，周以宗强⑧。嘉仲悔过⑨，作《管蔡世家》第五。

【注释】

①相武庚：辅佐武庚。实为监视武庚。武庚，周初分封的殷君。字禄父。纣王子。武王灭商后，仍封他为殷君。他乘管、蔡不满周公之机勾结三监，并联合东方夷族

叛乱。乱平，他也被害。②将宁旧商：将要安定商朝旧地。③旦：周公旦。④二叔：管叔、蔡叔。不飨：不奉献。指不服周公。⑤指周公杀死管叔鲜，流放蔡叔度。⑥《鲁周公世家》载："周公在丰，病，将没，曰：'必葬我成周，以明吾不敢离成王。'"此处所说"周公为盟"可能即指诸如上引周公表明忠于成王之心迹一类誓言。⑦大任：当作"太姒"（sì）：周文王正妃，武王母。大禹之后姒氏女。号曰"文母"。文王理外，文母治内。⑧周室以宗族繁盛而强大。⑨仲：蔡仲，名胡，蔡叔度之子。蔡叔死，他"乃改行，率德驯善"，周公请成王封之于蔡，为蔡国始祖。

王后不绝①，舜、禹是说②；维德休明③，苗裔蒙烈④。百世享祀⑤，爰周陈、杞⑥，楚实灭之⑦。齐田既起⑧，舜何人哉⑨！作《陈杞世家》第六⑩。

【注释】

①王后：古代帝王（如舜、禹）的后裔。②说（yuè）：通"悦"。喜悦，高兴。③休明：美好清明。④蒙：承受。承蒙。⑤享祀：享受祭祀。指有国。⑥到周朝有陈国和杞国。陈，妫姓古国，传为舜后。见前注。杞，姒姓古国，周初所封。开国君主传为禹后裔东楼公。⑦实：句中语气词，用以加强语意。⑧齐田：春秋中年，陈厉公子完奔齐，以陈字为田氏，其后代专齐政，田和终于代姜齐而为诸侯，前221年亡于秦。详见后"《田敬仲完世家》第十六"注。⑨意为舜是多么了不起的人啊！此句系赞美之辞，如解为"舜是个什么人呀？"则不合原意。⑩本篇在叙述陈、杞二国兴亡历史之后，对"唐、虞之际名有功德臣"舜、禹、契、后稷、皋陶、伯益等人的后裔享国情况做了总结性论述。

收殷余民①，叔封始邑②，申以商乱③，《酒》《材》是告④；及朔之生⑤，卫顷不宁⑥；南子恶蒯聩⑦，子父易名⑧。周德卑微⑨，战国既强⑩，卫以小弱⑪，角独后亡⑫。嘉彼《康诰》⑬，作《卫世家》第七⑭。

【注释】

①收：收拢，收罗。殷余民：殷遗民。②叔：康叔。卫国始祖。名封，武王弟。初封于康（今河南禹县西北），故称康叔。周公灭武庚，把殷民七族和商故都周围地区封给他，国号卫。成王又命他为周的司寇。始邑：始建卫国。③此句意为用商朝政治混乱的教训来申饬康叔。申，申饬，告诫。④《酒》：《酒诰》。康叔受封时，年龄尚小，周公恐其重蹈殷末贵族腐化堕落的覆辙，便写了《酒诰》以及《康诰》《梓材》三篇告诫之辞，同存于《尚书·周书》中。《材》：《梓材》。其主要内容为告诫康叔要实行德政。告：告诫，劝勉。⑤朔：卫惠公姬朔（？—前669年）。宣公之子。前699—前696年与前686—前669年在位。⑥此句意为卫国倾危不宁。顷，斜，侧，后来写作"倾"。⑦南子：也称禧（xǐ）夫人。春秋时卫灵公夫人。姓子。宋国贵族。与太子蒯聩不和。太子谋刺未遂，出奔晋。后太子即位，她即被杀。恶（wù）：憎恶，厌恶。蒯聩（kuì）：卫庄公（卫有两庄公，前庄公名扬）。灵公之子。前480—前478年在位。⑧儿子和父亲名分颠倒。指出公先立而其父庄公后继其位（实为夺位）。⑨周朝的统治日益衰败。德，恩德。此处指政治统治。⑩此句指战国时代秦、楚、齐、燕、赵、魏、韩等诸侯国强大起来。战国，本来是指连年争战不息的诸侯国，如"战国七雄"各是。西汉末刘向编《战国策》始作为时代名称，其开始年代有多种说法，现在一般以周元王元年到秦始皇二十六年（前475—前221年）中国统一为止；或以周威烈王二十三年（前403年）到秦始皇二十六年（前221年），称为战国时代。

⑪卫本为大国。前660年被翟击败，靠齐国帮助，自朝歌迁都楚丘（今河南滑县东），从此成为小国。昭公（前431—前426年在位）时，三晋强，卫如小侯，属之；成侯十六年（前346年）卫更贬号曰侯；嗣君五年（前320年）更贬号曰君，独有濮阳（今属河南）；元君（前252—前228年）为魏附庸，前241年秦拔卫濮阳，卫徙居野王（今河南沁阳），为秦附庸。⑫角：卫国最末君主。卫元君之子。前227—前209年在位。被秦二世废为庶人，卫亡。周初诸侯，卫为最后亡者。⑬《康诰》：卫康叔初封时，周公告诫他的文辞。参见前《酒》注。⑭今本《史记》作《卫康叔世家》。

　　嗟①，箕子乎②！嗟，箕子乎！正言不用，乃反为奴③。武庚既死，周封微子④。襄公伤于泓⑤，君子孰称⑥。景公谦德⑦，荧惑退行⑧。剔成暴虐⑨，宋乃灭亡⑩。嘉微子问太师⑪，作《宋世家》第八⑫。

【注释】

　　①嗟（jiē）：叹息，叹息声；感叹词。②以上可解为：可叹啊，箕子！箕（jī）子：商末贵族。纣王的叔父，官太师。封于箕（今山西太谷县东北）。曾劝谏纣王，纣王不听，将他囚禁。周武王灭商后被释放，并封于朝鲜。③《宋微子世家》载，箕子见纣王荒淫残暴而不听谏，乃披发佯狂而为奴。④微子：名启（一作开），纣王庶兄，封于微（今山西潞城县东北）。因见商将亡国，屡谏纣王，纣王不听，遂出走。周武王灭商时，向周乞降。周公灭武庚后，封他于宋。⑤襄公：宋襄公（？—前637年）。春秋时宋国君。子姓，名兹父。前650—前637年在位。齐桓公死后，他与楚争霸，一度为楚所拘。前638年伐郑，与救郑之楚军战于泓水（在今河南柘城县西北）。他讲究“仁义”，要待楚军渡河列阵后再战，结果大败受伤，次年伤重而死。或列其为五霸之一。⑥此句意为君子中有谁称赞。《公羊传》曰：“君子大（重视，尊敬）其不鼓不成列，临大事而不忘大礼，有君而无臣，认为虽文王之战亦不过此也。”孰，谁。⑦景公：宋景公头曼（？—前451年）。宋元公之子。前516—前451年在位。曾灭曹国而占有之。谦德：有谦逊之德。具体所指见下文。⑧宋景公三十七年（此据《宋微子世家》。应是三十九年即公元前478年），“荧惑守心”。荧（yíng）惑即火星，心指二十八宿之一的心宿，“荧惑守心”即指火星居于心宿。⑨剔成：战国时宋国君。宋辟公之子。前369—前329年在位。宋君剔成四十一年（前329年），剔成弟公子偃攻袭之，他败逃齐国，偃自立为宋君，称王。史传不见剔成暴虐的记载，而载有宋王偃穷兵黩武、“射天”、荒淫、拒谏和被诸侯称为“桀宋”等事，故此处“剔成”可能是“王偃”之误。⑩宋王偃四十七年（此据《宋微子世家》。当是四十三年即公元前286年），齐与魏、楚灭宋，三分其地，宋王偃奔魏，死于温。⑪微子数谏纣王，纣王不听。微子想自杀，又欲出走，犹豫不决，乃问（请教）于太师（据孔安国说是箕子）及少师（孔安国说是比干），太师告诉他徒死无益，不如出走，微子遂出走。⑫今本《史记》作《宋微子世家》。

　　武王既崩，叔虞邑唐①。君子讥名②，卒灭武公③。骊姬之爱④，乱者五世⑤；重耳不得意⑥，乃能成霸。六卿专权⑦，晋国以耗⑧。嘉文公锡珪鬯⑨，作《晋世家》第九⑩。

【注释】

　　①叔虞：周代晋国始祖。周成王弟，武王之子。字子于。受封于晋，建都于唐（今山西翼城西），故称唐叔虞。②君子讥名：君子讥刺晋穆侯给儿子命名不当。晋穆侯（前

811—前785年在位）太子名仇（古读 qiú），少子名成师。③此句谓曲沃武公终于灭晋而代之。穆侯死，弟殇叔自立，太子仇逃亡。后仇率众袭殇叔而立，是为文侯。文侯死，子昭侯立，封文侯弟成师于曲沃（今山西闻喜县东北），曲沃城大于晋都，而成师（号为曲沃桓叔）又很得晋人之心。昭侯七年（前739年）大夫潘父杀昭侯而迎曲沃桓叔，桓叔欲入晋，被晋兵击败，归曲沃。晋人立昭侯子孝侯。孝侯十六年（前724年），曲沃庄伯（桓叔子）入晋都杀孝侯，晋人逐之出，立孝侯子鄂侯。曲沃势日强，晋无力抵抗。曲沃庄伯之子名称，即曲沃武公，先后杀晋哀侯、小子侯。前679年，曲沃武公灭晋侯湣，以宝献周，周禧（xī）王承认他为晋君，是为晋武公（前716—前677年先后在位三十九年）。④晋献公宠爱骊姬。骊姬，一作丽姬。⑤结果造成晋国五世之乱。五世，指晋献公、晋君奚齐、晋君悼子（骊姬妹所生，奚齐之弟，立一月亦被里克杀死）、晋惠公（曾被秦俘虏）、晋怀公（惠公子，即位不久亦被杀）五君。⑥重耳：即晋文公（前697—前628年）。献公子。前636—前628年在位。因内乱，曾出奔在外十九年，由秦送回即位。整顿内政，富国强兵，平定周王室内乱，使襄王复位，以"尊王"相号召。城濮之战，大胜楚军；并在践土（今河南原阳县西南）。大会诸侯，成为霸主。不得意：犹不得志。⑦春秋晚期，晋国由赵、韩、魏、知、范、中行六卿专权。后范、中行、知氏被赵、韩、魏三家相继灭掉，晋亦为三家瓜分，晋君反而成为附庸。周威烈王二十三年（前403年），周天子正式承认三家为诸侯。卿，古代高级官名、爵位名，在公之下、大夫之上。⑧以：因而。秏（hào）：尽、完，灭亡，灭绝。⑨文公：见"重耳"条注。锡（xī）珪鬯（chàng）：得到天子赐给珪瓒和用黑黍酿成的香酒。周襄王二十年（前632年）城濮之战后，晋文公献楚俘于周，襄王派大夫王子虎策命文公为伯（诸侯盟主），赐给他秬（jù）鬯（用黑黍和香草酿成的香酒）一卣（yǒu 古酒器）、珪瓒以及虎贲（天子士卒）、车、弓矢等。锡，通"赐"。珪，帝王、诸侯举行朝会、祭祀时拿着的一种玉器。鬯，祭祀用的香酒。⑩《史记志疑》谓当书《唐叔世家》。

重黎业之①，吴回接之②；殷之季世③，粥子牒之④。周用熊绎⑤，熊渠是续⑥。庄王之贤⑦，乃复国陈⑧，既赦郑伯⑨，班师华元⑩。怀王客死⑪，兰咎屈原⑫；好谀信谗⑬，楚并于秦⑭。嘉庄王之义，作《楚世家》第十。

【注释】

①重黎：据《楚世家》谓为颛顼曾孙。②吴回：重黎弟。继重黎后为祝融，居火正。接之：犹继之。③季世：末世。④粥（yù）子：指鬻熊。吴回之孙季连的后裔。芈（mǐ）姓。曾事周文王。为楚国始祖。粥，同鬻。牒之：意为有简札记述世系（自鬻熊以后）。⑤熊绎：鬻熊曾孙。被周成王封于楚蛮，称楚子，居丹阳（今湖北秭归东南），与周公子伯禽、卫康叔子牟、齐太公子吕伋等一起奉事成王。⑥熊渠：熊绎玄孙。他做国君时，当周夷王、厉王之时，王室衰微，于是自立其三子为王（后去王号），并扩大疆土到长江中游。⑦庄王：楚庄王（？—前591年）。名旅（一作吕、侣）。前613—前591年在位。整顿内政，兴修水利，攻灭庸国，伐陆浑之戎，问鼎中原。后又大败晋军，陆续使鲁、陈、郑、宋等国归附，成为霸主。⑧楚庄王十六年（前598年），乘陈乱入陈，杀陈大夫夏征舒（杀陈灵公而自立为陈侯），灭陈以为县。楚大夫申叔时进谏，庄王乃立陈灵公太子午（是为陈成公），恢复陈国。⑨楚庄王十七年（前597年），围郑三月克之，郑伯哀求，庄王率军撤离三十里，与郑盟，赦其与晋盟之"罪"。郑伯，郑襄公姬坚（？—前587年），灵公兄弟。前604—前587年在位。⑩因赞赏宋大夫华元肯讲真话而解宋围，班师回国。楚庄王二十年（前

594 年），以宋杀楚过境使者而率军围宋，长达五月。城中乏食，华元夜见楚将，称城中"析骨而炊，易子而食"，庄王以其言信，赞为"君子"，遂罢兵离去。⑪怀王：楚怀王熊槐（或作相）。前 328—前 299 年在位。剥削严重，反对改革，先后被秦齐打败，失去汉中（今陕西湖北间地）等地。后入秦，被扣留，客死秦国。他曾乘越内乱，灭之而设郡江东。⑫兰咎屈原：指令尹子兰等诬害屈原。兰，即子兰，楚怀王幼子。⑬指楚怀王喜欢阿谀奉承，听信谗言。⑭前 223 年，秦灭楚，以其地设三郡。

　　少康之子①，实宾南海②，文身断发③，鼋鳝与处④，既守封禺⑤，奉禹之祀。句践困彼⑥，乃用种、蠡⑦。嘉句践夷蛮能脩其德⑧，灭强吴以尊周室⑨，作《越王句践世家》第十一。

【注释】

　　①相传古越国始祖是少康庶子无余。少康，夏代国王。姒姓。相之子。②宾（bīn）：排斥，抛弃。后来写作"摈"。因远封荒僻之地，形如弃之，故云。南海：先秦古籍或泛称南方各族居地，或有实际海域可指。此处当与《秦始皇本纪》"望于南海"之南海同，指今东海。无余被远封于越，在今浙江一带，地濒东海。③文身断发：在人体上绘或涂成带颜色的花纹或图形，谓之"文身"；割断头发，称之"断发"。文，同"纹"。④此句谓与鼋鱼、鼍（tuó）相处。形容其居地濒临江海，湖泊广布，十分荒凉，人与水族同居。鼋（yuán），元鱼，鼋鱼，即鳖。鼍（tuó），"鼍"的异体字，鳄鱼。此处不作"鳝"的异体字讲。⑤封禺：封山和禺（一作蝎）山的合称。⑥句（gōu）践：（？—前 465 年）。春秋战国之际越国君。又称菼执。前 497—前 465 年在位。⑦种：文种。越大夫。字少禽。楚国郢（今湖北江陵西北）人。越王勾践被困于会稽，他献计勾践，到吴贿赂太宰嚭，得免亡国。后执国政，佐勾践灭吴。后勾践信谗言而命他自杀。蠡（lǐ）：范蠡。越大夫。字少伯。楚国宛（yuān 今河南南阳市）人。曾在吴做人质二年，回越后助勾践图强灭吴。后游齐国，称鸱夷子皮。到陶（今山东定陶西北），改称陶朱公，以经商致富。在政治、经济方面有很卓越的见解。⑧夷蛮：古称少数民族。脩：通"修"。⑨前 473 年，越灭吴。

　　桓公之东①，太史是庸②。及侵周禾③，王人是议④。祭仲要盟⑤，郑久不昌⑥。子产之仁⑦，绍世称贤⑧。三晋侵伐⑨，郑纳于韩⑩。嘉厉公纳惠王⑪，作《郑世家》第十二。

【注释】

　　①指郑桓公东迁。桓公，郑桓公姬友（？—前 771 年）。周宣王弟。前806—前 771 年在位。初封于郑（今陕西华县东），幽王时任周司徒。周幽王三年（前779 年），见王室多故，把财产、部族、家属连同商人东迁至郐、东虢两国间，作为建立郑国的基础。②此句谓请教周太史伯而从其言。桓公见周室多乱，向太史伯请教迁往哪里可以逃脱灾难，太史告诉他应东迁"雒之东土、河济之南"，并预言齐、秦、晋、楚将兴起。桓公听纳其言，遂东迁。太史，官名，参见前"太史公"条注。庸，用，任用。此处指听用，听信。③郑庄公二十四年（前 720 年），因怨恨周将用虢公为王室卿士，庄公（桓公孙）派其臣祭足率军侵周，割取温地之麦，后又取成周（在今河南洛阳市东郊）之禾（谷子或泛指庄稼），周郑遂成仇敌。④此句意谓遭到周王和臣民的非议。⑤祭（zhài）仲（？—前 682 年）：

名仲，字仲足（或单称足）。郑国卿。庄公时，曾劝庄公抑制叔段，参与对周作战和救齐之役。庄公死，他先立昭公，后立厉公，专国政；后又迎立昭公，再立子亹、子婴。要（yāo）盟：犹劫盟。此处指被胁迫而订盟。庄公娶宋女生子突，宋庄公闻祭仲立昭公忽，乃诱召祭仲而执之，以死威胁他必立公子突。他许宋而与之立盟，遂立突为君（郑厉公）。⑥郑：姬姓古国。⑦子产（？—前522年）：即公孙侨、公孙成子。春秋时政治家。郑贵族子国之子，名侨，字子产，一字子美。简公时为卿，后执政，实行改革，整顿田界沟洫，发展农业，创立按"丘"征"赋"制度，把"刑书"（法律条文）铸在鼎上，不毁乡校以听取国人意见，并反对某些迷信举动，使郑气象一新。孔子许之以"仁"。⑧绍世：继世；犹后世。称贤：称赞子产贤能。⑨三晋：指三分晋国的韩、赵、魏三家，战国时为三诸侯国。参见前"六卿"条注。⑩此句指公元前375年，韩灭郑而占有之。纳，收纳，此指吞并。韩：战国七雄之一。开国君主韩景侯（名虔）是春秋晋国大夫韩武子后代，和魏、赵瓜分晋国。前403年始立为诸侯。建都阳翟（今河南禹县），灭郑后迁都新郑。⑪周惠王二年（前675年），周大臣奉禧王弟颓以伐王，不克，王出奔；燕、卫军队攻周，卒立王子颓。翌年，郑厉公发兵击颓，不胜，乃纳惠王于郑栎邑。惠王四年夏，厉公与虢公攻入周，杀颓，奉惠王复归于王城，王赐厉公虎牢以东之地。郑厉公（？—前673年），名突，庄公子，昭公弟。前700—前697年、前679—前673年两度在位。惠王，周惠王姬阆（？—652年），禧王子，公元前676—前652年在位。

维骥騄耳①，乃章造父②。赵夙事献③，衰续厥绪④。佐文尊王⑤，卒为晋辅⑥。襄子困辱⑦，乃禽智伯⑧。主父生缚⑨，饿死探爵⑩。王迁辟淫⑪，良将是斥⑫。嘉鞅讨周乱⑬，作《赵世家》第十三。

【注释】

①造父得骥、騄耳等骏马献给周穆王并为穆王驾车。骥，千里马，与騄耳均为穆王八骏之一。騄耳，亦作"騄駬""绿耳"，亦名马之名。当为绿色马。②此句谓造父由此出名。章，通"彰"。明显，显著。造父，人名，古之善御（驾车）者。得到周穆王（武王玄孙）的宠幸。③赵夙：造父十二代孙。晋献公时为将，伐霍（周武王弟叔处封国，在今山西霍县西南）灭之（事在前661年），受赐耿（小国，在今山西河津市南汾水南岸）。献：晋献公姬诡诸（？—前651年），武公子，前676—前651年在位。迁都于绛（今山西翼城东南），陆续攻灭周围小国，使晋强大。④衰（cuī）：赵衰（？—前622年），即赵成子。春秋时晋国卿。字子余。又称成李、孟子余。随从晋文公流亡，并助其回国即位。任原（今河南济源北）大夫，亦称原季。⑤文：晋文公重耳（前697—前628年）。献公子。前636—前628年在位。见前"重耳"条注。⑥卒：终于。辅：辅佐之臣，大臣。⑦襄子：赵襄子毋恤（？—前425年）。晋大夫。一作赵毋卹。赵鞅之子。⑧禽：捕捉。后来写作"擒"。智伯：一作知伯，即荀瑶。晋大夫。因与赵襄子有怨，后被赵、韩、魏诛灭（见前注）。他曾与韩、赵、魏三家灭范、中行氏，驱逐晋出公，立懿公（或作哀公）。⑨主父：即赵武灵王雍（？—前295年）。战国时赵国君，前325—前299年在位。前302年，他进行军事改革，改穿胡服，学习骑射。灭中山国，破林胡、楼烦，国势大盛。二十七年传位于王子何（惠文王），自称主父。后饿死。生缚：活活被捆住手脚。指被围困。⑩武灵王初立公子章为太子，后封章为代安阳君，而立公子何为王。前295年，章与其臣田不礼作乱，杀大臣肥义。公子成、

李兑谋章，遂围主父宫。⑪王迁：幽缪王赵迁。悼襄王子。前235—前228年在位。诛名将李牧。前228年，秦击赵，大破之，尽定取赵地，他被俘虏。公子嘉自立为代王（前222年亡于秦）。辟（pì）淫：邪僻淫乱。⑫贬斥良将。良将，指李牧等。⑬鞅：赵鞅，即赵简子。

毕万爵魏①，卜人知之②。及绛戮干③，戎翟和之④，文侯慕义⑤，子夏师之⑥。惠王自矜⑦，齐秦攻之⑧。既疑信陵⑨，诸侯罢之⑩。卒亡大梁⑪，王假厮之⑫。嘉武佐晋文申霸道⑬，作《魏世家》第十四。

【注释】

①毕万：春秋时晋国大夫。毕公高的后代。公元前661年，晋灭魏（今山西芮城县东北），命为魏大夫。是晋卿魏氏之始祖。爵魏：受封于魏。②毕万被封于魏，卜官郭偃说："毕万的后代一定会富贵强大。"并讲了一套"理由"；在此之前，毕万占卜事奉晋君是否吉利，占得一卦，卜官辛廖占之曰"这非常吉利，其后世必然昌盛"云云。卜人，古代（尤其是殷周时代）以占卜为业的人。宫廷中的卜人与巫、祝等构成神职集团，很有权势。此处据《魏世家·索隐》说是指晋国掌占卜的大夫郭偃。③绛：魏绛，即魏庄子。④悼公使魏绛与戎翟和好，结果很成功。戎，我国古代对西部民族的通称。翟（dí），通"狄"，古时北方的一个民族。⑤文侯：魏文侯魏斯（？—前396年）。⑥此句谓以子夏为师。史载"文侯受子夏经艺"。子夏（前507—？），春秋战国之际晋国温（今河南温县西南）人，一说卫国人。卜氏，名商。孔子学生。为莒父宰。孔子死后，卜氏到魏国西河（济水、黄河间）讲学，有"学而优则仕"等主要观点，李克、吴起都是他学生，魏文侯也尊以为师。相传《诗》《春秋》等儒家经典是由他传授下来的。⑦惠王：魏惠王魏罃（前400—前319年），即梁惠王。战国时魏国君。前369—前319年在位。迁都大梁（今河南开封），开凿鸿沟，并于前344年召集逢泽（今开封西南）之会，自称为王。后被齐大败于马陵（今河南范县西南），国势渐衰。⑧惠王时，齐、秦攻魏之战发生近十次，魏多不利。⑨信陵：信陵君魏无忌（？—前243年）。战国魏贵族，安禧（xǐ）王弟。号信陵君。⑩信陵君失势，酗酒而死。秦即攻夺魏二十城，后日渐蚕食魏国，前225年灭魏。罢之，指诸侯不再亲近魏国。⑪魏王假（一作嘉）三年（前225年），秦攻魏，引河水灌大梁，城坏，虏王假，尽取其地，魏亡。⑫王假：魏王假，魏景湣王子，前227—前225年在位。厮之：秦虏假后，让他做厮养卒（杂役之贱者）。⑬武：魏武子。毕万之子。申：舒展，伸直。此指创立。后来写作"伸"。

韩厥阴德①，赵武攸兴②；绍绝立废③，晋人宗之④。昭侯显列⑤，申子庸之⑥。疑非不信⑦，秦人袭之⑧。嘉厥辅晋匡周天子之赋⑨，作《韩世家》第十五。

【注释】

①韩厥（？—前566年）：即韩献子。②赵武（？—前541年）：即赵文子，亦称赵孟。春秋时晋大夫。赵氏灭，他随其母庄姬（晋成公之女）匿养宫中，后得立为赵嗣。③犹继绝立废。④宗之：尊崇之。⑤昭侯：韩昭侯（？—前333年）。战国时韩国君，懿侯子。前362—前333年在位。用申不害为相，国内以治。显列：在诸侯中居于显要地位。⑥指重用申不害。申子，申不害（约前385—前337年）。战国时法家。⑦指韩王安（韩亡国之君）怀疑韩非而不信用他。非，韩非，见前注。⑧韩王安五年（前234年），秦攻韩，韩使韩非出使秦国（后杀之）。⑨指韩厥辅佐晋君成公、景公、厉公、悼公，使文公霸业不衰，抑制强楚，而周天子

得以维持其尊严。

完子避难①，适齐为援②，阴施五世③，齐人歌之④。成子得政⑤，田和为侯⑥。王建动心⑦，乃迁于共⑧。嘉威、宣能拨浊世而独宗周⑨，作《田敬仲完世家》第十六。

【注释】

①完子：陈完，即田敬仲。②到齐国诸求帮助。援，救助，帮助。③阴施：暗中布施。指田氏借贷给民，大斗借出，小斗收进，其收赋税亦用小斗，以此小恩小惠争取民心。五世：指田无宇（桓子）、田乞（禧〔xī〕子）、田常（成子）、田盘（襄子）、田白（庄子）祖孙五代。④齐国百姓歌颂田氏。田氏"得齐众心"，民"归之者如流水"，且歌之曰："妪乎采芑（qǐ），归乎田成子！"⑤成子：田成子（陈成子）。见前《齐太公世家》"田"字注。⑥田和（？—前384年）：齐宣公、康公相，专齐政，迁康公于海滨。公元前386年，被周天子正式承认为诸侯，是为（田齐）太公。⑦王建：齐王建，襄王子，前264——前221年在位。⑧共：古邑名，在今河南辉县。齐王建投降后，被秦迁于此地。⑨威：齐威王田因齐（一作婴齐。？—前320年），前356—前320年在位。

周室既衰，诸侯恣行。仲尼悼礼废乐崩①，追脩经术，以达王道，匡乱世反之于正②，见其文辞③，为天下制仪法④，垂《六艺》之统纪于后世⑤。作《孔子世家》第十七。

【注释】

①仲尼：孔子字。悼：悲，悲伤。对……感到悲伤。②匡：纠正。反：通"返"。③见（xiàn）：通"现"。显现。④仪法：法度，准则。⑤垂：施，赐；流传。《六艺》：指《六经》，即《诗》《书》《礼》《易》《春秋》《乐》六部儒家经典。

桀、纣失其道而汤、武作，周失其道而《春秋》作。秦失其政，而陈涉发迹①，诸侯作难②，风起云蒸③，卒亡秦族。天下之端，自涉发难。作《陈涉世家》第十八。

【注释】

①陈涉（？—前208年）：秦末农民起义领袖。名胜，字涉，阳城（今河南登封县东南）人。出身雇农。秦二世元年（前209年），被征屯戍渔阳（治今北京市密云西南），同吴广在蕲县大泽乡（今安徽宿县东南刘村集）发动九百戍卒起义。起义军很快发展到几万人，并在陈县（今河南淮阳）建立楚政权，他被推为王。旋即派兵攻取赵魏之地，并进攻关中。后秦军围陈县，他率部英勇奋战，失利后退出，为叛徒庄贾杀害。②作难：指造反、作乱。③风起云蒸（zhēng）：犹风起云涌。

成皋之台①，薄氏始基②。诎意适代③，厥崇诸窦④，栗姬偩贵⑤，王氏乃遂⑥。陈后太骄⑦，卒尊子夫⑧。嘉夫德若斯⑨，作《外戚世家》第十九⑩。

【注释】

①指河南宫成皋台。成皋，古邑，汉置县，在今河南荥阳市汜水镇。②此句是说这是外戚薄氏兴起的发祥地。薄氏，汉文帝母薄太后（？—前155年）。③窦太后（？—前135年或前129年），清河观津（今河北衡水市东）人。诎（qū）意：屈意，违心。

适：往。指上述被迫前往代国事。④此句谓乃使窦氏家族得到富贵。诸窦，指窦太后兄长君、长君子彭祖（封南皮侯）及太后弟广国（封章武侯）、太后堂侄窦婴（封魏其侯，曾任武帝丞相）等。⑤栗姬：齐人。为汉景帝姬，生长男刘荣，荣立为太子。负（fù）贵：仗恃地位尊贵而自骄于人。负，通"负"。恃，凭借，依仗。⑥王氏：王太后（？—前125年）。景帝皇后。槐里（今陕西兴平市东南）人。其母先嫁王氏，生一男两女（太后即其一）；后改嫁田氏，生男蚡、胜。王太后初嫁金氏，后被送入太子（即景帝）宫中，得宠，生三女一男。乃遂：才得以飞黄腾达。遂，通，达；顺利地成长。⑦陈后：即陈阿娇。武帝皇后。其母长公主刘嫖，助武帝继位，陈后以此娇贵。后被废。⑧子夫：卫子夫（？—前91年）。武帝皇后。河东平阳（今山西临汾市西南）人。初为武帝姊平阳公主家歌女，后入宫。⑨赞美卫子夫德行如此之好。夫，卫子夫。若斯，如此，像这样。斯，此。⑩本篇后附有褚少孙补传。《外戚世家》主要记述皇后、皇太后事迹（兼及主要妃子），次及"外戚"事略。

汉既谲谋①，禽信于陈②；越、荆剽轻③，乃封弟交为楚王④，爰都彭城⑤，以强淮、泗⑥，为汉宗藩⑦。戊溺于邪⑧，礼复绍之⑨。嘉游辅祖⑩，作《楚元王世家》第二十⑪。

【注释】

①指汉高帝刘邦设诡计擒拿韩信。谲（jué），欺诈，耍弄手段。②信：韩信（？—前196年）。汉初诸侯王。淮阴（今江苏淮安市淮阴区西南）人。初属项羽，继归刘邦。③楚越之民剽悍轻捷，不易驯服。荆，楚的别称，又称荆蛮。剽，剽悍，又作"慓悍"。④交：楚元王刘交（？—前179年）。刘邦弟，以高祖六年韩信被擒后得封为楚王，有东海、彭城、薛郡三十六县地，约相当今山东、江苏、安徽部分地区。⑤彭城：古县名，治今江苏徐州市。⑥以加强对淮、泗地区的统治。淮，淮河。泗，古泗水，见前注。⑦宗藩：同宗属国，同宗的藩屏。藩，藩屏，藩属。⑧戊：楚王刘戊（？—前154年）。刘交孙。邪：邪僻，奸邪。⑨礼：楚文王刘礼（？—前151年）。交子，初封平陆侯，任宗正。⑩游：楚元王刘交字。祖：汉高祖刘邦。⑪本篇并记赵幽王刘友世家。

维祖师旅①，刘贾是与②；为布所袭③，丧其荆、吴④。营陵激吕⑤，乃王琅邪⑥；怵午信齐⑦，往而不归，遂西入关⑧，遭立孝文⑨，获复王燕⑩。天下未集⑪，贾、泽以族⑫，为汉藩辅。作《荆燕世家》第二十一。

【注释】

①此指汉高祖起兵反秦。祖，汉高祖。师旅，军队。②刘贾参加高祖的军队。刘贾（？——前196年），刘邦堂兄（此据《汉书》）。③布：英布（？—前195年）。汉初诸侯王。六县（今安徽六安东北）人。曾因犯法黥面（面上刺刻并涂墨），又称黥布。秦末率骊山刑徒起义，属项羽，作战勇敢，封九江王。后归汉，从刘邦击灭项羽，封淮南王。刘邦屠戮功臣，他于高祖十一年（前196年）领兵反，袭杀刘贾，后被刘邦击破，逃江南，为长沙王诱杀。④荆、吴：荆、吴之地，即荆王封国。⑤此句意为营陵侯刘泽因田子春感动吕后。营陵，县名，古城在今山东昌乐县东南。营陵侯刘泽（？—前178年），刘邦堂兄弟。初为郎中，后以将军击陈豨，封营陵侯，结交齐人田生（子春）。⑥琅邪（yá）：原为秦所置郡，吕后以之为国，刘泽徙封燕王后归齐国。治琅邪（今山东胶南市琅邪台西北），西汉移治东武（今山东诸城市），

辖今山东半岛东南部。⑦被祝午诱骗而轻信齐王。⑧刘泽在齐，不得返国，向齐王假说己愿入关说服诸大臣立齐王为帝，齐王信之，送他西去。关，关中，函谷关以西，为汉都长安所在地。⑨遭：遭遇，碰上，遇到。⑩得到机会，又被徙封燕王。西汉燕王封国，都蓟（今北京市西南），有战国燕国故地。获，得到。复，又。⑪集：安集，安定。通"辑"。⑫以族：以其为高祖同族兄弟。

天下已平，亲属既寡；悼惠先壮①，实镇东土②。哀王擅兴③，发怒诸吕④，驷钧暴戾⑤，京师弗许⑥。厉之内淫⑦，祸成主父⑧。嘉肥股肱⑨，作《齐悼惠王世家》第二十二⑩。

【注释】

①悼惠：齐悼惠王刘肥（？—前189年）。刘邦庶长子，惠帝异母兄。高祖六年，封为齐王，有齐地七十城，都临淄（今山东淄博东北）。先壮：先长大成人。②实：语气词，用以加强语气。镇：镇守。东土：东部国土，指齐地。③哀王：齐哀王刘襄（？—前179年）。刘肥子，前188—前179年在王位。擅兴：擅自兴兵。事见前"祝午信齐"条注。④对诸吕用事感到愤怒。⑤驷钧：齐哀王舅父。齐哀王起兵时任为相。暴戾：粗暴乖张；残酷凶恶。⑥朝中大臣与琅邪王刘泽认为齐哀王舅父驷钧凶恶粗暴，如立齐王，恐蹈诸吕乱国覆辙，遂不许齐王为帝，而立代王。京师，指朝廷。⑦厉：齐厉王刘次景（？—前127年）。齐懿王子。前131—前127年在王位。与其姊通奸，被主父偃（武帝任其为齐相）按治，年少惧被捕，饮药自杀，国除。内淫：亲属之间淫乱。⑧此句谓杀身之祸成于主父偃之手。主父，主父偃（？—前126年），临淄人。主父为复姓。任中大夫。建议武帝下"推恩"令，以削弱王国势力。《汉书·艺文志》纵横家有《主父偃》二十八篇，今有辑本。⑨肥：齐悼惠王刘肥。⑩本篇兼述城阳、济北、济南、淄川、胶西、胶东王（皆齐悼惠王子）事略。

楚人围我荥阳①，相守三年②；萧何填抚山西③，推计踵兵④，给粮食不绝⑤，使百姓爱汉，不乐为楚⑥。作《萧相国世家》第二十三。

【注释】

①楚人：指楚霸王项羽的军队。我：我方，指汉王刘邦士兵。荥阳：县名。荥一作"荧"治所在今河南荥阳市东北。②汉王刘邦二年（前205年）五月，刘邦至荥阳，与楚相持；翌年四月，楚围刘邦于荥阳；同年六月，项羽攻陷荥阳，刘邦逃。汉王四年，与楚约中分天下，以鸿沟为界，东属楚，西属汉；五年（前202年）十月，刘邦击项羽；十二月，项羽灭。相守，相持。③萧何（？—前193年）：汉初大臣。沛县（今属江苏）人。初为沛县吏。秦末佐刘邦起义。刘邦入咸阳，他收取秦政府的律令图书，掌握了全国的许多重要情况。楚汉战争中，荐韩信为大将，自以丞相留守关中，以人力物力支援前线。对刘邦灭项羽、建立汉朝贡献甚大。后封酂侯，制定律令制度，助高祖灭韩信等异姓诸侯王。填（zhèn）抚：镇抚。安定抚慰。填，通"镇"④推计：推算，计算；登记。指计算户口，按户口征粮征兵。踵（zhǒng）兵：追随部队。⑤给（jǐ）：供给。⑥不乐为楚：不乐意为楚霸王一方出力，成为楚的臣民。

与信定魏①，破赵拔齐②，遂弱楚人③。续何相国④，不变不革⑤，黎庶攸宁⑥。嘉参不伐功矜能⑦，作《曹相国世家》第二十四。

【注释】

①与韩信一起平定魏地。②拔：攻取。③弱：削弱。使……弱。④指继萧何之后为汉朝相国。⑤史载曹参为相，"举事无所变更，一遵萧何约束"，有"萧规曹随"之称。⑥黎庶：老百姓。攸：所，助词。⑦参：曹参（？—前190年）。汉初大臣。沛县人。曾为沛县狱吏。从刘邦起义，屡立战功。汉朝建立，封平阳侯。代功矜（jīn）能：夸耀自己的功劳和才能。伐、矜，均有"夸耀""卖弄"之意。

运筹帷幄之中，制胜于无形①。子房计谋其事②，无知名③，无勇功④，图难于易，为大于细⑤。作《留侯世家》第二十五。

【注释】

①《高祖本纪》："夫运筹策帷幄之中，决胜于千里之外，吾（高祖自称）不如子房。"运筹，策划，筹划。帷幄（wéi wò），军队的帐幕。制胜，取胜。无形，指人们不知其妙计。《孙子·虚实篇》："形兵之极，至于无形，人皆知我所以胜之形，而莫知吾所以制胜之形。"②子房：张良（？—前186年）。汉初大臣。字子房。传为城父（今河南宝丰县东）人。③知（zhì）：通"智"。④《孙子·形篇》："善战者之胜也，无智名，无勇功。"⑤从容易处着手解决困难问题，从小处着手做成大事。细，小。语出《老子》。

六奇既用①，诸侯宾从于汉②。吕氏之事③，平为本谋④，终安宗庙⑤，定社稷⑥。作《陈丞相世家》第二十六。

【注释】

①《陈丞相世家》："凡六出奇计，辄益封，凡六益封。奇计或颇秘，世莫能闻也。"②宾从：服从，归附。③指消灭诸吕之事。④平：陈平（？—前178年）。汉初大臣。阳武（今河南原阳县东南）人。⑤宗庙：帝王祭祖之所。转指朝廷。⑥社稷：古时帝王皆祭社（土地神）、稷（谷神），后来即以社稷代称国家。

诸吕为从①，谋弱京师②，而勃反经合于权③；吴楚之兵④，亚夫驻于昌邑⑤，以厄齐赵⑥，而出委以梁⑦。作《绛侯世家》第二十七。

【注释】

①从（zòng）：放纵邪僻。②京师：指汉朝皇室。③勃：周勃（？—前169年）。汉初大臣。沛县人。反经：犹反常。反，背离。经，常，常规。指刘氏皇家正统。权：因事制宜。权变。④指吴楚起兵叛乱。⑤亚夫：周亚夫（？—前143年）。汉代名将。周勃子。初封条侯。文帝时，以河内守为将军，驻守细柳（今陕西咸阳西南），防御匈奴，军令严整。景帝时，任太尉，平定吴楚七国之乱，迁为丞相。昌邑：县名。治今山东巨野东南。⑥厄：阻扼，扼制。⑦指周亚夫不理梁孝王求救，出精兵击破吴叛军。吴军攻梁急，梁王请亚夫，亚夫不往；梁王上书，景帝诏亚夫救梁，亚夫不奉诏，而出轻骑兵断吴楚粮道，终获大胜。

七国叛逆，蕃屏京师①，唯梁为扞②；偱爱矜功，几获于祸③。嘉其能距吴楚④，作《梁孝王世家》第二十八。

【注释】

①蕃：通"藩"。②梁：梁孝王刘武（？—前144年）。汉文帝子。初封代王，

改封淮阳王。文帝十二年（前168年），徙封梁王，有四十余城，辖境约当今山东、河北、河南部分地区，都睢阳（今河南商丘南）。扞（hàn）：抵御；保卫。③梁孝王与景帝皆为窦太后子，而孝王为弟，太后溺爱他，赏赐不计其数，并欲立为太子，遭大臣及袁盎等反对。孝王怀恨在心，派人暗杀袁盎及反对立他为太子的大臣十余人，被景帝派人侦破，勉强保住性命。④距：通"拒"。抵御，抗御。

五宗既王①，亲属洽和，诸侯大小为藩，爱得其宜②，僭拟之事稍衰贬矣③。作《五宗世家》第二十九。

【注释】

①五宗：汉景帝子十四人，其一为武帝，余十三人为王。《汉书》称为"景十三王"。十三王之母五人，同母者为宗亲，故称"五宗"。②宜：合适，适宜。③僭（jiàn）拟：僭位而拟于天子。僭，超越本分（自己的地位名分）。

三子之王①，文辞可观②。作《三王世家》第三十③。

【注释】

①指武帝三子被封为王。武帝王夫人生齐怀王闳，李姬生燕剌王旦、广陵厉王胥，于元狩六年（前117年）同日封为王。②指武帝封三王时分别赐给他们的策文文辞典雅庄重并各以国土风俗申戒之，值得观览。③司马迁原作已佚，今本《史记·三王世家》系褚少孙补编，可参阅《汉书·武五子传》。

末世争利，维彼奔义①；让国饿死，天下称之。作《伯夷列传》第一②。

【注释】

①彼：指伯夷、叔齐。②本篇记述伯夷、叔齐事迹，而引述孔子有关言论加以议论，本传部分甚短。伯夷，商末孤竹君长子。墨胎氏。初，孤竹君以次子叔齐为继承人，孤竹君死后，叔齐让位，他不受，后二人都投奔到周。到周后，反对武王伐纣。武王灭商后，他们又逃到首阳山，不食周粟而死。列传（zhuàn），司马迁首创中国纪传体史书体裁之一，为以后历代纪传体史书所沿用。一般用于记述帝皇以外的人物事迹（凡侯王而能世袭者，《史记》原列入"世家"，后世纪传体史书取消"世家"，统称为"列传"或"传"）。

晏子俭矣①，夷吾则奢②；齐以霸③，景公以治④。作《管晏列传》第二。

【注释】

①晏子：即晏婴（？—前500年）。春秋时齐国大夫。字平仲。夷维（今山东高密）人。历任灵公、庄公、景公三世卿。曾出使至晋，与晋大夫叔向议论齐政，预言田氏终将代齐。以节俭力行见重于齐，"食不重肉，妾不衣帛"。②夷吾：管夷吾，即管敬仲（？—前645年）。春秋初期政治家。名夷吾，字仲，颍上（颍水之滨）人。任齐桓公卿，尊称"仲父"进行改革，使齐国力大振。助桓公以"尊王攘夷"相号召，使之成为春秋时第一个霸主。③指齐桓公因得管仲辅佐而称霸。齐桓，齐桓公，见前注。④齐景公因得晏婴辅佐而国治。景公，齐景公杵臼（？—前490年）。春秋时齐国君。前517—前490年在位。

李耳无为自化①，清净自正②；韩非揣事情③，循势理。作《老子韩非列传》第三④。

【注释】

　　①李耳：说即老聃、老子。姓李名耳，安伯阳。春秋时思想家，道家创始人。楚国苦县（今河南鹿邑东）厉乡曲仁里人。做过周朝"守藏室之史"（管理藏书的史官）。《老子》一书是否为老子所作，历来有争论。②《老子》第五十七章："我无为而民自化。我好静而民自正。"老子主张统治者要顺其自然，清净寡欲（"静"通"净"），这样，百姓便自化于善，自归于正。③揣（chuǎi）：揣度。推测，估量。此处可解为研究，琢磨。④本篇并记庄子、申不害事迹。

　　自古王者而有《司马法》①，穰苴能申明之②。作《司马穰苴列传》第四。

【注释】

　　①王者：帝王。②穰（ráng）苴：司马穰苴。即田穰苴。申明：阐发并使之明确。与今之"申明"（郑重声明）义异。

　　非信、廉、仁、勇不能传兵论剑①，与道同符②，内可以治身③，外可以应变，君子比德焉④。作《孙子吴起列传》第五⑤。

【注释】

　　①传兵论剑：传授兵法，谈论剑术。②与"道"相符合。③治身：修身。自我修养。④君子亲近并以之为德。比，亲近，重视并接触。⑤孙子吴起：见前"孙""吴"条注。本篇并记孙膑事迹。

　　维建遇谗①，爰及子奢②，尚既匡父③，伍员奔吴④。作《伍子胥列传》第六。

【注释】

　　①建：楚平王（前528—前516年在位）的太子。②及：涉及。指连累。子奢：伍奢，一作伍子奢（？—前522年）。春秋后期楚国大夫，太子太傅。③尚：伍尚。伍奢长子。平王因奢，使人召他与其弟员，诈称："来则赦奢，不来则杀奢。"他明知去则必死，而竟前往，遂与父俱被杀。匡：救；辅助。④伍员（yún）：伍子胥。伍奢次子，父兄被杀后逃出楚国。

　　孔氏述文①，弟子兴业，咸为师傅②，崇仁厉义③。作《仲尼弟子列传》第七。

【注释】

　　①孔氏：指孔子。述文：传授文化，讲论道德。②咸：都，全。师傅：老师，包括教师和王者之师。③厉：通"励"。勉励，激励。

　　鞅去卫适秦①，能明其术②，强霸孝公③，后世遵其法。作《商君列传》第八。

【注释】

　　①鞅：公孙鞅，即商鞅（约前390—前338年）。战国时政治家。卫国人，公孙氏，名鞅。亦称卫鞅。②明：阐明。术：治国之术。③使秦国富强，孝公称霸。孝公，秦孝公嬴渠梁（前381—前338年）。战国时秦国君。前361—前338年在位。用商鞅变法，并迁都咸阳（今陕西咸阳市东北），使秦富强，称霸诸侯，此处言"霸"，是用春秋五霸之义以喻孝公时秦国之强。

　　天下患衡秦毋厌①，而苏子能存诸侯②，约从以抑贪强③。作《苏秦列传》第九④。

【注释】

①衡：通"横"，东西方向（地理），与"纵"相对。衡指连横（合横、连衡）。毋餍（yàn）：贪得无厌。②苏子：苏秦。战国时东周洛阳（今河南洛阳市东北）人。字季子。奉燕昭王命入齐反间，以便攻齐复仇。③约从（zòng）：相约合纵；合纵。从，纵。后来写作"纵"。④本篇并记苏代、苏厉事迹。

六国既从亲①，而张仪能明其说②，复散解诸侯③。作《张仪列传》第十④。

【注释】

①从（zōng）亲：合纵相亲近。②张仪（？—前310年）：战国时魏国贵族后代。③散解：分化瓦解。解散。④本篇兼记陈轸、公孙衍事迹。

秦所以东攘雄诸侯①，樗里、甘茂之策②。作《樗里甘茂列传》第十一③。

【注释】

①所以：之所以能够……。攘：窃取，引申为侵夺。雄诸侯：雄踞于诸侯之上。称雄于诸侯。②樗（chū）里：樗里子，即嬴疾。甘茂：楚国下蔡（今安徽凤台）人。少学百家术，入秦为惠王将，佐魏章夺得汉中地。武王时，为左丞相。取韩地，并攻魏。③今本《史记》作《樗里子甘茂列传》。兼记甘罗事迹。

苞河山①，围大梁②，使诸侯敛手而事秦者③，魏冉之功④。作《穰侯列传》第十二。

【注释】

①苞河山：席卷山河。②秦昭王三十二年（前275年），魏冉率军攻魏，围大梁（今河南开封）。韩救魏，为秦所败，斩首四万，魏割温于秦以和。③敛手：拱手。④魏冉：秦大臣。原为楚人，秦昭王母宣太后异父弟。

南拔鄢郢①，北摧长平，遂围邯郸②，武安为率③；破荆灭赵④，王翦之计⑤。作《白起王翦列传》第十三⑥。

【注释】

①鄢郢：战国时楚都，白起所拔之郢即鄢郢。②秦昭王四十八年（前259年），长平之役后，秦五大夫王陵攻赵都邯郸，不克；翌年，王龁（hé）代陵，继续围邯郸；至五十年，秦昭王由于白起不肯将兵而杀之，秦军亦大败于邯郸城下。③武安：武安君白起。率：同"帅"。主将。④秦王政十一年（前236年），王翦等攻赵，取九城；十九年（前228年），翦破赵，尽定取赵地，虏赵王迁，赵公子嘉自立为代王（二十五年，被王贲俘虏，赵亡）。秦王政二十三年（前224年），王翦等破楚，虏楚王负刍，楚将项燕立昌平君于淮南；翌年，翦等再破楚军，昌平君死，项燕自杀，楚亡。⑤王翦：频阳（今陕西富平县东北）人。受秦王政重用，为将军，破赵、燕，灭楚。封武成侯。⑥本篇兼记王贲、李信事迹。

猎儒墨之遗文①，明礼义之统纪，绝惠王利端②，列往世兴衰。作《孟子荀卿列传》第十四③。

【注释】

①猎：猎取，涉猎。又通"擸"，用手将齐，整理。②《孟子·梁惠王》上：

"孟子见梁惠王。王曰：'叟不远千里而来，亦将有以利吾国乎？'孟子对曰：'王何必曰利，亦有仁义而已矣！……'"孟子阐述统治者逐利而行的危害，要惠王根绝逐利念头，推行仁政。绝，根绝。惠王，梁惠王，即魏惠王，见前注。③孟子（约前372—前289年）：中国古代著名的思想家、政论家、战国时儒家的主要代表人物。名轲。邹（今山东邹县东南）人。受业于子思的门人。游历宋、滕、魏、齐诸国，任齐宣王的卿。退而著书立说，有弟子多人。荀卿：即荀子（约前313—约前230年）。战国晚期著名思想家。名况。时人尊而号为"卿"，汉人避宣帝讳而称孙卿。赵国人。游学于齐，曾在稷下三为祭酒。游历秦、赵、楚诸国，在楚任兰陵（今山东苍山县西南兰陵镇）令，后著书终老于此。韩非、李斯皆其学生。

好客喜士①，士归于薛②，为齐扞楚、魏③。作《孟尝君列传》第十五④。

【注释】

①好（hào）：喜爱。客：门客，食客。②薛：孟尝君封地，在今山东滕州市南。此处兼指薛公孟尝君。③详见下注。④孟尝君：即田文。战国齐贵族。齐相田婴子，袭封薛，称薛公，号为孟尝君。

争冯亭以权①，如楚以救邯郸之围②，使其君复称于诸侯。作《平原君虞卿列传》第十六③。

【注释】

①赵孝成王四年（前262年），韩上党守冯亭派人请将上党城邑十七座降赵，赵王听信平原君及赵禹的建议，受降，引起秦的忌恨。两年后，秦大破赵军于长平。《集解》引谯周曰："长平之陷，乃赵王信间易将之咎（指赵王听信秦反间流言，以赵括代廉颇为将），何怨平原受冯亭哉？"②事见下注。如，到某处去。③平原君（？—前251年）：即赵胜。赵惠文王弟，封于东武城（今山东武城西北），号平原君。任赵相，有食客数千人。赵孝成王七年（前259年），秦围邯郸，他组织力量坚守三年之久。后亲赴楚求救，又发书求魏救，得到两国援救，击败秦军。虞卿：一作虞庆、吴庆。虞氏，名失传，因进说赵孝成王，被任为上卿，称为虞卿。主张以赵为主，合纵抗秦。长平之战前，建议联合楚魏迫秦讲和，后又反对割地给秦。

能以富贵下贫贱①，贤能诎于不肖②，唯信陵君为能行之③。作《魏公子列传》第十七。

【注释】

①下：退让；屈己尊人。②此句前省"以"字。诎，屈，屈就。本篇载：魏"公子（信陵君）为人仁而下士，士无贤不肖皆谦而礼交之，不敢以其富贵骄士"。③信陵君：见前"信陵"条注。

以身徇君①，遂脱强秦，使驰说之士南乡走楚者②，黄歇之义③。作《春申君列传》第十八。

【注释】

①指黄歇以身殉楚考烈王事。②驰说（shuì）：游说。乡（xiàng）：面向，向。走：跑，奔跑。③黄歇（？—前238年）：即春申君。楚贵族。顷襄王时任左徒。出使于秦，劝止秦昭王与韩魏共伐楚之谋。后与太子完入秦为人质。曾派兵救赵

攻秦，后又灭鲁。考烈王卒，他死于内讧。

能忍詢于魏齐①，而信威于强秦②；推贤让位，二子有之③。作《范雎蔡泽列传》第十九④。

【注释】

①忍詢（gòu）：忍辱。詢，耻辱。魏齐：战国晚年魏国相。侮辱范雎，后雎为秦相，逼魏杀之，他奔赵，匿平原君所。②此句谓树立威望于强秦，取得高位。信（shēn）：同"伸"。③指范雎、蔡泽。④范雎（？—前255年）：姓范名雎（jū拘），一作范且（jū），或作范睢（suī）。魏人，被魏齐所辱，易名张禄入秦，说动昭王驱逐秦相魏冉。后任秦相，封于应（今河南宝丰县西南），称应侯。主张远交近攻，歼敌主力。后妒忌白起，迫其自杀。其所荐郑安平、王稽后皆有大罪。蔡泽乘机进说，他即谢病归相印，不久即死。蔡泽：燕人。曾游说各国。

率行其谋①，连五国兵，为弱燕报强齐之雠②，雪其先君之耻。作《乐毅列传》第二十③。

【注释】

①此句意为为主将而行其谋略。率，同"帅"主将。②雠：通"仇"。仇恨。③乐（yuè）毅：中山国灵寿（今河北平山东北）人。燕昭王时任亚卿。昭王二十八年（前284年），为上将军，挂相印，总领赵、楚、韩、魏、燕五国兵伐齐，为燕夺得七十余城，封于昌国（今山东淄博东南），号昌国君。

能信意强秦①，而屈体廉子②，用徇其君③，俱重于诸侯。作《廉颇蔺相如列传》第二十一④。

【注释】

①信（shēn）意强秦：在强秦那里陈述己意，伸张正义。与下文"屈体廉子"相对应。指蔺相如完璧归赵事，见下文注。②屈体：指降低身份谦虚对人。③用：以，用以。徇：通"殉"，以身从物。此指献身献力于其君。④廉颇：战国赵名将。惠文王时任上卿，屡胜齐魏等国。长平之战，固守三年，后因孝成王改用赵括而败。后胜燕，任相国，封信平君。悼襄王时，不得志，奔魏。后老死于楚。蔺相如：赵大臣。惠文王时，秦强索赵和氏璧，他奉命持璧入秦，当廷力争，完璧归赵。公元前279年，秦赵渑池（今河南渑池县西）之会，使赵王未被秦王辱，以功任上卿。廉颇不服，有意作对，他从大局出发容忍谦让，使颇愧悟，成为团结御侮的知交，二人俱见重于诸侯。

湣王既失临淄而奔莒①，唯田单用即墨破走骑劫②，遂存齐社稷。作《田单列传》第二十二。

【注释】

①湣王：齐湣王田地（一作遂。？—前284年），一作齐愍王、齐闵王。宣王子。约前300—前284年在位。②田单：齐将。临淄人。初为市吏。燕破齐，他坚守即墨（今山东平度东南）。齐襄王五年（前279年），施反间计，使燕改用骑劫为将，他用火牛阵破敌，一举收复七十余城，任相国，封安平君。齐王建元年（前264年）入赵，任相国，封平都君。骑劫：燕将姓名。

能设诡说解患于围城①，轻爵禄，乐肆志②。作《鲁仲连邹阳列传》第二十三③。

【注释】

①诡说：此指巧妙的说辞。围城：被围之城。②肆：放肆；尽，极。③鲁仲连：战国齐人。《汉书·艺文志》儒家有《鲁仲连子》十四篇，今有辑本。邹阳：西汉文学家。

作辞以讽谏①，连类以争义②，《离骚》有之。作《屈原贾生列传》第二十四③。

【注释】

①辞：辞赋诗歌。文辞。讽谏：讽喻谏诤。②连类：把同类事物连在一起。③贾生：贾谊（前200—前168年）。西汉政论家，文学家。洛阳（今河南洛阳市东北）人。时称贾生。十八岁时，以能诵善著为郡人所称誉。任文帝博士，迁太中大夫，为大臣排挤，出任长沙王太傅，后为梁怀王太傅。

结子楚亲①，使诸侯之士斐然争入事秦②。作《吕不韦列传》第二十五。

【注释】

①结：结交。子楚：即秦庄襄王（？—前247年）。孝文王子，名异人，后改名子楚。前249—前247年在位。②吕不韦任庄襄王、秦王政相，门下有来自各国的宾客三千。斐然，有文采的样子。

曹子匕首①，鲁获其田，齐明其信②；豫让义不为二心③。作《刺客列传》第二十六④。

【注释】

①曹子：曹沫，即曹刿。春秋时鲁国武士。鲁庄公十年（前684年），齐攻鲁，他随庄公战于长勺，待齐军三鼓气竭时，令鲁军进击，结果大胜。②明：彰明。指桓公不背柯盟，明信于诸侯。③豫让：春秋末晋人。初为晋卿智瑶家臣。④本篇记述曹沫、专诸、豫让、聂政（及其姊荣）、荆轲、秦舞阳、高渐离等刺客事迹。

能明其画①，因时推秦②，遂得意于海内，斯为谋首③。作《李斯列传》第二十七。

【注释】

①画：计谋，谋略。②因时推秦：顺应时势的发展推尊秦国。③斯：李斯（？—前208年）。秦代政治家。上蔡（今河南上蔡西南）人。初为郡小吏，后从荀子学。战国末入秦，初为吕不韦舍人，后任嬴政客卿。曾谏阻秦王逐客，旋任廷尉，为秦始皇筹划统一中国。秦朝建立，任丞相，反对分封。建议焚书，始皇死后又伙同赵高谋害始皇长子扶苏，立胡亥为二世皇帝。后被赵高诛杀。工书，曾整理文字。著有《谏逐客令》《仓颉篇》（有辑本）。

为秦开地益众，北靡匈奴①，据河为塞②，因山为固③，建榆中④。作《蒙恬列传》第二十八⑤。

【注释】

①靡（mǐ）：倒下。使……披靡。使动用法。　匈奴：古族名，亦称胡。战国时活动于燕、赵、秦以北地区。秦汉之际，冒顿单于统一各部，势盛，统治大

漠南北。②此句意为凭借黄河修筑要塞。据，靠着，凭借。河，黄河。③因：凭借，依。④榆中：古地区名。有三说：今陕西东北角榆林县一带；今内蒙古河套东北岸；今甘肃兰州市榆中县一带。⑤蒙恬（？—前210年）：秦名将。祖先齐国人，自祖父骜起世代为秦名将。传曾改良毛笔。本篇兼记蒙毅、赵高事迹。

填赵塞常山以广河内①，弱楚权②，明汉王之信于天下③。作《张耳陈馀列传》第二十九④。

【注释】

①填（zhèn）：通"镇"。常山：汉初所置郡，治元氏（今河北元氏县西北），辖今河北唐河以南、内丘以北、京广线以西（新乐、正定、石家庄除外）地。广：推广，扩大。使之广。 河内：楚汉之际所置郡。②权：权势，势力。③张耳与汉王刘邦有旧交，当他被陈馀击败投汉王时，汉王厚待之，后又立为赵王。此处即指上述事。④张耳（？—前202年）：汉初诸侯王。大梁（今河南开封）人。战国末任魏外黄（今河南民权西北）令。秦末与陈馀同定赵地，拥立武臣为赵王，他任丞相。后被项羽封为常山王。归汉封赵王陈馀（？—前204年）：亦大梁人。与张耳占据赵地。武臣死后，与张耳立赵歇为王。后与张耳绝交。击走耳，自为代王。在韩信破赵之战中被杀。

收西河、上党之兵①，从至彭城②；越之侵掠梁地以苦项羽③。作《魏豹彭越列传》第三十④。

【注释】

①此魏豹事。西河，战国魏所置郡，一称河西。辖今陕西华阴以北、黄龙以南、洛河以东、黄河以西地区。入秦后，郡废。上党：战国韩所置郡，入赵、秦后仍置。治壶关（今长治市北），西汉移治长子（今长子西）。辖今山西和顺、榆社以南，沁水流域以东地。②意为跟从刘邦击项羽至彭城（今江苏徐州市）。③越：彭越（？—前196年）：汉初诸侯王。字仲，昌邑（今山东金乡西北）人。苦：使之苦。困扰。④魏豹（？—前204年）：汉初诸侯王。战国魏贵族。陈胜起义时立兄咎为魏王。咎死，他逃至楚，借兵攻占魏地二十余城，自立魏王。项羽改封西魏王。刘邦还定三秦时，以国归之，并从击楚于彭城。后叛汉，为韩信俘虏，汉王令其守荥阳，为周苛所杀。

以淮南叛楚归汉，汉用得大司马殷①，卒破子羽于垓下②。作《黥布列传》第三十一③。

【注释】

①用：以。殷：周殷。楚霸王大司马。汉五年（前202年。本传记为"六年"，误），英布与刘贾入九江招诱之，他反楚，与汉共灭项羽。②垓下：古地名。在今安徽灵璧县东南。③黥布：即英布。

楚人迫我京索①，而信拔魏赵②，定燕齐，使汉三分天下有其二，以灭项籍。作《淮阴侯列传》第三十二。

【注释】

①京：古邑名、县名。春秋郑邑，故址在今荥阳市东南。秦置县。索（suǒ；又读 sè）：古城名。故址在今河南荥阳市。②信：韩信。见前"与信定魏"条注。

楚汉相距巩、洛^①，而韩信为填颍川^②，卢绾绝籍粮饷^③。作《韩信卢绾列传》第三十三^④。

【注释】

①巩：县名，秦置。在现在的河南巩义市西南。洛：洛阳。②韩信：即韩王信（？—前196年）。汉初诸侯王。战国韩襄王庶孙。③卢绾（wān 前247或前256—前193年）：汉初诸侯王。丰（今江苏丰县）人。随刘邦起义，入汉中，为将军。汉东击项羽时，官太尉，封长安侯。后参与灭临江王共尉，破燕王臧荼，封燕王。陈豨反汉，他派人前去联合，并勾结匈奴，事败入匈奴为东胡卢王。④本篇兼记陈豨事迹。

诸侯畔项王^①，唯齐连子羽城阳^②，汉得以间遂入彭城^③。作《田儋列传》第三十四^④。

【注释】

①畔：通"叛"。项王：楚霸王项羽。②汉王刘邦二年（前205年）正月，项羽击齐王田荣，荣走死。羽大肆烧杀，齐人相聚叛之。③间：空隙。④田儋（dān？—前208年）：狄县（今山东高青东南）人。战国齐王后裔。陈胜起义后，他起兵于狄，自立齐王，发兵击周市军，略定齐地。章邯攻魏，他率兵救之，兵败被章邯杀死。

攻城野战，获功归报，哙、商有力焉^①，非独鞭策^②，又与之脱难^③。作《樊郦列传》第三十五^④。

【注释】

①哙：樊哙（？—前189年）。汉初将领。沛县人。少以属狗为业。初随刘邦起义，为将，以功封贤成君。鸿门宴上直斥项羽，脱刘邦难。　商：郦商（？—前180年）。陈留高阳乡（今河南杞县）人。②鞭策：马鞭子。喻指驱使、督促之意。此指随从刘邦，执鞭策马，驰驱疆场。③指与刘邦一起摆脱危难。④今本作《樊郦滕灌列传》，并记夏侯婴（曾任滕令，时人称之为"滕公"。任汉太仆，封汝阴侯）、灌婴（官至丞相，封颍阴侯）事迹。

汉既初定，文理未明^①，苍为主计^②，整齐度量^③，序律历^④。作《张丞相列传》第三十六^⑤。

【注释】

①文理：条理；礼仪。②苍：张苍（？—前152年）。中国古代著名历算家，汉大臣。阳武（今河南原阳东南）人。秦时为御史。汉初任赵、代相，封北平侯。迁计相，以列侯居相府，主持郡国上计。《汉书·艺文志》阴阳家有《张苍》十六篇，今佚。　主计：主持郡国上计（年终考核地方官员成绩之法）。③整齐：整顿使之统一。④序：此指改定，编订。⑤本篇兼记周昌、任敖、申屠嘉及武帝以来著名丞相（其中有后人补记者）事迹。

结言通使^①，约怀诸侯^②；诸侯咸亲，归汉为藩辅。作《郦生陆贾列传》第三十七^③。

【注释】

①结言：通过说辞结交。说合。②约怀：笼络。③郦生：郦食其（？—前203年）。

秦汉之际陈留高阳乡（今河南杞县西南）人。本为里监门吏，秦末归刘邦，献计破陈留，封广野君。楚汉战争中，说齐王田广归汉，韩信乘机袭齐，齐王以为被他出卖，把他烹死。陆贾：汉初政论家、辞赋家。

欲详知秦楚之事[①]，维周缧常从高祖[②]，平定诸侯。作《傅靳蒯成列传》第三十八[③]。

【注释】

①秦楚之事：指秦末和楚汉战争期间发生的事情。②周缧（？—前175年）：沛人。秦末从刘邦起兵，转战各地，封信武侯，改封蒯成侯。③傅：傅宽（？—前190年）。从刘邦转战，封通德侯。又属韩信、曹参，平定齐地，改封阳陵侯，为齐相。后参与平定陈狶叛乱，为代相，率兵驻屯代地。靳：靳歙（？——前183年）。从刘邦转战，封建武侯，改封信武侯。参与消灭异姓王之役，以功迁为车骑将军，益封。蒯成：蒯成侯周缧。本篇原文已佚，今文为后人所补。

徙强族，都关中，和约匈奴[①]；明朝廷礼，次宗庙仪法[②]。作《刘敬[③]叔孙通列传》第三十九[④]。

【注释】

①以上说刘敬事。②以上说叔孙通事。③刘敬：即娄敬。汉初齐人。④叔孙通：汉初薛县（今山东滕州市南）人。曾为秦博士。秦末，先为项羽部属，后归刘邦，任博士，称稷嗣君。汉朝建立，与儒生共立朝仪。后任太子太傅。

能摧刚作柔，卒为列臣[①]；栾公不劫于势而倍死[②]。作《季布栾布列传》第四十[③]。

【注释】

①以上说季布事。②栾公：栾布（？—前145年）。西汉梁（治今河南商丘市南）人。与彭越友善，越为梁王，任他为梁大夫。越被杀后，他奉使自齐还，哭祭越，被捕。刘邦释其罪，任为都尉。文帝时，任燕相。七国之乱时，以功封鄃侯。　不劫于势：不为威势所屈。③季布：汉初楚人。先为项羽部将，多次围困刘邦。汉朝建立，被追捕，因有人说项，得赦免。后任河东守。

敢犯颜色以达主义[①]，不顾其身，为国家树长画[②]。作《袁盎晁错列传》第四十一[③]。

【注释】

①犯颜色：冒犯对方，不管对方脸色如何严厉。达主义：致主上（指汉文帝）于义。达，致，使之……。②树长画：建立长远规划。③袁盎（？—前148年）：即爰盎。西汉大臣。字丝，楚人，后徙安陵（今陕西咸阳东北）。初任中郎，以直谏名重朝廷。后为陇西都尉，迁齐相，徙吴相。景帝时入为太常。与晁错不和，错曾告发其受吴王金钱事。七国反时，他乘机建议景帝杀错。后被梁孝王派人刺死。晁错（前200—前154年）。西汉政论家。颍川（治今河南禹县）人。初学法家学说。文帝时任太常掌故，曾奉命从故秦博士伏生学《尚书》。后为太子家令，得太子（景帝）信任，号为"智囊"。景帝立，任御史大夫。建议甚多，被景帝采纳。不久，吴楚七国以诛晁错为名发动叛乱，他被谱杀。著名政论有《论募民徙塞下书》《论贵粟疏》

等。《汉书·艺文志》法家有《晁错》三十一篇，今有辑本。

守法不失大理，言古贤人^①，增主之明^②。作《张释之冯唐列传》第四十二^③。

【注释】

①言：称道，谈论。②主：主上，指汉文帝。③张释之：南阳堵阳（今河南方城东）人，字季。文帝时，官至廷尉。 冯唐：安陵人。文帝时，为中郎署长，年已老。

敦厚慈孝，讷于言^①，敏于行^②，务在鞠躬^③，君子长者^④。作《万石张叔列传》第四十三^⑤。

【注释】

①讷：说话迟钝。②做事勤快。③鞠躬：弯着身子，表示恭敬、谨慎。④长（zhǎng）者：此指厚道人。⑤万石（shí）：万石君石奋（？—前124年）。赵人，后徙温（今河南温县西）。秦末，以小吏从刘邦，姊为刘邦姬。文帝时，积功劳至太中大夫，迁太子太傅。景帝时，徙为诸侯相。后以上大夫禄老死。 他与长子建（官郎中令）、少子庆（官至丞相）及另外两个儿子，都以驯行孝谨闻名，景帝时做官皆至二千石（包括中二千石、真二千石、二千石、比二千石，即月俸额各为一百八十斛、一百五十斛、一百二十斛、一百斛谷的官僚），景帝乃赐号石奋为"万石君"。张叔：即张欧。安丘侯张说庶子。文帝时，以治刑名家言事太子（景帝）。景帝时，常为九卿。武帝时，任御史大夫。居官以诚厚爱人著称。以上大夫禄归老于阳陵（今陕西高陵西南）家中。子孙皆至高官。本篇并记卫绾（官至丞相，封建陵侯）、直不疑（官至御史大夫，封塞侯）、周仁（官至郎中令）事迹。

守节切直，义足以言廉，行足以厉贤^①，任重权不可以非理挠^②。作《田叔列传》第四十四^③。

【注释】

①厉：又作"励"。勉励，激励。②重权：权力重大。 挠，弯曲。通"桡"。引申为屈服。③田叔：字少卿，赵陉城（在今河北中部定县）人，战国齐田氏后代。喜剑术，学黄老之道，为人刚直清廉。汉初任赵王张敖郎中。

扁鹊言医^①，为方者宗^②，守数精明^③；后世循序^④，弗能易也^⑤。而仓公可谓近之矣^⑥。作《扁鹊仓公列传》第四十五^⑦。

【注释】

①扁鹊：东周医学家。姓秦，名越人，渤海郡鄚（今河北任丘）人。学医于长桑君。医术高明，反对巫术治病。遍游各地行医，擅长各科。后因诊治秦武王病，被人妒忌杀害。②方者：泛指医家。方，方术，医方。宗：始祖，创始人；推崇，尊崇。③守数：所操之技艺。指扁鹊的医术。 精明：精细明察。④循：原文作"修"。序：秩序，次序。指医学方面的法规。⑤易：改变。⑥仓公（约前205年—？）：汉初医学家。姓淳于，名意，齐临菑（今山东临淄）人。曾任齐太仓令，故又称仓公。辨证审脉，治病多验。从公孙光学医，并从公乘阳庆学黄帝、扁鹊脉书。后因故获罪当刑，小女缇萦上书文帝，愿以身代，得免。⑦本篇记载有仓公二十五例医案，称为"诊籍"，如实记述了他治病成败的经验，是中国现存最早的病史记录。

维仲之省①，厥濞王吴②，遭汉初定，以填抚江淮之间③。作《吴王濞列传》第四十六。

【注释】

①仲：刘仲。沛县（今属江苏）人。刘邦兄。省：减，削。指刘仲被削夺王爵。②濞（bì）：刘濞（前215—前154年）。沛县人。刘仲子。后发动吴楚七国叛乱，后为周亚夫所败逃东瓯，为东瓯人所杀。王吴：做吴国王。③填（zhèn）：通"镇"。

吴楚为乱，宗属唯婴贤而喜士①，士乡之②，率师抗山东荥阳③。作《魏其武安列传》第四十七④。

【注释】

①宗属：宗室亲属。婴：窦婴（？—前131年）。字王孙，观津（今河北衡水东）人。窦太后侄。②乡（xiàng）：面向，归向，归服。③山东：此指参加叛乱的吴楚七国。因其在崤山以东，故云。"山东"后省"于"字。④今本《史记》作《魏其武安侯列传》。武安侯，即田蚡（？—前131年）。长陵（今陕西咸阳市东北）人。景帝王皇后同母弟。武帝初，封武安侯，任太尉。

智足以应近世之变，宽足用得人①。作《韩长孺列传》第四十八②。

【注释】

①足用：犹足以。②韩长孺（？—前127年）：梁国成安（今河南民权县东北）人，名安国。

勇于当敌①，仁爱士卒，号令不烦②，师徒乡之③。作《李将军列传》第四十九④。

【注释】

①当敌：对抗，抵御敌人。当，面对着。引申为挡住。②烦：烦琐，繁多。③师徒：泛指军队将士，部众。师，二千五百人为一师，泛指军队。徒，步兵。乡：见前注。④李将军：李广（？—前119年）。西汉名将。陇西成纪（今甘肃秦安）人。善骑射。文帝时，参军击匈奴，为中郎、武骑常侍。景帝、武帝时，为陇西、北地等郡太守，入为卫尉。后任右北平太守，匈奴数年不敢攻扰，称之为"飞将军"。后随卫青攻匈奴，以失道被责，自杀。前后与匈奴作战大小七十余次，以勇敢善战著称。

自三代以来，匈奴常为中国患害①；欲知强弱之时，设备征讨②，作《匈奴列传》第五十。

【注释】

①中国：此处指中原地区，也指中央王朝。②设备：犹设防；设法防备。

直曲塞①，广河南②，破祁连③，通西国④，靡北胡⑤。作《卫将军骠骑列传》第五十一⑥。

【注释】

①把弯弯曲曲的边塞弄直。意为在卫青、霍去病的沉重打击下，匈奴势力被迫后缩，使得汉朝北部边境压力减轻，弯弯曲曲的边塞"伸直"了。②广：扩大。河南：古地区名。③汉武帝元狩二年（前121年）夏，霍去病率军逾居延至祁连山，攻破匈奴，大获全胜。祁连山，当指今祁连山地最北的一支（在甘肃境内）。④打开了通往西域诸国的道路。西国，西域各国。⑤靡：使之倒下。使……披靡。

北胡：指匈奴。⑥卫将军：卫青（？—前106年）。西汉名将。字仲卿，河东平阳（今山西临汾西南）人。卫皇后弟。本平阳公主家奴。后为武帝重用。官至大将军，封长平侯。元朔二年（前127年），率军大败匈奴，控制了河套地区。元狩四年（前119年），又与霍去病共同打败匈奴主力。前后出战七次，解除了匈奴对汉王朝的威逼。骠骑：骠骑将军霍去病（前140—前117年）。西汉名将。河东平阳人，卫青外甥。

大臣、宗室以侈靡相高①，唯弘用节衣食为百吏先②。作《平津侯列传》第五十二③。

【注释】

①侈靡：又作"侈糜"。奢侈浪费。②弘：公孙弘（前200—前121年）。姓公孙，名弘。菑川（郡治今山东寿光南）人。字季。少为狱吏。年四十余始治《春秋公羊传》。曾建议设五经博士，置弟子员。以熟悉文法吏治，被武帝任为丞相，封平津侯。③今本《史记》作《平津侯主父列传》，并记主父偃以及徐乐、严（庄）安事迹；另附后人所录汉平帝元始中太皇太后王氏诏书及班固的有关言论。

汉既平中国，而佗能集杨越以保南藩①，纳贡职②。作《南越列传》第五十三③。

【注释】

①佗：赵佗（？—前137年）。真定（今河北正定）人。秦时为南海郡龙川县令，后为南海尉。集：安辑。杨越：古代越人生活在长江中下游以南广大地区，该地区即古之所谓"扬州"（或说今安徽淮河以南及江苏长江以南广大地区为"扬州"），扬或作"杨"，故称"杨越"。此处狭指南越。南藩：汉朝南方藩属之地。②纳贡职：纳贡尽职。③南越：古代南方越人的一支，也作南粤。

吴之叛逆，瓯人斩濞①，葆守封禺为臣②。作《东越列传》第五十四③。

【注释】

①指吴楚七国之乱平定过程中吴王濞兵败逃东瓯，为东瓯人所杀事。瓯，东瓯。②指东瓯人杀吴王刘濞，濞子刘子驹逃至东越（即闽越），请东越击东瓯，以报父仇。③本篇并记东瓯兴衰始末。

燕丹散乱辽间①，满收其亡民②，厥聚海东③，以集真藩④，葆塞为外臣⑤。作《朝鲜列传》第五十五⑥。

【注释】

①燕丹：燕太子丹（？—前226年）。战国末年燕王喜的太子。名丹。曾入质秦，后逃归。因怕秦军逼境，于公元前227年派荆轲入秦刺秦王不中。次年，秦破燕，他逃奔辽东，被燕王喜斩首献给秦国。　辽间：指辽东地区。辽东郡，战国燕置，治所在襄平（今辽宁辽阳市），辖境相当今大凌河以东辽宁省地。②满：卫满。燕人。汉初，燕王卢绾反，满亡命，聚众千余人，东走出塞，于公元前194年前后入据朝鲜为王。③厥：乃，于是。④真藩：即真番。在今朝鲜中部偏北。⑤葆：通"保"。外臣：境外之臣。惠帝、吕后时，辽东郡守约卫满为外臣，保塞外各族，得到朝廷允许。⑥朝鲜：古朝鲜。公元前后，朝鲜各族形成了高句丽、沃沮、东濊及南部的马韩、辰韩、弁韩等部落联盟。

唐蒙使略通夜郎①，而邛、筰之君请为内臣受吏②。作《西南夷列传》第五十六③。

【注释】

①唐蒙：西汉人。武帝时，任番（pó）阳（今江西鄱阳县东北）令。上书建议开通夜郎道，被任命为中郎将，前往夜郎招致夜郎侯多同归汉。汉于其地设犍为郡，辟路二千余里。使：奉命出使。夜郎：古族、国名。②邛（qióng）：邛都夷。见前注。筰（zuó）：或作莋、筰。筰都夷。见前注。③西南夷：秦汉时人对生活在今云南，贵州和四川西南部一带各少数民族的统称，也包括一部分生活在今甘肃境内的少数民族（如白马）。

《子虚》之事①，《大人赋》说②，靡丽多夸③，然其指风谏④，归于无为⑤。作《司马相如列传》第五十七⑥。

【注释】

①《子虚》赋所言之事。《子虚》，赋篇名。②此句谓《大人赋》奏上，天子大悦。《大人赋》，赋篇名。司马相如作。写大人（喻天子）遨游天地之间的快意。汉武帝好"神仙"之事，司马相如认为传说里的神仙都是居于山泽之间，身体消瘦，不是帝王的"仙意"，故撰《大人赋》。赋奏，"天子大说，飘飘有凌云之气，似游天地之间意"。③此句意为文辞过分华丽夸张。④指：宗旨，意图，意思。又作"旨"。风（fěng）谏：讽谏。用暗示的话讽刺或劝告。风，通"讽"。⑤无为：道家顺其自然、不必有所做为的处世态度和政治思想。⑥司马相如（前179—前117年）：西汉辞赋家。字长卿，蜀郡成都（今四川成都市）人。景帝时为武骑常侍，因病免。去梁，从枚乘等游。工辞赋。武帝爱其《子虚赋》，召见之，又献《上林赋》，用为郎。曾奉使西南夷，又为孝文园令。其赋极尽铺张之能事，于篇末则寄寓讽谏；富于文采，但有堆砌辞藻之病。

黥布叛逆，子长国之①，以填江淮之南②，安剽楚庶民③。作《淮南衡山列传》第五十八④。

【注释】

①子长：高祖少子刘长（前198—前174年）。即淮南厉王。高祖十一年（前196年），黥布反，长被立为淮南王，统治黥布故地。国之：以之为国。做那里的国王。②填：通"镇"，见前注。③剽楚庶民：楚地剽悍之民。淮南原为战国时楚地，故曰"楚"。④淮南：淮南厉王刘长（及其子刘安等）。

奉法循理之吏，不伐功矜能，百姓无称①，亦无过行②。作《循吏列传》第五十九③。

【注释】

①称：称誉。②过行：过失；错误。③本篇记述春秋时楚相孙叔敖、郑相子产、鲁相公仪休、楚相石奢、晋狱官李离事迹。

正衣冠立于朝廷，而群臣莫敢言浮说①，长孺矜焉②；好荐人，称长者，壮有溉③。作《汲郑列传》第六十。

【注释】

①浮说：虚浮不实之言。假话和迎合上意的邪说。②长孺：汲黯（？—前112年）。

濮阳（今河南濮阳市西南）人，字长孺。武帝时，任东海太守，继为主爵都尉。③壮：当作"庄"。郑当时。字庄，陈（今河南淮阳）人。以任侠自喜，名闻梁楚。景帝时，任太子舍人。武帝时，累迁至右内史，后为詹事、大农令。一度以罪免官。后任丞相长史，出为汝南太守。他是当时善于广交士人的官僚，名声很大。

自孔子卒，京师莫崇庠序^①，唯建元、元狩之间^②，文辞粲如也^③。作《儒林列传》第六十一^④。

【注释】

①庠序：中国古代的学校。"夏曰校，殷曰序，周曰庠，学则三代共之"（《孟子·滕文公上》）；"党有庠，术（遂）有序"（《礼记·学记》）。②建元：汉武帝的第一个年号。元狩：汉武帝的第四个年号，前122—前117年。③粲如：文采鲜美的样子。④儒林：儒者之林，指学术界。

民倍本多巧^①，奸轨弄法^②，善人不能化^③，唯一切严削为能齐之^④。作《酷吏列传》第六十二^⑤。

【注释】

①民：此处作"人"解，指臣民百姓。倍本多巧：背弃正道而多群奸诈。倍，通"背"。本，正道，也可指农业即本业。②奸轨：作奸犯科（的人）。轨，通"宄"。③化：改变，改造。使之改悔。④严削：严酷。⑤酷吏：用法严酷的官吏。

汉既通使大夏^①，而西极远蛮，引领内乡^②，欲观中国。作《大宛列传》第六十三^③。

【注释】

①大夏：音译巴克特里亚，亦称希腊·巴克特里亚王国。中亚古国，当即吐火罗。在今阿富汗北部。都巴克特拉（《史记》作蓝市城）。公元前3世纪末至2世纪初国势强盛。后分裂，势衰。约前130年大月氏入据。继归呀哒、突厥诸族。公元八世纪为阿拉伯人所并。前139—前126年，张骞第一次出使西域时曾亲历其地；前119—前115年，张骞第二次出使西域期间曾派副使抵达大夏。②引领：伸长脖子。内乡（xiàng）：向内。③大宛（yuān）：古西域国名。在今中亚费尔干纳盆地。王治贵山城（今中亚卡散赛）。属邑大小七十余城。自张骞通西域以后，与汉往来逐渐密切。太初三年（前102年），降汉，双方经济文化交流进一步增强。其后与内地联系仍未中断，至唐玄宗时改其国名为宁远，并以宗室女妻其王。

救人于厄，振人不赡^①，仁者有乎^②；不既信^③，不倍言^④，义者有取焉^⑤。作《游侠列传》第六十四^⑥。

【注释】

①振：救济。后来写作"赈"。赡（shàn）：富足，充足。②仁者有乎：在"仁"的方面有值得称道之处吧。③既：失。④倍：通"背"，违背。言：诺言。⑤在"义"的方面是有可取之处的。⑥游侠：古代对好交游、轻生死、重信义、能救人于急难者的统称。

夫事人君能说主耳目^①，和主颜色^②，而获亲近，非独色爱，能亦各有所长^③。作《佞幸列传》第六十五^④。

【注释】

①说（yuè）：喜欢。使……愉快。通"悦"。②和主颜色：使主上面色和悦。③能：乃，且，而。④佞幸：由谄媚而得宠。

不流世俗，不争势利，上下无所凝滞①，人莫之害②，以道之用③。作《滑稽列传》第六十六④。

【注释】

①凝滞：停止流动；不灵活。②人莫之害：没有人能伤害他。③指合于正道。④滑（gǔ，俗读huá）：俳谐。此谓能言善辩，言词流走无滞竭。言能乱异同也。

齐、楚、秦、赵为日者①，各有俗所用②。欲循观其大旨③，作《日者列传》第六十七④。

【注释】

①日者：古时占候卜筮的人。②指占候卜筮之法因地而异，随俗而不同。③循观：犹纵观。④司马迁原著《日者列传》已佚。

三王不同龟①，四夷各异卜②，然各以决吉凶。略窥其要③，作《龟策列传》第六十八④。

【注释】

①指夏、商、周三代君王占卜之法不同。②四夷：四方蛮夷。异卜：卜筮方法、习俗有别。③要：大要。④龟策：占卜，卜筮。古时占卜，用龟甲或蓍草（策），故以"龟策"指称卜筮之事。

布衣匹夫之人①，不害于政，不妨百姓，取与以时而息财富②，智者有采焉。作《货殖列传》第六十九③。

【注释】

①布衣匹夫：指未做官的普通的人。②取与：指买卖。③货殖：经商；经商的人。

维我汉继五帝末流①，接三代绝业②。周道废，秦拨去古文③，焚灭《诗》《书》④，故明堂石室金匮玉版图籍散乱⑤。于是汉兴，萧何次律令，韩信申军法，张苍为章程⑥，叔孙通定礼仪，则文学彬彬稍进⑦，《诗》《书》往往间出矣⑧。自曹参荐盖公言黄老⑨，而贾生、晁错明申、商⑩，公孙弘以儒显，百年之间⑪，天下遗文古事靡不毕集太史公⑫。太史公仍父子相续纂其职⑬。曰⑭："於戏⑮！余维先人尝掌斯事⑯，显于唐虞，至于周，复典之，故司马氏世主天官。至于余乎？钦念哉⑰！钦念哉！"罔罗天下放失旧闻⑱，王迹所兴⑲，原始察终⑳，见盛观衰，论考之行事㉑，略推三代，录秦、汉，上记轩辕㉒，下至于兹㉓，著十二本纪，既科条之矣㉔。并时异世㉕，年差不明㉖，作十表㉗。礼乐损益，律历改易，兵权、山川、鬼神、天人之际㉘，承敝通变㉙，作八书。二十八宿环北辰㉚，三十辐共一毂㉛，运行无穷，辅拂股肱之臣配焉㉜，忠信行道，以奉主上，作三十世家。扶义俶傥㉝，不令己失时㉞，立功名于天下，作七十列传。凡百三十篇，五十二万六千五百字，为《太史公书》㊱。序略，以拾遗补艺㉟，成一家之言，厥协《六经》异传㊳，整齐百家杂语㊴，藏之名山，副在京师㊵，俟后世圣人君子㊶。第七十。

【注释】

①末流：末世；遗风。②绝业：中断了的大业。绝，原文作"统"。从标点本校、《汉书》及《文选》李善注引改。③拨去：去掉，除去。④秦始皇三十四年（前213年），定挟书律，下令焚书，除医卜、种树之书外，凡秦记以外之列国史记，私藏之《诗》《书》、百家语皆毁。⑤玉版：刻玉版以为文字。⑥章程：泛指各种制度。⑦文学彬彬：品学兼优的文士。文学，官名。汉朝于王国和州郡置文学，或称文学史，或称文学掾，为后世教官所由来。此处泛指文人学士。彬彬，既有文采，又有好品德。稍：逐渐，慢慢地。⑧往往：处处，各处，各地。间（jiàn）：间或，断断续续地。⑨盖公：秦汉时胶西（郡治今山东高密西南）人。善治黄老言，汉惠帝初年，曹参为齐国丞相，厚礼请之，他向曹参提出要崇尚清静，使民自定。⑩贾生：贾谊。见前注。晁错：见前"朝错"注。申、商：申不害、商鞅。分别见前"申子""鞅"条注。⑪指西汉建国至汉武帝中年。⑫靡不：无不。毕集：都集中于……。毕，全都。太史公：指司马谈，或兼为司马迁自称。⑬仍：重复，又。纂：通"缵"。继承。⑭曰：太史公说。⑮於戏（wū hū）：同"呜呼"。叹词。⑯尝：曾经。斯事：此事。⑰钦念哉：要敬记在心啊。钦，恭敬。⑱罔罗：收集，蓄集。罔，渔网，后来写作"网"，今简化为"网"。罗，捕鸟的网。放失：散失。⑲帝王兴起之事：帝王兴起本末。⑳原：追究根源。推究，探讨。㉑行事：所行之事。实事。㉒轩辕：即黄帝。㉓兹：此。此处指作者所生活的时代，略同于"现在"，"当代"。㉔此句意为已经科分条例、列出大纲了。㉕或同时，或不同时。㉖年差：年代相差。㉗以上十一字是说本纪、世家及列传所记人物及事件的年月差别不明，故作十表以明之。㉘兵权：军事策略。用兵权术。山川：山河治理。指《河渠书》所述事。鬼神：指《封禅书》所记之事。天人之际：天与人（或"天道"与"人道"、自然与"人为"）之间的关系。盖指《历书》《天官书》所记之事。㉙承（zhěng）：通"拯"。㉚二十八宿（xiù）：亦称"二十八舍"或"二十八星"。中国古代天文学家把天空中可见的星分为二十八组，称二十八宿，东西南北四方各七宿。东方苍龙七宿是角、亢、氐、房、心、尾、箕；北方玄武七宿是斗、牛、女、虚、危、室、壁；西方白虎七宿是奎、娄、胃、昴、毕、觜、参；南方朱雀七宿是井、鬼、柳、星、张、翼、轸。环：环绕。㉛车辐集归于车毂（gǔ）。三十，概数，不必拘于此数。辐，车轮的辐条。毂，车轮中心的圆木，周围与车辐的一端相接，中有圆孔，可以插轴。以上二句借以形容群臣尊辅天子，好像众星环绕北辰，诸辐同归于毂。㉜辅拂（bì）：辅弼，辅佐。㉝俶傥（tì tǎng）：又作"倜傥"。卓越，不拘于俗，洒脱。㉞失时：失去时机。㉟《史记志疑》云："史公《自序》，在七十列传中，索隐本作《太史公自序传》。各本篇题俱缺'传'字。"㊱司马迁所著史书，时称《太史公书》，后世称为《史记》。㊲拾遗：补充他人遗漏之事。补艺：补六艺之阙。艺，六艺，一指古代教育人的六种技艺，即礼、乐、射、御（驾车）、书（写字）、数（算术）；一指儒家的六部经典，即《诗》《书》《易》《礼》《乐》《春秋》。㊳协：合。谓稽合同异，折中取裁。六经：见前"六艺"条注。异传（zhuàn）：注释或解释经义的各种著作，如《诗经毛传》《韩诗外传》、伏生《尚书大传》等。㊴百家杂语：诸子百家杂说之语。㊵《索隐》："言正本藏之书府，副本留京师也。"把正本收藏于名山，以备亡失，副本则留于京师。㊶语本《春秋公羊传·哀公十四年》。司马迁《报任少卿书》："仆诚以著此书，藏之名山，传之其人……"可与此处所言参阅。俟（sì），等待。

太史公曰：余述历黄帝以来至太初而讫[1]，百三十篇[2]。

【注释】

①述历：当作"历述"。②《集解》案引《汉书音义》曰："十篇缺，有录无书。"又引张晏曰："迁没之后，亡《景纪》《武纪》《礼书》《乐书》《律书》《汉兴已来将相年表》《日者列传》《三王世家》《龟策列传》《傅靳蒯成列传》。元、成之间，褚先生（少孙）补阙。作《武帝纪》《三王世家》《龟策（列传）》《日者列传》，言辞鄙陋，非迁本意也。《三王系（世）家》空取其策文以缉此篇，何率略且重，非当也。《日者》不能记诸国之同异，而论司马季主。《龟策》直（仅仅是）太卜所得占龟兆杂说，而无笔削之功，何芜鄙也。"褚少孙为之作补，其才力固然不及司马迁，但经过他的努力，《史记》得以完整的面目保存和流传下来，其功劳亦不可抹杀。

《报益州刺史任安书》

司马迁

太史公牛马走司马迁再拜言[1]。少卿足下：曩者辱赐书[2]，教以慎于接物[3]，推贤进士为务[4]。意气勤勤恳恳[5]，若望仆不相师，而用流俗人之言[6]。仆非敢如此也。仆虽罢驽[7]，亦尝侧闻长者之遗风矣[8]：顾自以为身残处秽[9]，动而见尤，欲益反损[10]，是以独郁悒而与谁语[11]。谚曰："谁为为之？孰令听之[12]？"盖钟子期死，伯牙终身不复鼓琴[13]。何则？士为知己者用，女为说己者容[14]。若仆大质已亏缺矣[15]，虽才怀随和[16]，行若由夷[17]，终不可以为荣，适足以见笑而自点耳[18]。书辞宜答，会东从上来[19]，又迫贱事[20]，相见日浅[21]，卒卒无须臾之闲[22]，得竭指意[23]。今少卿抱不测之罪[24]，涉旬月[25]，迫季冬[26]，仆又薄从上雍[27]，恐卒然不可为讳[28]，是仆终已不得舒愤懑以晓左右[29]，则是长逝者魂魄私恨无穷[30]。请略陈固陋。阙然久不报[31]，幸勿为过。

【注释】

①太史公：官名，即太史令，司马迁所任职。牛马走：像牛马般被驱使的仆人。走字的意义相当于仆人。②曩（nǎng）：从前。辱：谦辞，犹言承蒙。③慎于接物：意思是叫司马迁待人接物要慎重。④为务：作为应当做的事。⑤意气：来信的用意和语气。勤勤恳恳：殷切诚恳的样子。⑥"若望"二句：好像怨我不效法你的话，而遵循世俗之人的话。望，怨。师，效法。⑦罢：同"疲"。驽：劣马。喻才能低劣。⑧侧闻：相当于"伏闻""窃闻"，谦辞。长者：指德高望重之人。⑨顾：只是。身残：指遭受宫刑。处秽：处于污秽可耻的地位。⑩"动而见尤"二句：意思是，自己行动容易受人指责，本想做点有贡献的事，反而会把事情搞坏。尤，过错，用如动词，意即指责、责备。⑪郁悒（yì）：愁闷。⑫谁为（wèi）：

为什么人。为（wéi）之：做这样的事。孰令听之：教谁来听。⑬钟子期、伯牙：皆春秋时楚国人。伯牙善弹琴，钟子期最能欣赏。后来钟子期死了，伯牙毁掉了他的琴，终身不再鼓琴，以为世无知音。⑭说：通"悦"。⑮大质：指身体。⑯随和：随侯之珠、和氏之璧，都是战国时最贵重的宝物。⑰由夷：许由、伯夷。都是古代品德高尚、轻视富贵的人。⑱自点：自取污辱。点，污。⑲会：适值。上：指汉武帝。这句话的意思是：正值我跟皇帝从东方归来。⑳迫贱事：忙于烦琐的事务。㉑浅：少。㉒卒卒（cù）：同"猝猝"，匆忙急促的样子。须史：片刻。㉓指：同"旨"。指意，即意旨、心意。㉔不测之罪：死罪的婉转说法。㉕涉旬月：过一个月。旬月，满一个月。㉖迫：靠近。季冬：冬末。汉律于十二月处决犯人。㉗薄从上雍：接近随皇帝去雍地的日期了。薄，迫近。雍，地名，在今陕西省凤翔县南。那里筑有祭五帝的坛，汉武帝常去祭祀。㉘卒然不可为讳：婉指任安随时可能被处死。卒，同猝。㉙终已：终于。晓：告知。左右：指任安。不直称对方，而说奉书于其左右，以表尊敬。㉚长逝者：死者，指任安。㉛阙然：相隔时间很长。

　　仆闻之：修身者，智之符也①；爱施者，仁之端也；取与者，义之表也②，耻辱者，勇之决也③；立名者，行之极也④。士有此五者，然后可以托于世，而列于君子之林矣。故祸莫憯于欲利⑤，悲莫痛于伤心，行莫丑于辱先，诟莫大于宫刑⑥。刑徐之人，无所比数⑦，非一世也，所从来远矣。昔卫灵公与雍渠同载，孔子适陈⑧；商鞅因景监见，赵良寒心⑨；同子参乘，袁丝变色⑩：自古而耻之。夫以中才之人，事有关于宦竖⑪，莫不伤气，而况于慷慨之士乎？如今朝廷虽乏人，奈何令刀锯之余⑫，荐天下之豪俊哉！仆赖先人绪业⑬，得待罪辇毂下⑭，二十余年矣。所以自惟⑮，上之不能纳忠效信⑯，有奇策才力之誉，自结明主⑰；次之又不能拾遗补阙，招贤进能，显岩穴之士⑱；外之又不能备行伍⑲，攻城野战，有斩将搴旗之功⑳；下之不能积日累劳，取尊官厚禄，以为宗族交游光宠㉑。四者无一遂㉒，苟合取容㉓，无所短长之效，可见如此矣。向者仆常厕下大夫之列㉔，陪外廷末议㉕，不以此时引纲维㉖，尽思索，今以亏形为扫除之隶㉗，在阘茸之中㉘，乃欲仰首伸眉，论列是非，不亦轻朝廷，羞当世之士邪？嗟乎？嗟乎？如仆尚何言哉！尚何言哉！

【注释】

　　①符：凭证。②表：标志，表现。③这是说，以受辱为可耻，这是一个人具备勇敢品德的先决条件。④行（xìng）：品行。极：最高境界。⑤憯（cǎn）：通"惨"。⑥诟（gòu）：耻辱。宫刑：一种用阉割来破坏人的生殖机能的酷刑。⑦无所比数：没有资格和其他人对照比较。比，放在一起。数（shǔ），计算。⑧"昔卫灵公"二句：孔子在卫国时，卫灵公与夫人同车出游，令宦者雍渠参乘，孔子次乘，孔子感到耻辱，于是离开卫国，到陈国去。载，乘车。适，往。⑨"商鞅"二句：商鞅是靠秦孝公宠信的宦官景监引见而得官的。当时秦国贤者赵良认为商鞅得官的方法有损名誉，劝其引退。⑩同子：指汉文帝的宦官赵谈，司马迁为避父讳，改称他为同子。袁丝：即袁盎，丝是他的字。汉文帝时人，官至太常，以敢于直谏闻名，后来被梁王派人刺死。在他任中郎时，有一天文帝乘车去见母亲，赵谈参乘，盎伏车前谏阻曰："臣闻天子所与共六尺舆者，皆天下英豪，今汉虽乏人，奈何与刀锯之余共载？"于是文帝笑令赵谈下，谈泣下车。⑪竖：宫廷里供役使的小臣。宦竖，即宦官。⑫刀锯之余：指受过宫刑的人，这里指自身。⑬绪业：前人所留下来的事业。指司马谈之学与司马谈之职。⑭待罪：即做官，谦辞。辇

毂（gǔ）下：皇帝车驾的左右。汉代通常以辇毂下为京城的代称。⑮自惟：自思。⑯纳忠效信：奉献自己的忠诚。纳、效，都是贡献的意思。⑰自结：以忠诚取得皇帝的信任。⑱显岩穴之士：命名隐士出山。⑲行伍：古代军队的编制，五人为伍，二十五人为行。⑳搴（qiān）旗：指作战时拔取敌人的将旗。㉑交游：指朋友。光宠：光耀，荣幸。㉒遂：成功，成就。㉓苟合取容：勉强求合以获得容身。㉔厕：夹杂，谦辞。下大夫：指太史令职，周代太史属下大夫。㉕外廷：外朝。汉代把官员分为外朝官和中朝官，太史令属外朝。末议：指自己发表的议论微不足道。这是谦辞。㉖纲维：指国家的法令。㉗扫除之隶：谦辞，喻自己地位低下。㉘阘（tà）茸：阘茸，猥贱，指卑贱的人。

且事本末未易明也。仆少负不羁之才，长无乡曲之誉。主上幸以先人之故，使得奏薄技，出入周卫之中①。仆以为戴盆何以望天②，故绝宾客之知，忘室家之业，日夜思竭其不肖之才力，务一心营职，以求亲媚于主上，而事乃有大谬不然者！夫仆与李陵俱居门下③，素非能善也。趣舍异路④，未尝衔杯酒，接殷勤之余欢。然仆观其为人，自守奇士，事亲孝，与士信，临财廉，取与义，分别有让⑤，恭俭下人⑥，常思奋不顾身，以徇国家之急⑦。其素所蓄积也，仆以为有国士之风。夫人臣出万死不顾一生之计，赴公家之难，斯已奇矣。今举事一不当，而全躯保妻子之臣，随而媒蘖其短⑧，仆诚私心痛之。且李陵提步卒不满五千，深践戎马之地，足历王庭⑨，垂饵虎口，横挑强胡⑩，仰亿万之师⑪，与单于连战十有余日⑫，所杀过当⑬。虏救死扶伤不给，旃裘之君长咸震怖⑭。乃悉征其左右贤王⑮，举引弓之民⑯，一国共攻而围之。转斗千里，矢尽道穷，救兵不至，士卒死伤如积。然陵一呼劳军，士无不起，躬自流涕，沫血饮泣⑰，更张空弮⑱，冒白刃，北向争死敌者⑲。陵未没时⑳，使有来报㉑，汉公卿王侯皆奉觞上寿㉒。后数日，陵败书闻，主上为之食不甘味，听朝不怡，大臣忧惧，不知所出。仆窃不自料其卑贱，见主上惨怆怛悼㉓，诚欲效其款款之愚㉔，以为李陵素与士大夫绝甘分少㉕，能得人死力，虽古之名将，不能过也。身虽陷败，彼观其意，且欲得其当而报于汉。事已无可奈何，其所摧败，功亦足以暴于天下矣。仆怀欲陈之，而未有路，适会召问，即以此指，推言陵之功。欲以广主上之意，塞睚眦之辞。未能尽明，明主不晓，以为仆沮贰师，而为李陵游说，遂下于理。拳拳之忠，终不能自列，因为诬上，卒从吏议。家贫，货赂不足以自赎；交游莫救，左右亲近不为一言。身非木石，独与法吏为伍，深幽囹圄之中，谁可告愬者！此真少卿所亲见，仆行事岂不然乎？李陵既生降，颓其家声，而仆又佴之蚕室，重为天下观笑。悲夫！悲夫！事未易一二为俗人言也。

【注释】

①周卫：即宫禁之中。②戴盆何以望天：这是说戴着盆子与望天，二者不可得兼。比喻自己忙于职守，无暇他顾。③李陵：汉景帝、武帝时名将李广的孙子，善骑射。率兵入匈奴，被匈奴包围，矢尽援绝，投降匈奴。俱居门下：司马迁当时任太史令，李陵官侍中，同时出入宫门的官。④趣舍异路：比喻各人志向不同。趣，向前走。舍，止。⑤分别有让：指待人接物能分别尊卑长幼，有谦让之礼。⑥恭俭下人：指在态度上或生活上能谦恭自约，甘居人后。⑦徇：舍身以从其事。⑧媒蘖：都是用以酿酒的酵母。蘖，通"蘗"。⑨王庭：指匈奴君王所居之地。⑩横挑：四处挑战。胡：战国秦汉时称匈奴为胡。⑪仰：仰攻。匈奴在北，汉军在南，北边地势高，所以说"仰"。⑫单（chán）于：古代匈奴对君王的称呼。

⑬所杀过当：所杀死的敌人，超过汉军的数目。当，相当的，相等的。⑭旃（zhān）：同"毡"，毛织品。旃裘，匈奴人穿的衣服，这里指匈奴。⑮左右贤王：左贤王、右贤王，匈奴最高的官位。⑯举引弓之民：发动所有能拉弓射箭的人。举，发动。⑰沬（huì）：洗脸。沬血，以血洗脸，指血流满面。⑱弮（quān）：有强力的弩弓。⑲死敌：死于敌，意即跟敌人拼命。⑳没：指军队覆没。㉑使有来报：指李陵派使者向皇帝报告汉军英勇奋战的消息。《汉书·李陵传》载，陵出兵后，"举图所过山川地形，使麾下骑陈步乐还以闻，步乐召见，道陵将率得士死力，上甚说。"㉒奉觞上寿：向皇帝举杯敬酒，庆贺进军胜利。㉓惨怆（chuàng）怛（dá）悼：都是悲伤的意思。㉔款款：恳切忠诚的样子。㉕绝甘分少：好吃的东西自己不享用，分东西自己拿最少的部分。㉖暴（pù）：暴露，显示。㉗指：意思。㉘推：推广。推言，意即阐述。㉙睚眦（yá zì）：怒目相视。睚眦之辞，指怨恨李陵的人说的坏话。㉚沮：毁坏。贰师：指贰师将军李广利，其妹李夫人为武帝宠妃。天汉二年，武帝派李广利征匈奴，令李陵协助。李广利出兵祁连山，李陵率五千步兵出据延北，为分散匈奴兵力。李陵被围，李广利却按兵不动。武帝原想借这次出征来提拔李广利，但他并未立功。司马迁极力替李陵说话，引起武帝忌恨，以为司马迁存心诋毁李广利。㉛理：指大理，亦即廷尉，古代最高司法官的名称。㉜拳拳：忠诚恭谨的样子。㉝因为：因此就成为。诬上：欺蒙皇上。封建时代"诬上"是很大的罪名。㉞吏议：司法官所判议的罪名。㉟货赂：财货。汉律可以用钱赎罪。㊱幽：幽禁，囚禁。囹圄（líng yǔ）：监狱。㊲愬：同"诉"。㊳㿉（tuí）：同"颓"，败坏。㊴佴（èr）：次，指编次、排列。蚕室：受过宫刑的人怕风寒，所居之室必须像蚕室那样严密而温暖。㊵重：深深地。㊶"事未易"句：事情不容易为俗人言其一二。意思是说，如果把我心里的话全部讲出来，更不为俗人所理解了。

　　仆之先，非有剖符丹书之功①，文史星历，近乎卜祝之间②，固主上所戏弄，倡优畜之③，流俗之所轻也。假令仆伏法受诛，若九牛亡一毛，与蝼蚁何以异？而世又不与能死节者比④，特以为智穷罪极，不能自免，卒就死耳。何也？素所自树立使然也⑤。人固有一死，或重于泰山，或轻于鸿毛，用之所趋异也⑥。太上不辱先，其次不辱身，其次不辱理色⑦，其次不辱辞令，其次诎体受辱⑧，其次易服受辱⑨，其次关木索、被箠楚受辱⑩，其次剔毛发、婴金铁受辱⑪，其次毁肌肤、断肢体受辱⑫，最下腐刑极矣！传曰："刑不上大夫⑬。"此言士节不可不勉励也。猛虎在深山，百兽震恐，及在槛阱之中⑭，摇尾而求食，积威约之渐也⑮。故士有画地为牢，势不可入⑯；削木为吏，议不可对⑰，定计于鲜也⑱。今交手足，受木索，暴肌肤，受榜棰，幽于圜墙之中⑲。当此之时，见狱吏则头枪地⑳，视徒隶则心惕息㉑。何者？积威约之势也。及以至是㉒，言不辱者，所谓强颜耳㉓，曷足贵乎？且西伯㉔，伯也㉕，拘于羑里㉖；李斯㉗，相也，具于五刑㉘；淮阴，王也，受械于陈㉙；彭越、张敖㉚，南面称孤，系狱抵罪㉛；绛侯诛诸吕㉜，权倾五伯㉝，囚于请室㉞；魏其㉟，大将也，衣赭衣，关三木㊱；季布为朱家钳奴㊲；灌夫受辱于居室㊳。此人皆身至王侯将相，声闻邻国，及罪至罔加㊴，不能引决自裁㊵，在尘埃之中。古今一体，安在其不辱也？由此言之，勇怯，势也㊶；强弱，形也㊷。审矣㊸，何足怪乎？夫人不能早自裁绳墨之外㊹，以稍陵迟㊺，至于鞭棰之间，乃欲引节㊻，斯不亦远乎！古人所以重施刑于大夫者㊼，殆为此也㊽。夫人情莫不贪生恶死，念父母，顾妻子，至激于义理者不然，乃有所不得已也。今仆不幸，早失父母，无兄弟之亲，独身孤立，少卿视仆于妻子何如哉？且勇者不必死节，怯夫慕义，何处不勉焉？仆虽怯懦，欲苟活，亦颇识去就之分矣④，何至自沈溺缧绁之辱哉⑤！且夫臧获婢妾⑤，犹能引决，况仆之不得已乎？所以隐忍苟活，幽于粪土之中而不辞者⑤，恨私心有所不尽，鄙陋没世，而文采不表于后世⑤。

【注释】

①剖符丹书：汉代对功臣的特殊待遇。符，是用竹做的契约。剖而为二，君臣各执其一，上面写着同样的誓言，说永远信任他不改变他的爵位。丹书，用铁制为券契，用朱砂写上誓言，作为子孙后代免罪的凭证。②文史星历：史籍和天文历法之学，皆太史令掌管之事。卜祝：占卜和祭祀之职。③倡优畜之：像倡优一样养育着他（实指我）。倡优，即乐工伶人，在封建社会中地位极低下。④死节者：守节操而死者。比：同等看待，相提并论。⑤所自树立：自己用来立身于世的，指自己的职业和地位。⑥用：因。之：指代死。趋：趋向。⑦理色：道理和脸面。⑧诎：同"屈"。诎体，身体被捆绑起来。⑨易服：换上罪人的衣服。⑩关木索：带上刑具。关，贯，指戴上。木，指枷。索，绳。被：遭受。捶楚：杖和荆条，都是当时用来打犯人的。⑪剔：通"剃"。剔毛发，把头发剃光，古代叫作髡（kūn）刑。婴：绕。婴金铁，颈上束着铁圈，古代叫作钳刑。⑫腐刑：即宫刑。⑬刑不上大夫：《礼记·曲礼》篇中的话。谓大夫以上官员犯法，可不受刑罚。⑭槛：关野兽的笼子。阱：捕兽的陷阱。⑮积威约之渐：意思是说，人长期的威力压制，渐渐把老虎驯服了。⑯"画地"二句：意思是说，即使在地上划个范围作为监牢，也绝不能进入。极言监狱的巨恐怖。画，同划。⑰"削木"二句：意思是说，即使刻个木头人做狱吏，众人议论也不能面对它。极言狱吏的凶残。⑱定计于鲜：意谓不必等到遇刑就应自杀，以免受侮辱。鲜，非寿终称鲜。⑲圜墙：牢狱。圜，同圆。⑳枪：通"抢"。头枪地，头触地。㉑徒隶：狱吏。心惕息：意即胆战心惊。惕，怕。息，喘息。㉒以：同"已"。㉓强（qiǎng）颜：指厚着脸皮。㉔西伯：即周文王。㉕伯：方伯，周时一方诸侯之长。㉖羑（yǒu）里：殷王纣囚文王的地方。在今河南省汤阴县境内。㉗李斯：秦相，后被赵高诬陷谋反，腰斩于市。㉘具五刑：《汉书·刑法志》曰："汉兴之初……其大辟尚有夷三族之令。令曰：'当三族者皆先黥劓，斩左右趾，笞杀之，枭其首，菹其骨肉于市，其诽谤詈诅者又先断舌。'故谓之具五刑。"㉙淮阴：指韩信，汉初封楚王。因人告其谋反，汉高祖在陈地将他擒下，戴上刑具。后释放，降为淮阴侯。械：拘束手足的刑具。㉚彭越：汉高祖功臣，封梁王。后来被人诬告谋反，夷三族。张敖：张耳之子，继嗣他父亲赵王的爵位。曾被人诬告谋反而入狱。㉛孤：侯王自称之词。抵：抵挡。㉜绛侯：周勃，汉初功臣。诸吕：刘邦之妻吕后的亲族吕产、吕禄等。惠帝、吕后死后，诸吕想颠覆汉朝。周勃和陈平定计共诛诸吕，迎立文帝。㉝倾：超过。㉞请室：大臣待罪之室。周勃后来也曾被人诬告谋反而囚于请室。㉟魏其：指魏其侯窦婴。武帝时因救灌夫事被诬下狱，判死罪。㊱赭衣：罪人服。三木：加在颈、手、足三处的刑具。㊲季布：原为项羽将，数窘刘邦。项羽败死，刘邦悬重金购求季布。布髡钳为奴，卖身给鲁人朱家。朱家说服汝阴侯夏侯婴去劝刘邦赦免季布。季布遇赦，拜为郎中，后官至河东太守。㊳灌夫：汉景帝时为郎中将，武帝时官太仆。与窦婴相善。因得罪丞相田蚡，拘在居室，后被杀。居室：少府下属的官署之一。㊴周加：即法网加身。周，通"网"。㊵引决：下决心。自裁：自杀。㊶勇怯，势也：勇和怯是在权位的对比中形成的。势，权力地位。㊷强弱，

形也：强和弱是在具体情况中表现出来的。形，具体表现。㊸审：明白。㊹绳墨：指法律。㊺以：因此。稍：渐渐。陵迟：志气衰颓。㊻引节：自杀以殉节。㊼重：慎重考虑。㊽殆：大概。㊾去就：指舍生就义。㊿缧绁（léi xiè）：绑犯人的绳索。引申为囚禁。(51)臧获：古人骂奴婢的称呼。《方言》："荆淮海岱杂齐之间，骂奴曰臧，骂婢曰获。"(52)粪土之中：与上文"尘埃之中"同意，都指监狱污秽之地。(53)没世：终其一生，死。

古者富贵而名摩灭[1]，不可胜记，唯倜傥非常之人称焉[2]。盖文王拘而演《周易》；仲尼厄而作《春秋》[3]；屈原放逐，乃赋《离骚》；左丘失明，厥有《国语》[4]；孙子膑脚，兵法修列[5]；不韦迁蜀，世传《吕览》[6]；韩非囚秦，《说难》《孤愤》[7]；《诗》三百篇，大底圣贤发愤之所为作也[8]。此人皆意有所郁结，不得通其道，故述往事，思来者[9]。乃如左丘无目[10]，孙子断足，终不可用，退而论书策，以舒其愤，思垂空文以自见[11]。仆窃不逊，近自托于无能之辞，网罗天下放失旧闻[12]，略考其行事，综其终始，稽其成败兴坏之纪[13]，上计轩辕[14]，下至于兹，为十表，本纪十二，书八章，世家三十，列传七十，凡百三十篇。亦欲以究天人之际[15]，通古今之变，成一家之言。草创未就，会遭此祸。惜其不成，是以就极刑而无愠色[16]。仆诚以著此书，藏之名山，传之其人，通邑大都[17]，则仆偿前辱之责[18]，虽万被戮，岂有悔哉！然此可为智者道，难为俗人言也！

【注释】

①摩：通"磨"。②倜傥：卓越，特出。称：称颂，指为人所知。③演：推演。相传文王拘于羑里时，推演古代的八卦为六十四卦，成为《周易》一书的骨干。仲尼：孔子。厄：困穷。《春秋》：相传是孔子根据鲁国史官所编修订整理而成。④左丘：即左丘明，春秋时鲁国史官。相传《左传》《国语》都是左丘明所作。失明：失去视力。厥：句首语气词。⑤孙子：此指孙膑，孙武的后代，战国时军事家。曾与庞涓同学兵法。庞涓为魏惠王将军，妒忌孙子才能，将他骗到魏国，处以膑刑（去膝盖骨），故称孙膑。后孙膑为齐威王军师，两次大败魏军。著有兵法八十九篇，已失传。1972年银雀山汉墓中发现该书残简。⑥不韦：即吕不韦，与其门客著《吕氏春秋》，亦名《吕览》。详前《吕氏春秋》介绍。这里是说不韦获罪迁蜀后，《吕览》才流布于世。⑦《说难》《孤愤》：是指《韩非子》书中的名篇。⑧大底：同"大抵"。⑨思来者：想让将来的人知道自己的志向。⑩乃如：至于。⑪垂：流传。空文：指文章，相对于实绩而言。见（xiàn）通"现"。⑫放：散。失（yì）：通"佚"。⑬稽：考察。纪：纲纪，这里指道理、规律。⑭轩辕：即黄帝，传说中的古代帝王，因居于轩辕丘，所以又称轩辕。⑮天人之际：指从自然到社会、政治。⑯极刑：此指宫刑。愠（yùn）色：怨怒的神情。⑰传之其人，通都大邑：即使之其人于通邑大都。其人，指与己同志者。通都，大邑。⑱责，读zhài，即债。指下狱受腐刑。

且负下未易居[1]，下流多谤议[2]，仆以口语遇遭此祸，重为乡党所笑，以污辱先人，亦何面目复上父母之丘墓乎？虽累百世，垢弥甚耳！是以肠一日而九回，居则忽忽若有所亡[3]，出则不知其所往。每念斯耻，汗未尝不发背沾衣也！身直为闺阁之臣[4]，宁得自引深藏于岩穴邪？故且从俗浮沈，与时俯仰，以通其狂惑[5]。今少卿乃教以推贤进士，无乃与私心剌谬乎[6]？今虽欲自雕琢，曼辞以自饰[7]，无益于俗，不信，适足取辱耳。要之[8]死日，然后是非乃定。书不能悉意[9]，略陈固陋。谨再拜。

【注释】

　　①负下：负罪之下。未易居：不容易处。②下流：水的下游，这里比喻自己卑贱的身份和受辱的处境。③忽忽：指恍恍惚惚。④直：仅，不过。闺阁（gé）：宫中小门，指皇帝内廷深密之处。闺阁之臣，即宦官。⑤以通其狂惑：以达到狂惑。这是愤慨之言。据李善注引《鹖子》说：知善不行叫狂，知恶不改叫惑。⑥私心：指自己的态度和意向，谦辞。剌（là）：违逆。剌谬，违背。⑦曼：美⑧要之：总之。⑨悉意：尽意。